武汉研究院开放性重点课题"武汉用好红色资源、传承红色文化研究"

江汉大学科研项目（科技基础发展专项）"武汉红色文化研究"

江汉大学城市治理与文化传承优势学科群

资助项目成果

湖北省公益学术著作
Hubei Special Funds 出版专项资金
for Academic and Public-interest
Publications

武汉红色文化资源 保护及其传承研究

李腊生　胡慧　詹爱霞　著

WUHAN UNIVERSITY PRESS
武汉大学出版社

图书在版编目(CIP)数据

武汉红色文化资源保护及其传承研究/李腊生,胡慧,詹爱霞著.
—武汉:武汉大学出版社,2024.7(2025.7 重印)
ISBN 978-7-307-24230-2

Ⅰ.武… Ⅱ.①李… ②胡… ③詹… Ⅲ.革命纪念地—保护—研究—武汉 Ⅳ.K878.24

中国国家版本馆 CIP 数据核字(2024)第 020895 号

责任编辑:田红恩   责任校对:鄢春梅   版式设计:马 佳

出版发行:**武汉大学出版社** (430072 武昌 珞珈山)
(电子邮箱:cbs22@ whu.edu.cn 网址:www.wdp.com.cn)
印刷:湖北金港彩印有限公司
开本:720×1000 1/16 印张:20 字数:322 千字 插页:3
版次:2024 年 7 月第 1 版 2025 年 7 月第 2 次印刷
ISBN 978-7-307-24230-2 定价:88.00 元

李腊生，法学博士、二级教授、硕士研究生导师。江汉大学双一流建设专家咨询委员会主任、武汉统一战线理论与实践研究协同创新中心主任、武汉政协智库特聘专家、中国伦理学会地方高校德育专业委员会副理事长。曾先后担任江汉大学政法学院、马克思主义学院首任院长，兼任民盟武汉市委副主委、武汉市政协委员、湖北省政协委员、湖北省政治学会副会长、武汉市中国党史学会副会长。主要研究方向为中共党史、中国现代化进程、思想政治教育。主持市级以上课题近40项，发表论文150余篇，出版著作10余部，获湖北省、武汉市教学成果奖和社科优秀成果奖近10项。入选武汉市首批"213"人才计划、武汉市首批黄鹤英才（教育专项）计划、湖北省高校马克思主义中青年理论家培育计划（第一批）。获评湖北省高校十佳思政课教师、"湖北名师工作室"主持人（湖北名师）。获湖北五一劳动奖章。

胡慧，经济学硕士，江汉大学马克思主义学院副教授，中国特色社会主义理论课部主任。主持省市级教研、科研项目多项。研究方向为马克思主义中国化、思想政治教育。

詹爱霞，法学硕士，江汉大学马克思主义学院讲师。主持省市级课题多项。获江汉大学青年教师教学竞赛一等奖。主要研究方向为中共党史党建、思想政治教育。

序

　　改革开放以来，随着我国经济的快速发展和对外开放的不断扩大，西方诸多思潮得以在国内传播。这些思潮在推动我国社会发展和科技创新的同时，也带来了明显的负面影响。西方资本主义中的利己主义、拜金主义等腐朽思想的侵袭，难以同我国优秀的传统文化、思想道德及意识形态相兼容，严重冲击和影响着国人的价值观，导致社会上出现了崇洋媚外的不良倾向。习近平总书记反复告诫全党"不能忘记红色政权是怎么来的、新中国是怎么来的、今天的幸福生活是怎么来的"，一再强调"把红色基因传承好，确保红色江山永不变色"。可以说，红色资源和红色文化是我们党立党兴党、执政兴国的宝贵精神财富，也是新时代坚持和发展中国特色社会主义的坚强精神支撑。传承红色文化，对全面贯彻落实党的二十大精神，进行新时代的伟大斗争、推进党的建设新的伟大工程、推进中国特色社会主义伟大事业、实现中华民族伟大复兴具有重要的理论意义和时代价值。

　　武汉市是华中最大城市和中国历史文化名城，留下了丰富的历史文化资源。特别是近代以来，武汉是中国革命、社会主义建设和改革开放最重要的舞台之一，留下的红色资源不可胜数。近些年来越来越多的学者关注和研究武汉红色文化。江汉大学还成立了由李腊生教授领衔的武汉红色文化研究中心，专门致力于武汉红色文化研究，并已取得一系列可喜成果。即将由武汉大学出版社出版的李腊生、胡慧、詹爱霞合著的《武汉红色文化资源保护及其传承研究》颇具代表性。该专著具有以下显著特点和重要价值：

　　其一，对武汉地区红色文化资源进行了全面梳理。据我所知，江汉大学马克思主义学院多年前就抓住中央财政支持地方高校学科建设机遇，初步建立了武汉地区红色文化资源库。近年来，学院有关专业教师组成团队，一直在进行相关资料的收集、整理，志在建立最系统、最权威、最先进的武汉地区红色文化数字化资源库。这个项目非常有价值！该专著的出版，意味着这项工程向前迈进了一大步。

其二，理论与实践紧密结合。理论的生命力关键在于与实践的结合，即将理论应用于实践，有效指导实践，并在实践中得到进一步丰富和发展。红色文化具有很强的理论性和思想性，有关研究必须与中国共产党领导的革命、建设和改革开放实践结合。该专著将武汉市许多单位、部门传承红色基因的活动，进行了收集整理和提炼，案例鲜活生动，切实可行，卓有成效，对其他城市传承红色基因具有不言而喻的借鉴参考价值。

其三，彰显学科特色。江汉大学马克思主义理论学科为市级重点学科，2021年获得一级学科硕士学位授权点。对于地方院校马院来说，取得这一成绩实属不易，是马克思主义学院勠力同心、长期积淀的结果，可喜可贺！该学科根据学校定位，将"红色文化传承"作为学科重点和特色方向着力打造。该专著的出版无疑非常有利于强化这一学科特色，打造武汉红色文化研究品牌。

武汉是我国中部特大城市，新时代应该进一步加强红色文化资源整合，大力推进红色基因传承工程，为武汉打造新时代英雄城市和经济社会高质量发展涵养丰厚文化底蕴，提供强大精神动力。

2023年，习近平总书记对宣传思想文化工作作出了重要指示，强调新时代宣传思想文化工作的首要政治任务，就是"用党的创新理论武装全党，教育人民"，并提出了"七个着力"的重要要求。因此，《武汉红色文化资源保护及其传承研究》的出版，恰逢其时。

在本专著付梓之际，写上这些话，以示祝贺。是为序。

李良明

2023 年 9 月 10 日

目　　录

第一章　红色文化概论 ……………………………………………… 1

一、红色文化的内涵和特征 ………………………………………… 1

1. 红色文化的概念界定 ……………………………………… 1

2. 红色文化的科学内涵 ……………………………………… 3

3. 红色文化的基本特征 ……………………………………… 4

二、红色文化的生成 ………………………………………………… 7

1. 红色文化的生成条件 ……………………………………… 7

2. 红色文化的生成机制 ……………………………………… 12

三、红色文化的时代价值 …………………………………………… 25

1. 理想信念的导向价值 ……………………………………… 25

2. 精神动力的激发价值 ……………………………………… 36

3. 道德品格的示范价值 ……………………………………… 50

4. 健康心理的保障价值 ……………………………………… 60

第二章　武汉地区红色文化资源概述 …………………………… 70

一、武汉地区红色文化资源的科学界定 …………………………… 70

1. 红色文化资源与红色资源 ………………………………… 70

2. 红色文化资源中的"红色"意蕴 ………………………… 72

3. 武汉地区红色文化资源的对象界定 ……………………… 76

二、武汉地区红色文化资源概况 …………………………………… 78

1. 武汉地区物质形态红色文化资源 ………………………… 78

　　2. 武汉地区非物质形态红色文化资源 ……………………………… 124

　三、武汉地区红色文化资源的特点 …………………………………… 136

　　1. 分布广泛 ………………………………………………………… 136

　　2. 内容丰富 ………………………………………………………… 136

　　3. 广泛的适应性和极强的针对性 ………………………………… 138

　四、武汉地区红色文化资源保护开发概况 …………………………… 139

　　1. 中国共产党保护利用红色文化资源的历史沿革 ……………… 139

　　2. 武汉地区保护开发红色文化资源现状 ………………………… 141

第三章　武汉"红色基因"传承工程 ………………………………… 143

　一、武汉"红色基因"传承工程实施 ………………………………… 143

　　1. 习近平总书记"红色足迹"的武汉篇 ………………………… 143

　　2. 红色基因传承的武汉自觉 ……………………………………… 148

　　3. 保护和管理好武汉红色资源 …………………………………… 158

　　4. 筑牢红色基因传承阵地 ………………………………………… 173

　　5. 用好武汉红色基因传承实践载体 ……………………………… 189

　　6. 打造武汉红色文化旅游品牌 …………………………………… 205

　二、武汉"红色基因"传承工程创新案例 …………………………… 228

　　1. "武汉校园红色教育资源图谱" ……………………………… 228

　　2. "红色引擎工程" ……………………………………………… 234

　　3. "红色武汉·英雄城市"精品线路 …………………………… 240

　　4. 入选全国革命文物保护利用案例 ……………………………… 243

　　5. 龙王庙"生死牌" ……………………………………………… 245

　　6. "台北路的尽头是解放大道" ………………………………… 247

　　7. 长江红色主题灯光秀 …………………………………………… 249

第四章　武汉地区红色文化资源库建设 …………………………… 254

　一、武汉地区红色文化资源库建设基础 ……………………………… 254

　　1. 武汉地区红色文化资源库缘起 ………………………………… 254

2.武汉地区红色文化资源库初步架构 ·············· 255

二、武汉地区红色文化资源库建设 ·············· 304

1.武汉地区红色文化资源库建设概况 ·············· 304

2.武汉地区红色文化资源库数字化 ·············· 305

参考文献 ·············· 308

后记 ·············· 310

第一章 红色文化概论

一、红色文化的内涵和特征

研究红色文化首先要进行概念界定。在此基础上，再来探讨红色文化的科学内涵和基本特征。红色文化并不是红色和文化的简单相加，而是一种具有鲜明中国特色、中国气派、中国风格的文化形态。红色文化具有鲜明的阶级性、民族性、时代性等特征。

1. 红色文化的概念界定

红色文化热现象在 20 世纪 80 年代末以翻唱红歌的形式出现，进入 21 世纪以来，学界逐渐掀起了研究红色文化的热潮。但对于什么是红色文化？它的科学内涵是什么？学者们有不同的看法和观点。目前，学术界基于不同视角，对红色文化的界定有以下几种代表性观点：

第一，红色文化有广义和狭义之分。有学者指出，广义上的红色文化是指超越国界的世界社会主义和共产主义运动整个历史过程中形成的人类进步文明的总和；狭义上的红色文化特指由中国共产党领导人民群众在革命、建设、改革、新时代等不同时期创造出来的各种物质和精神财富的综合。[①] 有学者认为，红色文化是中国共产党领导全国各族人民在长期革命、建设、改革进程中创造的以中国化马克思主义为核心的先进文化，"不仅上溯历史、涵盖现实，而且延伸到未来。

---

① 渠长根：《红色文化概论》，红旗出版社 2017 年版，第 7 页。

1

这是一种大尺度的历史时代产生的蔚为壮观的文化。"①

第二，红色文化包括物质、精神、制度等多个层面。有学者提出四个层次说，认为红色文化分红色物态文化、红色制度文化、红色行为文化和红色心态文化四个层次。红色物态文化是客观存在、有形的革命旧址、遗址遗迹等；红色制度文化是根据马克思主义基本原理与中国革命建设实际相结合而制定的制度规范；红色行为文化是体现中国共产党、人民军队的革命传统等；红色心态文化由价值观念、思维方式等构成。②

第三，红色文化是新民主主义革命时期的革命文化。有学者提出，红色文化指诞生于井冈山和以瑞金为核心的中央苏区红土地上的人民大众反帝反封建的革命文化。其中，井冈山精神和苏区光荣革命传统是苏区红色文化的核心和精华。③ 红色文化是由中国共产党在新民主主义革命时期领导创建的先进的政治文化，其核心内容是中国共产党在新民主主义革命时期构建的社会核心价值体系。④

第四，红色文化是一种与时俱进的文化形态。有学者认为，红色文化来源于革命战争年代，以中国共产党和中国人民在长期的革命斗争实践中形成的革命文化为其基本内容，并在社会主义建设时期、改革开放时期和中国特色社会主义新时代得到了丰富和发展。⑤

由上可见，目前对红色文化的界定仍在探讨中。但不难看出，绝大多数学者把红色文化理解为一种与中国革命、中国共产党及其建立的红色政权密切联系的积极进步的文化，是对中华优秀传统文化的继承和发展，并与马克思主义相融合的先进文化。

笔者赞同红色文化有广义和狭义之分，狭义的红色文化是以马克思主义为指

---

① 刘润为：《红色文化：中国人的精神脊梁》，载《红旗文稿》2013 年第 18 期。

② 黄三生：《依托红色文化建设推进马克思主义大众化刍议》，载《思想理论教育导刊》2012 年第 5 期。

③ 刘寿礼：《苏区"红色文化"对中华民族精神的丰富和发展研究》，载《求实》2004 年第 7 期。

④ 李水弟、傅小清：《红色文化之源：中国共产党的先进性》，载《求实》2008 年第 5 期。

⑤ 刘云波、胡守勇等著：《中国红色文化概论》，湘潭大学出版社 2022 年版，第 13 页。

导，中国共产党领导的革命、建设和改革文化，中国共产党人的精神谱系为内核和精华；广义的红色文化包括鸦片战争以来的民主主义革命文化、社会主义建设文化和改革开放文化。本书即是基于对红色文化的这一理解，比较全面、系统地探讨武汉红色文化资源保护和红色文化传承问题。

2. 红色文化的科学内涵

对红色文化内涵的界定，直接影响人们对红色文化的认识。红色本是通过能量激发观察者的可见光谱中长波末端的一种颜色，波长为 630～750 纳米，类似于鲜血的颜色，是心理原色和三原色之一。在中国人的内心深处，"红色"与成功、吉祥、美丽、喜庆、进步、富贵等意义相关。18 世纪法国大革命爆发，"红色"第一次与革命联系在一起。1917 年，列宁和托洛茨基组建的赤卫队，就是后来的苏联红军（1917—1946 年苏联军队的名称）。俄国十月革命建立"红军"和"红区"、高举"红旗"，进一步发展了红色的"革命"意义，由此红色成为"革命""共产党""社会主义"的代名词以及社会主义国家的颜色。此后，红色被赋予鲜明的政治色彩，成为革命与奋斗的象征。辛亥革命后，孙中山确定的国旗便是青天白日满地红旗，红色占整个旗帜的四分之三。20 世纪 20 年代红色革命浪潮席卷了整个中华大地后，红色与国民党领导的白色恐怖政权相对立而存在。这不仅是一种武装力量与政治权力的对立，而且从颜色分类来说，是一种人类思维的深层次对立。从此，在中国共产党开辟的革命根据地区域，中国社会就开始有了大量红色文化的积淀。红色是中国共产党党旗和新中国国旗的基本颜色，土地革命战争时期，党领导的政权和军队与红色相联系，如红色政权、工农红军，而新民主主义革命也被称为红色革命。因此，在中国这一时期所形成的这种特有的文化形态被许多人誉为中国红色文化。① 中华人民共和国成立后，红色成为国旗、国徽不可改变的底色，成为中国现代文化的经典。红色不仅是中华人民共和国与生俱来的"胎记"，而且也是中华民族浴火重生、脱胎换骨的精神图腾。

---

① 江峰、汪颖子：《中国红色文化生成的系统要素透析——以大别山红色文化为例》，载《北京师范大学学报》2010 年第 6 期。

目前学术界关于红色文化内涵的界定已取得一定的成果，但也存在一些分歧。一般认为，红色文化是中国共产党在马克思主义指导下，领导先进知识分子和人民群众在新民主主义革命、社会主义革命和建设，以及改革开放实践中共同创造的、具有中国特色的先进文化。红色文化是革命战争年代中国共产党、人民群众和进步人士共同创造的重要文化遗产，是中华民族一笔宝贵的精神财富。红色文化是物质文化、精神文化和制度文化的有机统一。物质形态的红色文化一般包括具有重大价值的文献资料、博物馆、纪念地、烈士陵园、名人故居、展览场馆等，它是加强红色文化教育、传承红色文化的物质外壳和传播载体。这些物质形式的红色文化作为文化产业的组成部分不仅具有革命教育功能，而且体现了巨大的经济价值。比如，各地以红色文化为主题发展红色旅游、瞻仰革命遗址遗迹，以及红色文化收藏品市场出现的红色纪念品收藏热、展览热等，既传播社会主义先进文化，也助推了经济发展。精神形态的红色文化主要表现为革命先辈在革命战争年代和社会主义建设时期形成的革命精神、革命道德等，如建党精神、井冈山精神、长征精神、遵义会议精神、延安精神、太行精神、沂蒙精神、红岩精神、抗美援朝精神、北大荒精神，以及新时期的抗洪精神、载人航天精神、脱贫攻坚精神等，它是红色文化的灵魂和核心，属于内核层次。精神形态的红色文化积淀了我们党100多年的红色奋斗历程。制度形态的红色文化主要是我们党在革命、建设和改革开放新时期形成的理论、路线、方针、纲领、政策等，如三大法宝、三大纪律八项注意、三大作风、群众路线、拥政爱民、党对军队绝对领导的原则、军队条例等。总之，红色文化是我们党在继承和弘扬民族优秀传统文化，并积极汲取人类先进文明成果的基础上产生的，其价值不仅在于过去，而且影响到现在和未来。

3. 红色文化的基本特征

红色文化是中华民族在近现代历史条件下产生的先进文化，是时代的主流文化。它以马克思主义为指导，融合了中华民族优秀文化和其他诸多文化形态，是一种富有科学性和时代性的文化。红色文化作为文化的一种，具有文化的一般特征，如民族性、阶级性、理论性、实践性等，但立足于我国革命、建设和改革开放实践，形成了鲜明的自身特点。

第一，红色文化旗帜鲜明，具有导向性。红色文化旗帜鲜明，对人的自由全面发展起着导向、指引作用。鲜明的政治导向性是其重要特性。红色文化在马克思主义及其中国化理论成果指导下，汲取了中华民族优秀传统文化的精华，借鉴了世界文明之优长，因而，红色文化是一种先进健康的文化。改革开放以来，中国共产党把红色文化融入社会主义精神文明和中国特色社会主义文化建设，有力抵制了资产阶级自由化和其他各种错误思潮带来的精神污染，为改革开放和社会主义现代化建设事业提供了坚实的文化支撑。红色文化不仅符合我国社会主流文化价值取向，而且与社会主义核心价值观一脉相承，与时俱进，是中国特色社会主义先进文化必不可少的组成部分，也在建设社会主义文化强国过程中发挥了重要作用。所以，在文化育人基本思想指导下，运用红色文化教育人，大力弘扬积极向上的主导精神和主流思想，唱响体现社会发展要求和代表时代发展方向的主旋律，帮助人们树立正确的世界观、人生观、价值观、道德观，引导人们坚定社会主义理想信念，培养人们的爱国主义精神，增强民族凝聚力，具有重大积极意义。

第二，红色文化与时俱进，具有创新性。任何一种红色文化形态或文化形式，总是要与时代进程相一致。随着时代的变迁，红色文化需要不断丰富和发展。现当代中华民族特有的民族精神，既是对民族传统的继承，又要不断适应时代的需要，使历史与现实相连，使红色精神真正体现传统精神和时代精神。红色文化重在传承发展，在传承发展中要处理好继承和创新的关系。新时期新征程上，我们必须继承和发扬中国共产党、中国人民解放军、中国人民志愿军、中国人民在新民主主义革命和抗美援朝斗争中形成的艰苦奋斗、不怕牺牲、亲密团结、遵守纪律、克服困难、坚忍不拔的优良传统。面对经济全球化和思想观念多样多元的新形势，红色文化作为伟大民族的精神动力，要保持其强大的生命力和持久的影响力，离不开创新，包括文化内容、文化形式、文化载体等多方面的创新。这就要求我们在发挥红色文化育人作用时，不仅需要深刻挖掘、整合其优良传统的精神内涵，包括马克思主义信仰、社会主义共产主义理想信念、敬业奉献精神、艰苦奋斗精神、实事求是精神和创新精神，同时又要与时代需求相结合，解放思想，与时俱进，推动红色革命传统的创新，赋予红色文化具有时代意义的新的内容和精神价值。

第三，红色文化内容丰富，教育面广。中国共产党团结带领广大人民群众进行的新民主主义革命，几乎遍及全国各地，留下了十分宝贵的红色文化。从党的诞生地上海到人民军队诞生地江西南昌，从中国革命摇篮井冈山到革命圣地延安，从革命的历史转折地遵义到解放战争指挥中心西柏坡，从革命红都瑞金到共和国首都北京，处处留下了党和人民群众艰苦奋斗、自强不息的足迹，到处耸立着时代的丰碑。当前，国家级爱国主义教育基地有300多个，还有各省、市、县的爱国主义教育基地，再加上各个地方的烈士陵园、博物馆、纪念馆等革命遗址遗迹，红色文化遍布全国各地，分布广泛。遍布各地的红色文化都蕴含着厚重的历史文化和深邃的革命精神，每一处遗址、每一处纪念地、每一件文物都折射着先烈的崇高理想信念、爱国精神和伟大品格。这些是我国先进文化的表征，是我们党和人民群众极为宝贵的精神财富，是人类文明发展史上的瑰宝。就教育内容层面而言，可以以此为载体建立以政治信仰教育、民族精神教育、思想道德教育为核心的思想政治教育体系，对于培育人们以爱国主义为核心的民族精神、树立远大理想信念、促进人的全面发展具有很强的现实针对性，教育面也很广。就教育对象而言，它适合在不同时期、不同群体和不同阶层中开展教育，适应性很强。比如，党员先进性教育、未成年人思想道德教育、公民教育等都能够以此为载体。

第四，红色文化形式多样，感染力强。红色文化形式多样，除了红色经典书籍和影视剧之外，近年来又出现了红色旅游、红歌会、红色网站等红色文化资源，一定程度上弥补了以往红色文化育人方式和手段单一的缺陷，切实做到了"弘扬主旋律、提倡多样化"。红色旅游是一项政治、文化与经济交融的综合工程。开展红色旅游在带动老区经济发展的同时，可以使人们通过所见所闻所感热爱一切美好的东西，深切体会革命先辈的伟大精神风范。人们在红色旅游中能够真切感受祖国山河美、红色热土承载的红色文化美，体悟革命战争的艰辛和今天幸福生活的来之不易，从而自觉接受红色文化洗礼。1998年，全国首家红色网站在清华大学成立，其宗旨是"宗马列之说，承毛邓之学，怀寰宇之心，立报国之志"。之后，"中国红色网站联盟"成立，全国红色文化资源丰富的地区也纷纷建立了网站，如重庆红岩联线文化发展管理中心、中国红色旅游网、红色文化网、井冈山革命博物馆等，这些网站是人们接受红色文化教育的良好载体和途径。红色文化能够以喜闻乐见的形式吸引人、感染人，使人们在不知不觉中受到熏陶，在主动参与中接受教育，提升精神动力。

二、红色文化的生成

红色文化作为中国特色社会主义先进文化的组成部分，不会无缘无故产生或从天而降，而是有其实践源头和文化源头，具备许多发展条件。新民主主义革命实践是红色文化的直接实践来源，文化源头即马克思主义与中华优秀传统文化，这也是红色文化的思想理论源头。

1. 红色文化的生成条件

红色文化是中国共产党团结带领人民群众创造的新文化，其不仅坚持马克思主义科学理论的指导，而且吸取了中华民族优秀传统文化的精髓，并且丰富和发展了整个中华文化。马克思主义科学理论的瑰宝与民族优秀传统文化构成了红色文化的思想来源，突出体现了马克思主义与中国革命、建设和改革实践相结合的伟大思想成果。中国共产党领导的新民主主义革命，轰轰烈烈，高潮迭起，为红色文化的产生提供了深厚的养分与历史条件。正是在如火如荼的革命斗争中，中国共产党将马克思主义与中华优秀传统文化有机结合，形成了科学理论与民族优秀传统文化融为一体、具有鲜明特色的红色文化。

首先，马克思主义是红色文化形成的理论基础。中国近代历史实践表明，中国革命要取得成功，没有马克思主义不行，有了马克思主义，不与中国具体实际相结合也不行。自鸦片战争后，中华民族逐步陷入深重的民族危机中。面对"数千年未有之变局"，先进的中国人为抵御外侮、改变落后挨打局面，不断探索救国救民的出路。无数仁人志士抛头颅、洒热血，都无法解决"中国向何处去"的问题。正当中国人处于迷茫状态时，俄国十月革命给中国送来了马克思列宁主义。中国先进知识分子经过深思熟虑和反复比较，最终选择了马克思主义。中国人最先接受的是马克思主义唯物史观。早在 1920 年，李大钊即在北京大学开设"唯物史观研究"等课程，宣传马克思主义。1921 年 1 月，毛泽东在给蔡和森的回信中强调指出："唯物史观是吾党哲学的根据"①。

马克思主义的传入，为中华民族反帝反封建斗争提供了新的思想武器，使历经磨难、饱受沧桑的中华民族重新焕发出生命的活力。正如毛泽东所说："自从中国人学会了马克思列宁主义以后，中国人在精神上由被动转入主动。"② 中国共产党顺应了中国历史发展趋势和中国社会发展的需求，找到马克思主义这个解放全人类的伟大革命理论学说，但这一学说能否对中国革命充分有效地发挥指导作用，取决于中国共产党能否正确认识和运用这一真理。李大钊、毛泽东等马克思主义者宣传唯物史观并不是限于纯粹的学理层面，教条式地对待马克思主义，而是思考如何将唯物史观运用到改造中国社会的现实运动之中，即实现"马克思主义中国化"。"马克思主义中国化"最早由艾思奇提出，毛泽东在 1938 年 10 月召开的中共六届六中全会上正式明确提出了这个命题。马克思主义诞生于当时人类文明比较发达的西方，其话语和表现形式不可避免地带着西方文化的特征。要将其融入中国文化的海洋中并使其成为中国革命和建设的指导思想，必须赋予其中国化的表现形式。中国共产党非常重视以本民族语言诠释马克思主义，使之具有中国作风和中国气派，使老百姓易于接受。比如对于马克思主义历史唯物论，毛泽东提出了尊重群众、依靠群众、相信群众的群众观点。同时，中国共产党在推动马克思主义中国化的历史实践过程中，形成了中国化的马克思主义理论成果即毛泽东思想和中国特色社会主义理论体系，进一步推动了红色文化的发展。但是马克思主义始终是红色文化最为根本最为重要的思想灵魂和理论基础，它不仅是红色文化得以形成并不断丰富发展的指导思想，而且决定了红色文化的性质和发展方向。红色文化的理论基础是马克思主义世界观和方法论，绝不是马克思主义个别言论和观点。

其次，民族优秀传统文化是红色文化形成的思想基础。政权的建立需要合法性，民族的存续也离不开其合法性。一个民族的传统文化，无论是物化形态还是精神形态，都是构成民族得以存续的合法证据。中华民族在人类历史长河中历经

---

①　毛泽东：《致蔡和森》，中央文献出版社 2003 年版，第 11 页。"吾党"指当时正在组建中的中国共产党。

②　《毛泽东选集》第四卷，人民出版社 1991 年版，第 1516 页。

沧桑磨难而不衰，最根本的原因在于中华民族创造了人类最灿烂的历史文化。红色文化不是凭空产生的，不是无本之木、无源之水，它与传统文化有着深厚密切的渊源关系。历史上的民族英雄人物，如岳飞、文天祥、戚继光等，都体现出传统文化中开拓进取、爱国爱民、清正廉洁等优秀品质。红色文化深深地根植于中华民族文化的现实土壤中，凝聚和秉承了民族优秀传统文化的精髓。我们党领导人民在革命、建设和改革时期创造的红色文化，是以"井冈山精神""长征精神""雷锋精神"等为代表的红色精神，是对中国革命传统文化精神的进一步发展。如井冈山时期的红色文化，就吸纳了庐陵文化；苏区时期的红色文化，则融合了客家文化。当时很多文化形式采用"旧瓶装新酒"的方式，比如客家山歌《十送情郎》，表达男女的缠绵感情，改编后的《十送情郎当红军》内容革命化了，但保留爱情的元素。红色文化如果失去对中华优秀传统文化的秉承，就不可能对深受传统文化影响的广大人民群众具有激励、引导作用。

传统文化对红色文化的影响在毛泽东身上得到了很好的体现。毛泽东一生深受民族优秀传统文化的影响，系统阅读了大量古代文化典籍。他既反对民族文化虚无主义，又主张在了解和研究我国国情的基础上引进西方文化来改造我国传统文化。同时，以毛泽东为代表的中国共产党人注重立足于我国的具体国情，以马克思主义的基本立场、观点、方法对中华民族优秀传统文化进行创新性发展。在"知行"关系上，毛泽东从思维和物质的关系出发，提出了"辩证唯物论的知行统一观"。又如"实事求是"最早出自东汉史学家班固的《汉书·河间献王传》，在古代是指一种求实治学的态度，毛泽东则对"实事求是"进行了马克思主义的诠释："实事"就是客观存在着的一切事物，"是"就是客观事物的内部联系，即规律性，"求"就是我们去研究。① 此外，中国传统文化中的"物极必反""相反相成"与马克思主义辩证法，儒家的"躬行"思想与马克思主义实践论，以及中华民族几千年形成的勤劳勇敢、淳朴务实、反抗强暴、聪明智慧等优秀品质，凝结为伟大的民族精神，并得到很好的继承发扬，这些都成为近代以来中华民族抵制外敌侵略、维护国家主权、实现国富民强永不枯竭的精神动力，也为红色文化的形成提供了思想来源，并发展成为红色文化的重要精神内涵。

---

① 《毛泽东选集》第三卷，人民出版社1991年版，第801页。

　　再次，新民主主义革命实践是红色文化产生的实践基础。中国人民永远不会忘记 19 世纪中后期至 20 世纪中叶中国那段屈辱史。为寻找中华民族的独立复兴之路，无数仁人志士前赴后继，抛头颅、洒热血，实践了一个个救国救民的"真理"。无论是农民阶级发动的太平天国起义、义和团运动，还是资产阶级领导的戊戌变法、辛亥革命，由于主客观方面诸多原因，最后都以失败告终。不过，尽管各种救国运动的主体力量无法担负起"救亡图存"的历史使命而最终不得不退出历史舞台，他们建构的文化体系也因为无法肩负起"救亡图存"的历史重任，或日渐腐朽没落，或被其他文化取代而重构，但正是由于他们的奋斗，才阻止和延缓了列强灭亡中国的进程，并且正是由于他们救国方略的实践，才进一步助推了中国先进知识分子对包括马克思主义在内的西方文化的辩证思考和理性分析，从而睿智地将马克思主义与中国革命实践有机结合起来，兴起了由中国共产党领导的新民主主义革命。

　　辩证唯物主义认为，实践是认识的基础，认识反过来又指导实践。中国共产党坚定改造中国，必须建设民族的新文化信念，在四周白色政权包围的艰苦条件下，把井冈山的星星之火发展成了燎原之势。1930 年 1 月，毛泽东写给林彪的一封信中指出："中国革命高潮快要到来"，"它是站在海岸遥望海中已经看得见桅杆尖头了的一只航船，它是立于高山之巅远看东方已见光芒四射喷薄欲出的一轮朝日，它是躁动于母腹中的快要成熟了的一个婴儿"。① 中国共产党结合具体革命任务的变化，重视并加强文化建设，把追求科学与民主、启蒙民众与改造社会等精神内涵融入这块缺少先进文化因子的"文化荒原"，加强红色教育，创办红色文艺，创造了苏区红色文化、延安红色文化、西柏坡红色文化等，不仅能够赢得人民群众的支持，而且有助于农村革命根据地的巩固和发展，从而发挥了先进文化在抗日战争中的导向和激励作用。可以说，历史革命实践的迫切需要为红色文化的形成提供了深厚的实践沃土，如果没有红色文化的生成、传播与深入人心，就不会有新民主主义革命的迅速胜利。一方面，红色文化中的经济理论、政治理论、文化理论、军事理论等产生于混乱芜杂、艰苦卓绝的革命战争生活，人民群众正是在革命实践过程中逐渐增强了对红色文化的认同感；另一方面，革命

---

　　① 《毛泽东选集》第一卷，人民出版社 1991 年版，第 106 页。

实践的发展变化不断推动红色文化的建构者完善这一文化，使其更加富有先进性，正如毛泽东《在延安文艺座谈会上的讲话》所指出的那样："在我们为中国人民解放的斗争中，有各种的战线，其中也可以说有文武两个战线，这就是文化战线和军事战线。我们要战胜敌人，首先要依靠手里拿枪的军队。但是仅仅有这种军队是不够的，我们还要有文化的军队，这是团结自己、战胜敌人必不可少的一支军队。"①

总之，马克思主义作为诞生于西方的先进思想学说，与中国优秀民族传统文化相结合，推动了马克思主义中国化进程，才有了红色文化的形成。当然，新文化运动传播的先进思想也为红色文化的形成奠定了思想基础。新文化运动以五四运动为界分为两个时期，前期是高举民主与科学的旗帜，提倡文学革命，主张启蒙大众和改造社会等，后期是竞相传播西方文化思想，如社会进化论等，在各种思想的激励和争斗中，马克思主义日益成为广大先进知识分子追逐的目标。活跃于"五四"和新文化运动战场的一批先进知识分子，坚定了改造中国必须建设新文化的信念，在中国革命实践中开展了轰轰烈烈的文化革命活动，在中国这片土地上植入先进文化基因，形成了为革命、建设和改革服务的新型文化和先进文化。

红色文化是中国共产党领导人民群众和先进知识分子进行革命、建设和改革的产物，不仅反映了我们党领导下的革命时期的经济、政治的特点和广大群众的基本精神面貌，而且在继承"五四"和新文化运动革命传统的基础上，开辟了我国新文化的正确发展方向，是先进文化的重要组成部分。中华人民共和国成立后，中国共产党面临着完成从新民主主义革命向社会主义革命和建设转变的任务，文化建设需要为这一历史任务服务。毛泽东提出社会主义文化建设要为无产阶级政治服务、为工农兵服务和为社会主义建设服务，1956 年 5 月，毛泽东在国务会议上正式公开"双百"方针，为红色文化发展指明了科学合理的方向。中国共产党领导文化思想战线，以红色文化为主旋律，大力贯彻落实"双百"方针，文化建设取得了令人鼓舞的成绩。文学创作的各领域，包括小说、戏剧、诗歌等，都出现了创作高潮，涌现了《创业史》《铁道游击队》等经典作品，全国各

---

① 《毛泽东选集》第三卷，人民出版社 1991 年版，第 847 页。

条战线涌现了无数英雄模范人物和先进事迹，形成了具有鲜明时代特色的抗美援朝精神、雷锋精神、焦裕禄精神、红旗渠精神等红色精神。这些精神见证了中华儿女建设伟大祖国、振兴中华的伟大实践，创造了中华人民共和国成立以后社会主义文化的第一次高潮。但从 20 世纪 50 年代后期开始，红色文化呈现一种曲折发展的态势，完全被融入政治之中，导致许多文艺作品图解政治，文化事业遭受严重摧残，一些文化成果被取缔和压制，给党领导的红色文化带来了沉重的打击。

1978 年，我们党重新确立了实事求是的思想路线，开启了以改革开放为鲜明标志的伟大历程，也拨正了红色文化的正确前进航标。这一时期，经过 80 年代短暂的沉寂和反思之后，红色文化再次受到党和国家的重视。中国共产党带领全国人民继承党的优良作风和革命传统精神，在独立自主、自力更生探索中国特色社会主义建设道路的过程中，在改革开放和建设中国特色社会主义的伟大实践中，形成了具有时代特色的抗洪精神、抗震救灾精神、奥运精神等，丰富和拓展了红色文化的时代内涵。红色文物保护工作、红色经典作品改编、红色旅游等各方面取得重大进展，推动了红色文化的发展。

2. 红色文化的生成机制

红色文化是中国共产党领导下的工人阶级、中国人民和中华民族先进分子在革命、建设和改革开放的历史长河中，经过对中华优秀传统文化和马克思主义科学理论的传承、吸收以及转化发展凝练而成的先进文化形态。其表现为包括物质、制度和精神三种形态的红色文化。"人们自己创造自己的历史，但是他们并不是随心所欲地创造，并不是在他们自己选定的条件下创造，而是在直接碰到的、既定的、从过去承继下来的条件下创造。"① 红色文化的生成是历史的必然，它既有马克思主义的理论指导，又历经中国革命实践的锤炼，更有中华优秀传统文化的熏陶，最关键的是还有中国共产党科学的引领。这些因素的存在为中国红色文化的生成提供了必不可少的前提条件，同时又内嵌为中国红色文化的组成机理。

---

① 《马克思恩格斯选集》第 1 卷，人民出版社 2012 年版，第 699 页。

（1）马克思主义科学理论的引导

首先，科学共产主义学说——中国红色文化的理论基础。马克思站在全人类的高度，以世界历史发展为背景，热切关注世界各国的政局变化。1851年起，他开始为美、英等国部分报刊撰写时评，尤其关注影响较大的国际问题，其中也涉及中国问题。他梳理和分析了中国社会的特点，批驳和谴责列强对中国的欺凌与掠夺，对中国人民的顽强抵抗尤为赞赏，并对中国革命前途抱有殷切期望。作为兼具科学和道义优势的伟大学说，马克思主义一再向我们展示出穿越时空的洞察力、预见性和阐释能力。

科学共产主义学说坚持以马克思主义唯物史观为理论前提，运用历史唯物主义的基本原理对资本主义社会的经济、政治、思想以及发展脉络和发展趋势进行深度分析。科学共产主义学说的研究对象是全部社会关系，其任务在于探索实现共产主义理想的各种现实的可能的途径。俄国共产主义运动的成功和中国社会主义制度的确立，以及两国社会主义实践的顺利推进，都是坚持科学共产主义学说的成功典范。科学共产主义学说不是坐而论道的空谈，它是经过革命实践检验的真理性学说，是包括无产阶级在内的全人类利益的集中体现。中国红色文化，作为中国特色的共产主义文化，伴随着中国共产党的诞生而萌生，坚定的共产主义理想信念是其核心价值理念之一。中国红色文化是科学共产主义学说在中国特定背景下的文化体现，科学共产主义学说是中国红色文化的理论指南。

其次，马克思主义意识形态学说——中国红色文化的思想指南。改革开放新时期以来，我国经济领域呈现经济体制和分配方式的多样化，与之相伴随的是文化和思想领域的多元化价值取向，各种社会思潮纷至沓来。以何种意识形态理论为思想指南有效抵制各种非社会主义和反社会主义思潮对我国主流意识形态的冲击，成为学界关注和研究的热点。有学者指出，作为历史唯物主义重要组成部分的马克思主义意识形态理论能担此重任，应对各种错误思潮的冲击。中国红色文化作为马克思主义中国化的文化形态，也是中国主流意识形态体系中的重要文化资源，与社会主义先进文化和中华优秀传统文化一起构成我国文化自信的三大主体，有助于抵制各种错误思潮和观点的冲击与挑战。

无论是政治领域的对抗性矛盾还是思想领域的理论交锋和意识冲突，都是社会经济生活的写照和体现，其根源都在于社会分工。我国意识形态领域的纷纷扰扰，说到底是经济领域复杂性和多样性的体现与表征。经济工作和意识形态工作如果搞不好，对国家和民族而言意味着灾难。加强意识形态建设是政府和社会的共同职责。20世纪90年代以来，随着东欧剧变和苏联解体，唱衰社会主义的声音再度高昂，社会主义意识形态建设面临多方压力和挑战。习近平总书记在2013年全国宣传思想工作会议上强调："经济建设是党的中心工作，意识形态工作是党的一项极端重要的工作。"① 抓好经济建设工作和意识形态工作是党和政府不可推卸的职责。只有两项工作都做好，才能最大限度地增强国家实力，才能最大限度地满足和丰富人民群众的物质生活和精神生活，才能真正持续有序地推进中国特色社会主义事业不断向前发展。

马克思主义意识形态理论是一个多维概念，可以从批判维度和建构维度进行理解。所谓批判，就是对商品、货币和资本崇拜的批判；所谓建构，则是以意识形态概念的描述为逻辑起点，重视意识形态理论的研究和建设。鉴于对马克思主义意识形态理论两个维度的理解，我们能够领悟到的是，在社会主义意识形态建设过程中，在加强意识形态建构、创新意识形态体系、为社会主义建设提供有力的精神动力和智力支持的同时，也要加强对意识形态领域错误观点的批判。一直以来，我们更多地注重了建构维度，一味地加强意识形态体系的建设，而在一定程度上忽略了批判维度，致使各种错误思潮甚嚣尘上，成为我国思想领域的一大顽疾，直接影响到我国思想建设、政治建设和经济发展。

面对意识形态建设滞后的问题，从中央到地方都给予了足够的重视。问题是如何加强意识形态建设？以何种思想文化形态作为意识形态建设的文化资源成为我们面临的迫切难题。习近平总书记对此作出了清晰的回答，中华优秀传统文化、革命文化和社会主义先进文化，共同构成我国文化发展和文化自信的主体。蕴涵革命文化在内的中国红色文化作为中国革命、建设和改革过程的历史见证，是马克思主义中国化的文化形态，是意识形态建设的优质文化资源。在社会主义意识形态建设过程中，中国红色文化可从两方面发挥显著作用：一方面有助于充盈意识形态建设的文化资源宝库，为我国意识形态建设提供优质文化基因；另一方面有助于以历史再现的方式向全社会展示马克思主义中国化理论的科学性和先

---

① 《习近平著作选读》第一卷，人民出版社2023年版，第147页。

进性，对错误思潮的侵袭具有无可辩驳的抵制作用。马克思主义意识形态理论在中国红色文化的生成、发展和转型升级的历史脉络中发挥着思想指南的作用，确保了红色文化的正确方向。

最后，马克思主义文化理论——中国红色文化的文化导向。马克思主义文化理论是马克思主义理论体系的重要组成部分，经过列宁的阐发，加之几代中国共产党人的丰富和发展，实现了马克思主义文化理论的中国化，并形成了当下呈现在我们面前的完善、科学、成熟的理论体系。中国化的马克思主义文化理论是指导中国特色社会主义文化建设的理论指南，更是中国红色文化发展的理论源泉。

马克思主义文化理论是集理论性、实践性和思想性为一体的科学理论体系，其内在逻辑是从抽象到具体、从理论到实践，并通过一系列基本范畴的展开逐步推进，即从"文化存在"到"文化关系"，再到"文化发展"，最后到"文化建设"。马克思主义文化理论是将对文化的本质认识建立在劳动实践基础之上，并以此为标准将马克思主义文化理论与其他文化流派划清了界限。马克思主义文化理论以唯物主义基本原理为理论根据，以无产阶级革命和社会主义建设为实践依据，充分彰显了文化的意识形态属性、生产力属性、软实力属性、民族性以及其相对独立性。中国红色文化作为文化形态的一种，具有文化的一般功用，在意识形态建设、推动生产力发展、增强国家软实力、增强民族凝聚力、展现民族特色等方面具有与众不同的作用。

作为社会主义先进文化重要组成部分的中国红色文化，是在特定历史条件和时代背景以及文化底蕴的共同衬托下积淀而成，不能孤立地看待和理解它。在弘扬与培育中国红色文化的过程中，必须将其放在经济、政治、社会等各方面建设的大环境中；否则，将事倍功半，难以收到预期成效。科学定位中国红色文化的历史形态，有助于正确认识和把握中国红色文化的历史价值，有助于中国红色文化的与时俱进与推陈出新，还有助于克服其认识取向上的错误倾向。我们既不能将中国红色文化理解为脱离现实的僵化精神状态，也不能将其理解为超越现实条件的自由意志选择，而只能结合其所处的特定历史条件进行实事求是的理解与认识。

有学者指出，"今日中国的问题，……其最内在的本质是一个文化问题。"

"中国近百年来的危机，根本上是一个文化的危机。"① 可见，"文化问题""文化危机"牵动着整个国家和民族的发展与进步。马克思主义文化理论对包括红色文化建设在内的中国特色社会主义文化建设的重要意义由此得以体现。马克思主义文化理论是分析和解决中国特色社会主义文化建设中的重大问题的思想武器，是中国红色文化的文化纲领。

（2）中国革命实践的锤炼

首先，马克思主义认识论——中国红色文化产生与发展的认识论基础。革命和改革开放是当代中国马克思主义文化理论形成和发展的基本历史境遇。作为马克思主义文化理论的继承和发展，毛泽东思想的文化理论是带着近代中国救亡图存的革命诉求而形成的，是近代中国革命历程的真实写照和文化诉求，革命性贯穿其中，完成中国革命的历史使命、实现中华民族独立和中国人民解放是其始终不渝的历史使命。毛泽东思想的文化理论是近代中国社会综合因素共同滋养的结果，其中包括马克思主义认识论的逻辑架构、近代中国发展历程的触动和中国革命实践的锤炼。

马克思主义认识论认为，实践决定认识，认识反作用于实践；人的认识要经历感性认识到理性认识的必然发展阶段；随着实践的改变，认识也会发生相应的变化。正如毛泽东所言，"一定的文化（当作观念形态的文化）是一定社会的政治和经济的反映，又给予伟大影响和作用于一定社会的政治和经济。"② 经济、政治的发展变化必然引发文化及其表现形态的相应变化，这是马克思主义认识论在社会发展中的真实展现。马克思主义认识论为中国红色文化的产生与发展演变提供了认识论基础。

中国红色文化的生成与发展伴随着中国共产党的发展壮大同步进行，深受所处时代的经济和政治状况的影响。革命战争年代，求独立、求解放是每一个中华儿女的呼声，爱国主义、团结奋斗成为时代的主旋律；社会主义建设时期，求生存、求发展是中华人民共和国的第一诉求，自强不息、奋发图强精神成为时代的主旋律；改革开放新时期，求富强、求复兴成为我们每一个中国人的共同心愿，

---

① 贺麟：《儒家思想的新开展》，载《思想与时代》1941 年第 1 期。
② 《毛泽东选集》第二卷，人民出版社 1991 年版，第 663-664 页。

改革创新、理性爱国成为时代的最强音。

其次，近代中国发展历程——中国红色文化产生与发展的时代背景。中国红色文化产生与发展的时代是特定的经济政治文化的发展阶段。当时社会的整体特点是：半殖民地半封建的社会形态；民族矛盾与阶级矛盾交织。意即，中国红色文化产生与发展的时代背景就是近代中国社会的发展历程。

1840 年以来，中国社会历经了长期动荡不安、国内外矛盾凸显、阶级斗争复杂尖锐的历史时段，中华儿女为了民族解放和国家独立，屡经沧桑、浴血奋战，终于打败日本侵略者、推翻国民党反动政府，建立了新生的人民政权；中华人民共和国成立以后，新生的中华人民共和国为了国家富强和人民幸福，进行了持续不断的变革和努力。努力的征程中，有坎坷、有崎岖、有牺牲、有屈辱，但总有那么一股力量支撑着每一个有志于国家和民族振兴发展的中华儿女励精图治、愈挫愈勇，这股力量就是"求民族之独立，求人民之解放，求国家之富强，求人民之幸福"。中国近代史，既是中华民族的苦难史和屈辱史，更是中华儿女的抗争史和光荣史。在同苦难和屈辱进行奋起抗争的过程中，产生了思考、形成了理论，试图实现民族独立、人民解放、国家富强、人民幸福的良好夙愿。这些抗争、思考和实践的过程，为中国红色文化提供了适宜的土壤，成为其产生和发展的时代背景。

革命与战争是 20 世纪上半叶的时代主题，西方资本主义国家的欺凌与被压迫民族的反抗构成了当时的历史图景，争取民族独立和人民解放成为广大受压迫民族和国家的奋斗目标。中国红色文化正是在这样一种历史背景下产生并向前发展的。

最后，中国革命实践——中国红色文化产生与发展的实践基础。中国红色文化从中国革命的实践中产生，也在中国革命的实践中发挥巨大的推动作用，并进一步推动中国革命继续发展。毛泽东曾明确指出革命文化对革命发展的重要意义，认为"革命文化，对于人民大众，是革命的有力武器。革命文化，在革命前，是革命的思想准备；在革命中，是革命总战线中的一条必要和重要的战线。而革命的文化工作者，就是这个文化战线上的各级指挥员。'没有革命的理论，就不会有革命的运动'，可见革命的文化运动对于革命的实践运动具有何等的重要性。"①

中国红色文化承载了中国革命、建设和改革开放等不同历史时期的努力与艰辛，其核心理念是在战争连年的新民主主义革命时期形成，在随后的历史发展脉络中，随着时代环境的改变，不断对红色文化的核心部分进行加工改造与传承发扬。任何文化形态都是特定历史条件综合促成的产物，中国红色文化也不例外。鸦片战争的爆发，标志着中国进入了近代化阶段。随之，中国社会的阶级状况变得更为复杂，彼此之间的矛盾纷繁交错：既有中华民族与帝国主义之间的民族矛盾，又有人民大众与封建地主阶级的阶级矛盾，还交织着中国民族资产阶级与帝国主义、封建主义之间的矛盾、封建地主阶级与帝国主义之间的矛盾等。矛盾暗含着冲突，中国共产党的革命实践就是在这样矛盾复杂、冲突激烈的历史背景之下展开的，这就内在地决定了中国革命实践的艰巨性、复杂性、长期性和曲折性，决定了中国共产党领导中国人民进行革命实践需要付出更多的努力和更足够的智慧，中国红色文化便在这种努力奋战与智慧释放的革命实践中生成了。正是缘于革命的难度史无前例，使得中国共产党领导人民群众以非一般的精神意志战胜了各种艰难曲折，铸就了富有先进性、大众性、民族性、包容性、继承性和时代性的中国红色文化。

（3）中国共产党的引领

首先，思想引领——中国共产党文化建设思想解析。恩格斯曾经说过，"文化上的每一个进步，都是迈向自由的一步"。② 中国共产党在文化建设上的每一点努力，其目的都是实现人的全面自由发展。建党一百多年来，党的文化建设始终坚守以思想文化上的觉醒和觉悟，来把握前进方向、凝聚奋斗力量、推动事业发展。

中国共产党文化建设思想的源头可以追溯到19世纪末20世纪初。经历了洋务运动成效甚微和甲午中日战争惨败的统治阶级中的先进知识分子，将救国方略由器物层面、技术层面转移到了制度层面，他们以"预备立宪"为幌子，妄想延续封建统治秩序。辛亥革命将他们的迷梦彻底打破，绵延2000多年的封建统治

---

① 《毛泽东选集》第二卷，人民出版社1991年版，第708页。
② 《马克思恩格斯选集》第3卷，人民出版社2012年版，第492页。

终于被推翻了。民主共和观念随着革命的推进而深入人心，许多仁人志士在接触西方理念的过程中意识到，中国的失败不仅仅是战争的失败和经济的落后，更深层的原因则在于文化的落后，因此，真正要革新的是文化思想。新文化运动便在这样的时代诉求和历史背景下发生了。新文化运动的精神领袖陈独秀、李大钊等极力批判旧文化、传播新文化，为中国共产党的诞生奠定了思想基础。

初创时期的中国共产党在文化建设上推行的举措包括以下方面：一是对旧文化的彻底批判。在这方面贡献较大的有陈独秀、李大钊等人。他们认为中国落后的根源在于文化的落后。他们强调，以儒家文化为正统的封建文化"已不适于今日之时代精神"，为实现中国的发展，不得不"冲决过去历史之罗网，破坏陈腐学说之囹圄"。二是对新文化的积极追求。破旧立新，是我们党在文化建设上的基本原则。立新，何为"新"？这是站在文化思想建设前端的每一位精神领袖都在思考的问题。李大钊认为，社会主义文化是"第三种文明"，是文化发展的前进方向。马克思列宁主义从此进入中国共产党的视野，成为中国共产党的指导思想，坚持将马克思主义作为我们党的指导思想。三是以大众化为文化发展的基本方向。新生的中国共产党致力于建设属于人民群众自己的文化理论体系。陈独秀、李大钊等积极号召知识分子走入工人群众中去，毛泽东就是在这种潮流下进入了安源煤矿，开始了领导工人运动的征程，走上了领导中国革命的道路。

井冈山革命道路的开辟和中华苏维埃临时中央政府的成立，标志着中国共产党取得了局部执政的机会和权力。在其领导和管辖的范围内，中国共产党将自己的文化建设思想付诸实践，以实现人的全面自由发展。在党局部执政阶段，因所处外围环境的不同，分处土地革命时期、抗日战争时期和解放战争时期，我党均从当时的历史实际出发，坚持以先进文化为引领，带领中国人民最终取得了中华民族的独立和中国人民的解放，建立了中华人民共和国，实现了人民民主专政。

中华人民共和国成立后，党的文化建设思想随着社会现状的变化发生了相应的变化，呈现出不同的阶段，分别是：向社会主义过渡、全面建设社会主义和"文化大革命"。这一时期中国的文化建设思想有正确有错误，有前进有反复，无论其过程何其艰辛，最终都在党的领导下顺利地走过来了。这本身就是文化建设思想的成功。

其次，实践引领——中国共产党代表先进文化的发展方向。"文化的生命力在于它能否反映时代的精神，在于它对社会进步是否关心，对社会进步所起的作用如何。"文化的生命力在于文化的先进性和引领作用的发挥。建党一百多年来，中国共产党在投身中国革命、建设和改革的历史实践中，始终以先进性为标准来要求自己在文化建设上的政策和举措。

从党的诞生来看，它是先进文化的产物。五四新文化运动的兴起为马克思主义在中国的广泛传播营造了良好的氛围、储备了大批思想先进的知识分子，为中国共产党的成立奠定了思想基础和人才基础。这些具有共产主义理想的先进知识分子，深入人民群众，深入了解中国的真实情况，用马克思主义理论和方法尝试解决中国的社会问题，客观上起到了宣传马克思主义的实际效果。在思想基础、阶级力量、人才队伍等各方面条件具备的情况下，代表广大无产阶级利益的中国共产党于 1921 年 7 月在上海诞生了。

中国共产党的成立使中国革命的面貌发生了深刻变化。从此，中国革命在党的领导下，坚持以马克思主义为指导思想，以民族独立和人民解放为奋斗目标，开始了与帝国主义国家和本国反动力量斗争的过程。中国共产党是唯物史观指导下的党，在文化建设上采取科学的态度：一方面，厘清中国国情，探明中国实际，积极学习传播马克思主义文化理论；另一方面，对中国传统文化采取扬弃的态度，对适合社会发展和进步的文化继续发扬和传承，对阻碍社会发展和进步的封建文化遗毒则毫不犹豫地舍弃。以毛泽东为代表的中国共产党意欲在中国建立的是"中华民族的新文化"，即"民族的科学的大众的文化"。

中华人民共和国的诞生为中国共产党在全国范围内的全面执政奠定了政治基础，从此，中国共产党将其在经济、政治、文化等方面的建设举措在全国推广实行，在中国大地上营造了良好的文化建设氛围。可惜的是，中华人民共和国文化建设的先进方向和正确方针被"文化大革命"冲断。

改革开放以来，"实事求是"思想路线的重新确立为中国共产党思想文化建设创造了良好的舆论环境，党的文化建设又重新回归到良性发展道路上来。"科学技术是第一生产力""两手抓，两手都要硬""知识改变命运""建设中国特色社会主义文化""三个代表""科学发展观"等全新理念在我国的社会主义文化建设中得到凸显。这些理念的确立为改革开放的顺利推进和社会主义现代化建设提供了精神动力和智力支持，也推动了良好社会环境的建设和良好社会氛围的构建。

党的十八大以来，党领导下的社会主义文化建设呈现新的特点。运用马克思主义的理论和方法，加强对中华优秀传统文化和革命传统文化的重视与提倡，成为我国文化建设中的新亮点。

纵观建党一百多年来的历史不难发现，重视文化建设是我们党的基本方针。中国共产党既是先进文化的受益者，又是先进文化的继承者和弘扬者。中国共产党在文化建设上始终坚守先进性原则不动摇。尽管这一百多年的历史实践中有曲折甚至有反复，但放到历史长河中进行考量，我们不得不说，我们党一直行进在先进文化建设的征程上。

（4）中华优秀传统文化的熏陶

首先，中华优秀传统文化的精髓与中国红色文化的关系。中华优秀传统文化是中国红色文化生成的文化来源之一，中国红色文化是对中华优秀传统文化的继承和发展。中华优秀传统文化和中国红色文化之间是源与流、继承与发展的关系。中华优秀传统文化为中国红色文化的生成提供文化土壤，为中国红色文化的传播提供文化氛围，为中国红色文化的转型升级提供文化原动力。

中华优秀传统文化是红色文化之源。中国红色文化的生成与发展建立在中华优秀传统文化繁荣昌盛的基础之上。毛泽东是对传统文化进行吸收和改造的成功典范。毛泽东深受以湖湘文化为代表的儒家文化影响，大量阅读文献古籍，并对马克思主义理论和西方文明有益成果进行联合创新，形成了马克思主义中国化的第一大理论成果——毛泽东思想。毛泽东思想形成和运用的过程，就是毛泽东在马克思主义理论的科学指导下，扬弃中国传统文化、指导中国革命前进的过程。毛泽东倡导"洋为中用""古为今用"等理念，他的一生都在忠实地践行中国传统文化的精髓。这一点从他的文章、讲话以及书信当中可以深切地体会到。

中国红色文化是中华优秀传统文化之流。中国红色文化的发展是对中国传统文化的继承和创新，是对革命、建设和改革开放时期中国社会现实的文化写照。革命战争年代，面临外敌压迫和国内尖锐的阶级斗争，中国共产党引领下的红色文化表现为爱国奉献、团结奋进等精神风貌，这种精神风貌的全民推动促成了中国革命的胜利，建立了中华人民共和国，实现了人民当家作主的美好夙愿。社会主义建设年代，面对以美国为首的西方国家的经济封锁和政治包围，植根于一穷二白、满目疮痍的旧中国留下的烂摊子，中国共产党指导下的红色文化表现为克勤克俭、锐意进取等精神风貌，取得了中国社会主义建设的巨大成功，实现了国家和民族的自力更生与自强不息。改革开放新时期，随着国际形势的瞬息万变，全球化时代向我们扑面而来，各种挑战和压力与日俱增，中国红色文化以锐意改革、积极创新、爱国敬业、勇于担当等精神面貌向世界昭示着中国的力量，雄起的中国傲然屹立于世界的东方。

其次，中华优秀传统文化为红色文化的孕育提供文化土壤。中华优秀传统文化的发展对我国过去、现在以至将来的影响都是巨大的，党和国家历任领导人非常重视对中国传统文化的吸收与转化，因为它是我国文化建设的文化土壤，当然，也是孕育中国红色文化的文化土壤。

毛泽东充分肯定我国的优秀文化传统。他指出，"我们这个民族有数千年的历史，有它的特点，有它的许多珍贵品。对于这些，我们还是小学生。今天的中国是历史的中国的一个发展；我们是马克思主义的历史主义者，我们不应当割断历史。从孔夫子到孙中山，我们应当给以总结，承继这一份珍贵的遗产。"[①] 对中华民族的优秀传统文化，我们应该以"马克思主义的历史主义者"态度，认真进行总结和承继。科学厘清我国历史文化遗产的优劣，扬长避短，是以毛泽东为代表的中国共产党人对待我国优秀传统文化的一贯主张，在指导我国的民族解放运动中发挥过巨大的推动作用。邓小平特别提倡用传统文化中的优秀成分去影响和塑造人民群众崇高的思想道德素质。他从传统文化中汲取爱国主义优良传统，极力倡导"必须发扬爱国主义精神，提高民族自尊心和民族自信心"。江泽民同志特别注重从历史典籍中汲取养分，谋求治国安邦的有效对策。他尤其强调以人为本，谋求长治久安，并极力倡导中国古代的"和"文化，力图在多彩的世界中实现"和而不同"的美好夙愿。胡锦涛同志则大力弘扬中华文化，致力于建设中华民族共有的精神家园。他强调，中华文化是中华民族生生不息、团结奋进的不竭动力。只有全面认识祖国的传统文化，取其精华，去其糟粕，才能使它与当代社会同步，充分彰显其民族性和时代性。习近平同志具有传承和弘扬中华优秀传统文化的独特认知和深厚情感。他认为，中华文化积淀着中华民族最深沉的精神

---

① 《毛泽东选集》第二卷，人民出版社 1991 年版，第 533-544 页。

追求，是中华民族生生不息、发展壮大的丰厚滋养，是中华民族的突出优势，是我们最深厚的文化软实力。"只有坚持从历史走向未来，从延续民族文化血脉中开拓前进，我们才能做好今天的事业。"① 在习近平总书记的倡导与推崇下，全社会兴起了重传统、学传统、用传统的新风尚。

中国传统文化源远流长，精华与糟粕并存是其基本特征，扬弃是对其最合理的态度与做法。本着这样的态度和初衷，梳理中国传统文化的优秀养分，有助于厘清中国红色文化的传统文化之源，探明中国红色文化的生存土壤。中国红色文化的孕育就是在这样的文化土壤上生成的。它萃取了中国传统文化和谐、刚健、勤勉、包容、责任之精髓，并将其发扬光大，形成了独具特色的核心价值理念，即坚定的共产主义理想；始终不渝坚守群众路线；实事求是的思想路线；艰苦奋斗，改革创新；团结一致，爱国爱民。

最后，中华优秀传统文化为中国红色文化的传播创设文化氛围。中华优秀传统文化的历史同中华民族的历史一样源远流长，华夏儿女在优秀传统文化的滋养下创造了累累硕果，推动着中华优秀传统文化的进一步发展与创新。中国红色文化的生成、发展与传播都是在现有的文化氛围中展开的，中华优秀传统文化为中国红色文化的传播创造了文化氛围。

近代中国历史是一部帝国主义侵略中国的历史，更是中国人民奋起反抗的历史。历经沧桑而不倒、饱受磨难而不衰，这是对中华民族近代以来苦难经历的真实写照。试问：是什么力量支撑着中华民族和中华儿女在苦难和沧桑中前行呢？这就是民族精神。党的十八大报告强调："大力弘扬民族精神和时代精神，深入开展爱国主义、集体主义、社会主义教育，丰富人民精神世界，增强人民精神力量。"历史的锤炼铸就中华民族形成了伟大民族精神，并以无形的方式内嵌到中国共产党领导人民群众培育和创造的红色文化形态中，从而诞生了井冈山精神、苏区精神、长征精神、延安精神、西柏坡精神等新民主主义时期的红色文化形态，还有大庆精神、雷锋精神、"两弹一星"精神等社会主义建设时期的红色文化形态，以及创业精神、抗洪精神、抗震救灾精神、奥运精神等改革开放时期的红色文化形态。这些精神虽然在语言表达和呈现方式上各不相同，但其核心价值

---

① 《习近平著作选读》第一卷，人民出版社 2023 年版，第 283 页。

观是相通的，即爱国爱民、自强不息的民族精神的彰显。

"天行健，君子以自强不息"，这句脍炙人口的传世格言在中华民族流传了几千年，生动地表达了中华民族生生不息的历史事实。中华民族能历经挫折而不倒、历经打击而不灭，靠的就是这种奋发有为、自强不息、坚忍不拔、与时俱进的精神。在自强精神的熏陶下，中国共产党从50多人的小党派发展为至今9800多万党员的执政党，应对了国民党的疯狂迫害，应对了日本侵略者的恣意践踏，应对了以美国为首的西方国家严酷封锁，更应对了来自自然界的种种灾难和摧残。但最终我们都挺过来了，我们不能不说自强精神在中国共产党的发展壮大和中华民族的繁衍生息历程中起到了精神支柱的中流砥柱作用。中国红色文化吸收和传承了这种自强不息的精神，弘扬和推动了与时俱进精神的创新型改造，形成了开拓进取、奋发向上的精神品质。土地革命战争时期，国民党对中央苏区进行了军事围剿外加经济封锁，外面货物无法进入苏区，人民群众的基本生活无法得到保障，苏区经济雪上加霜。中国共产党领导下的中华苏维埃临时中央政府不能坐以待毙、置广大人民群众的切身利益于不顾，而是以自强不息、勇于创新的精神组织和创建了各种类型的合作社，最终克服了群众生活上的困窘。合作社的发展改善了人民群众的生活现状，也扩大了中央苏区的经济基础，为中华苏维埃共和国的发展与壮大打下了经济基础。

"民惟邦本，本固邦宁"是儒家先祖孔子提出的政治主张，告诫统治者要重视人民群众的感受，因为只有人民群众安守本分，国家才能安宁。中国红色文化的先进性和大众性特征决定了其"全心全意为人民服务的无私精神"。中国共产党自成立之日起，坚守的基本原则就是"我们党除了人民利益，没有自己的特殊利益"。无论是在战火纷飞的革命战争年代，还是在举步维艰的社会主义建设时期，以及"摸着石头过河"的改革开放新时期，中国共产党始终坚持全心全意为人民服务的宗旨，坚持"一切为了群众，一切依靠群众。从群众中来，到群众中去"的工作路线，把群众路线当作"党的生命线和根本工作路线"，带领全党"真心实意地为群众谋利益"。

中华优秀传统文化体系中的民族精神、自强精神和民本思想为红色文化的推广起到了创设良好氛围的作用，为中国红色文化的传播普及和深化发展奠定了思想基础。

三、红色文化的时代价值

文化是一种精神上的普遍需求、内在需求和终生相伴的基本需求，其价值在于对作为历史主体的人的塑造。如果文化不转化为主体的存在形式，而只是停留在客体存在形式上，便不能维持自己的继续存在，更谈不上发展。红色文化作为一种先进的、高尚的、公正的、大众的文化，承载了中国恢宏的历史篇章，具有丰厚的思想内涵和精神实质，对于坚持走中国特色社会主义文化发展道路，弘扬中国精神，促进全民的自由全面发展具有重大指导意义。在市场经济深入发展、文化改革力度加大、各种思想文化激荡碰撞的时代背景下，社会的深刻变革正引起人们思想意识、价值观念的深刻变化，红色文化的传承发展对于教育人、培养人具有十分重要的价值。红色文化教育价值主要表现为导向价值、激发价值、示范价值和保障价值。

1. 理想信念的导向价值

理想信念是主体对客体持久稳定的确信心态和价值认同，是价值意识活动的调节中枢和最高主宰，是世界观、人生观、价值观和事业观的最高统摄，是选择精神追求的最高准则。理想信念是一个人世界观、人生观和价值观的深层凝聚，从本质上反映着人的思想意识、精神面貌、价值追求。以共产主义远大理想和中国特色社会主义共同理想为核心内容的革命理想，是决定中国社会主义事业成败的思想基础和行动指南。红色文化以马克思主义为指导，以共产主义最终奋斗目标为核心精神，充分彰显着共产党人、革命战士和人民大众打破旧社会、建立新社会、创造新生活的美好愿望。红色人物、红色事件以及红色精神中包含的理想信念是新时期加强理想信念教育的重要素材，弘扬红色文化有助于引导人们坚定马克思主义信仰，坚定革命理想。

（1）共产主义理想是红色文化的灵魂

共产主义是人类社会的最后一个社会形态，也是人类对未来的美好憧憬和向往，成为社会进步和人类发展的根本指针。我们党就是通过把共产主义这一崇高理想熔铸在建设中华民族新文化的生动实践而动员、组织和凝聚起最广大的劳苦群众，克服重重困难，取得了革命、建设和改革的一个又一个伟大胜利。红色文化是以共产主义为指导的中国先进文化的优秀代表和集中体现，而共产主义是红色文化的灵魂，是红色文化历久弥新、永放光芒的内在精神引领。

首先，共产主义是人类社会最高理想。共产主义社会是人类最进步、最美好的社会制度，是人类最崇高的社会理想。马克思通过"两个伟大发现"，即唯物史观和剩余价值学说，实现了社会主义从空想到科学的发展，预测了人类社会发展的总趋势，提出资本主义必然灭亡、共产主义必然胜利的科学论断，为无产阶级革命斗争指明了前进方向。共产主义不仅是一种政治理想和社会制度，也是一种消灭现存状况特别是消灭资本主义私有制的富有革命性变革意义的重大社会实践运动。共产主义是关于无产阶级解放的条件的学说，实现包括无产阶级在内的全人类的解放是共产主义革命的最高理想和最终奋斗目标。以马克思主义为指导的无产阶级和广大劳动群众进行革命斗争的历史使命和奋斗目标，就是建立共产主义社会，实现全人类的彻底解放。共产主义社会的基本特征表现为：第一，社会生产力高度发展和物质财富极大丰富；第二，实行社会公有制和按需分配；第三，经济的计划调节管理和商品经济的消失，进入产品经济形态；第四，阶级的消灭和国家的自行消亡；第五，全体社会成员都具有高度的思想觉悟和道德品质，人们的精神境界得到极大提高。马克思在1875年写的《哥达纲领批判》这篇文章中指出："在共产主义社会高级阶段，在迫使个人奴隶般地服从分工的情形已经消失，从而脑力劳动和体力劳动的对立也随之消失之后；在劳动已经不仅仅是谋生的手段，而且本身成了生活的第一需要之后；在随着个人的全面发展，他们的生产力也增长起来，而集体财富的一切源泉都充分涌流之后，——只有在那个时候，才能完全超出资产阶级权利的狭隘眼界，社会才能在自己的旗帜上写上：各尽所能，按需分配！"① 因此，共产主义是人类社会发展的高级阶段，是人类最崇高最理想的社会制度。

共产主义社会是人超越异化状态、克服必然性的束缚和纠缠、从"必然王国"真正迈入"自由王国"的历史阶段，是人的本质力量充分彰显、人充分占有自身本质力量的历史阶段，也是人走向自由而全面发展的历史阶段。人的自由

---

① 《马克思恩格斯文集》第3卷，人民出版社2009年版，第435-436页。

而全面发展是共产主义社会的本质性规定和根本特征。马克思根据经济形态的演变，把人类社会划分为自然经济、商品经济和产品经济三大阶段，与此相对应，人的发展呈现出人的依附性、人的相对独立性和人的自由个性三个阶段。共产主义社会处于产品经济阶段，因而是人的自由个性充分发展的历史阶段。正如马克思、恩格斯在《共产党宣言》中科学预测的那样："代替那存在着阶级和阶级对立的资产阶级旧社会的，将是这样一个联合体，在那里，每个人的自由发展是一切人的自由发展的条件。"① 人的自由而全面发展，是与无产阶级的解放乃至全人类的最终彻底解放相一致的，是马克思主义的最高理想，也是共产主义崇高理想的本质体现。推动和实现人的自由全面发展是马克思主义关于建设社会主义新社会的本质要求。总之，共产主义理想是建立在人类社会发展规律之上的科学的社会理想。共产主义信仰是最科学的信仰，是无产阶级政党的精神支柱和奋斗目标，也是无产阶级文化价值观的集中体现。有没有崇高而一贯的共产主义理想信念，是区分一切无产阶级政党和非无产阶级政党的根本标志，也是检验一切无产阶级政党先进性的试金石。中国共产党的性质决定了必须以实现共产主义作为最高理想和最终奋斗目标。共产主义信仰的纯洁和坚定，是我们党保持纯洁性和先进性最根本的立足点。

其次，共产主义理想是红色文化的精髓。红色文化是我们党思想精神上永不褪色的旗帜，崇高而坚定的理想信念就是这面旗帜永恒不变的背景色。崇高的共产主义理想是红色文化最为重要也最为根本的精神内核，是红色文化发展壮大的基石。一部红色文化发展史，就是一部中国共产党人为理想而战、为信念而守的壮丽史诗，生动记述着我们党把美好理想变成现实的稳健足迹。中国共产党自成立之日起就以实现共产主义作为最高纲领，坚定中国革命必然胜利的信心，并召集成千上万的劳苦大众向着共同的理想团结奋进。当共产主义理想信念成为中国劳苦大众的共同意识时，成为他们向往追求的共同目标时，这一理想信念也成为全社会共同的价值观念，把人们紧紧地团结起来。也正是由于理想信念的支撑，共产党人和人民群众在中国革命和建设的历史进程中都会拥有红色的灵魂。这灵魂不会因为生命的消亡而逝去，却将因为理想信念的坚定而保持永恒

---

① 《马克思恩格斯文集》第2卷，人民出版社2009年版，第53页。

的红色精神。

革命战争年代，无论革命形势如何变幻，中国共产党始终坚守真理，不怕牺牲，面对生死抉择时，发出的惊天地、泣鬼神的浩然之气，可以看出共产主义理想的力量，也可以看出信念熔铸的一个个高尚的灵魂。共产主义先驱李大钊在被军阀杀害时，他以一个坦然地直立走进永恒。夏明翰在就义前高唱："砍头不要紧，只要主义真，杀了夏明翰，还有后来人。"《死！——共产主义的殉道者的记述》集中表现了方志敏作为一个共产主义者的赤胆忠心，方志敏在被敌人处死前大义凛然地说："敌人只能砍下我们的头颅，决不能动摇我们的信仰！因为我们信仰的主义，乃是宇宙的真理！"① 凭着这种坚定的革命理想信念，以毛泽东、朱德等为代表的老一辈革命家打破"红旗到底能打多久"的疑问，将井冈山斗争的星星之火燃遍中华大地。在革命实行战略大转移之时，无数共产党人经受住了长征途中的各种挑战，带领人民度过延安最困难的时期，迎来了抗日战争的胜利，并最终建立了中华人民共和国。在共产主义这一崭新而崇高的社会理想激励下，一批批共产党人克服了困难，经受住了考验，最终将新民主主义革命引向胜利。正如邓小平所言："我们多年奋斗就是为了共产主义，我们的信念理想就是要搞共产主义。在我们最困难的时期，共产主义的理想是我们的精神支柱，多少人牺牲就是为了实现这个理想。"②

正是凭借这种理想和信念，中国共产党人和中国人民谱写了中华民族自强不息、顽强奋进的壮丽史诗，中国人民的面貌、中国共产党的面貌、社会主义中国的面貌发生了历史性变化。红色文化本身不仅告诉人们应该树立远大的理想，而且也告诉人们要自觉为这一理想而艰苦奋斗。进入和平建设与改革开放新时期，无数共产党人为了国家富强和人民幸福继续艰苦奋斗、顽强拼搏，靠的仍是崇高的理想和坚定的信念。从共产主义战士雷锋到大庆"铁人"王进喜，从人民的好县委书记焦裕禄到新世纪的优秀干部郑培民……正是共产主义崇高理想和坚定信念让这些优秀的共产党人有了高尚的精神境界和精神追求，写下了社会主义革命和建设的灿烂乐章。反之，如果我们淡化、削弱抑或丢掉了共产主义这一精神支

---

① 《方志敏文集》，人民出版社 1985 年版，第 144 页。
② 《邓小平文选》第三卷，人民出版社 1993 年版，第 137 页。

撑和目标指引，我们就失去了最为根本最为宝贵的东西，我们的事业就会陷入曲折，甚至走向邪路。三十多年前，苏联解体、苏共败亡，最为根本也最为重要的原因就在于理想信念的迷失，尤其是苏联的党国精英首先背离了共产主义的崇高理想。美国学者大卫·科兹和费雷德·威尔认为，苏联的崩溃从根本上说，不是老百姓对社会主义厌恶了，不是戈尔巴乔夫的改革行不通，不是民族主义在其中作祟，也不是西方资本主义的颠覆——虽然这些因素都在其中起了各不相同的作用——最根本的，是上层利益选择的结果：党国精英中起主导作用的一部分人觉得资本主义更有吸引力，更能给他们带来实惠——经济的、政治的、地位的等，因此放弃了原本就不太坚定的理想，加入分割国家财产、抢夺社会政治地位的亲资本主义大潮当中。① 因此，我们要大力弘扬红色文化，始终高擎共产主义精神旗帜，为整个社会竖起一道理想信念的丰碑。

（2）红色文化是马克思主义信仰教育的重要载体

党的十八大指出："对马克思主义的信仰，对社会主义和共产主义的信念，是共产党人的政治灵魂，是共产党人经受住任何考验的精神支柱。"② 马克思主义深刻揭示了人类社会发展规律，坚定维护和发展最广大人民根本利益，是指引人民推动社会进步、创造美好生活的科学理论。马克思主义是社会主义国家意识形态的旗帜和灵魂，也是无产阶级执政党巩固执政地位的强大思想保证。红色文化的传承发展与马克思主义中国化、时代化、大众化具有高度一致性。红色文化建设的鲜活实践，成为共产党人和人民大众坚守马克思主义信仰的生动注脚。新时期弘扬红色文化，是对广大人民群众深入开展马克思主义信仰教育的重要载体，能够在全党全社会形成统一的指导思想，凝聚起强大的理论思维力。

首先，红色文化为马克思主义中国化提供文化支撑。马克思主义是中国共产党的立党之本。红色文化是在马克思主义指导下，我们党把中华民族优秀文化传统和西方思想文化之优长有机融合而创造形成的一种民族新文化形态，本质上是我们党倡导和推动建设的先进文化。红色文化不仅是马克思主义中国化、时代

---

① ［美］大卫·科兹、费雷德·威尔：《来自上层的革命》，中国人民大学出版社 2002 年版，第 332 页。

② 《十八大以来重要文献选编》（上），中央文献出版社 2014 年版，第 39 页。

化、大众化的结晶，而且反过来也进一步推动了马克思主义中国化、时代化、大众化，使马克思主义在中国展现出更加强劲的时代魅力。

马克思主义的传播和发展，为近代中国植入了一种崭新的理论体系和思维方式，也使中国传统文化获得了新生，客观上为中华民族新文化的创立和发展提供了一整套理论思维模式，也使中华民族站在了一个更高的历史起点上。正如恩格斯在《反杜林论》中明确指出："一个民族要想站在科学的最高峰：就一刻也不能没有理论思维。"① 同样，一个民族要屹立于世界先进民族之林，一刻也不能没有理论思维；一个政党要站在时代前列并引领时代潮流，一刻也离不开理论指导和理论发展。红色文化的生动实践，凝聚着中国共产党人、革命战士、先进知识分子和广大人民群众坚定的马克思主义信仰和敢于胜利的革命信念，推动马克思主义科学理论进一步同中国革命实践、中国历史和中国文化更加紧密地结合起来，提升了中国人民的文化自觉和文化自信。中华人民共和国成立前，毛泽东充满自信地指出："自从中国人学会了马克思列宁主义以后，中国人在精神上就由被动转入主动。从这时起，近代世界历史上那种看不起中国人、看不起中国文化的时代应当完结了。伟大的胜利的中国人民解放战争和人民大革命，已经复兴了并正在复兴着伟大的中国人民的文化。这种中国人民的文化，就其精神方面来说，已经超过了整个资本主义的世界。"②

正是在红色文化引领下，我们党以思想文化的新觉醒，促进了马克思主义中国化的两大飞跃，产生了两大理论成果，即毛泽东思想和中国特色社会主义理论体系。红色文化成为孕育中国化马克思主义的精神文化高地。以毛泽东为代表的中国共产党开辟了一条中国特色革命道路，确立了党对军队绝对领导和通过整风形式加强党的建设等重要原则，提出了社会主义改造理论，成功实现了从新民主主义社会向社会主义社会的过渡，形成了毛泽东思想的完整体系。改革开放以来，红色文化的发展焕发出新的生机活力，红色文化的思想内涵贯穿于中国特色社会主义理论体系全过程。红色文化的传承发展科学地揭示了马克思主义与中国革命和建设实际相结合的历史进程及其规律性、必然性，使人们坚定马克思主义

---

① 《马克思恩格斯文集》第 9 卷，人民出版社 2009 年版，第 437 页。
② 《毛泽东选集》第 4 卷，人民出版社 1991 年版，第 1516 页。

信仰是一种科学的信仰，信仰马克思主义就是尊重百余年来中国人民的英勇抗争史，就是珍惜今天来之不易的幸福生活。

其次，传承红色文化有利于引导人们坚定马克思主义信仰。红色文化是具有中国特色的先进文化、民族文化，是实践特色、民族特色和时代特色的集中体现，既有特定条件的特定内涵又富有价值永恒和与时俱进的普遍意义。对马克思主义的信仰，是中国革命胜利的一种精神动力。红色文化见证了我们党坚持马克思主义并结合实际创造当代中国马克思主义的伟大历程，蕴藏了丰富的资源。弘扬红色文化可以使马克思主义理论教育更加直观生动，更加贴近现实生活，有助于广大群众在实践中体悟马克思主义理论的真谛，自觉用马克思主义理论武装头脑。

红色文化是对人们进行马克思主义理论教育的有效方式。当下，马克思主义理论教育通俗化、生动化、形象化做得不到位，存在照本宣科和空洞说教多，联系实际和宣传形式少等问题，缺乏生动活泼、群众乐于接受和喜爱的方式来创新理论传播，导致马克思主义在大众中的影响力吸引力日渐式微。红色文化在革命战争年代对促使马克思主义理论走向通俗化、生动化发挥着举足轻重的作用，在今天这个物质生活富裕、精神需求日益高涨的社会里仍然如此。每一首红歌、每一处红色遗址、每一个红色经典故事都展示了中华民族在前进道路上的伟大业绩，铭刻着一段历史，体现了一种精神。通过开展红色文化活动，不管是全国范围内的活动，还是地方省市组织的中小活动抑或群众自发组织的民间活动，都综合运用电视短片、现场串讲互动、背景音乐等形式，坚持思想性与艺术性、大道理与小节目的有机统一，生动形象地体现了马克思主义的道义力量和人文关怀，体现了中国特色社会主义理论体系蕴含的真、善、美，取得了"润物细无声"的教育效果。此外，近年来出现的红色经典改编热潮，融入了时尚元素，推出红色主旋律影视剧；为配合红色旅游，各地纷纷利用新媒体建立红色网上纪念馆，正在开启红色文化的网络之旅。实际上，通过各种各样的红色文化传承活动，当代中国马克思主义大众化做到了从灌输式的说教到渗透式的感召、从单向到双向互动、从封闭到开放的转变，实现了从抽象枯燥向生动、感性、趣味化的转变。

红色文化的发展有助于巩固马克思主义在意识形态领域的指导地位。早在俄国十月革命胜利后开展社会主义建设之时，列宁《在全俄省、县国民教育局政治教育委员会工作会议上的讲话》中明确指出："我们的任务是要战胜资本家的一切反抗，不仅是军事上和政治上的反抗，而且还是最深刻、最强烈的思想上的反抗。"① 当前，国际形势变幻莫测，经济全球化、文化全球化势不可当，中外思想文化交流、交融、交锋不断加剧，马克思主义面临着各种"反马"和"非马"的挑战。新自由主义、历史虚无主义等思潮，以及贴着马克思主义标签的封建迷信思想沉渣泛起。这些"反马"、"非马"与马克思主义的指导地位相抵触，对社会主义核心价值观念构成严重冲击。与此同时，伴随着中国的逐渐崛起，"中国威胁论""中国崩溃论"等甚嚣尘上，赞扬、捧杀、诽谤等声音交织混响，马克思主义"过时论"和"无用论"、社会主义"失败论"等错误言论模糊了人们的视线，动摇了人们对马克思主义的信仰和对中国特色社会主义的信心。能否继续坚持马克思主义在意识形态领域的指导地位，有效推进当代中国马克思主义大众化，取决于马克思主义与其他各种思潮对话及对其引导的能力。在当今多种意识形态斗争激烈的背景下，利用红色文化的优势，发挥红色文化的现实批判功能，加强对全党和广大群众进行马列主义、毛泽东思想和中国特色社会主义理论体系的思想武装，有助于巩固马克思主义的指导地位，抵制错误思潮的冲击，强化全国人民的精神支柱，为全面建成小康社会、实现中国梦奠定思想基础。

（3）红色文化有助于引导人们树立共同理想

中国特色社会主义是当代中国发展进步的根本方向，集中体现了最广大人民的根本利益和共同愿望。中国特色社会主义既符合科学社会主义的基本原理，同时又具有中国的特点。中国特色社会主义共同理想是凝聚全党全国各族人民的共同思想政治基础。在当代中国，只有中国特色社会主义才能超越阶层分化的界限而凝聚和调动起最广泛最充分的力量，也只有中国特色社会主义才能抵御各种错误思潮和模糊认识的干扰和阻挠从而发挥"定海神针"的作用，为改革开放和社会主义现代化建设指明前进的正确方向。红色文化建设的生动画卷，描绘着中国人民选择和走上中国特色社会主义道路的历史必然，是中国特色社会主义共同理想形成、铺展的文化根基。

首先，红色文化见证了"只有社会主义才能救中国，只有中国特色社会主义

---

① 《列宁专题文集（论社会主义）》，人民出版社 2009 年版，第 176 页。

才能发展中国"的历史必然性。一部红色文化发展史，见证了中国特色社会主义道路的开辟、中国特色社会主义理论体系的形成和中国特色社会主义制度的确立。红色革命道路与中国特色社会主义道路，红色革命理论与中国特色社会主义理论，红色革命制度与中国特色社会主义制度有着前后承继性的关系。红色文化中"真"的蕴含，就在于红色革命道路及其理论、制度的合理性、合规律性。

社会主义作为一种崭新的社会形态，与20世纪的中国发展结下了不解之缘，是历史和人民的选择。红色文化在这种选择中不断铺展，昭示着走中国特色社会主义道路的必然性。鸦片战争以后，面对资本主义入侵中国这一"数千年未有之变局"，无数仁人志士进行了艰辛探索。一代代中华儿女前仆后继，显示了中国人民反侵略反压迫的坚强意志和斗争精神，但也证明了资本主义在中国走不通、封建主义不能保全中国的道理。中国共产党成立后，选择了马克思主义作为中国革命的指导思想，选择了社会主义的前进方向和奋斗目标，中华民族才有了出路。革命时期，我们党就明确提出了中国革命坚持两步走，即民主主义革命是社会主义革命的必要准备，社会主义革命是民主主义革命的必然趋势。正是有了这样的理论指导，我们党独立自主开辟出了中国式的革命道路，取得了新民主主义革命胜利，并迅速向社会主义过渡，最终建立了社会主义制度。改革开放以来，我们党带领人民解放思想，在总结国内外经验教训的基础上，坚持把马克思主义的普遍真理同我国的具体实际结合起来，走自己的路，逐步走出了一条中国特色社会主义道路。红色文化见证了走中国特色社会主义道路的必然性、长期性和曲折性，是中国革命和建设历史的宝贵记忆。

红色文化的思想内涵和精神实质深深地贯穿于中国特色社会主义理论体系全过程。从邓小平理论到"三个代表"重要思想，再到科学发展观，都是以对红色文化的认同为前提、对红色精神进行传承和发展的理论呈现。邓小平同志提出要坚持"两手抓，两手都要硬"，并把培育"四有"新人作为精神文明建设的根本任务，牢固坚持四项基本原则，反对精神污染，抵制资产阶级自由化思潮。红色文化在改革开放新时期焕发出新的生机与活力，崇高的理想信念、巨大的创新动力、强烈的社会责任感滋润着以邓小平为代表的中国共产党人，为创立邓小平理论奠定了深厚的文化根基。江泽民同志基于对红色文化丰富内容的自觉认识，提出要牢牢把握中国先进文化的前进方向，把始终代表中国先进文化的前进方向作为我们党的先进性的基本点，提出弘扬和培育民族精神，着力增强民族凝聚力和向心力，从而形成了"三个代表"重要思想。21 世纪新阶段，红色文化与和谐文化、先进文化共同成为我国文化建设领域的亮丽风景线，也使科学发展观的文化含量更浓。红色文化为中国特色社会主义理论体系的形成与丰富提供了内在思想文化支撑。

红色文化建立在我党我军红色政权建设实践之上，在社会主义建设和改革时期得到发展完善。以江西瑞金为中心的中央苏区为标志，我们党开始了创建红色政权、进行局部执政的新时期。从中央苏区到陕甘宁边区以及广大的根据地、解放区，我们党把马克思主义的国家学说和政权理论与我党革命斗争的具体实际结合起来，初步建立起了大量的富有中国特色、地方特点和人本特性的政策制度、法律条例等。新民主主义革命的胜利，社会主义基本制度的建立，为当代中国一切发展进步奠定了根本政治前提和制度基础。人民代表大会制度这一根本政治制度，中国共产党领导的多党合作和政治协商制度、民族区域自治制度以及基层群众自治制度等构成的基本政治制度，中国特色社会主义法律体系，公有制为主体、多种所有制经济共同发展的基本经济制度，以及建立在根本政治制度、基本政治制度、基本经济制度基础上的经济体制、政治体制、文化体制、社会体制等各项具体制度，共同构成了中国特色社会主义制度体系。红色政权实践及其制度探索，是中国特色社会主义制度确立和完善的源头。总之，从旧中国封建专制到人民民主，从一盘散沙到团结和谐，从封闭落后到开放自信，从温饱不足到总体小康，从满目疮痍到成为世界第二大经济体，从备受凌辱到重返国际舞台等等，这些独具特色的"中国速度""中国传奇""中国模式"说明了只有社会主义才能救中国，也只有中国特色社会主义才能发展中国。

其次，传承红色文化有助于引导人们坚定走中国特色社会主义道路信念。坚定不移为建设中国特色社会主义而奋斗，实现中华民族的伟大复兴，这是我们党和广大人民群众的共同愿望。利用红色文化优势，有益于凝聚全党全社会的意志和力量，坚定中国特色社会主义信念。"中国革命必定胜利，共产主义必然实现"，这是中国共产党和广大革命志士孜孜追求的理想信念。实现共同理想是人们参与政治共同体和参与组织活动的最终目标和行为动机。坚定的信念是红色文化得以维系发展的基础。红色文化的历史表明，共同的理想信念在不同历史时期具有不同的表征。土地革命时期，党的阶段性目标是打土豪分田地，建立苏维埃政权；抗日战争时期的共同理想是实现国共两党合作，实现民族独立；解放战争时期的理想目标是建立新中国，进而使中国人民"站起来"；改革开放时期的共同理想是使中国人民"富起来"和"强起来"。我们党正是依靠这种坚定的信念才能统一全党意志，团结广大人民，凝聚社会力量，才共同创造了中华民族的辉煌成就。进入 21 世纪，我们党又提出了坚定走中国特色社会主义道路，全面建设小康社会，构建社会主义和谐社会的奋斗目标，这是时代的要求和历史的选择。

建设中国特色社会主义是中国共产党在社会主义初级阶段的基本纲领，在当下又充分反映了最广大人民群众的共同心愿和利益要求，得到广泛的社会认同，是中华民族全体人民追求的共同理想。我们党提出构建社会主义和谐社会，就是要在中国特色社会主义建设事业发展的历史征程中实现社会和谐，在社会和谐中更好更快地发展中国特色社会主义事业，实现伟大的民族复兴。历史表明，中国特色社会主义是实现中国快速发展的必由之路和成功之路，也是实现社会和谐的必然之路。只有坚持中国特色社会主义发展道路，才能团结一切力量、调动一切积极因素，顺利完成构建社会主义和谐社会的任务，振兴伟大的中华民族。因此，在全社会树立中国特色社会主义共同理想十分重要。另一方面，由于体制不健全等原因，我国社会发展中遇到不少问题和困难，例如经济转型、贫富差距、食品安全、利益冲突、人才流失、生态平衡、社会管理不完善等。面对这些问题，我们不能戴着有色眼镜观察事物，把社会看成漆黑一团，没有自己的追求和战胜困难的勇气，更加不能拜倒在外国的"中国论"中，盲目迷信西方民主，追求西方生活方式甚至沉迷于自我编织的西方生活梦幻，而淡忘本民族意识。这些都不是中国人应有的风姿和骨气。在当代中国，只有社会主义制度才能保证最广大人民群众的根本利益，只有走中国特色社会主义道路才能解决社会发展中的现实问题。作为见证中国走社会主义道路必然性的红色文化，其传承发展无疑有助于人们坚定走中国特色社会主义道路的信念，增强人们对共同理想认同的历史纵深感，进一步增强对实现共同理想的信心和勇气，并且自觉把个人理想与共同理想结合起来，为实现中华民族的伟大复兴贡献力量。正如胡锦涛同志所指出的那样："我们要重温我们党领导人民军队和全国各族人民为民族独立、人民解放而浴血奋战的伟大历程，弘扬崇高革命精神和优良革命传统，激励全党、全军、全国各族人民在中国特色社会主义伟大道路上继续奋勇前进。"① 红色文化凝结着崇高革命精神和优良革命传统，是中国特色社会主义兴旺发达的动力。革命根据地建设时期，红军利用红色标语口号，宣传党的性质、宗旨、主张、革命目标等，扩大红军影响，启发工农群众的阶级觉悟，号召群众与反动派进行不屈不挠的斗争，如"打土豪，分田地""共产党是无产阶级的政党""红军是工农自己的军队""推翻帝国主义在华的统治"等。近年来，重庆红岩联线征集的图片中有反映抗战时期绘制的漫画，如《从军杀敌就是当今的大英雄》《漫画宣传队伍下乡村》《贩卖敌货就是供给敌人军费》等作品，反映了中国人民顽强抗日的决心和对美好前途的向往。利用各种途径，开发利用红色文化资源，大力弘扬红色文化精神，能够引导人们高举中国特色社会主义伟大旗帜，坚持和拓展中国特色社会主义道路，坚持和丰富中国特色社会主义理论体系，坚持和完善中国特色社会主义制度，这才是中国特色社会主义共同理想的全部内涵。

2. 精神动力的激发价值

中国十几亿人口能够凝聚在一起，离不开伟大的民族精神和时代精神。红色文化是中国共产党和人民大众在革命、建设和改革过程中精神风貌的集中体现，彰显着伟大的中华民族精神，也透射出强劲的时代精神光芒，能够极大地激发人们的精神动力，增强人们的爱国之情，提高人们的创新能力，从而引导人们自觉投身到建设中国特色社会主义事业的伟大实践之中。

（1）红色文化是民族精神和时代精神的统一

红色文化最为核心也最为根本的是凝聚其中的红色精神，它是中国共产党成立至今形成的优良传统与作风的内在灵魂，代表着中国共产党人、先进知识分子、革命志士和广大人民群众的精气神。我们党非常注重运用各种精神来动员人民、鼓舞人民、教育人民、团结人民、凝聚人民进而打击敌人、消灭敌人，也在革命、建设和改革一百余年的奋斗历程中创造和积累了一系列、一连串精神，形

---

① 胡锦涛：《弘扬崇高革命精神和优良革命传统沿着中国特色社会主义道路奋勇前进》，载《人民日报》2007 年 7 月 28 日，第 1 版。

成了一整套精神体系，从而使我们党从小到大、由弱变强。红色精神深深植根于伟大中华民族精神的沃土之中，并随着历史的推移和时代的变迁而融入新的内涵，集中体现了以改革创新为核心的时代精神。

首先，民族精神和时代精神是社会主义核心价值体系的精髓。民族精神是中华民族的灵魂和根脉，是中华民族五千年文明历史的深厚积淀，也是中华民族优秀传统文化的精神结晶，是中华民族共同精神家园的基本内核。时代精神是伟大中华民族精神的延续和发展，是民族精神在改革开放新时期的发扬光大。民族精神和时代精神的交相辉映，共同绘就了中华民族精神演进的轨迹。伟大的民族、伟大的时代创造伟大的精神，伟大的精神支撑和成就伟大的民族、伟大的时代。民族精神和时代精神作为社会主义核心价值体系的精髓，解决的是应当具备什么样的精神状态和精神风貌的问题，是中华民族繁荣发展、生生不息的精神动力，是中国走向和平崛起、文化振兴和民族复兴的精神动力，也是每一位中国人成长发展的内在精神支撑。人是要有一点儿精神的，是否能够把这种伟大的民族精神和时代精神转化为鼓舞斗志、激发潜力、开拓创新的精神动力，从很大程度上影响到一个人发展的广度和深度。

民族精神是一个民族在长期共同社会实践中积淀形成的民族意识、民族心理、民族品格、民族气质和民族价值取向等的总和。在五千多年的历史发展中，中华民族形成了以爱国主义为核心的团结统一、爱好和平、勤劳勇敢、自强不息的伟大民族精神。鸦片战争爆发以来，中国遭受到了列强的肆意蹂躏，中华民族甚至到了亡国灭种的悲惨境地，然而最终能够挺过来并成功站起来。在四大文明古国中，唯有中华文明没有中断，至今延续和保存，成就了上下五千年的辉煌文明。中华民族为什么能够在艰难曲折的历史长河中绵延至今，历经艰难险阻而傲然挺立？答案我们可以找出多种，但是，其中一个共识性的答案即是：中华民族在长期的历史发展中形成的强大民族精神力量以及无数中华儿女在关键时刻一贯展现的高尚爱国主义情操，是支撑中华民族生生不息的重要力量。一如鲁迅先生在 20 世纪初郑重指出的："唯有民魂是值得宝贵的，唯有它发扬起来，中国才有真进步。"[①] 民族精神是一个民族赖以生存和发展的精神支撑。一个民族，没有

---

① 《鲁迅选集》第 2 卷，人民文学出版社 1995 年版，第 244 页。

振奋的精神和高尚的品格，不可能自立于世界民族之林。江泽民同志在 1998 年全国抗洪抢险总结表彰大会上讲话时指出："一个民族，一个国家，如果没有自己的精神支柱，就等于没有灵魂，就会失去凝聚力和生命力。有没有高昂的民族精神，是衡量一个国家综合国力强弱的重要尺度。综合国力，主要是经济实力、科技实力，这种物质力量是基础，但也离不开民族精神、民族凝聚力，精神力量也是综合国力的重要组成部分。"① 民族精神的较量成为当今国与国之间综合实力较量的重要内容，伟大的中华民族精神必将支撑起中华民族的复兴大业。

时代精神形成于改革开放新时期，经过四十多年的积累和发展，为当代中国的发展进步提供了新的精神引领。改革创新精神是时代精神的集中体现。改革创新精神是凝聚改革共识、拓展开放视野、汇集发展合力的价值导向和思想旗帜。改革创新精神，概括起来就是：解放思想、实事求是、与时俱进，勇于变革、勇于创新，永不僵化、永不停滞，不为任何风险所惧，不被任何干扰所惑。以改革创新为核心的时代精神，是以爱国主义为核心的伟大民族精神的进一步深化和发展，为古老的中国注入了新生的精神力量。民族精神和时代精神是建设中华民族共同精神家园的两大支柱。精神家园是一个民族的文化寄托和归宿，反映了一个民族经过漫长的历史积淀所传承下来的特有的传统、习惯、精神、心理、情感等，是中华民族安身立命的精神家园、生存发展的支撑、身份归宿的标志，是中华民族独特精神气质和价值取向的集中体现，是中华民族凝聚力、生命力和创造力的源头活水。一个人如果失去精神家园，就算得到了整个世界又有何用？同样，一个民族，如果精神家园缺失，即使经济成就斐然，也很难跻身于世界先进民族之林。在经济全球化、政治多极化、文化多元化和社会信息化发展的今天，弘扬培育民族精神和时代精神的任务更加紧迫，关系到中国人民能否以昂扬向上的精神状态把中国特色社会主义事业推向前进。

其次，红色文化是民族精神和时代精神的统一体。红色文化诞生于中国这片古老而神奇的土地上，既忠实传承和弘扬了中华优秀传统文化，又积极倡导和发展了中国先进文化；既承载着以爱国主义为核心的团结统一、爱好和平、勤劳勇敢、自强不息的民族精神，又承载着以改革创新为核心的时代精神。红色文化作

---

① 《江泽民文选》第一卷，人民出版社 2006 年版，第 581 页。

为一种革命的、先进的文化形态，是民族精神和时代精神的统一体。红色文化的发展变迁，生动描绘了中华民族精神的演进轨迹，也凝结着中国共产党人伟大精神的历史承续，呈现出中国人民的时代精神风貌。红色精神，作为红色文化的内核和灵魂，代表着中国共产党人的精气神，萌芽于五四运动之后，形成于我们党成长发展的各个历史时期。红色精神既秉承了"自强不息，厚德载物"的民族品格、"国家兴亡，匹夫有责"的爱国情怀、"富贵不能淫，威武不能屈，贫贱不能移"的高尚气节、"鞠躬尽瘁，死而后已"的奉献意识、"舍生取义，杀身成仁"的人格追求等民族精神，又发扬了鸦片战争以来中国人民抗击列强、抵御外辱、救亡图存、保家卫国的奋斗精神和牺牲精神。中国共产党从成立之日起，就高举起了救亡图存、振兴中华的旗帜，勇敢地担当起了争取民族独立和人民解放、实现国家富强和人民幸福的历史重任，由此产生的红色精神进一步高擎中华民族精神火炬，并将之不断升华到一个新的高度和水平。

中国共产党在领导中国革命、建设和改革的伟大历史进程中，先后创造和形成了建党精神、井冈山精神、中央苏区精神、长征精神、延安精神、西柏坡精神、大庆精神、雷锋精神、红旗渠精神、抗洪精神、载人航天精神、抗震救灾精神、北京奥运精神、上海世博精神、抗疫精神等，把中华民族精神发展到一个新阶段，也彰显了以改革创新为核心的时代精神，为社会主义核心价值体系建设提供了坚实的精神支撑。其中，长征精神最具代表性。江泽民同志在纪念红军长征胜利 60 周年大会上，对长征精神的丰富内涵和历史定位做了深入剖析，他当时指出，长征精神"就是把全国人民和中华民族的根本利益看得高于一切，坚定革命的理想和信念，坚信正义事业必然胜利的精神；就是为了救国救民，不怕任何艰难险阻，不惜付出一切牺牲的精神；就是坚持独立自主、实事求是、一切从实际出发的精神；就是顾全大局、严守纪律、紧密团结的精神；就是紧紧依靠人民群众，同人民群众生死相依、患难与共、艰苦奋斗的精神。长征精神是中华民族百折不挠、自强不息的民族精神的最高体现，是保证我们革命和建设事业从胜利走向胜利的强大精神力量"。改革开放以来，改革创新成为时代的最强音，红色精神也融入了改革创新的时代因子而放射出更加鲜活的时代风彩。这里以北京奥运精神为代表。北京奥运精神就是为国争光的爱国精神、艰苦奋斗的奉献精神、精益求精的敬业精神、勇攀高峰的创新精神、团结协作的团队精神。北京奥运精神是以爱国主义为核心的民族精神和以改革创新为核心的时代精神的生动体现，是伟大的中华民族精神在当代中国的生动体现。

随着中国的崛起，中国道路、中国经验、中国价值观等逐渐成为国际社会热议的话题，"棒杀"、心存疑虑的声音和论调也不绝于耳。中国崛起，不应该只是一种经济崛起，更重要、更为深层的应该是一种思想文化的崛起。培育和打造中国精神，是一项寻根、铸魂、聚心的系统工程。中国精神，集中体现为一种文化精神，内蕴着文化自觉、文化自信、文化自强，是中国崛起的内在精神支撑，也是中国梦的文化呈现，是我们在新的历史起点上传扬红色文化的根本目标指向和价值皈依。红色文化是孕育中国精神的文化母体。发展红色文化，是打造中国精神的必由之路。红色文化深深植根于民族优秀传统文化的丰厚土壤中，高举爱国主义精神旗帜，把自强不息作为立足之本，以革新求变为内生动力，为中国精神的成长提供源头活水。中国的和平崛起和中华民族的伟大复兴需要中国精神的成长壮大，红色精神是中国精神最为耀眼的光芒，是民族精神和时代精神的有机统一体。在新的历史起点上进一步传承和弘扬红色文化，高举红色精神旗帜，是我们发展社会主义先进文化、走中国特色社会主义文化发展道路、努力建设社会主义文化强国的题中应有之意。

（2）红色文化是进行爱国主义教育的有效资源

爱国主义是红色文化永不褪色的主题。中国共产党人是最坚定、最彻底的爱国者。中国共产党的爱国主义，是中华民族、中国人民爱国主义的最高风范。红色文化也是民族团结进步的文化，更是具有高度忧患意识的文化。弘扬红色文化，有助于对人民群众特别是广大青少年深入开展爱国主义教育，加强民族团结进步教育，增强民族凝聚力。

首先，有助于培养人们的爱国主义精神。爱国主义是中华民族最深厚的思想传统，最能感召中华儿女团结奋斗。在我国社会历史发展过程中，爱国主义是动员和鼓舞人民团结奋斗的伟大旗帜和各民族共同的精神支柱，在维护国家统一、民族团结、推动社会进步中发挥了重大作用。"爱国主义情感，是个人对祖国依赖关系的反映，是基于人们对祖国价值的全面认同而产生的一种肯定性心理倾向。"爱国之情集中表现为永远热爱我们伟大的祖国，永远热爱我们伟大的人民，永远热爱我们伟大的中华民族，具有强烈的民族自尊心、自信心和自豪感。这种爱国主义光荣传统既是红色文化形成的重要渊源，也是红色文化始终高举的精神旗帜。

诞生于中华民族艰难环境中的红色文化，包含无数共产党员和中华儿女对伟大祖国浓厚的挚爱之情，是他们将满腔的热血和奋斗的汗水铺洒在民族独立和国家崛起的道路之上，才造就了国家发展过程中的无数丰碑，这种爱国之情是我们民族的精神瑰宝。爱国主义是红色文化的重要思想内涵。红色文化总是随着时代的发展不断激发人们的爱国情怀。在"我们万众一心，冒着敌人的炮火前进"的革命岁月，红色文化吹响了奋勇向前的号角，激起全国人民反帝反封建的革命热情。在各阶级各阶层踊跃参加革命和建设的火热年代，红色文化唱响了热爱祖国、建设祖国的主旋律。在改革开放新时期，无论是在中华儿女万众一心众志成城抗震救灾的危难关头，还是在团结一致举办北京奥运会以及上海世博会的光荣时刻，"振兴中华"总是响遏行云的时代强音和激动人心的美好梦想，红色文化谱写了和谐中国的华彩乐章，抒发出了人们的时代真情。一代又一代中国先进知识分子和广大群众怀着对伟大祖国的无限热爱、对民族命运的深切忧患以及对理想社会的美好憧憬，"一心一意为国来奋斗"，谱写了中华民族不懈奋斗、顽强拼搏的伟大史诗。

红色文化本身就是爱国主义的文化，包括了许许多多中国共产党人为了取得民族独立和人民解放而英勇奋斗的经典爱国事例。在新民主主义革命时期，我们党通过红色标语、漫画、革命戏剧等文艺运动，宣传党的方针政策。比如，刊登在《红色中华》上的漫画《大家起来取消辛丑条约》《推翻帝国主义统治》等作品，体现了人民对侵略者的憎恶、对爱国志士的敬仰之情，激励人民的爱国情怀。方志敏在狱中写的《可爱的中国》一文就是其中之一，他写道："假如我还能生存，那我生存一天就要为中国呼喊一天；假如我不能生存——死了，我流血的地方，或者我瘗骨的地方，或许会长出一朵可爱的花朵，这朵花你们就看作我的精诚的寄托吧！"① 抗日战争期间涌现了大批具有强烈艺术性和感染性的抗战歌曲，如《松花江上》《热血歌》《八路军军歌》《新四军军歌》等，反映了对帝国主义侵略的无比愤恨、誓死抗击侵略者、保家卫国的决心和信心。2005 年 9

---

① 《方志敏文集》，人民出版社 1985 年版，第 142 页。

月 3 日，胡锦涛同志在纪念抗日战争胜利 60 周年大会上的讲话中指出："中国人民抗日战争的胜利，促进了中华民族的大团结，弘扬了中华民族的伟大精神。在那场空前壮阔的伟大斗争中，中华民族进一步弘扬了以爱国主义为核心的伟大民族精神，并表现出许多鲜明的特点，这就是：坚持国家和民族利益至上、誓死不当亡国奴的民族自尊品格，万众一心、共赴国难的民族团结意识，不畏强暴、敢于同敌人血战到底的民族英雄气概，百折不挠、勇于依靠自己的力量战胜侵略者的民族自强信念，开拓创新、善于在危难中开辟发展新路的民族创造精神，坚持正义、自觉为人类和平进步事业贡献力量的民族奉献精神。"① 总之，爱国主义精神为红色文化注入了灵性；而红色文化的发扬光大又促进了爱国主义精神的升华。

在全球化的今天，爱国与否已经成为检验公民行为得失的基本标尺。运用红色文化中体现爱国主义精神的红色人物、革命故事，以及红色革命遗迹遗址、博物馆等爱国主义教育基地，让人民群众深刻认识中国的奋斗史和创业史，有助于激发起人们高昂的爱国主义精神，增强社会责任感，提升中华民族的凝聚力、向心力和生命力。比如，红色文化题材的电视连续剧《江姐》的热播，在全国广大观众特别是青少年群体中掀起了一股具有爱国主义之情的"红岩热"。特别是对于出生在改革开放之后的青年来说，他们的生活条件富裕，对于前辈的奋斗历程缺乏切身感受，运用红色文化题材对他们进行爱国主义教育，能够使他们真切体会前辈的爱国主义情感，塑造爱国主义精神，继续继承前辈遗志，为实现中华民族伟大复兴贡献力量。

其次，有助于开展民族团结进步教育。党的十八大提出了要把握"各民族共同团结奋斗、共同繁荣发展"的主题，"深入开展民族团结进步教育"。习近平在第十二届全国人民代表大会第一次会议上的讲话明确指出："实现中国梦必须凝聚中国力量。这就是中国各族人民大团结的力量。"② 民族团结进步，和睦相处，共同追求中华民族的独立和人民的政治解放，成为红色文化璀璨夺目的内容，也是新时期开展民族团结进步教育的重要资源。中国工农红军在长征中正确

---

① 《胡锦涛文选》第二卷，人民出版社 2016 年版，第 336 页。
② 《习近平谈治国理政》第一卷，外文出版社 2018 年版，第 40 页。

处理了民族团结问题，与苗族、瑶族、壮族、彝族、羌族、藏族、回族和蒙古族同胞以及佛教徒、伊斯兰教徒、天主教徒、基督教徒友好相处的事例，是对人民群众广泛深入开展民族团结进步教育的生动教材。

红军长征途中，中共中央、中革军委和红军领导人对做好少数民族地区工作十分重视，在相关的会议、决议和指示中都有这方面的内容。1935 年 4 月 29 日，《中革军委关于速渡金沙江转入川西建立苏区给各军团的指示》要求部队"行军途中应争取少数民族"①。1935 年 5 月，朱德以红军总司令名义在彝族地区发布《中国工农红军布告》指出："中国工农红军，解放弱小民族；一切彝汉平民，都是兄弟骨肉。"② 红军总部还发布了《关于苗瑶民族中工作的原则及对苗瑶民的口号》《关于争取少数民族的指示》等，均要求红军无条件承认少数民族的民族自决权，绝对遵从少数民族的宗教信仰及风俗习惯。广大红军指战员认真执行民族政策和宗教政策，充分尊重、关心、爱护各民族兄弟，以实际行动感化群众、消除隔阂，演绎了民族情深的华彩乐章。

四川是彝族、藏族、羌族等少数民族聚居较为集中的省份，主要分布在凉山州、甘孜州和阿坝州等自治州。据《2005 年四川革命老区基本情况统计表》，这三个少数民族自治州的革命老区面积近 10 万平方千米，达到全省革命老区总面积 19.57 万平方千米的一半以上。中央红军在进入湘、桂、黔边的苗、瑶、壮等民族聚居地区，与当地少数民族同胞建立了情深似海的兄弟关系，各少数民族人民对我们党、红军及其政策主张有了切身感受，我们党在这些地方播下了革命、民族团结、平等和进步的火种。特别是红军通过大凉山彝族区从最初的剑拔弩张到后来的"歃血为盟"，红军在短短两天就顺利通过彝族区，许多彝族群众纷纷参加红军，组成了"中国红军彝族支队"，并踏上了万里长征的征途，在艰难困苦中锻造成为光荣的革命战士。据阿坝州宣传部资料统计，在红军长征期间，藏羌地区先后有 500 多人加入了中国共产党，5000 余人参加了主力红军，10000 多人参加了游击队或是成为各级苏维埃干部，共计筹粮 2000 多万斤，捐献牛羊 20 多万头，还为红军修路架桥当通司等，作出了巨大贡献。总之，红色文化中彰显

---

① 《建党以来重要文献选编》第十二册，中央文献出版社 2011 年版，第 146 页。
② 《朱德选集》，人民出版社 1983 年版，第 29 页。

的"汉族离不开少数民族，少数民族离不开汉族，各少数民族之间也相互离不开"的理念是爱国主义教育的重要载体。

当下，我国正处于全面深化改革背景中，经济社会发展取得成就的同时也伴随一些问题，境外反华势力利用民族地区经济社会发展不平衡、民族歧视心理、宗教信仰、民族风俗等现实或者历史问题，支持"达赖集团""台独"等民族分裂势力进行各种分裂民族、破坏民族繁荣发展的活动，进而分化瓦解我国，导致民族问题日渐国际化。弘扬红色文化，挖掘红色文化资源，有助于加强民族团结进步教育，指引人们化解民族之间的矛盾与隔阂，树立民族团结、民族和谐的意识，深化对中华民族的认同感和归属感，提升民族凝聚力，进而推动全民族繁荣发展，实现伟大的中国梦。

再次，有助于增强人们的忧党兴国意识。忧患意识是一个人发展进步的内在推动力，也是一个民族、一个国家兴旺发达的精神支撑力，同样更是一个政党兴盛繁荣的可靠护身符。是否具有强烈的忧患意识，从深层次上关系到一个政党的生死存亡，也关系到一个国家的兴衰成败。中国共产党从一开始就肩负着实现民族独立和人民解放、国家富强和人民幸福的历史性任务，这就决定了我们党是一个具有高度忧患意识的党，也正是这种高度的忧患意识使我们党经受住了各种风险和考验，逐步走向成熟与完善。红色文化中蕴含着丰富的忧党兴国资源，强烈的忧患意识、浓厚的兴亡责任感和深远的洞察力是红色文化中极为重要也非常突出的内容，是我们党和国家的宝贵精神财富，时时激发人的志气，砥砺人的意志，提升人的信心。当前，我们要借助传承红色文化这一平台，增强全体党员特别是各级领导干部的忧患意识、责任意识和风险意识，防止精神懈怠，以更加昂扬向上的精神状态做好本职工作，以忧国忧民忧党之心加强自身修养。

红色文化忠实记述着我们党忧以天下的光辉历史。透过红色文化，我们能够清晰地勾勒出一幅中国共产党人在革命、建设和改革各个时期永葆忧患意识、勇担历史使命的生动画卷。从井冈山精神、长征精神到延安精神，我们党时时刻刻在忧患中成长、在砥砺中奋起，战胜各种艰难险阻，不断开创革命新局面。我们党是从局部执政逐步走向全面执政的。1945年，在与民主人士黄炎培的"窑中对"中，毛泽东就"兴悖亡忽"的所谓历史周期律问题明确指出用民主的办法来解决，表现出共产党人对掌权执政的深度关切。在党的七届二中全会上，毛泽东告诫全党要继续保持谦虚谨慎、不骄不躁的作风，继续保持艰苦奋斗的作风，要警惕资产阶级"糖衣炮弹"的进攻。随后在党中央从西柏坡迁往北平之时，毛泽东又用"进京赶考"来比喻，明确强调"我们决不做李自成"，充分彰显出共产党人高度的忧患之心。在总结改革开放初期问题和借鉴苏联演变经验教训的基础上，邓小平在南方谈话中以前瞻性的眼光鲜明指出："中国要出问题，还是出在共产党内部。对这个问题要清醒，要注意培养人。"[①] 以江泽民同志为核心的党中央提出治国必先治党、治党务必从严，强调用"三个代表"重要思想来保持党的先进性。党的十六大闭幕后不久，胡锦涛同志就带领中央政治局到西柏坡考察重温"两个务必"，指出决不能自满、决不能懈怠、决不能停滞。2011 年，胡锦涛同志在庆祝中国共产党成立 90 周年大会上的讲话中提出我们党面临"四大考验"和"四大危险"，凝聚着共产党人居安思危的理性和清醒认识。

孟子云："入则无法家拂士，出则无敌国外患者，国恒亡。然后知生于忧患而死于安乐也。"[②] 党的先进性和党的执政地位不是一劳永逸、一成不变的，过去先进不等于现在先进，现在先进不等于永远先进，过去拥有不等于现在拥有，现在拥有不等于永远拥有。当下，我国已进入到经济社会结构深刻变化的重要阶段，处于"黄金发展期"和"矛盾凸显期"。然而，几十年和平建设取得的辉煌成就，冲昏了一些党员干部的头脑，许多的党员特别是领导干部眼里只有"盛世"，看不到身边的内忧外患；面对长期全面执政形成的更加稳定成熟的局面，一些党员干部滋生执政惰性，变得僵化、老化；面对过去不曾有过的"阔绰"，一些领导干部贪恋舒适安逸，不愿艰苦奋斗；面对中国的崛起，世界各国有真诚的期待，有冷静的观望，有忧虑的质疑，也有恶意的诋毁，"中国崩溃论""中国怀疑论""中国威胁论"等甚嚣尘上，赞扬、捧杀、批评、指责、诽谤等各种声音交织混响。我们要着力传承红色文化中的忧患意识，并结合时代需要融入新的内容，发挥红色文化在忧党兴国中"强身健体"的功用，超脱"棒杀"和"捧杀"，坚定走和平发展之路。

（3）红色文化有助于培育人们的创新素质

---

① 《邓小平文选》第 3 卷，人民出版社 1993 年版，第 380 页。

② 《四书五经》，中华书局 2014 年版，第 110 页。

党的十八大强调指出，要始终把改革创新精神贯彻到治国理政各个环节，不断推进理论创新、制度创新、科技创新、文化创新以及其他各方面创新，不断推进我国社会主义制度自我完善和发展。说明我们党对创新内涵和重要性的认识已达到新的历史高度。改革创新是当代中国最鲜明的时代特征，最能激励中华儿女锐意进取。红色文化充满了创新的活力，也透射出创新型思维方式。当前，我国已踏上全面建设社会主义现代化国家新征程，依然需要弘扬改革创新精神，推动创新型国家建设。而弘扬红色文化有助于培养人们的创新精神，提高全社会成员的创新意识和创新能力。

首先，增强创新能力是时代发展的需要。当前，我们正处在与农业经济、工业经济不同的知识经济时代。这个时代的特征可以用高科技、高速度、高竞争、高风险和高创造等"五高"来概括。知识经济作为一种新的经济组织形式，是一种建立在知识和信息的生产分配和使用基础之上的经济，与传统的农业经济和工业经济相比，具有不受资源稀缺限制的优越性。知识经济是一种创新型经济，创新是知识经济的源头和经济发展的动力，在这样一个时代，国家之间的竞争力越来越体现在创新能力方面。一个国家、一个民族能否在激烈的国际竞争中立于不败之地，越来越取决于创新能力。知识经济在很大程度上依赖于个体的素质，要求个体敢于创新，善于挖掘自身的潜力，树立不断学习的信心，在实践和市场经济活动中实现创新和自身价值。知识经济期待每个个体能充分认知自身价值，增强自主性，培育能动性，发挥创造性，发挥能力本位，更好地促进社会与人的协调发展。因而，面对这样的时代，我国必须以积极的姿态顺应时代发展潮流，参与国际竞争与合作，从战略高度建设创新型国家，培养创新型人才，增强自主创新能力。但从我国具体国情看，我国经济发展出现良好态势的同时也面临一些问题，比如城乡发展不平衡、生产力不发达、经济结构不合理、粗放型经济增长方式没有根本改变、自主创新能力不强、经济发展与资源环境矛盾日益突出、人的创新能力不足等。解决这些问题的关键是依靠创新，提高国民思想道德素质和科学文化素质，特别是培养具备创新精神、掌握科学方法和拥有科学思想的人才，增强全社会自主创新能力。

其次，红色文化充溢着创新的活力。创造性思维是有创见的思维，这种思维不仅能揭示事物的联系及内在本质，而且能够在此基础上产生前所未见的新成果。马克思主义是"人类知识的最高概括"，也是人类的先进文化。红色文化是以马克思主义为指导的先进文化，蕴含着创新型思维。为了完成不同时期的历史任务，我们党结合当时中国社会具体情况，发挥创新精神和创造性思维，创造性开展工作，在经济、军事、路线方针、制度等方面进行积极探索和创新，取得了一系列创造性理论成果并使其成为中国共产党的立国之魂。一切从实际出发，不墨守成规、不迷信教条，敢闯敢试，这些构成了红色文化最为核心最为根本的创新内容。

在革命战争年代，中国共产党结合当时我国社会的具体实际情况，发挥创新型思维，创造性地开展工作，形成了许多理论成果，才能指导中国革命不断取得胜利并迎来了新的曙光。在大革命时期，我们党创造性地提出无产阶级革命理论，开辟了把马克思主义与中国实际相结合的道路，奠定了新民主主义革命的理论基础；土地革命时期，在南昌起义、秋收起义等失败后，在"城市中心论"思潮占统治地位的情况下，我们党结合具体国情，开始把工作重心转向农村，开辟农村革命根据地，提出农村包围城市、武装夺取全国政权的"工农武装割据"思想，发展了马克思主义的革命理论；抗日战争时期，我们党根据当时的国内环境和国际格局，运用马克思主义关于战略和策略的理论，提出以建立国际抗日统一战线为中心的国际战略思想；解放战争时期，我们党一切从中国革命战争的实际出发，创造性地提出一套合乎中国革命战争特点的战略战术原则。经过这一历史转变，我们在创造新中国的同时，也创造了井冈山精神、长征精神、延安精神，留下了红色精神的瑰宝。中华人民共和国成立后，面对一穷二白的现实，中国人民在中国共产党的领导下，在马列主义的指导下，遵循历史发展的客观规律，从我国国情出发，不被眼前的严峻现实所吓倒，一切从实际出发，大胆创新，办好自己的事情。在由新民主主义社会向社会主义社会过渡时期，我们党在马克思主义经济理论的指导下，提出了过渡时期总路线，创造性地发展了马列主义的过渡理论。"文化大革命"结束后，中国共产党人勇于突破"苏联模式"的框架，把马克思主义与中国实际相结合，开辟了中国特色社会主义建设道路，形成了中国特色社会主义理论体系，中国的现代化建设取得了骄人成绩。当然我们在取得辉煌成就的同时，也发生过不少失误，遭受过不少挫折。特别是在"什么是社会主义，怎样建设社会主义"这个重大问题上，付出了沉重的代价，比如"大跃进"

的失误和"文化大革命"十年内乱。这些挫折表明，如果违背实事求是的思想路线，一切照搬照抄，搞教条化、形式化，我们就会走弯路，停滞不前。可见，创新精神是一个国家在任何发展阶段都需要的，创新性思维是红色文化的重要内容和宝贵财富。正是凭借这种创新型思维，我们党才能解决前进路途中遇到的各种问题，推进现代化建设的迅速发展。

再次，弘扬红色文化有助于增强人们的创新精神和创造意识。党的十八大报告指出："建设社会主义文化强国，关键是增强全民族文化创造活力。"① 发展离不开创新，创新意味着发展。创新精神属于科学思想和科学精神范畴，是进行创新活动必备的一些心理特征，如创新意识、创新胆量、创新兴趣、创新决心以及相关的思维活动等。创新精神是在遵循客观规律基础上具有勇于抛弃旧思想、旧事物，创立新思想、新事物的精神，也是现代人应该具备的素质。不人云亦云，不唯书唯上，坚持独立思考；不墨守成规，不僵化呆板，敢于打破原有条条框框，探索新的规律和方法；不迷信书本和权威，敢于发问等，都是创新精神的具体表现。创新精神的有无不仅关系到个人的全面发展，而且影响到一个国家、一个民族的前途命运。

弘扬红色文化有助于坚定人们的创新意志。创新精神需要坚定的创新意志。创新是探索前所未有的新事物，探索别人没有涉及的领域并且有新的发展。创新本身就是一种深度开发和发掘，是人的主观能动性的深层发挥。创新是一条荆棘丛生的道路，也是一个艰难困苦的过程，它需要个体内在强大的精神力量的支撑。创造性学习、创造性研究和创造性工作需要创造者付出艰苦的劳动，具有顽强的毅力和敢于探索的勇气，特别是在创造者接近创新目标的关键时刻，更加需要这种勇气和毅力。因而，创新精神是一种顽强的拼搏精神、艰苦的奋斗精神和忘我的牺牲精神。这仅供个人科研教学使用这种崇高的精神境界，没有远大的目标、巨大的动力和坚定的意志是不可能达到的。因而，创新精神是人的一切创造获得的动力源泉，没有这种源泉和精神，就不可能有创新活动。传承红色文化，加强红色文化教育，无疑有助于培养人们的创新精神。

弘扬红色文化有助于营造创新氛围，培养人们勇于创新的品德。树立创新意

---

① 《十八大以来重要文献选编》（上），中央文献出版社 2016 年版，第 24 页。

识、营造创新氛围是培养人们创新精神的基础。思想意识决定行动，社会氛围影响行动。建设创新型国家和培养创新型人才，必须将创新意识深深根植于广大党员干部和人民群众的内心。但是在我国，漫长的封建社会所形成的保守和好古的文化传统，给人们留下了稳健和守成的心理积淀，开拓、冒险和创新精神不足。这种保守的文化因素与文化心理同现代开拓发展、改革创新的思想意识不相符合，在很大程度上制约了人们创新精神的发展，严重阻碍了我国现代科学技术的发展。这种文化心理因素不能靠行政管理和物质手段的方式来解决，而是需要以教育和启发的方式进行排解。我国文化传统虽然有一些优良的传统需要发扬，但也有因循守旧和平均主义的积习妨碍了创造和开拓。"出头的椽子先烂""枪打出头鸟"，非议冒尖者的现象仍然存在。倘若这些深层次积淀的文化因素不解决，便不能形成有利于创新的环境和氛围，而没有一个良好的创造性环境，就很难培养出创新型人才。因此，通过组织参观爱国主义教育基地、唱红歌、阅读红色经典、聆听红色伟人和民族精英的革命故事等方式传承红色文化，大力弘扬以改革创新为核心的红色精神，切实尊重人民的首创精神，有助于清除保守的文化积淀，创设有助于创新的文化环境，铸就创新意识，提升全社会的创造活力，激发人们的创造智慧和创新热情，增强中华民族的创造力。

弘扬红色文化有助于培养人们鲜明的个性。从马克思主义人学角度看，个性是现实的人在认识世界和改造世界的过程中其主体性在个体身上体现出的独特性，其结构内容包括自主性、自觉性、能动性、创造性和独特性。创造性是人的个性或者主体性的本质特征，是个人独立自主性、自由自觉性、能动性和积极性的最高程度的表现，创造性是人在对象性活动中作为主体具有的主体性的最重要标志。具有创造个性特征的个体，他们具有自尊自信和批判精神，敢于向权威挑战，能够独立提出问题和设想并且进行验证，有着永不满足的进取心、强烈的求知欲和好奇心以及细致敏锐的洞察力，对发现新事物和创造活动有着强烈的情感倾向。人的个性与创造性紧密相连。人的个性发展不是在真空中进行的，而是在现实的环境中进行并且受到环境的影响。"人创造环境，同样，环境也创造人"①环境是人的个性发展的外部条件。通过推动红色文化进社区、进校园、进家庭等

---

① 《马克思恩格斯文集》第 1 卷，人民出版社 2009 年版，第 545 页。

活动，形成弘扬红色文化的家庭环境、学校环境和社会环境，使人在不知不觉中受到潜移默化的教育，从而使人的个性和价值取向向着符合社会发展要求的方向发展。红色文化教育是用科学的世界观、人生观、价值观、道德观等内容教育人们，对人的良好个性的形成和发展具有导向保证作用。此外，弘扬红色文化，发挥红色榜样人物的示范作用，能够为人的创造性个性的形成和发展指明方向。

3. 道德品格的示范价值

红色文化蕴含丰富的道德内容，为人民服务的宗旨内在地规范党和政府的政治道德，诚实守信、团结互助、无私奉献等又对个体社会公德进行引导，勇于牺牲、艰苦奋斗代表了整个社会的道德水准。这些反映了革命前辈的伟大业绩和崇高品德，折射了先辈们的人格魅力与革命经历，是我们珍贵的历史文化遗产。传承红色文化，用红色文化教育人们，有助于引导人们的精神追求，提升价值品位，形成高尚人格。

（1）红色文化秉承集体主义的价值原则

集体主义价值观是马克思主义经典作家始终坚持的一个根本价值理想，是无产阶级文化的核心价值原则，也是红色文化的核心元素。我们党领导和推动的红色文化，始终把集体主义作为根本指导原则加以提倡和弘扬，始终以革命利益、国家利益、民族利益为根本价值追求，统筹兼顾整体利益和局部利益、长远利益和眼前利益、集体利益和个人利益，引导人民正确认识和处理国家、集体、个人的利益关系，提倡个人利益服从集体利益、局部利益服从整体利益、当前利益服从长远利益，反对小团体主义、本位主义和损公肥私、损人利己，反对极端个人主义、利己主义，学会把实现个人价值与创造社会价值结合起来，在促进社会文明进步中获得个人的全面发展。

首先，集体主义原则是红色文化的核心元素。价值观是文化的基本内核，集体主义价值观是无产阶级文化的核心价值原则。马克思主义经典作家提出用集体主义作为无产阶级价值观的核心，用以抵制来自资产阶级个人主义价值观的侵蚀。马克思主义批判了离开物质利益谈道德的道义论和把道德立足于个人利益的功利论错误倾向，认为个人与集体是统一的，从根本和最终意义上讲，个人利益应当服从集体利益。马克思、恩格斯在《德意志意识形态》一文中阐释了集体对于个人自由而全面发展的重要意义，批判了以往虚假的共同体是对被统治阶级的桎梏，说明了个人只有在真正而非虚假的共同体中才能实现个人利益与集体利益的有机统一，也才能获得彻底解放；认为"只有在共同体中，个人才能获得全面发展其才能的手段，也就是说，只有在共同体中才可能有个人自由。"① 在马克思、恩格斯看来，集体主义应该建立在实现个人利益的基础之上，既不是自我牺牲也不是利己主义，而是对自我牺牲和利己主义的一种扬弃。集体主义是坚持把集体利益放在优先位置，同时又是个人利益和集体利益的有机统一。集体主义价值观是马克思主义经典作家高扬的文化价值观，集中指向无产阶级和全人类的整体利益，自由全面发展和全人类的彻底解放。

集体主义价值观也是红色文化的核元素，是红色文化发展壮大的价值引领和原则指导。强调以革命利益、民族利益和国家利益为重，反对把个人利益放在第一位的自私自利性小资产阶级思想，是红色文化所倡导的核心价值原则。针对农民和小资产阶级出身的党员占当时党员大多数以及由此带来的自由主义倾向，毛泽东强调要加强无产阶级集体主义思想教育，坚决反对自由主义的不良影响。1937 年 9 月，毛泽东在《反对自由主义》一文中明确指出："我们要用马克思主义的积极精神，克服消极的自由主义。一个共产党员，应该是襟怀坦白、忠实、积极，以革命利益为第一生命，以个人利益服从革命利益；无论何时何地，坚持正确的原则，同一切不正确的思想和行为做不疲倦的斗争，用以巩固党的集体生活，巩固党和群众的联系；关心党和群众比关心个人为重，关心他人比关心自己为重。这样才算是一个共产党员。"② 集体主义是政治素质中最重要最核心的问题，成为红色文化的鲜明标识和重要内容。井冈山精神、长征精神、延安精神等无不体现了中国共产党的集体主义精神。革命战争年代，我们党提出"冲锋在前，退却在后"的口号，鼓励无数中华儿女舍小家、为大家，为民族独立和人民解放英勇奋斗。没有刘胡兰、董存瑞等革命先烈的无私奉献和牺牲精神，就不可能取得革命和战争的胜利。革命烈士邓中夏在《狱中遗言》中明确地指出："为了个人升官发财而活，即是苟且偷生的活，也可以叫作虽生犹死，真比鸿毛还

---

① 《马克思恩格斯文集》第 1 卷，人民出版社 2009 年版，第 571 页。
② 《毛泽东选集》第二卷，人民出版社 1991 年版，第 361 页。

轻。一个人能为了最多数中国民众的利益，为了勤劳大众的利益而死，这是虽死犹生，比泰山还重。"① 这些都向我们充分展示了以革命整体利益为重的大局观念、集体意识和奉献精神，是一种最为真切、最为高尚的集体主义精神。

中华人民共和国建立初期，面对一穷二白、积贫积弱的"烂摊子"，我们党提出"吃苦在前，享乐在后"，鼓励人们艰苦创业，激发人们投入社会主义建设的热情。毛泽东肯定物质利益原则，但反对只强调个人物质利益而造成"最近视的个人主义"。他在读苏联《政治经济学教科书》的谈话中指出："物质利益是一个重要原则，但总不是唯一的原则，总还有另外的原则，教科书中不也是常说'精神鼓励'原则吗？同时，物质利益也不能单讲个人利益、暂时利益、局部利益，还应当讲集体利益、长远利益、全局利益，应当讲个人利益服从集体利益，暂时利益服从长远利益，局部利益服从全局利益。"② 雷锋的一切思想和行动十分清晰地贯穿着集体主义这一条红线。正如雷锋在日记中所写："力量从团结来，智慧从劳动来。行动从思想来，荣誉从集体来。"雷锋明白"一朵鲜花打扮不出美丽的春天"的道理，雷锋精神所体现的集体主义价值理想，反映的正是在集体中实现个人价值、在个人价值的实现中提升集体价值的双赢互动理想。改革开放以来形成的女排精神、抗洪精神、载人航天精神以及抗震救灾精神等无一不彰显着集体主义的价值理想。总之，集体主义价值观同红色文化及其发展历史融为一体，成为社会主义先进文化的根本价值观。

其次，弘扬红色文化有助于坚持集体主义，反对个人主义。集体主义作为社会主义的基本原则和价值导向，是对集体与个人关系的一种态度和看法，是一种坚持集体利益高于个人利益，把发展、巩固和扩大集体利益作为人们活动的重要目的的思想理论。在社会化大生产条件下，个人离不开集体，整个社会形成相互依存不可分割的有机整体，这在客观上有利于增强人们的群体意识，因而也越来越呼唤集体主义精神。另一方面，集体主义在强调集体利益高于个人利益的前提下，同时提倡集体必须尽力保障个人正当利益，促进个人利益的实现。我们党从来不否认社会成员的个人利益、追求和抱负。尊重个人利益是集体主义最基本的

---

① 赵一曼：《最后的谈话》，漓江出版社1996年版，第114页。
② 《毛泽东文集》第八卷，人民出版社1999年版，第133页。

要求，只有不断满足集体成员的个人利益，集体才有向心力和凝聚力，并能为个人的发展提供条件。

树立集体主义价值观是促进人的发展和推动社会进步的需要。当前我国正处于社会改革和转型期，利益结构、利益主体和价值观出现多元化趋势。在市场经济条件下，经济伦理强调的公平竞争、效率优先、追求利益等与社会伦理强调的奉献、利他主义等发生了冲突，理想信念教育、集体主义教育的意识形态功能受到市场经济的侵蚀和消解，不断被弱化。人们的价值取向在保持进步的同时也出现了急功近利、价值目标短期化等问题。利己主义之风愈演愈烈，个人主义思想悄然盛行，许多人为了个人利益最大化不择手段，因而人与人之间固有的温情不知不觉地消失了，代之而出现的是人情的冷漠和麻木。德国哲学家雅斯贝斯认为，伙伴精神是人性，是人之所以为人的根本，"今天我们所有的人所共有的，不是我们的人性——一种普遍的、无所不在的伙伴精神——而是世界通行的时髦话、世界范围的交往工具的传播以及某些娱乐活动的广泛普及"①。人与人之间的交往不再像以往那样具有深刻的人性，富有伙伴精神，相反，人际交往越来越趋向于浅表化。

个人主义是与集体主义相对立的，也是我们党一贯反对的价值观念。这种个人主义把"个人利益放在第一位，革命利益放在第二位"，"抛开国家、集体和别人，专门为自己的物质利益奋斗"，"违反集体利益而追求个人利益"，"把个人的待遇和享受看得高于一切、先于一切"。从总体上讲，个人主义是一种以个人为中心，把个人的利益凌驾于国家、集体利益之上，甚至为了个人的利益不惜牺牲国家、集体利益的一种思想观念和行为取向，具有较大的破坏性。法国思想家托克维尔曾经对个人主义及其危害性做过深刻剖析。他指出："个人主义是一种只顾自己而又心安理得的情感，它使每个公民同其同胞大众隔离，同亲属和朋友疏远。因此，当每个公民各自建立了自己的小社会后，他们就不管大社会而任其自行发展了。"在此基础上，托克维尔认为，个人主义往往最终导向利己主义；"利己主义可使一切美德的幼芽枯死，而个人主义首先会使公德的源泉干涸。但

---

① ［德］卡尔·雅斯贝斯：《时代的精神状况》，上海译文出版社2003年版，第25页。

是，久而久之，个人主义也会打击和破坏其他一切美德，最终沦为利己主义。"①个人主义，尤其是极端个人主义和利己主义有着千丝万缕的联系。因此，我们必须坚持集体主义，坚决抵制极端个人主义的滋生蔓延，引导个人主义向着更加健康的轨道发展。

我们要继承、弘扬并发展红色文化的集体主义精神，并赋予其新的时代内涵，充分利用红色经典事例、英雄人物教育和引导人们特别是青少年克服拜金主义、个人主义等思想，树立集体主义价值观，让集体主义精神在人的全面发展中更好地发挥动力支撑作用。与此同时，在构建社会主义和谐社会、推进社会主义现代化建设的历史进程中，我们要树立集体主义价值观。但这种价值观不再仅仅是革命战争年代的那种集体主义价值观，而是继承红色文化的集体主义因子，弘扬"人类大我"的集体主义价值观。此外，随着现代信息技术的发展，人与人之间从过去的"封闭""孤立"逐渐走向"共在""共生"，人们生活在共同的利益之下，不同地区和国家被人类的共同利益这根无形的链条连在一起。面对人类共同的挑战和危机，需要人们共同解决，需要人们发挥"人类大我"的集体主义价值观。

（2）红色文化彰显艰苦奋斗的优良作风

艰苦奋斗的道德品格是红色文化的精神内核，也是其发展壮大的重要基石。红色文化彰显着共产党人、革命志士和广大人民群众艰苦奋斗、艰辛创业、自力更生、自强不息的昂扬向上之精神风貌，是新时期对广大人民群众特别是党员领导干部和青少年深入开展艰苦奋斗精神教育的重要资源。我们要大力弘扬红色文化中艰苦奋斗的道德内涵，在全社会营造以艰苦奋斗为荣、以骄奢淫逸为耻的道德舆论氛围，引导人们正确把握艰苦奋斗的时代内涵，始终坚持艰苦奋斗、勤俭建国的基本方针，谦虚谨慎，不骄不躁，克勤克俭，不断把中国特色社会主义事业推向新的高度。

首先，艰苦奋斗是红色文化的精神内核。艰苦奋斗是红色文化的重要内容，是我们党带领人民赢得革命胜利，实现民族独立和人民解放、国家富强和人民幸福的重要法宝。红色文化的发展壮大是与艰苦奋斗伟大品格的坚守和执着紧密相

---

① ［法］托克维尔：《论美国的民主》（下），商务印书馆1988年版，第625页。

连、不可分割的。回顾我们党的历程，艰苦奋斗是我们战胜各种困难，阔步前进的力量源泉和精神保证。从井冈山的艰苦创业精神，到长征团结一致、一往无前精神，再到延安时期的励精图治，号召全民"自己动手，丰衣足食"，艰苦奋斗一直是我党我军宝贵的道德品格和工作作风。我们党和军队是靠艰苦奋斗起家的，也是靠艰苦奋斗不断发展壮大起来的。艰苦奋斗始终是红色文化之为"红色"的最好印证，也是红色文化传递给我们最为深刻最为核心的道德品格之一，是我们最宝贵的精神财富和道德力量，代表着我们这个民族最深厚的道德自觉。

艰苦奋斗的精神品格是我们党和军队的根本立足点，也是红色文化建设获得强大生命力和创造力的根本立足点。越是在困难时期，我们党和军队以及根据地人民越是展现出强大的自强不息、艰苦奋斗的精神，克服了一个又一个困难，渡过了一个又一个难关。早在创建农村革命根据地时，毛泽东就认为"贪污浪费是极大的犯罪"①，要求节省每个铜板，形成了艰苦创业的早期形态。井冈山革命根据地是我们党真正意义上的第一块革命根据地，井冈山精神生动诠释着艰苦奋斗、艰辛创业的革命作风。为了打破敌人对井冈山的经济封锁，红四军前委决定发起下山挑粮运动，挑粮上山成了红军的一项经常性工作。在那段艰苦日子里，朱德经常亲自带领战士们下山挑粮。"朱德的扁担"的故事成为井冈山精神中浓墨重彩的一笔，真实见证了红军将士艰苦奋斗、同甘共苦的精神情怀。红军历时两年形成二万五千里长征铸就的长征精神，更是一部艰苦奋斗的伟大史诗，使共产党人、革命战士的英勇顽强、艰苦奋斗、自强不息的道德品格和精神境界得到了淋漓尽致的抒发和彰显。这种靠艰苦奋斗挑战人生极限的精神品格连西方人都不得不钦慕和敬佩。2000 年美国《时代》周刊编辑的《人类 1000 年》一书，把伟大的长征评选为过去 1000 年"影响人类文明发展进程的 100 件大事"之一。艰苦奋斗也是延安精神的底色之所在。美国著名记者埃德加·斯诺在访问延安时，看到毛泽东穿着打了补丁的衣服、彭德怀用缴获的降落伞改做成背心、周恩来睡的土炕、林伯渠耳朵上用绳子系着断了腿的眼镜，发现了红军的伟大力量所在，并称之为"东方魔力"，在《西行漫记》中断定它是"兴国之光"，这就是艰苦奋斗精神。以"自己动手，丰衣足食"为主题的大生产运动更是延安军民艰

---

① 《建党以来重要文献选编》第十一册，中央文献出版社 2011 年版，第 119 页。

苦奋斗品格的生动写照。中华人民共和国成立后，面对帝国主义封锁和满目疮痍的局面，全社会发扬艰苦奋斗的精神作风，迅速恢复和发展国民经济，初步改变了一穷二白的局面。改革开放初期，无数革命前辈和中华儿女以苦为乐、筚路蓝缕，以巨大的精神力量投身到建设之中，创造了一个又一个的人间奇迹，留下了宝贵的精神史诗，从而把中华民族的复兴大业不断推向新的历史征程。总之，艰苦奋斗、勤俭节约深深熔铸在红色文化的精神内核之中，成为红色文化生生不息的活力之源。

其次，红色文化的传承有利于发扬艰苦奋斗意识，抵制骄奢淫逸的不良倾向。古人云："艰难困苦，玉汝于成。"艰苦奋斗已经成为我们民族的宝贵品格。能够做到艰苦奋斗，也从根本上关系到一个人的得失荣辱。"历览前贤国与家，成由勤俭败由奢"。以艰苦奋斗为荣，以骄奢淫逸为耻已经成为社会主义荣辱观的重要组成部分，艰苦奋斗的精神内涵不断丰富。在改革开放新时期，有人认为"改革开放发展经济，铺张浪费在所难免"，或是"现在条件好了，不必再艰苦奋斗"，有的甚至认为艰苦奋斗已经"过时了"、把奢侈摆阔当作荣耀、把挥霍浪费奉为大方、把勤俭节约视为吝啬……这些认识无疑没有把握艰苦奋斗的科学内涵。胡锦涛同志在西柏坡考察时曾明确指出："一个没有艰苦奋斗精神做支撑的民族，是难以自立自强的；一个没有艰苦奋斗精神做支撑的国家，是难以发展进步的；一个没有艰苦奋斗精神做支撑的政党，是难以兴旺发达的"；"越是改革开放和发展社会主义市场经济，越要弘扬艰苦奋斗的精神，即使将来我们的国家发达了，人民的生活富裕了，艰苦奋斗的精神也不能丢。"[1] 今天，我们提倡艰苦奋斗并不是主张过苦行僧式、清教徒式的生活，也不是否定合理的物质需求以及对美好富裕生活的追求，而是要思一粥一饭的来之不易，越是生活优越越应该保持艰苦朴素的生活作风。艰苦奋斗不仅仅是一种生活作风，也反映了一个人的价值取向和人生追求，反映了一个人在物质富足条件下对精神和信仰的终极追求。有着这种精神信仰，就能够安于恬淡、以苦为乐、克服贪欲，就能够正确处理物质利益关系、不以物喜、不以己悲，就能够在学习和事业上刻苦钻研、积极进取，为国家繁荣昌盛作出应有的贡献。

---

① 《胡锦涛文选》第二卷，人民出版社 2016 年版，第 6-7 页。

发扬艰苦奋斗的优良传统是社会主义现代化建设的需要。我国经济社会正在发生深刻变化，改革发展进入攻坚克难的"深水区"和转型升级的"关键期"，地区差距、城乡贫富差距仍在扩大，需要啃下的"硬骨头"还很多。这样的基本情况、这样的艰巨任务、这样的基本国情，决定了我们必须经过长期的艰苦奋斗，继续发扬艰苦创业、不畏艰难的精神。当然，提倡艰苦奋斗并不是要人们回到过去的生活方式，而是要用开拓创新、艰苦创业的精神推动改革开放的持续发展。另一方面，树立艰苦奋斗精神也是发展社会主义市场经济的需要。市场经济的健康运行以及生产力的发展需要生产者和经营者合法经营，诚实劳动，艰苦创业。市场具有二重性，它既需要艰苦奋斗精神的支撑和维系，又可能冲击和淡化艰苦奋斗精神。在改革开放和发展市场经济的过程中，由于多种原因，部分人群淡忘了艰苦奋斗精神，贪图安逸、贪图享乐之风不断滋长，超前消费、盲目攀比、挥霍浪费的现象在不少部门和地方盛行起来。伴随着物质生活水平的提高，未富先奢之风在一部分国人中间成为时尚。比阔绰、看花费，成为他们炫耀身份与地位的象征。在这种情况下，提倡树立艰苦奋斗精神具有现实的针对性。提倡艰苦创业、艰苦奋斗是治疗腐败的一副良药，只有坚持艰苦奋斗精神才能从思想上根除腐败滋生的土壤。结合新的时代发展要求，挖掘红色文化的艰苦奋斗思想，弘扬红色精神，开展艰苦奋斗教育，引导人们认真学习党的革命传统和仅供个人科研教学使用！优良作风，正确认识我国的基本国情以及现代化建设的长期性和艰巨性，无疑有助于全社会树立艰苦奋斗的精神。"苦不苦，想想长征两万五；累不累，想想革命老前辈。"红色教育的深入推进，能够使每个人增强艰苦奋斗的使命感和责任感，在全社会广泛形成以艰苦奋斗为荣、以铺张浪费为耻的良好社会风气。

再次，弘扬红色文化有助于保持共产党员的政治本色。艰苦奋斗是中国共产党对广大党员干部的一贯要求，也是红色文化的重要思想内容。艰苦奋斗的作风是我们党和军队夺取革命胜利和建设成果的重要保证，也是我们党的政治本色。中央苏区是我们党开始探索局部执政的标志。在中央苏区时期，针对一些党政官员的贪污和腐败现象，我们党开展了苏区廉政建设实践，取得了很好的效果，从上到下形成了廉洁、勤俭之风。上至中央政府下至乡镇苏维埃的工作人员，实现了不脱离生产、不拿薪水、自带干粮去办公、戴斗笠、穿草鞋、走乡串户的好风气。群众赞扬道："苏区干部好作风，自带干粮去办公，日着草鞋干革命，夜走山路访贫农。"在革命战争年代，许多党员特别是党的领导干部，都是艰苦奋斗的模范，体现出高风亮节。方志敏就是其中的优秀代表。1935年1月，方志敏不幸被俘后，敌兵从其身上仅仅搜到一块怀表和一支钢笔，既失望又惊讶。方志敏自参加红军后经手钱款不下几百万元，但都一点一滴用于革命，个人积蓄只有打了补丁的袜子。方志敏的《清贫》闻名遐迩，影响了几代共产党人和革命志士："洁白朴素的生活，正是我们革命者能够战胜许多困难的地方！"① 他在牢狱中写下的《死！——共产主义的殉道者的记述》中有这样一段话："为着阶级和民族的解放，为着党的事业的成功，我毫不稀罕那华丽的大厦，却宁愿居住在卑陋潮湿的茅棚；不稀罕美味的西餐大菜，宁愿吞嚼刺口的苞粟和菜根；不稀罕舒服柔软的钢丝床，宁愿睡在猪栏狗窠似的住所！不稀罕闲逸，宁愿一天做十六点钟工的劳苦！不稀罕富裕，宁愿困穷！不怕饥饿，不怕寒冷，不怕危险，不怕困难。屈辱，痛苦，一切难于忍受的生活，我都能忍受下去！这些都不能丝毫动摇我的决心，相反的，是更加磨炼我的意志！我能舍弃一切，但是不能舍弃党，舍弃阶级，舍弃革命事业。"② 方志敏的事迹为我们共产党人竖起了一道艰苦奋斗的精神丰碑，凝聚着共产党人的高尚品格。

新民主主义革命胜利前夕，毛泽东在党的七届二中全会上做报告时告诫全党："务必使同志们继续地保持谦虚、谨慎、不骄、不躁的作风，务必使同志们继续地保持艰苦奋斗的作风。"③ 中华人民共和国成立以来，坚持艰苦奋斗、勤俭建国，是我们党确定的一条重要建国方针，也是党的政治优势的重要体现。开展艰苦奋斗教育，党员干部要做表率。"艰苦创业，首先要我们党员、干部，特别是高级干部带头……我们的党员、干部，特别是高级干部，一定要努力恢复延安的光荣传统，努力学习周恩来等同志的榜样，在艰苦创业方面起模范作用。"④ 有各级领导干部以身作则，艰苦奋斗、勤俭节约的作风才能在全社会发扬光大。这是因为，领导干部肩负带领、组织群众贯彻党的路线方针政策的重大责任，领

---

① 《方志敏文集》，人民出版社1985年版，第167页。
② 《方志敏文集》，人民出版社1985年版，第163页。
③ 《毛泽东选集》第四卷，人民出版社1991年版，第1438-1439页。
④ 《邓小平文选》第二卷，人民出版社1994年版，第260页。

导干部是否艰苦奋斗不仅影响到个人，而且关涉一个地区、一个部门的精神面貌。同时，艰苦奋斗教育一靠真理的力量，二靠人格的力量。领导干部的身份和地位使其行为具有很大的示范作用和人格保证作用。古人说："其身正，不令而行，其身不正，虽令不从。"榜样的力量是无穷的，领导干部率先垂范，身体力行，就给广大群众树立了榜样。然而，有一些党员和领导干部把艰苦奋斗、勤俭建国的方针逐渐抛之脑后，花钱大手大脚，比阔气、摆排场，搞所谓个人政绩，贪图享乐。有的党员和领导干部甚至沉湎于灯红酒绿，以致跌入腐败奢侈的深渊，教训是十分深刻的。因此，广大党员和领导干部要始终坚持勤俭为荣、浪费可耻与艰苦为荣、奢侈可鄙的优良风尚，任何时候任何地方都不能丢掉艰苦奋斗、勤俭节约这个传家宝。

（3）红色文化有助于在全社会打造诚实守信的核心理念

诚实守信是中华民族的传统美德。党的十八大报告提出了要加强政务诚信、商务诚信、社会诚信和司法公信建设，进一步明确了诚信建设的重要性和具体方面。红色文化蕴含着我们党和军队以诚待人、取信于民而得以赢得人民群众的广泛拥护和衷心爱戴的优良品德，是诚实守信传统美德的发扬光大，对于我国现阶段社会诚信建设具有重要的借鉴意义和教育价值。我们要提炼其中的诚信内涵并进行时代拓展，提升国民诚信意识和水平，形成全社会诚实守信的良好氛围。

首先，诚实守信是红色文化的道德价值内蕴。红色文化反映出的开诚布公、取信于民、以诚待人的道德价值观，是我们党我们军队能够始终获得广大人民群众衷心拥护并最终夺取政权的有力保证。在井冈山革命根据地的初创时期，正是由于毛泽东信守诺言、慷慨赠枪，使"绿林朋友"袁文才备受感动，才有了中国工农革命军进驻茅坪，在井冈山立足扎根，为中国革命的发展提供了第一块革命根据地，也才有了"星星之火，可以燎原"的蓬勃发展之势。为了锻造一支具有铁的纪律的新型人民军队，从而取信于民，争取人民群众的衷心拥护和大力支持，毛泽东提出并形成了"三大纪律、六项注意"。其中，三大纪律是：一、行动听指挥；二、不拿工人农民一点儿东西；三、打土豪要归公。六项注意是：一、上门板；二、捆铺草；三、说话客气；四、买卖公平；五、借东西要还；六、损坏东西要赔。军队执行这些规定之后，当地老百姓根据实际观察，编了一首歌谣："红军纪律真严明，行动听命令；爱护老百姓，到处受欢迎；遇事问群众，买卖讲公平；群众的利益，不损半毫分。"后来，"三大纪律、六项注意"拓展为"三大纪律、八项注意"。我们党和军队正是通过这些具体的行动取信于民，才赢得了民心，收获了胜利。长征途中的感人故事、西安事变的和平解决以及重庆谈判等，都充分展示了我们党以诚待人的道德品格。这些都是我们这个时代弥足珍贵的道德精神财富。

其次，红色文化的传承有助于社会诚信氛围的形成。诚信是人的发展和社会进步的"无形成本"。社会主义市场经济是一种诚信经济。市场经济的健康运行需要全社会诚信意识的普遍增强作为坚实的支撑，而如果没有全社会诚信体系的真正建立和牢固保障，社会主义市场经济的完善乃至整个社会的发展都会步履维艰。然而，处于经济社会转型期的我国，大量假冒伪劣产品充斥市场，地沟油、毒奶粉、瘦肉精等事件的不时出现，极大地刺痛着国人的良知和神经；文凭造假、学术不端、硕博士论文剽窃抄袭等屡屡见报，极大地玷污了神圣的学术殿堂；一些地方政府和官员弄虚作假，欺骗百姓，中饱私囊等现象频频曝光……这些事件涌现和蔓延，严重冲击着社会诚信的道德底线，让人们之间陡然增加了相互的不信任和猜疑，这对于整个社会的凝聚力、向心力是一个不小的冲击。"老是不信"成了社会的常态和很多人的定势思维，党和政府的公信力不断下降，很多人发出了"人心不古"的感叹，国民诚信意识的淡薄和全社会诚信体系的缺失，对每个人的健康成长和整个国家的持续快速发展所带来的负效应正逐步呈现出来。所以，我们要大力弘扬红色文化，深入挖掘其中蕴藏的诚信品质，大力推进政务诚信、商务诚信、社会诚信和司法诚信建设，在全社会广泛形成守信光荣、失信可耻的良好氛围。

4. 健康心理的保障价值

心理和谐是社会和谐的基础。良好的社会心态来源于每个国民心理素质的大幅跃升和全面优化，特别是人的审美情感的有效培育。针对当今时代不良社会心态的继续发酵以及人们心理素质的普遍不适应状况，我们要大力弘扬红色文化，发扬革命乐观主义精神，充分弘扬红色文化中蕴含的崇高的美的力量，加强人文关怀和心理疏导，引导人们培育自尊自信、理性平和、积极向上的社会心态，为我国和平发展提供强有力的心理保障。

（1）红色文化有助于培养人们乐观健康向上的社会心理

革命乐观主义是红色文化的闪光点和主色调，也是我们党和军队的革命史、创业史和建设史留给我们最为深厚的心理品格启示。积极健康向上的心态对于一个民族、一个国家、一个政党的发展兴盛是一种基础性的心理支撑因素，对于一个人的健康成长和全面发展而言同样具有不可替代的基础性意义。红色文化的主体虽然诞生于硝烟弥漫的战争和革命年代，但是其中蕴含的积极向上、豁达乐观之精神内涵却具有永久的时空穿透力和价值魅力。挖掘红色文化中的相关内涵并赋予其新的时代意义，对于人们的心理素质培养和心理品格优化具有重要的教育价值。

首先，良好的心理素质是人之发展的重要基础。心理素质作为人的素质之一，是以生理素质为基础，经过后天的教育和环境的影响而形成的心理能量、潜能、特点及其行为品质的综合，是先天素质和后天素质的"合金"。从心理学上说，心理素质包括人的情感、情绪、认识能力、意志力等方面。人的全面发展除了体力、智力外，心理素质也是其重要组成部分，并且直接关系到人生价值实现的程度。积极乐观、奋发进取的心态和良好的社会适应能力，能为个体在纷繁复杂、变幻莫测、思想激荡碰撞的社会现实中把握正确前进方向，从而为推动社会进步和实现个人全面发展提供强有力的精神动力和坚实的心理保证。而消极悲观、扭曲变态、阴暗颓废等不良心理，不仅影响个人前途命运，而且制约社会健康发展。社会主义市场经济的深入推进带来了国民经济迅速发展，但市场经济的负面影响也给人们的心理和精神带来了消极影响。从整体上看，国民心理是开放包容、理性成熟、积极进取的，但是由于社会转型带来的价值观念、思想意识的急剧变化，一些人不同程度上出现了浮躁、失落、颓废、不满、拜金等心理。特别是当代大学生群体，他们承受来自学业、就业、考研、出国等方面的压力，争强好胜，急功近利，希望获得成功的动机感太强；一些大学生无法面对失败和挫折，甚至以跳楼、服毒等方式结束生命，更有甚者，还会伤害、杀害他人。比如马加爵事件、药家鑫杀人案、留学生刺母案等校园恶性案件发生，一定程度上折射了大学生日渐脆弱的心理承受能力和扭曲的价值观。另一方面，随着经济政治体制改革的深化，我国面临了许多因为经济发展不平衡、地区差异扩大、民主政治不完善而带来的不和谐、不稳定因素。如何引导人们尤其是青少年形成与建设中国特色社会主义事业相适应的良好心理素质，利用什么方式影响人们思想道德品质的形成，是新的时代发展趋势下人的发展和教育共同面临的重要问题。

其次，红色文化有助于人们提高心理调适能力，培育自尊自立的心理品质。中国共产党的红色历史充满胜利与挫折、道路的求索与抉择，这些无时无刻不在考验着中国人民。不管是大革命失败后中国革命跌入低潮，还是面对"中国的红旗到底能够打多久"的疑惑，不管是红军第五次反"围剿"失败后被迫进行战略转移，还仅供个人科研教学使用！是党内出现"左"倾冒险主义和分裂主义，我们党总是带领人民群众知难而进、迎难而上，同呼吸、共命运，经受住了一次次心灵考验。改革开放新时期，人们的心态又发生了新的转变与适应，体制转换、利益取舍、思维更新、资产重组、竞争激烈，新的心态问题、特殊群体矛盾冲突等层出不穷，这更加需要我们树立与时俱进的思想意识，积极接受红色文化的精神食粮，善于和敢于抓住机遇、迎接挑战，积极投身于中国特色社会主义事业发展洪流之中，只有这样，才能以良好的社会心态接受社会发展在转型期带来的阵痛，才能在面对挫折和变化时迅速转变观念、调整心态、提振精神，也才能以良好的心理状态和精神风貌接受新的更大挑战。在急速变化的时代，是否具有强大的心理承受能力和灵活的心理调适能力，对于一个人的成长和整个社会的稳定和谐意义重大。红色文化中蕴含着理性平和、自信客观、包容向上的思想意识，有助于引导人们培育积极健康的社会心态，树立成熟稳健的大国心态，确保我国在和平发展的道路上越走越宽广。

人们在学会从心理上适应社会变迁的基础上更要做到自尊自立，培养强大的自我控制能力。一如赫伯特·斯宾塞指出的："人作为道德的人，他最重要的品质到底是什么呢？我们需要培养什么最重要的能力呢？难道我们不可以回答是自我控制的能力吗？正是这种能力构成人类和野兽的主要区别。也正是由于这种能力，人被定义为能'瞻前顾后'的动物。"① 革命战争年代面对内忧外患中华民族表现了自强自立的民族气节，中国人民在积贫积弱年代表现了自立自信的心理品格，中国共产党人面对敌人的威逼诱惑表现了自尊自爱的浩然正气和自强自立的坚定志向，做到了威武不屈、贫贱不移。自尊自爱自强自立的心理品格的树立

---

① ［英］赫伯特·斯宾塞：《教育论著选》，人民教育出版社 1997 年版，第 167-168 页。

得益于社会公正氛围的营造。红色文化中蕴含着极为强烈的公正色彩，有助于推动当代中国因收入分配不均等引发的社会问题的合理解决。我们要深入挖掘和提炼红色文化蕴含的这些思想内涵和精神品格，教育和引导人们尤其是青年人树立顽强拼搏、开拓进取的精神，树立强烈的正义感、责任感和事业心，增强自信自强自立的心理品质，克服心理上的自卑焦虑，塑造健全的人格。

再次，红色文化有助于人们培育乐观自信、积极向上的心理品质。革命乐观主义是红色文化的一大亮点，是我党我军发展壮大的宝贵心理品格和情感力量。革命乐观主义就是为了人民、国家和革命事业，在艰难困苦、危急险恶的境遇中，决不灰心丧气，决不悲观动摇，能够始终保持必胜的信心和旺盛的革命斗志，努力争取革命斗争的最终胜利。中国共产党的历史就是一部个人命运与国家命运紧密联系、苦难与辉煌并存的鸿篇史诗。我们党在艰难时局中诞生，历经坎坷并在曲折中奋力前进，斗争的挫折与失败、道路的抉择与求索无不考验着中国人民。在这样的形势下，中国共产党与全国人民同呼吸共命运，以知难而进、迎难而上、坚韧不拔、积极乐观的精神经受住了种种考验。中国共产党的几次重大转折——"到井冈山是因城市起义屡屡失败而不得不转入农村；到延安是因蒋介石的围剿而被迫进行两万五千里的长征；到西柏坡是因胡宗南的军事进攻而主动撤离转进；实施改革开放是因当时的国民经济已经到了崩溃的边缘"①，都是被现实困境"逼"出来的，更是与红色文化中革命乐观主义精神的鼓舞和激励紧紧相连的。革命乐观主义成为中国共产党人心理和情感的生动写照。一如毛泽东所言："不论在自然界还是在社会上，一切新生力量，就其性质来说，从来就是不可战胜的。而一切旧势力，不管它们的数量如何庞大，总是要被消灭的。因此，我们可以藐视而且必须藐视人世遭逢的任何巨大的困难，把它们放在'不在话下'的位置。这就是我们的乐观主义。这种乐观主义是有科学根据的。只要我们更多地懂得马克思列宁主义，更多地懂得自然科学，一句话，更多地懂得客观世界的规律，少犯主观主义错误，我们的革命工作和建设工作，是一定能够达到目

---

① 范捷编：《雄浑的序曲——新中国从这里走来》，河北教育出版社 2009 年版，第 27 页。

的的。"① 正是靠着这种无比强大的革命乐观主义精神力量，我们党、我们的军队才能在困难中挺立，在拼搏中奋起，在艰苦卓绝的斗争中创造历史的辉煌。

红色文化中的革命乐观主义精神是培育人们乐观自信、积极向上心理品质的重要资源。在井冈山艰苦的革命斗争岁月，传唱的许多红色歌谣，如"红米饭，南瓜汤，秋茄子，味好香，餐餐吃得精打光。干稻草，软又黄，金丝被儿盖身上，不怕北风和大雪，暖暖和和入梦乡"，体现了红军战士革命乐观主义精神和积极向上的心理品质。漫漫长征路上，我们党和红军始终保持着不畏艰险、以苦为乐的革命乐观主义精神，抒写了人类社会发展史上的伟大壮举。"经过草地恶劣环境煎熬的指战员，一个个虽然面黄肌瘦，但喊杀声还是那样洪亮，斗志还是那样旺盛，作战还是那样奋勇。看着这些生龙活虎的战士，谁能想到他们是在肚皮紧贴着脊梁骨的情况下与敌人厮杀的呢?!"② 革命乐观主义使红军战士们战胜了饥饿等人性极限，保持了昂扬的斗志，冲破了国民党的围追堵截，沉重打击了反动派的嚣张气焰。毛泽东的《长征》展示了红军战天斗地的英雄气概以及红军笑对远征难的乐观精神。大型声乐套曲《长征》组歌尽情讴歌了红军高昂的革命乐观主义精神。《祝捷》中的"大雪飞，洗征尘，敌进犯，送礼品"，《过雪山草地》中的"雪山低头迎远客，草毯泥毡扎营盘"以及《到吴起镇》的"腊子口上降神兵，百丈悬崖当云梯"等都是对红军将士革命乐观主义精神的生动描绘和高度赞扬。面对百废待兴的新中国，正是依靠这种乐观主义精神，我们党才能带领广大人民群众投入火热的社会主义建设之中并初步建立起比较完整的工业体系和国民经济体系。我们要通过发扬红色文化中的革命乐观主义精神，引导人们在面对个人发展和社会发展的逆境时保持百折不挠、积极乐观的心态，同时又要告诫人们在顺境中反腐戒奢、戒骄戒躁，保持清廉朴素的革命本色。总之，我们要引导人们通过了解或是体验红色文化，培养民族自豪感，更加积极有为、昂扬向上，克服思想上和行动上的畏首畏尾。

（2）红色文化有助于提升人们的审美情趣

红色文化处处体现了美的魅力和意境，具有一定的审美价值。红色文化所营

---

① 《毛泽东文集》第六卷，人民出版社 1999 年版，第 393 页。
② 徐占权：《中国工农红军长征全史》（三），军事科学出版社 2006 年版，第 100 页。

造的审美教育环境、所蕴含的具有审美意义的教育内容、所展示的富有审美价值的情感是思想性、科学性与艺术性的高度统一。红色文化包含的物质文化、精神文化与制度文化及其彰显的崇高的道德情操和优雅的气质不仅能够给人们带来感官上的享受，而且能够给人们带来精神上的愉悦，陶冶人们健康高雅的审美情趣，并由此产生追求美、向往美和创造美的心灵动力。

首先，红色文化是一种具有深厚美感意蕴的文化。红色文化是一种"求真"型文化，集中反映了中国共产党人对马克思主义科学理论的信奉，对社会主义、共产主义理想信念的持守以及对人类社会发展规律、社会主义现代化建设规律和共产党执政规律的执着探索，具有高度的合规律性，凝聚着人们运用真理尺度认识世界和改造世界的自觉追求；同时，红色文化又是一种"向善"型文化，生动体现了中国共产党人以中华民族尊严和中国国家利益为重，把争取民族独立和人民解放、实现国家富强和人民幸福作为神圣使命和光荣任务，为实现中国无产阶级和广大人民群众的根本利益而不懈奋斗的高尚情怀，具有高度的合目的性，凝聚着人们运用价值尺度认识世界和改造世界的自觉追求。总之，红色文化是合规律性与合目的性的统一，是"求真"与"向善"的统一，因而也是一种"尚美"型文化，是一种具有强烈美感冲击力的文化，有着深厚的审美意蕴。红色歌谣、红色经典、红色精神、红色遗址遗迹遗物等，是红色文化的物质、精神和信息载体，无一不透露着内容美、形式美、自然美和人文美，从各个方面给人们的情感注入鲜活的生命力、强大的震撼力、崇高的使命感和无上的光荣感，使人们能够在潜移默化中超越功利、走出狭隘、克服消极、摆脱低俗的纠缠，获得崇高的、祥和的、空灵的、静穆的美感体验。

红色文化之所以在当今时代重新兴起，并且焕发出更加强劲的生命活力，一个十分重要的原因就在于，红色文化迎合了现代人心灵深处对于美的渴求和神往，契合了人们越来越强烈的审美体验。1923 年，近代音乐学家王光祈在他的《欧洲音乐进化论》中说："音乐之功用，不是拿来悦耳娱心，而在引导民众思想向上，因此迎合堕落社会心理的音乐，都不能成为音乐。"① 在欧洲启蒙运动时期，法国人民高唱《马赛曲》迎接外国干涉军，捍卫革命；贝多芬的《英雄

---

① 王爱华等：《多维视野下的红色文化》，西南交通大学出版社 2011 年版，第 179 页。

交响曲》激荡人们的心灵，激发人们对自由、民主的向往。红色歌谣是一种改变民族国家命运、追求美好幸福生活的心灵记忆，它用动人心魄、催人奋进的旋律忠实记录着中国人最深沉的心灵故事。它具有一种历史的穿透力，引领人们在历史与现实的交汇中迸发出一种勇往直前、积极向上的力量。它融合了地方的个性和特色，给人一种朴实无华、原生态的乡土情怀。比如，革命时期在延安表现创造生产的红色歌谣就借鉴和融入了陕北民歌"信天游"的风格，让人体味到黄土高坡的敦厚质朴之美。以《义勇军进行曲》《没有共产党就没有新中国》《黄河大合唱》《十送红军》《歌唱祖国》《走进新时代》《走向复兴》等为代表的红色歌曲唱出了中国人革命、建设和改革的雄心壮志和美好愿望，优美、雄浑、激荡、奋进的旋律成就了永恒的美，具有不朽的魅力。以红色小说、红色戏剧、红色诗词和红色影视剧为主要内容的红色经典，以深刻凝练的语言、跌宕的情节、扣人心弦的内容、优美的韵律和强大的视觉冲击力，给人以思想的启迪、心灵的震撼和唯美的视觉体验，让人们深刻感知到了那种革命理想主义、革命乐观主义、革命英雄主义和革命浪漫主义情怀，使无私无畏的生命之美、崇高之美和壮烈之美油然而生。以"三红一创"（《红旗谱》《红日》《红岩》《创业史》）和《青春之歌》《铁道游击队》《山乡巨变》《林海雪原》等为代表的长篇小说，以《白毛女》《红色娘子军》《沙家浜》为代表的红色戏剧，以鲁迅的"寄意寒星荃不察，我以我血荐轩辕"的豪迈誓言、夏明翰的"砍头不要紧，只要主义真。杀了夏明翰，还有后来人"的千古绝唱以及《沁园春·雪》等为代表的红色诗词，以《亮剑》《建国大业》《建党大业》《我们的法兰西岁月》等为代表的红色影视剧，都成了永远的红色经典，具有崇高的精神力量和崇高的美学力量，成为几代中国人抹不去的精神记忆，为身处文化多元化时代的人们注入了历史的精神与力量，照亮了未来前进的道路。

　　红色文化是红色精神及其物化形态的统一。红色文化之美既体现为物质形态红色文化之美，更体现为精神形态红色文化之美。红色精神是红色文化之魂，是中华民族精神的赓续和发展，是共产党人、革命先烈、仁人志士和人民大众伟岸人格、高风亮节和壮美精神的高度凝结，体现了人格美、心灵美、精神美和行动美，是红色文化审美意蕴的最高体现。以坚定信念、艰苦奋斗、实事求是、敢闯新路、依靠群众、勇于胜利为主要内容的井冈山精神彰显的是一种探索之美、创新之美：以无比忠诚、坚定不移的革命信念，一不怕苦、二不怕死的英雄气概，实事求是、独立自主的创新胆略，顾全大局、严守纪律的团结精神舍己为民的崇高思想为主要内容的长征精神集中体现了生命之美、团结之美、拼搏之美：以坚定正确的政治方向，解放思想、实事求是的思想路线，全心全意为人民服务的根本宗旨，自力更生、艰苦奋斗的创业精神为主要内容的延安精神则体现着勤俭之美、自强之美和政治之美；以敢于斗争、敢于胜利的进取精神，坚持依靠群众、坚持团结统一的民主精神，善于破坏旧世界、建设新世界的科学精神，保持谦虚谨慎、保持艰苦奋斗的创业精神为主要内容的西柏坡精神则投射着谦虚之美、忧患之美。红色遗址遗迹遗物是红色文化之"体"，红色文化之美的具体化、形象化展示，具有历史的厚重感、肃穆感和现实的深邃启示性，与自然生态之美有机融合起来，激发起人们丰富的想象力、敏锐的感受力与无限的创造力。当我们重登南湖红船、遥看瑞金烽火、凭栏井冈风云、重走长征路、观看卢沟桥边石狮立、聆听抗日地道战的英雄人物之红色传奇时，种种美的场景将扑面而来，美的体验必将萦绕在心头。

其次，红色文化能够提升人们的审美情趣。真理尺度和价值尺度是人们认识世界和改造世界的两个基本尺度。一方面，人们要了解和掌握外在于人的世界的规律性，取得科学的认识，作为自己行动的向导；另一方面，人们还要追寻生存和发展的基本利益，使外部世界为己所用，获得自身的发展和完善。人之所以能够脱离动物界，最终与动物界揖别，根本原因就在于人能够把真理尺度和价值尺度也就是外在尺度和内在尺度很好地结合起来，在掌握外部世界规律性的前提下实现自我的发展和完善。正如马克思所言："动物只是按照它所属的那个种的尺度和需要来构造，而人却懂得按照任何一个种的尺度来进行生产，并且懂得处处都把固有的尺度运用于对象；因此，人也按照美的规律来构造。"① 美是真与善的统一，求真、向善、达美，是人立身处世的最为基本的追求，人从本质上说是一种审美型存在物。对美的感知力、创造力与享用度是人的本质力量的集中体现。人的自由而全面发展是通过对美的追求而实现的，"正是通过美，人们才可

① 《马克思恩格斯文集》第1卷，人民出版社2009年版，第163页。

以达到自由。"① 总之，审美的需要是人的本质需要，培养和提升人的审美能力是育人的重要环节。

红色文化有着深厚的审美内蕴，能够达到以美怡情的效果，培养人们积极健康的心理情感。积极健康的心理情感是一个人本质力量的充分彰显，离不开美的熏陶和感染，马克思在《1844 年经济学哲学手稿》中指出，人"是一个有激情的存在物。激情、热情是人强烈追求自己的对象的本质力量"②。健康的情感是一种积极的主观态度、主观体验和主观反映。健康的情感是人们启动和保持行为的调控机制和内在强大动力，也是个体养成良好品质和个性的重要因素。人们有了健康的情感，才能产生并增强适应社会主义物质文明和精神文明建设需要的友情意识、亲情意识和爱情意识，以及由此产生的自主意识、竞争意识、公平意识、效率意识、开拓创新意识、道德自律意识等，才能树立人与自然、人与社会、人自我身心的全面、协调、可持续发展的思想观念。健康的情感不仅是人们是否能够健康成长与进步的基本条件，也是人们事业能够取得成功的重要保障。红色文化的热潮迭起，与人对高科技条件下高度的情感追求不谋而合，是构成人的精神世界和生命价值意义世界的重要精神食粮，尤其对于培养和提升人的情感力量具有强大的引领效用。

健康积极的情感本身就是一种先进的文化精神，是一种人与自然、人与社会和谐的生机勃勃的生态。文化是思想、知识、情感的载体。健康的情感离不开先进文化的熏陶。红色文化是社会主义先进文化的重要组成部分，凝结了中华民族精神中最珍贵的思想文化精华，勤劳勇敢、自强不息、厚德载物、团结互助、爱好和平等民族优秀文化传统，是红色文化形成的思想源泉。红色文化具有教化性、体验性与评价性相统一的特性，能够陶冶人们的情感、升华心灵、激励精神。通过多种方式有效利用红色文化内在的情感价值，开展体验式的实践活动，能够让人们正确认识国情，体会到今天幸福生活来之不易，从而倍加珍惜。运用红色文化蕴含的革命情谊、光荣传统、革命意志、优良作风、英雄气节等教育人们，进而产生文化与情感的巨大张力，使人们在广袤的历史与现实的时空中孕育

---

① ［德］席勒：《美育书简》，中国文联出版公司 1984 年版，第 59 页。
② ［德］席勒：《美育书简》，中国文联出版公司 1984 年版，第 39 页。

一种与红色文化相契合的健康情感，有利于丰富社会主义核心价值体系和促进人的全面自由发展。革命战争年代十分艰苦，亲情、友情、爱情却是恒久而不变的主题。革命先辈们为我们留下了《红色情书》《红色家书》《红色家训》等诗篇，从这些文字中我们能够感受到革命先烈对亲人的眷恋与挚爱，感受到他们为国家利益舍生取义的博大胸襟。红色文化中提炼出来的红色经典形象、红色经典歌曲、红色经典人物，以及近年来我们开发利用红色文化创造出来的新形式新载体，如江西的中国红歌会，影视界拍摄的《井冈山》《恰同学少年》等红色影视剧，特别是继《东方红》和《中国革命之歌》之后，我国舞台艺术史上具有重大政治与文化意义的大型音乐舞蹈史诗《复兴之路》于 2009 年上演，3200 名演员参演，艺术地再现了 160 多年的历史画卷，独特舞美设计和宏大叙事手段使广场艺术与舞台艺术有机融合，实现了当代中国历史与现实穿越时空的对话。这些红色经典在给人们带来美的享受和熏陶的同时也使人们内心生发求真向善的美好情感和追求，对于我们树立和谐理念，构建社会主义和谐社会，实现文化复兴具有重要的意义。

红色文化中美的内蕴能够为这个喧嚣的时代注入清醒剂，能够使当前正在蔓延的"庸俗、低俗、媚俗"之风止步，也能够为处于浮躁、急躁、暴躁的人群注入镇静剂，使人与社会实现和谐共生，创造美的意境。"'美'，是这样一种境界：客体的存在和属性满足了主体身心的一种特殊需要——'美感'的需要，它是客体某些方面达到了与主体的高度统一和和谐。"[1] 我们要大力传承红色文化，引导人们在面对多元文化激荡碰撞时能够用健康高尚的审美情趣抵制腐朽落后思想的侵蚀，常怀感动之情，用健康积极的情感力量充实心田，陶冶情操，培养审美能力，提升审美情趣，学会用美的尺度来观照社会、反省自身，在推动社会进步中创造完美的人生。

---

① 李德顺：《价值论——一种主体性研究》，中国人民大学出版社 1987 年版，第 175 页。

第二章　武汉地区红色文化资源概述

在庆祝中国共产党成立 95 周年大会上，习近平总书记强调："一切向前走，都不能忘记走过的路；走得再远、走到再光辉的未来，也不能忘记走过的过去，不能忘记为什么出发。"① 在中国共产党团结带领中国人民百年奋斗的伟大历程中，每一个历史事件、每一位革命英雄、每一种革命精神、每一件革命文物，都是我们走过的过去，是弥足珍贵的红色资源。回望过往历程，用好红色资源，以期"用党的奋斗历程和伟大成就鼓舞斗志、指引方向，用党的光荣传统和优良作风坚定信念、凝聚力量，用党的历史经验和实践创造启迪智慧、砥砺品格"②，对于我们深入开展党史学习教育、传承红色基因、激励我们党和人民接续奋斗、推动党和国家事业在各种风险挑战中不断发展壮大具有极其重要的意义。

因武而兴的武汉，早在三国时就成为我国军事重镇，后因汉水改道，逐渐发展成为"楚中第一繁盛处"，获得四大名镇的盛誉。九省通衢的独特地理位置和厚重悠久的历史传承，注定了这座英雄的文化名城非同凡响的传奇经历，为后世留下丰厚的红色文化资源。

一、武汉地区红色文化资源的科学界定

1. 红色文化资源与红色资源

在对武汉地区红色文化资源进行对象界定之前，我们有必要澄清一个长期模

---

① 《习近平谈治国理政》第二卷，外文出版社 2017 年版，第 32 页。

② 习近平：《用好红色资源 赓续红色血脉努力创造无愧于历史和人民的新业绩》，载求是网，2021 年 9 月 30 日。

糊不定的问题，即红色文化资源与红色资源的关系。

"红色资源"这个概念，最早见诸 2002 年《老区建设》杂志上《"红色资源"与扶贫开发》一文，为学界打开了新的研究领域；2003 年，两篇论文的发表（张茂枝在《四川党史》上发表的《广元市开发利用红色文化资源的现状与建议》，彭央华、项波在《南方冶金学院学报》发表的《利用江西红色文化资源培育大学生民族精神的思考》），使"红色文化资源"这个概念也进入学界研究视域，自此，学界对"红色"系列研究呈方兴未艾之势，并逐步形成"红色"话语体系。不过，吊诡的是，笔者通过搜索知网发现，自 2003 年上述两篇文章发表后，知网上收录的以"红色文化资源"为主题的文章虽逐年攀升，但截止到2022 年 5 月，尚未收录一篇将"红色资源"与"红色文化资源"进行比较的文章；在知网输入关键词"红色文化资源"，搜索的结果却显示了大量以"红色资源"为主题的文章。显然，无论是 CNKI 还是学界，都约定俗成地认为红色资源就是红色文化资源，没有进行比较的必要，交互代替使用亦是完全可行的。学者张蕾蕾在她的著作《大主题 巧叙事 慧传承——红色基因如何"智"胜未来》一书中就提出，由于研究中"红色资源"概念有时与"绿色资源"并列视为自然资源，所以采用"红色文化资源"的提法更加精准①。笔者拙以为这个观点有待商榷。在"红色"话语体系研究中，"红色"并非"绿色资源"所指代的自然色（甚至这里的"绿色"也不是单纯的自然色），"红色资源"凸显的是"红色"的政治意蕴，这是"红色"系列研究的常识，所以不可能有研究者错误地将"红色资源"混淆为自然资源。

既然学术界对这个问题语焉不详，我们不妨聆听党的声音，看能否从领袖的指示中找到问题突破的灵感。党的十八大以来，习近平总书记到地方考察调研，都要瞻仰具有重大历史意义的革命圣地、红色旧址、革命历史纪念场所，从党的一大会址到党的各个重要革命根据地，从土地革命、抗日战争、解放战争纪念地点到社会主义革命和建设、改革的重要纪念场所，主要的基本上都走到了。总书记的足迹遍布河北阜平、西柏坡、山东沂蒙、河南新县、甘肃张掖、福建古田、

---

① 张蕾蕾：《大主题 巧叙事 慧传承——红色基因如何"智"胜未来》，人民日报出版社 2021 年版，第 30 页。

江西于都、陕西延安、贵州遵义、浙江嘉兴等地，并发表系列重要讲话。在讲话中，总书记反复强调要用好红色资源，传承好红色基因，把红色江山世世代代传下去。笔者仔细梳理了总书记的讲话，发现总书记几乎所有场合使用的都是"红色资源"这个概念，只有 2020 年 5 月在山西考察时的讲话使用了"红色文化资源"的提法："山西也是具有光荣革命传统的地方，是八路军总部所在地，是抗日战争主战场之一，建立了晋绥、晋察冀、晋冀鲁豫抗日根据地，平型关大捷、百团大战等闻名中外，太行精神、吕梁精神是我们党宝贵的精神财富。这些都要充分挖掘和利用，以丰富多彩的历史文化、红色文化资源为山西发展提供精神力量。"① 很显然，讲话中的红色文化资源就是红色资源，但为了区别于传统的文化资源，总书记站在文化学的视角采用了"'红色文化'资源"的提法。

因此，笔者认为，红色资源即红色文化资源，"红色文化资源"概念是"红色资源"概念的历时性发展，两者的主客体一致，在诸多语境下可以通用，不存在谁更精准的问题。不过，自党的二十大提出"增强文化自信，围绕举旗帜、聚民心、育新人、兴文化、展形象建设社会主义文化强国"的奋斗目标后，中国人民将文化自信提升到了"自强"的崭新高度，并自觉加强对革命文化、社会主义先进文化和中华优秀传统文化的保护和传承，在这种历史语境中，使用"红色文化资源"这个提法自是更加应景。

2. 红色文化资源中的"红色"意蕴

目前，国内学术界对红色资源的界定，总体上有两种不同看法：一种观点认为"红色资源是中国共产党领导中国人民在革命和建设实践中留下的历史遗存与承载的思想资源、文化资源、物态资源"②；另一种观点则认为"红色资源主要是指中国共产党带领全体中华儿女在漫长的革命战争阶段，所创造并留存后世的携带着革命前辈高尚的革命思想和精神的历史文物、革命古迹、文学作品等物质

① 习近平：《用好红色资源 传承好红色基因 把红色江山世世代代传下去》，载《求是》2021 年第 10 期。

② 周金堂：《把红色资源红色传统红色基因利用好发扬好传承好》，载《党建研究》2017 年第 5 期。

载体"①。两种观点，除了时限长短（以新中国成立为分界）不同外，没有本质上的区别，均主张红色资源形成的起点是中共成立后、其主导实践者为中国共产党、其存在形式有物质形态和非物质形态两种。

笔者认为，科学界定红色文化资源，关键在于对"红色"内涵的理解。21世纪以来，"红色"话语研究渐成学界研究热点，并逐步建构出包括红色资源、红色文化、红色旅游、红色基因、红色江山、红色血脉等在内的"红色"话语体系。尽管学界对于上述话语概念的界定一直存在各种分歧，但毋庸置疑的是，"红色"是革命、先进意蕴的象征早已成为普遍共识。界定红色文化资源，必须追溯近代以来"红色"作为革命、先进象征意蕴的由来。

（1）"红色"的革命意蕴

在我国古代，红色就以"辟邪、吉祥、威严、勇气、喜庆、希望、成功、纯洁"等含义渗透到中华民族传统文化的血脉中，历经千年传承，成为了中国人民热情向上、热爱生活、追求光明的象征。虽然历史上曾经出现过数支佩戴红色头巾的农民起义力量，但在红色的诸多传统象征中，并没有革命的意蕴。近代以后，红色频频与革命活动相联系，革命和热血遂成为红色新的时代内涵。一些学者便依据我党历史上"红军""红色根据地""红色政权""红旗""红色娘子军"等称呼和提法，认为红色文化资源仅仅与中国共产党的实践活动相关。这种看法无疑是有失偏颇的。辛亥首义领导人之一的刘公，在命令赵师梅制作铁血旗时表示："红底和黑九角星象征铁血，就是说革命必须使用武力，以热血驱逐鞑虏、恢复中华。"铁血十八星旗的红色，象征着勇往直前、不惧牺牲的革命大无畏精神。青天白日满地红旗，亦以红色为底，代表了早期资产阶级革命党人为国家和民族牺牲、奉献、奋斗的精神。可见，在近代中国，最早赋予红色"热血""革命"含义的是武汉地区资产阶级革命党人，红色所蕴含的革命、奉献、奋斗的精神早已深深镌刻在我国资产阶级革命党人的足迹中。倘若从红色所具有的无差别的为国家兴亡、民族复兴而流血牺牲的视域分析，红色资源的历史载体自然不囿于共产党的实践活动。

---

① 江颉：《利用红色资源加强大学生思想道德教育的探析》，载《高教论坛》2014年第1期。

其实，即便是我党历史上的"红"色系列，最初出现和使用时，在很大程度上只是对传统文化中红色血脉的传承，没有那么浓烈的革命含义。南昌起义时，起义军颈上系红领带，左臂缠白毛巾。如果红领带象征不怕牺牲的革命精神，那白毛巾又代表什么呢？可能就如粟裕大将后来说的，系红领带在当时也许并没有什么特殊含义，只是出于中国人对红色的偏爱及对成功的期望，亦形成与反动力量的区别。"红军"称号，是中国共产党革命实践中第一个与红色紧密相连的，最初的革命内涵也不显见。黄麻起义后，当地书法家吴兰阶为新成立的工农革命政府撰写了一副对联：痛恨绿林军，假称青天白日，黑暗沉沉埋赤子；光复黄安城，试看碧云紫气，苍生济济拥红军①。这并非"红军"概念首次出现在中国历史上，元末红巾军起义，就曾产生"府官四散躲""红军府上坐"的民谣。吴兰阶是一名开明乡绅，对革命未必有深切理解，提出"红军"概念大约出于两个原因：一是起义成功后，革命政府前悬挂着一面缀有镰刀和锤头的红旗，而中国历史上又曾经活跃过一支头系红巾的红巾军，历史和现实的双重启示，给予了书法家灵感；二是对联充满传统文化气息，内中巧妙地藏进数种颜色，以绿色指代国民党反动派，以红色指代农民自卫军，恐怕只是作者进行艺术创作的构想，没有特别意味。

诚然，"红色是中国共产党、中华人民共和国最鲜亮的底色"②，但这并非说明只有中国共产党才是革命（红色）的。将红色资源载体简单等同于中共领导的实践活动的观点，显然是偷换概念，错误地将"革命"理解为"最革命"。

（2）"红色"的先进意蕴

辞典修订版对"先进"的释义是：位居前列、可为表率，语出宋代王安石《谢王司封启》："不以先进略后生，不以上官卑下吏。"从历史视角来看，先进其实是一个历时性概念，即不同时代、不同历史发展阶段先进的具象化内涵是不一样的：鸦片战争前后，来自封建统治阶级的林则徐、魏源等人提出"师夷长技以制夷"的先进观念，与同时代顽固坚持夷狄观的夜郎自大之辈相比，他们无疑

---

① 珍藏于湖北省黄冈市红安县黄麻起义和鄂豫皖苏区革命历史纪念馆。

② 习近平：《用好红色资源 赓续红色血脉努力创造无愧于历史和人民的新业绩》，载求是网，2021 年 9 月 30 日。

是那个时代的进步力量；孙中山先生的三民主义具有重大缺陷，但仍然被列宁誉为"真正人民的真正伟大思想"，是同时代最进步的理论；即便是中国历史上最先进最伟大的政治力量，中共的先进性在不同历史时期、不同发展阶段也有着不同的内容和要求。正如党的十六大指出的"党的先进性是具体的、历史的，必须放到推动当代中国先进生产力和先进文化的发展中去考察，放到维护和实现最广大人民根本利益的奋斗中去考察，归根到底要看党在推动历史前进中的作用"①，判断事物"先进"与否，最关键是看其在推动历史前进中发挥的作用。因此，界定红色文化资源，要看它在近代以来中国人民在追求民族独立、人民解放和国家富强、人民幸福的历史进程中是否发挥了推动作用，一切在这个进程中发挥了或大或小作用的实践及遗存均属红色文化资源。

鉴于以上分析，笔者认为，红色文化资源的界定应有广狭之别。广义的红色文化资源，泛指近代以来中国人民在探寻国家出路、谋求民族振兴的实践中创造的物质和精神财富总和。这种广义界定，更能科学阐释近代中国历史发展的内在逻辑，展示了中国共产党宽阔的历史视域及博大胸襟。按照现今学界对红色文化资源载体"中共领导的实践"的狭义定义，我们就无法理解，为什么新中国的奠基者和建设者们在设计人民英雄纪念碑基座的八幅浮雕时，会依照近代中国人民觉醒的先后顺序，选择"虎门销烟""金田起义""武昌起义"作为前三个浮雕的主题。同样，只有基于对红色文化资源的广义定义，我们才能理解，2021年为纪念中国共产党百年华诞，中宣部启动中华民族文化基因库红色基因库建设活动，首批入选的33家红色基因库建设试点单位中，鸦片战争博物馆为什么赫然在列。

当然，我国的红色文化资源星罗棋布、丰富多彩，但主要是中国共产党领导中国人民创造出来的，这一点毋庸置疑。自近代以来，在中国人民追求民族振兴、人民幸福的历史征程中，中国共产党领导的实践活动时间最长（从1840年中国近代史的序幕在鸦片战争的隆隆炮声中屈辱拉开到中国人民努力建设社会主义现代化强国的2023年，我们走过了183年，其中102年的红色文化资源实践主导者是中国共产党）、跨度最大（历经民主革命、社会主义革命与建设、改革

---

① 《江泽民文选》第三卷，人民出版社2006年版，第538页。

开放各个历史时期）、影响最深远（中华民族和中国人民在党的领导下实现了从站起来到富起来再到强起来的伟大飞跃），所以从狭义来看，红色资源是中国共产党在民主革命时期和社会主义现代化建设时期所形成的历史遗存，是具有重要资政育人价值的各种精神及其物质载体的总和。

3. 武汉地区红色文化资源的对象界定

目前，由于我国尚未制定国家层面的红色遗产保护法，因此，各个省市对红色遗产的认知（命名及对象界定）存在巨大差异。2021 年，在为庆祝中国共产党百年华诞而举办的系列活动中，"红色立法"热潮引人注目。在已出台的十多部省、市红色文化保护地方性法规中，红色遗产名称各异，有着"红色文化遗存""老区革命遗址""革命老区红色资源"等多个称呼；立法对象和时间跨度的界定，也根据各省市自身的历史传统和发展特色，存在巨大差异。如龙岩市在界定立法对象时，采用了"概括+列举"的方式对什么是红色文化遗存加以规定，即"新民主主义革命时期，中国共产党团结带领各族人民进行革命活动所遗留的，具有纪念、教育意义或者史料价值的遗址、遗迹和实物"，并具体列举重要会议旧址、著名人物故居、重要战斗遗址遗迹等五类；汕尾市在制定《汕尾市革命老区红色资源保护条例》时，同样把时间范围界定在新民主主义革命时期，但在具体范围上有着不同的考虑，作出了"在海陆丰革命老区传播马克思列宁主义和中国共产党领导人民进行革命斗争留存下来的旧址、遗址、遗迹、文献资料和可移动实物，以及与新民主主义革命有关的纪念设施"的规定，并对红色资源进行列举；河南省《条例（草案）》明确，革命老区系指土地革命战争和抗日战争时期，在中国共产党领导下创建的革命根据地；四川的《条例（草案）》明确红色资源的历史时期以五四运动为起点，延续至今，涵盖新民主主义革命时期、社会主义革命和建设时期、改革开放和社会主义现代化建设新时期、中国特色社会主义新时代等具体时期所形成的，具有历史价值、纪念意义、教育意义的物质资源和精神资源；湖南《条例（草案）》则界定红色资源的时间跨度为新民主主义革命时期至中国特色社会主义新时代的各个历史时期，并从表现形式上分为物质红色资源和非物质红色资源。

"红色立法"热潮中各地方法规对红色遗产的界定，具有非常鲜明的地方色彩和个性特征，突出了本地区的革命历史和传统，彰显其独有优势。如福建龙岩，是全国著名革命老区、原中央苏区核心区，是红军的故乡、红军长征的重要出发地之一，其最靓丽的红色名片就是古田会议，因此，龙岩市红色立法的对象就是新民主主义革命时期的遗址、遗迹和实物；四川省在五四运动后各历史阶段均有出彩经历和贡献，所以四川红色立法的对象跨越了自五四运动以来的各个历史时期。

从上述内容可以看出，尽管各地红色立法的名称并不统一，对红色资源的界定范围也不尽相同，但大多采用了广义的描述性界定，意图将更多的红色资源纳入保护范围。

有鉴于此，武汉地区红色文化资源的对象界定，必须回溯历史，结合本地区历史文化传统和革命、建设经历，突出显示本地区的特色和优势，才能激起武汉民众情感共鸣，提升武汉人民的城市自豪感和自信心。

近代以来，武汉在中国革命史上数度辉煌，曾三次成为中国革命的中心和脊梁。太平天国运动时期，这里见证过初觉醒的女性追求解放、反抗压迫的九女投湖的英雄事迹；洋务新政时期，这里在张之洞夙兴夜寐的努力下，不仅建立了被西方视为中国觉醒标志的现代化钢铁厂，而且成为比肩大上海、"驾乎津门，直追沪上"的近代大都会；辛亥革命时期，埋葬清王朝的第一枪在这里打响；大革命时期，这里成功收复汉口英租界；1927年初，这里成为国民政府所在地。1938年10月10日，《新华日报》在头版刊登周恩来撰写的代论《辛亥，北伐与抗战》，指出："武汉是中华民国的诞生地，是大革命北伐时代的最高峰，现在又是全中华民族抗战的中心"，盛赞武汉人民悠久的革命传统和抗争精神，并进一步断言："辛亥、北伐、抗战，这三个历史时期，将造成中华民族复兴的大业"，高度评价了武汉在实现中华民族伟大复兴的历史征程中发挥的重要作用。新中国成立及改革开放以后，武汉又涌现出许多时代先锋与道德模范。厚重的文化积淀、锐意革新的光辉历史，孕育出武汉丰富而又深厚的红色文化资源。

由此，武汉地区红色文化资源是指近代以来武汉地区人民在探寻国家出路、谋求民族振兴的历史进程中留下的物质和精神财富总和，包括了物质形态和非物质形态两个方面，是武汉市宝贵的"红色家底"。

二、武汉地区红色文化资源概况

武汉地区物质形态的红色文化资源，包括旧址、遗址、纪念碑、烈士墓、博物馆、旧居、陵园等，其中，有73处不可移动文物入选湖北省第一批革命文物名录（全国重点文物保护单位18处，省级文物保护单位32处，市级及以下文物保护单位23处）。目前，武汉地区有红色博物馆、纪念馆22处，全国爱国主义教育示范基地7家、全国廉政教育基地1家、国家级国防教育示范基地2家、国家级海峡两岸交流基地4家。

武汉非物质形态的红色文化资源包括信息资源和精神资源两大类，其中，信息类红色文化资源有档案、文献、手稿、声像资料、口耳相传的叙事、人物传记、红色歌谣等；精神类红色文化资源是武汉人民在近代以来争自由、御外敌、抗灾难、重建设过程中形成的各类精神（首义精神、武汉抗战精神、武汉城市精神、武汉抗洪精神、武汉抗疫精神）等。

1. 武汉地区物质形态红色文化资源

（1）遗址、旧址与旧居类

洋务运动时期：张公堤、汉阳铁厂、汉阳兵工厂（记录湖北新政，武汉成为与大上海比肩的"大武汉"起点）

张公堤，1904年，湖广总督张之洞为治理水患、确保汉口安全，历时近两年，耗资八十万两白银，在东起汉口堤角，西至舵落口的23.76千米路段修筑的一道防洪大堤，堤防顶身高6米，堤顶宽8米，高程31.67—32.20米。武汉人民感念张之洞筑堤防洪善举，称之为张公堤。此堤筑成后，不仅有效保护汉口居民不受洪水频繁侵扰，而且为汉口的后续繁荣提供重要发展空间。汉口与东西湖遂分开，后湖等低地露出水面，可供居住和耕作。后经武汉柏泉籍人士刘歆生（人称汉口的地皮大王）筹巨资开发，使汉口市区由此大为扩展。1931年大水后，堤身普遍加高培厚，堤顶高程曾达到29.3米。1938年武汉抗战时期，国民政府在张公堤上修筑碉堡，作为坚持抗战、保卫大汉口的最后一道防线。武汉解放前，国民党军队为防中国人民解放军南下的大军，借张公堤为屏障，沿堤筑碉堡、挖战壕，铺设路轨，挖断堤身，使堤防遭到严重破坏。武汉解放后，人民政府又组织修复，加固加高。后又进行排泄闸站、防浪墙、块石护坡、子堤加高、防水墙等配套工程。1986年堤顶铺设高级路面。之后，又年年投资维护。特别是1998年武汉遭受百年未遇的特大洪水后，市政府又大量投资，使堤顶路面的水泥公路全线贯通，使之成为汉口外环线的重要组成部分，从此张公堤由防汛堤变成了交通线。

汉阳铁厂，曾被西方视为中国觉醒标志的汉阳铁厂，是湖广总督张之洞在龟山脚下主持兴建的近代中国最早的官办钢铁企业，也是当时中国乃至于亚洲规模最大的钢铁联合企业，承载着古老帝国的工业梦，被誉为"中国钢铁工业的摇篮"。

1890年，汉阳铁厂动工兴建，1894年建成投产。全厂包括生铁厂、贝色麻钢厂、西门士钢厂、钢轨厂、铁货厂、熟铁厂6个大厂和机器厂、铸铁厂、打铁厂、造鱼片钩钉厂等4个小厂。1896年4月，为解决资金困境，该厂经营方式由官办改为官督商办。汉阳铁厂建成初期，因为缺乏科学考证、计划不周，所购设备不适于炼制大冶铁矿提供的高磷矿砂，无法生产符合铁路钢轨所需的钢料，遂于1898年开发江西萍乡煤矿，并用马丁炉改造全厂冶炼设备，以制造钢轨。此项改造耗资巨大，不得不于1898年向德国资本求贷；1899年与日本签订"煤焦铁矿石互售合同"；1904年又以大冶矿山作抵，向日本资本借贷。至辛亥革命前，有炼铁炉3座，炼钢炉6座，年产生铁约8万吨，钢近4万吨，钢轨2万余吨。抗日战争时期，汉阳铁厂部分冶炼设备内迁重庆（后演变为重庆钢铁集团），其余被日军侵占。抗战胜利后，国民党政府接收，作为敌伪产业清理结束。中华人民共和国成立后，武汉市政府在原汉阳火药厂遗址上重建汉阳钢厂，现隶属于中国宝武钢铁集团有限公司。

汉阳铁厂建成后，张之洞几乎每天都要亲临视察，上至冶铁、轧钢，下至燃料储存、员工食宿，事无巨细，一一着人详细记录，一旦发现能力不足者，即刻开除。严格的管理、高标准的要求，使得汉阳铁厂生产的钢轨在历经百年风雨之后，仍然能神奇地坚守在岗位上！

汉阳铁厂聘请了四十多位外国专家指导生产，其中仅卢森堡就有14人。1994年，为纪念汉阳铁厂投产一百周年，在汉阳铁厂原址上成立了张之洞与汉阳铁厂博物馆；同年，欧洲卢森堡大公国在武汉展览馆举办"武汉—卢森堡卓有成效之百年合作纪念展"。

汉阳铁厂的兴建，拉开了中国钢铁工业现代化的序幕，极大促进了近代中国冶金技术的传播，推动了中国工业现代化发展进程；同时，改变了以往修筑铁路清一色外国造的局面，中国大地上第一次铺设了中国人制造的钢轨，在一定程度上抵制了西方列强的经济侵略。2018年1月，汉阳铁厂入选第一批中国工业遗产保护名录。

汉阳兵工厂，原名湖北枪炮厂，1892年动工于龟山北麓，1894年建成，1906年改称汉阳兵工厂。兵工厂几经扩充，计有枪厂、炮厂、枪弹厂、炮弹厂、炮架厂、火药厂、机关枪厂等分厂，1930年的雇工达4000人。

建厂之初，张之洞采纳洋顾问建议，不惜巨资从德国购买了当时最先进的制造连珠毛瑟枪和克虏伯山炮等成套设备，并引进了德国步枪试验委员会设计的1888式7.92毫米步枪的图纸，该枪采用无烟火药和铜镍合金被甲弹头，在当时可谓"领风气之先"，所以，尽管汉阳兵工厂创建时间晚于上海、南京、天津等地军工企业，但迅速成为晚清设备最先进、影响力最大的军工企业。

汉阳兵工厂最具影响力的产品当属步枪，其所仿德国步枪称"汉阳式步枪"即八八式步枪（俗称"汉阳造"，升级版为七九式步枪），从1896年开始生产，1944年停产，前后生产了将近50年，为当时中国生产时间最长的轻武器，装备了自清政府的新军到抗日战争时期国民党军队、八路军、新四军，是这么长时间内国内各种武装力量的轻武器装备的主要枪型，甚至在抗美援朝战争中也在发挥作用，因此成为我军历史上服役时间最长的枪械，塑造了中国战争史上的传奇神话。

此外，汉阳兵工厂于1913年成功仿制德国克虏伯式75毫米口径山炮；1921年成功仿制成"三十节"式7.9毫米口径重机枪、"自来得"手枪（俗称盒炮子亦即驳壳枪）；1924年成功仿制75毫米口径迫击炮；1925年成功仿制德国柏格门式9毫米冲锋枪，还能生产航空炸弹。

作为汉阳兵工厂配套的汉阳火药厂，曾经是20世纪30年代中国唯——一个火药制造厂，1938年整体西迁，原址被夷为平地。中华人民共和国成立初期，武汉市政府在汉阳火药厂旧址上成立汉阳钢厂，汉阳火药厂杳然无踪。为挖掘工业文明记忆、保护武汉历史文化遗产、促进武汉民众进一步了解汉阳近代工业文明，2022 年，汉阳区大力推进《武汉市中心城区微型公共空间建设三年行动计划（2022—2024）》，在汉江南岸、张之洞体育公园西北侧现存汉阳火药厂碾坊遗址规划建设碾盘文化广场公共微空间并已获批，为最大限度保护汉阳火药厂碾坊遗址，碾盘规划控制紫线保护范围 3200 平方米内设置了圆形防护围墙，期待这一工业文明与景观交相呼应的公共微空间的精彩亮相。

必须说明的是，现在国人一提及汉阳造，马上想到的是汉阳兵工厂生产的枪炮。其实不然。汉阳造并非汉阳兵工厂兵器特指，而是张之洞在武汉兴办实业的产品泛称。犹如改革开放初期的汉正街繁荣了全中国的小商品市场、成为全国的标杆一样，汉阳造这一名称，正是这些实业在当时中国具有非凡影响力的见证。这些有影响力的实业，包括汉阳铁厂、汉阳兵工厂、汉阳火药厂、汉阳针钉厂、汉阳官砖厂等，大部分聚集在汉阳龟山至赫山临江一带，形成了蔚为壮观的十里"制造工业长廊"，引领中国近代工业进入"汉阳造"时代，是大武汉名副其实的城市名片。

辛亥革命时期，辛亥印记约有三十余处（多个分布在首义公园内），主要如下：

序号	名　　称	地　　址
1	武昌起义军政府旧址	武昌区首义广场
2	湖北共进会旧址	江岸区楚善里 28 号
3	日知会旧址	武昌崇福山街 41 号
4	楚望台军械库遗址	武昌 701 所内
5	起义门旧址	武昌起义街特 1 号
6	辛亥革命发难地工程营旧址	湖北省总工会大院
7	黄兴拜将台遗址（纪念碑）	首义广场中轴线南端
8	张难先旧居	蛇山南麓
9	李书城旧居	首义公园广场内
10	石瑛旧居	武昌县华林三义村特 1 号

武昌起义军政府旧址,别名红楼,清末湖北省咨议局,位于武昌区蛇山南麓阅马厂北端,占地面积18000多平方米。旧址坐北朝南,布局为"山"形,大楼主体建筑为红色楼房,砖木结构,面阔73米,进深42米,主楼两层。1911年10月10日,辛亥革命武昌起义成功;10月11日,革命党人和起义士兵在湖北省咨议局大楼组建中华民国军政府鄂军都督府,颁发了第一号布告,宣布废除清朝帝制,建立中华民国,并通电号召各省起义,推举原湖北新军第二十一混成协的统领黎元洪出任军政府都督;11月9日,宋教仁在中华民国军政府鄂军都督府主持起草了《鄂州临时约法》,这份约法成为1912年南京临时政府颁布的《临时约法》的蓝本。1912年4月,孙中山访问中华民国军政府鄂军都督府,在会议厅发表演讲,并在后花园与都督府军政人员合影。第一次国共合作时期,北伐军总政治部和国民党湖北省党部设于武昌起义军政府旧址。1931年,在武昌起义军政府旧址院正前方建孙中山铜像。1938年,武汉会战中,武昌起义军政府旧址议员公所毁于日军炮火,仅存东南角楼、东边部分残墙。1949年,武汉解放后,第一届湖北省委曾在武昌起义军政府旧址办公。1979年,宋庆龄为武昌起义军政府旧址题写的"辛亥革命武昌起义纪念馆"和"武昌起义军政府旧址"两方匾额,分别悬挂于大门和主楼上端。1981年10月,依托武昌起义军政府旧址建立辛亥革命武昌起义纪念馆,并向公众开放。2011年,复原了武昌起义军政府旧址的鄂军都督府旧址,西配楼陈列史迹,武昌起义军政府旧址整体对外开放。

武昌起义打响了推翻腐朽清王朝统治的第一枪,武汉因此被誉为"首义之区","红楼"也被称为"民国之门"。武昌起义军政府旧址体现了近代以来武汉人民为创建新的社会制度而敢为天下先的革命精神和建设新社会的建设精神,具有重要的历史价值。1961年3月4日,武昌起义军政府旧址被中华人民共和国国务院公布为第一批全国重点文物保护单位。

旧址上建有辛亥革命武昌起义纪念馆。

湖北共进会旧址,位于汉口江岸区上海街楚善里28号(原宝善里14号)。共进会在日本东京成立后,孙武等先后回国运作革命,在汉口鸿顺里等地设立机关。1911年,为策应广州起义,孙武又在此设立机关。同年9月,文学社与共进会联合部署起义,在此设政治筹备处。同年10月,孙武在此造炸弹失事,机关暴露。原建筑已毁。现建筑是后来重修。砖木结构二层楼，东向，硬山顶，红瓦，面阔 4.5 米，进深 12.8 米。1992 年被列为湖北省文物保护单位。

日知会旧址，位于武昌崇福山街 41 号，原是美国基督教中华圣公会在武昌附设的阅报室。1906 年，湖北革命党人刘静庵等在此处秘密组织革命团体，宣传革命思想。会员主要在新军、学生与会党中开展推翻清政府的革命活动。1907 年 1 月，日知会因响应萍浏醴起义事泄，刘静庵等 9 人被捕，这就是著名的"丙午之狱"。

楚望台军械库遗址，位于武昌梅亭山，原为清廷最大的军火库，是武昌起义军发难后占领的第一个军事目标，并作为进攻湖广总督署的指挥部。军械库原建筑全毁。1956 年遗址被列为湖北省文物保护单位。2011 年建成楚望台遗址公园并对外开放。

起义门旧址，位于武昌起义街特 1 号，原名中和门，为清末武昌十座古城门中唯一保存至今的城门。1911 年 10 月 10 日晚，首义枪声打响后，起义军迅即控制此门，迎接城外部队入城，并在此处布列炮位，轰击湖广总督署。武昌起义成功后，此门被誉为"首义胜利开端"。1912 年改称起义门。原建筑屡历兵火，破败不堪，中华人民共和国成立后曾多次修葺。1981 年全面修整城门，修复重檐歇山顶式城楼，门额镌刻叶剑英题"起义门"。2011 年，依据古城墙图纸原样，重修了 333 米城墙。2013 年被列为全国重点文物保护单位。

辛亥革命发难地工程营旧址，位于武昌张之洞路（今湖北省总工会院内），原为湖北新军第八镇工程第八营驻地。1956 年被列为湖北省文物保护单位。原建筑被拆后，1987 年武汉市人民政府在此立辛亥武昌起义工程营发难处纪念碑。1995 年，在其西边建纪念亭，亭中立有历史学家冯天瑜撰、书法家张少华书"辛亥武昌首义工程营发难处纪念亭记"石碑。

黄兴拜将台遗址，位于首义广场中轴线南端。武昌首义后，清政府调集大军前来镇压；为阻击清军，革命军 10 月 18 日出战汉口，发起阳夏保卫战。十月底，战争形势极为严峻，11 月 3 号，湖北省军政府都督黎元洪效仿汉高祖刘邦拜韩信为将的仪式，用木板搭建拜将台，任黄兴为战时总司令。黄兴在这里慷慨陈词，指出"此次革命，是光复汉族，建立共和政府"，并慨然表态：今日既承黎都督与诸同志举兄弟为战时总司令，为国尽瘁，亦属义不容辞。11 月 27 日，汉阳失陷，阳夏保卫战失败。作为辛亥革命的重要组成部分，黄兴领导的阳夏保卫战是辛亥革命期间爆发的一次最大规模的战役，虽损失惨重，但该役极大牵制了清军反扑革命军的主力，为各省独立、脱离清廷统治赢得了宝贵时间，使清王朝的崩溃已成无可挽回的大势。在革命军与清军奋战的这一个多月时间里，湖南、陕西、江西、山西、云南、浙江、贵州、江苏、安徽、广西、福建、广东、四川等省先后独立，关内 18 省中只剩 4 省效忠清廷。帝制的覆灭，此役之功，不可淹没。1948 年，辛亥首义同志会在原址建立拜将台纪念碑。现在的黄兴拜将台遗址，则是 1955 年在原址上重建、2007 年武汉市政府修缮的一座红色水磨石纪念碑。碑正面刻有"拜将台"三个大字，其下方为"辛亥首义鄂军都督黎任黄兴为总司令在此授印"的小字，为湖北省文物保护单位。

张难先旧居，位于武昌区蛇山山麓，又名"灵山窝"（弘一法师李叔同题字），系 20 世纪 20 年代张难先在民国政府任职时所建。张难先（1874-1968），湖北沔阳（今仙桃市）人，民国政坛"湖北三怪"之一，中国民主革命先驱、辛亥革命元老、武汉和平解放功臣。张先生曾参加武昌起义，创建湖北省银行，拨款筹建武汉大学，积极拥护共产党联合抗日，为和平解放武汉立下了汗马功劳；中华人民共和国成立后，出任中南军政委员会副主席、全国人大常委会委员，提议并参与筹建荆江分洪工程。2009 年入选"为新中国成立作出突出贡献的 50 位荆楚英雄模范人物"。旧居系单层砖木结构，张先生在此一直生活至五十年代，是研究辛亥首义文化的重要实物，湖北省文物保护单位。

李书城旧居，位于武昌区蛇山南坡武珞路 51 号（首义公园广场内），是李书城在 1932 年任湖北省建设厅厅长、民政厅厅长时的寓所。

李书城（1882—1965 年），湖北潜江人，中国近代民主革命家、中国共产党的忠实朋友。1902 年留学日本东京弘文学院，归国后组建著名的武昌"花园山聚会"，联络新军，进行反清革命活动。1904 年再渡日本，升入日本陆军士官学校第五期，参与筹备和组织中国同盟会的工作，并在陆军士官学生中国同盟会会员中（包括李根源、李烈钧、程潜、黄郛、尹昌衡、张凤翙等许多晚清及民国的铁血将领）组织铁血丈夫团，作为反清敢死队秘密回国，被誉为"革命党中之实行家"（梁启超曾攻击诋毁孙中山等是"远距离革命家"）。辛亥革命时期，参与武昌首义并协助黄兴领导阳夏保卫战。1926 年，国民革命军誓师北伐，李书城担任国民革命军总司令部顾问。蒋介石统一全国后，一直坚定反对蒋介石专制独裁统治。抗战爆发后，为了拯救流浪的难童，李书城力主创建"战时儿童保育院"。武汉解放前夕，李书城掩护中共地下党组织在武汉建立地下交通站，发起组织"湖北人民和平促进会"和"武汉市临时救济委员会"，并利用自己白崇禧老师身份有效阻止了敌人逃跑时对水厂、电厂和全市交通设施、工厂设备等的破坏，为武汉解放做出了不可磨灭的贡献。李书城还是与中共长期合作共事的忠实朋友。在中国共产党成立前后，李书城大力支持胞弟李汉俊宣传马克思主义、筹建中国共产党的革命活动，李书城上海寓所不仅是上海党组织活动的固定场所，更是中共一大召开的会场，是中国共产党名副其实的"产床"。抗日战争和解放战争时期，李书城一直与中共保持密切联系，之后赴北京参加中国人民政治协商会议；10月1日，登上天安门，参加开国大典；10月19日，出任政务院财经委员会委员、中央人民政府首任农业部长；1954年任"抗美援朝总会"常委；9月，任第一届全国人民代表大会常委会委员和全国政协常务委员等职；1965年8月病逝于北京，毛泽东、周恩来、董必武等党和国家领导人送了花圈，骨灰放进了八宝山革命公墓第一陈列室。

石瑛旧居，位于武昌县华林三义村特一号，毗邻武胜门古城墙，1928年石瑛任湖北建设厅厅长时所建。旧居系欧洲19世纪别墅式建筑，坐北朝南，二层砖木结构，占地面积908平方米，建筑面积326平方米，是研究辛亥首义文化的重要实物，湖北省文物保护单位。

石瑛（1878—1943年），字蘅青，湖北阳新人，同盟会元老、辛亥名人、湖北三怪之一、民国第一清官。1904年，石公费赴欧留学；1905年受孙中山指示，在英国组成同盟会欧洲支部；1922年回国受邀任北京大学教授；1923年任武昌高等师范校长；1924年参加中国国民党第一次代表大会，当选中央执行委员；1927年秋，任上海龙华兵工厂厂长，所产机关枪、迫击炮同德国克虏伯兵工厂产品不相上下；1928年任湖北建设厅厅长，修铁路、整轮渡、固大堤，为湖北水利、铁路和公路建设作出巨大贡献；1931年任南京市长，得"布衣市长"雅号；1939年夏，当选湖北省临时参议会议长，力主抗日，多方庇护共产党员；1943年12月病逝。

石瑛生前长期官居要职，一反官场政界勾连、奢靡、贪腐恶习，廉洁奉公、为民请命、力抗权贵，被誉为"民国第一清官"。石瑛病逝第二天，共产党的《新华日报》发表短评，给石瑛以高度的评价："石瑛先生值得我们追忆的是他从政的清廉自守和对官场奢浮嫉恶如仇。石瑛先生做官并不小，要发财并不难，可是，他安贫如素。在抗战的今天，这样的操守是特别可贵的。我们举目四顾，今天象石瑛那样能做官清苦廉洁的人，能有几个。"石瑛的盟兄、国民党司法部长居正送挽联为："律身以俭，接物以诚，造次必于是，颠沛必于是；贫贱不移，威武不屈，君子哉若人，尚德哉若人。"其拒绝接受蒋介石所荐黄埔毕业生、反对林森扩建中山陵园、怒打孔祥熙、痛斥汪精卫媚日的事迹在民间广为流传。

新民主主义革命时期：根据武汉市党史办提供的材料显示，这一时期的历史遗存多达 150 处，以下为若干重要历史事件、重要机构旧址及旧居目录：

序号	名　　称	地　　址
1	毛泽东同志主办的中央农民讲习所旧址	武昌区红巷 13 号
2	中国共产党第五次全国代表大会会址和陈潭秋革命活动旧址	武昌区都府堤 20 号
3	毛泽东旧居	武昌区都府堤 41 号
4	武汉中央军事政治学校旧址	武昌区彭刘杨路武昌实验小学内
5	中共中央机关旧址（中共中央秘书厅所在地）	江岸区胜利街 165、167、169 号（原四民街）
6	中共中央军委武昌办事处旧址	武昌区彭刘杨路乾福巷 6-13 号
7	中华全国总工会暨湖北省委总工会旧址	江岸区友益街 16 号
8	中共中央宣传部旧址暨瞿秋白旧居	江岸区吉庆街 126 号
9	中共中央长江局机关暨湖北省委机关旧址	江岸区珞珈山街 12 号
10	八七会议旧址	江岸区鄱阳街 139 号（原三教街 41 号）
11	宋庆龄汉口旧居	江岸区沿江大道黎黄陂路口
12	《汉口民国日报》社旧址	江岸区泰宁街 2 号

序号	名　　称	地　　址
13	武汉大学周恩来故居	武汉大学珞珈山东南山腰"十八栋"27 号
14	陆军新编第四军司令部（汉口旧址）	江岸区胜利街 332-352 号
15	八路军武汉办事处旧址	江岸区长春街 57 号
16	《新华日报》社大陆里旧址	江汉区民意一路大陆里 4-9 号
17	国民政府军事委员会政治部第三厅旧址	武昌区昙华林第十四中学校内
18	京汉铁路总工会旧址	江岸区解放大道 2185 号
19	三店徐王湾"刘、邓晋冀鲁豫野战军司令部"旧址	新洲区三店街索坑村徐王湾南"王氏宗祠"
20	姚家山新四军第五师司政机关旧址	黄陂区蔡店乡姚家山村
21	雷祖殿会议旧址	黄陂区木兰山胜景广场
22	红岗山会议旧址	黄陂区蔡榨街洪岗山
23	陈秀冲会议旧址	黄陂区木兰山陈秀冲湾
24	《楚光日报》社旧址	江岸区铭新街 3 号
25	中原军区武汉办事处旧址	江岸区胜利街 245 号
26	长江书店旧址	中山大道 833 号
27	工人运动讲习所速成班旧址	江汉区前进五路 111 号
28	"革命里"旧址	江汉区联保里
29	"冈西特别支部"旧址	新洲区双柳街魏尚村中心
30	鄂豫边区大达卷烟厂旧址	黄陂区王家河街大雨尖村夏家湾

　　毛泽东同志主办的中央农民讲习所旧址，位于武昌红巷（原黉巷）13 号，原为张之洞创办的北路小学堂，是武汉市现存唯一保存完好的晚清学宫式建筑。校舍建于 1904 年，占地面积 12850 平方米，由四栋坐北朝南的砖木结构房屋组成，中间有一个大操场。

　　第一次国共合作时期，毛泽东同志倡议在武汉创办并主持的一所培养全国农民运动干部的学校。农民是中国革命的主力军，巩固的工农联盟是中国革命成功的必要条件，农讲所"是要训练一班能领导农村革命的人才出来，对于农民问题有深切的认识，详细的研究，正确解决的方法，更锻炼着农运的决心，几个月后，都跑到乡间，号召广大的农民群众起来，实行农村革命，推翻封建势力"。①1927 年 3 月 7 日农讲所正式上课，4 月 4 日举行开学典礼，学生来自全国 17 个省，共 800 余人，设立"三民主义""国民党史""帝国主义与中国革命""农民问题""农民运动理论及策略""中国农民运动及其趋势"等 28 门课程及军事训练。毛泽东实际主持工作，聘请许多著名的共产党人、国民党左派和知名人士如瞿秋白、李立三、恽代英、彭湃、方志敏、陈荫林、于树德、李汉俊、何翼人、李达等在农讲所任教。当然，讲课最多的还是毛泽东，他亲自讲授《农民问题》《农村教育》等课程，并作了《湖南农民运动考察报告》专题报告。农讲所的作息生活完全军事化，半天理论课半天军事训练，学员们要到野外进行作战演习和实弹射击，还要学习炸弹制造等技能。1927 年 6 月 18 日，农讲所举行毕业典礼。大多数学生被委任为农民协会特派员，组织、发动农民，深入开展农民运动，为争取到无产阶级天然的同盟军、建立巩固的工农联盟作出卓越贡献，使新式农民运动犹如星星之火，燎原于神州大地；大革命失败后，他们又积极投身于各地的工农武装起义，如著名的八一南昌起义、湘赣边秋收暴动、黄麻起义以及参与创建湘鄂西等革命根据地的斗争，为中国革命做出了巨大的贡献。农讲所是当之无愧的"农民革命大本营"。

1958 年中共湖北省委决定复原旧址纪念馆；同年 12 月，周恩来题"毛泽东同志主办的中央农民运动讲习所旧址"馆标；1963 年纪念馆正式开放。1982 年农讲所被公布为湖北省文物保护单位；1997 年国家文物局、中宣部分别授予武昌农讲所纪念馆全国优秀爱国主义教育基地、全国百家爱国主义教育示范基地称号；2001 年由国务院公布为全国重点文物保护单位；2004 年中宣部等七部委联合将武昌农讲所确定为全国百个红色旅游经典景区之一。

旧址上建有毛泽东同志主办的中央农民运动讲习所旧址纪念馆。

中国共产党第五次全国代表大会会址和陈潭秋革命活动旧址，位于武昌都府堤街 20 号，原为武昌高等师范附属小学。总平面呈长方形，面积 7900 平方米，建筑临街立面采用西方古典风格，内部有建于 1918 年的、保存较好的融合西式

---

① 《中央农民运动讲习所开学宣言》。

风格的 4 栋学宫式建筑，风雨操场、小礼堂、教工宿舍 3 栋则为 2007 年按原貌复建。1922 年至 1927 年，中国共产党的创始人之一、湖北地区共产党组织负责人陈潭秋在此居住，以教书作掩护从事革命活动，这里一度成为湖北革命运动的指挥机关。

1927 年蒋介石发动四一二反革命政变，大革命遭到了局部的严重失败，全国形成了三个政权即北洋军阀政府，南京的蒋介石反革命政权和武汉国民政府对立局面。错综复杂的矛盾和尖锐激烈的斗争，迫切需要中国共产党对形势形成准确清醒认知并采取果断行动，1927 年 4 月 27 日至 5 月 9 日，中共五大肩负着力挽狂澜的使命在此召开。陈独秀代表第四届中央执行委员会向大会作了长达 6 小时的《政治与组织的报告》，涉及中国各阶级、土地、无产阶级领导权、军事、国共两党关系等 11 个问题，既没有正确总结经验教训，又没有提出挽救时局的具体方略，反而为过去的错误进行辩护，继续提出一些错误主张。大会对陈独秀的错误进行了批评，讨论通过了《中国共产党第五次全国代表大会宣言》及《中国共产党接受〈共产国际执行委员会第七次扩大全体会议关于中国问题决议案〉之决议》《政治形势与党的任务议决案》《土地问题议决案》《职工运动议决案》《组织问题议决案》《对于共产主义青年团工作决议案》等决议案，选出了由 31 名正式委员和 14 名候补委员组成的党的中央委员会。随后举行的五届一中全会选举陈独秀、蔡和森、李维汉、瞿秋白、张国焘、谭平山、李立三、周恩来为中央政治局委员，苏兆征、张太雷等为候补委员；选举陈独秀、张国焘、蔡和森为中央政治局常务委员会委员，陈独秀为总书记。五大虽然批评了陈独秀的错误，但对无产阶级如何争取领导权、如何领导农民进行土地革命、如何对待武汉国民政府和国民党，特别是如何建立党的革命武装等迫在眉睫的重大问题，都未能作出切实可行的回答，因此，大会没有承担起在生死存亡的危急关头挽救革命的重任。

五大虽然没能完成自己的历史使命，但给我们留下了宝贵遗产。首先，尽管陈独秀仍然当选为总书记，但周恩来等一批对陈独秀的右倾错误有所认识、有所抵制的同志，被选进了新的中央委员会，这为后来纠正陈独秀的右倾错误，提供了组织上的准备。其次，由于情况紧急、形势紧迫，大会没有专门讨论修改党章的问题，而是通过《组织问题决议案》，准备"根据本党自第四次大会以来党员数量激增这一事实并根据本党目前的任务"，改正并补充旧时的党章。6月1日，中共中央政治局通过了《中国共产党第三次修正章程决案》，成为中共党史上唯一一部不由党的全国代表大会制定和通过的党章（俗称五大党章）。这部党章共12章85条，是我们党历史上条目最多的党章。五大党章的内容非常丰富，开创了中共党章史上的多个"第一"。第一次明确规定党员年龄必须在18岁以上，这条规定一直沿用至今；第一次也是唯一一次在党章中单列了"党的建设"一章；第一次在组织原则和组织制度方面，明确规定"党部的指导原则为民主集中制"，这是从党的根本法规的高度第一次出现民主集中制的提法；第一次将党的组织系统划分为全国、省、市或县、区生产单位五级；第一次规定设立中央政治局和中央常务委员会；第一次规定选举产生中央和省的监察委员会这一党的纪律检察机关（中纪委的前身），并用专一章加以规范；第一次明确规定了党团（即党组）的设置及其职责；第一次把党与青年团的关系单独列为一章，等等。总之，五大党章是建党以来对党章进行的第一次全面修改，充实了内容，调整了结构，确立了党章的基本框架，是党章发展史上的里程碑，对之后各部党章产生了深远影响。同时，它比较正确地反映了中国革命迅速发展和党的建设的实际需要，及时对党的建设的新鲜经验加以总结，对以后党的建设提出新的论断和要求，对加强和改进党的建设也起到了重要作用。再次，陈独秀在大会报告中提出，鉴于党的发展和组织状况，"我们党目前需要成立党校"。在陈独秀宣布要筹建中央党校后，中共五大选举产生的中共第五届中央委员会，其下属的工作机构中新设了一个"党校委员会"，这是党的历史上第一次出现的新机构。中共五大对党校的重视及为此设立的新机构，对中共党校的建设和发展起到了推动作用。

2013年，中国共产党第五次全国代表大会旧址被国务院公布为第七批全国重点文物保护单位。同时，这里也是全国国家安全教育基地和全国廉政教育基地。2022年8月，旧址入选第六批"中国20世纪建筑遗产"。

旧址上建有中共五大会址陈列室和陈潭秋烈士早期革命活动陈列室。

毛泽东旧居，毛泽东一生与武汉有着不解之缘。青年时代的毛泽东曾经八次到访武汉，中华人民共和国成立后，毛泽东48次莅临武汉，累计居住480多天，武汉成为除北京外毛泽东居住时间最长的城市之一。毛泽东旧居是1927年毛泽东主持农讲所工作并在武汉从事革命活动时的住所，位于都府堤41号，距农讲所 200 米，一栋晚清江南风格的三合院民居，坐东朝西，青砖黑瓦，占地面积 909 平方米。在这里毛泽东领导中共中央农委机关积极开展农民工作，完成了他的光辉著作《湖南农民运动考察报告》，还和妻儿度过了一段难得的美好时光，也是最后团聚的时光，因此，武汉是毛泽东生命中最柔软的情感之所系，也是他革命思想逐渐成熟之所在。

1926 年 11 月，毛泽东来到大革命的中心武汉，12 月，出席了中共中央政治局在汉口召开的特别会议。会上，陈独秀严厉批评正在全国兴起的轰轰烈烈的农民运动。面对批评，毛泽东没等会议结束便迈开双腿到农民革命斗争最激烈的湖南考察。从 1927 年 1 月 4 日到 2 月 4 日，整整 32 天，行程 700 公里，踏遍湘潭、湘乡、衡山、醴陵、长沙 5 个县的山山水水。1927 年 2 月 12 日，毛泽东回到武昌，在党组织安排下，租下了都府堤 41 号。2 月下旬，杨开慧携毛岸英、毛岸青前来团聚。在这里，毛泽东伴着油灯，挥笔疾书，只用了 4 天时间就写成了《湖南农民运动考察报告》，用大量不可辩驳的实地考察事实论述了农村革命的伟大意义，在历史的紧要关头，为革命进一步指明了方向，推动了农村大革命运动的继续发展，是中国共产党领导农民革命斗争的纲领性文献。报告中毛泽东调查研究的方法、对农民作用的肯定、对农村建设的关注，直至现在仍然具有重要价值。3 月，出版农讲所系列丛书之《中国佃农生活举例》，该书系 1926 年毛泽东与佃农张文初调查谈话之结果，是目前所发现的毛泽东遗存最早的一篇农村调查报告。

1927 年 4 月 4 日，武昌中央农民运动讲习所举行开学典礼的同一天，杨开慧在武昌医院（武汉市第三医院）诞下三子毛岸龙。八七会议后，毛泽东、杨开慧先后离开武汉，直至阴阳相隔再未见面，这里成为一家人最后团聚的地方。除了毛泽东一家外，蔡和森、彭湃、郭亮、夏明翰、毛泽民、毛泽覃、罗哲等共产党人也都先后在这里居住过。2001 年国务院公布武昌区毛泽东旧居为全国重点文物保护单位。2022 年 8 月，旧址入选第六批"中国 20 世纪建筑遗产"。

1997 年，武汉市成立武汉革命博物馆，下辖毛泽东同志主办的中央农民运动讲习所旧址纪念馆、毛泽东旧居纪念馆、中共五大会址纪念馆、陈潭秋烈士纪念馆、武昌起义门管理所。

武汉中央军事政治学校旧址，位于武昌区解放路 259 号，即湖北武昌实验小学院内，原清"两湖书院"地域，占地面积 1.4 万平方米，现尚存三栋砖木结构平房。

1926 年 10 月，北伐军光复武汉。为迎接革命大发展，满足政治、军事人才的需要，国民党中央先决定设政治训练班，后改办中央军事政治学校（黄埔军校）政治科，校址定在位于武昌文昌门、平湖门之间的两湖书院旧址。1927 年 1 月改名为中央军事政治学校（黄埔军校）武汉分校，仍由蒋介石担任校长，恽代英任总政治教官，兰腾蛟任总军事教官。2 月 12 日正式开学，宋庆龄、孙科、吴玉章、董必武等出席开学典礼。3 月 10 日，国民党二届三中全会决定，改校长制为委员制，由谭延闿、邓演达、恽代英 3 人组成常委，恽代英主持日常工作。3 月 22 日，鉴于国民党中央和国民政府已迁至武汉，决定将分校正名为中央军事政治学校，取消了分校名称，军校基本沿袭黄埔军校制度，军事与政治并重，为中国革命培养了大批骨干力量，所以又被称为武汉黄埔军校或"第二黄埔"。1936 年出版的《中央陆军军官学校史稿》称："武汉分校规模之宏大不亚于黄埔该校，有男女学生及入伍生 6000 余人，实为中国腹部武装革命势力之大本营。""七·一五"反革命政变后，军校被迫解散，第六期入伍生被改编为国民革命军第四集团军第二方面军军官教导团，参加南昌起义并打响了广州起义第一枪。

在中国共产党人的实际主导下，武汉黄埔军校事实上成为中共培养军政人才的摇篮。罗瑞卿、许光达、程子华、陈伯钧、钱瑛、危拱之、王亦侠、宋绮云、彭镜秋、臧克家等一百多名共和国高级将领和省部级领导从这里走出，年仅 21 岁壮烈牺牲的黄麻起义领导人潘忠汝亦毕业于此。

该校还打破男尊女卑思想，冲破封建藩篱束缚，首开先河，招收了中国第一批成建制的女兵，成立了世界最早的在正规军事院校学习和训练的女兵队伍——武汉中央军事政治学校女生队，培养出一大批在近现代中国历史上赫赫有名的巾帼英雄，如胡筠、赵一曼（李淑宁）、游曦、曾宪植、张瑞华、黄杰、黄静汶、胡兰畦、谢冰莹等，在中外军事教育史和中国妇女解放史上留下了浓墨重彩的一笔。2022 年 8 月 1 日，为庆祝中国人民解放军建军 95 周年、纪念中共中央机关迁汉及武汉中央军事政治学校（简称武汉黄埔军校）创办 95 周年，由武汉市文化和旅游局、湖北省黄埔军校同学会主办，武汉中共中央机关旧址纪念馆承办的原创展览"不爱红装爱武装——纪念武汉中央军事政治学校女生队成立95周年特展"开展，再现了中国近代史上第一支女兵队伍在革命和战斗中淬炼成钢的历史。

2013年旧址入选第七批全国重点文物保护单位，2021年被湖北省文化和旅游厅确定为湖北省第一批不可移动革命文物。

旧址上建有武汉中央军事政治学校历史陈列馆。

1927年的武汉，是热火朝天的赤都。中共中央机关陆续从上海迁到武汉，武汉成为中国共产党的中枢要地。早在1926年9月，中共中央即开始从各地抽调大批干部来汉工作，毛泽东、刘少奇、李立三、张太雷、恽代英、吴玉章按照中央指示抵汉指导工作。1927年初，中共四届中央执委会委员和候补委员云集武汉。1927年4月，时任中共中央总书记的陈独秀从上海乘船到达革命中心武汉，标志着中共中央机关完成了从上海到武汉的迁移。1927年9月底至10月上旬，迫于形势，中共中央机关陆续迁往上海。中共中央机关在武汉工作时间虽仅半年，却在此经历了革命由高潮到失败，由挫折到转折的重要过程，许多机关在这里成建制、正规化，使党的组织结构更加严密，为未来的胜利埋下伏笔。

中共中央机关旧址，位于汉口江岸区胜利街165-169号，系一座坐西向东的三层红砖洋房，红墙赤瓦，建筑面积1140.78平方米，有30余个房间。

1927年4月，陈独秀、瞿秋白抵达武汉，居住于汉口原俄国租界四民街61、62号（今胜利街165、167号），这里遂成为中共中央所在地。到5月下旬，原在上海的中央秘书厅、中央组织部、中央宣传部、中央农委、中央工委、中央妇委、中央军委等部门迁到武汉，并以此幢洋房为中心在方圆1公里内办公，中央秘书处（中共五大后改称中央秘书厅，即中央办公厅前身）在此办公。在这里，中共中央政治局做出了一系列影响中国革命进程的重大决策，这幢普通的洋房俨然成为了中国共产党的"心脏"，被称为大革命时期的"中南海"。

1927年7月12日至26日，根据共产国际改组中共中央领导的训令，在鲍罗廷主持下，中共中央召开了临时政治局会议，指定张国焘、张太雷、李维汉、李立三、周恩来组成中共中央临时常委会代行中央职权，公开谴责武汉国民党中央和国民政府的反动行径，决定举行南昌起义、湘鄂赣粤四省秋收起义和武汉总同盟罢工，筹备召开中央紧急会议（即后来的"八七"会议）。这次会议拒绝陈独秀参会，并决定陈去共产国际讨论中国革命问题。陈独秀拒不服从，提出辞去总书记职务，并从这栋住了 3 个月的楼房里秘密撤出。此后迫于形势，中共中央各机关在中央秘书厅的严密安排下，紧急进行了机关和党员的疏散撤离和隐蔽工作，迅速将党的各级组织转入地下，并把聚集在武汉的中共党员派往各地。中央秘书厅驻地从汉口四民街辗转到武昌啸楼巷，又隐蔽至汉口德林公寓，对外发文开始使用"毕挺"的代号。至此，这幢洋房作为中共中央所在地的历史结束。

中共中央机关旧址是党早期领导中国革命的重要历史见证，是全国弥足珍贵的红色文化资源。2013 年 3 月，这栋小楼被国务院公布为全国重点文物保护单位。

武汉中共中央机关旧址纪念馆由武汉中共中央机关旧址（胜利街 165、167、169 号）和相邻的省级文物保护单位（原唐生智公馆，胜利街 163 号）、武汉市优秀历史建筑（原怡和洋行公寓，胜利街 171 号）3 组老建筑组成。2021 年 6 月，武汉中共中央机关旧址纪念馆被国务院国有资产监督管理委员会命名为"100 个中央企业爱国主义教育基地"；2022 年 8 月，成为全国首批"大思政课"实践教学基地。2019 年，武汉中共中央旧址纪念馆举办的"那些年 那些人 那些书——连环画中的红色经典"荣获 2019 年全国革命文物保护利用十佳案例。

中共中央军委武昌办事处旧址，位于武昌区黄鹤楼街中和里乾福巷 6-13 号，是一座建于清末的欧式老宅，四幢对称的里弄式二层楼房，砖木结构，红瓦坡顶，坐南朝北，占地面积约 1000 平方米。

1927 年，中共中央军委在武汉曾有 4 处办公地点，武昌 1 处（即乾福巷 6-13 号）、汉口 3 处（余积里 12 号、友益街尚德里及花楼街各一处），如今，汉口余积里等 3 个地点随城市变迁，已不可寻，唯武昌办事处经聂荣臻元帅回忆并经当年特务工作处红色特工李强（原名曾培宏）现场辨识后方得以确认。

1926 年 10 月，北伐军攻克武昌后，党在武昌乾福巷中和里设立中央军委办事处，接受中央军委领导，这里也是湖北省委和省军委办事处。1927 年 5 月，周恩来由上海迁到汉口居住、办公，余积里成为中央军委机关所在地，另两个办公地点在友益街尚德里及花楼街。武昌办事处仍行使职能。1927 年 5 月 25 日，中共中央政治局常委会决定周恩来任军事部主任，并参加政治局常委会会议；8 月 9 日，新成立的临时中央政治局常委会在第一次会议上决定周恩来任中央军事部部长。武汉时期是中央军委建立以来队伍最大、人员最多、机构最全时期，在中央军委的发展历史上写下了重要篇章。此间，"四一二"反革命政变等一系列惨痛的教训，使周恩来深刻感受到情报工作的重要性，由此，特务工作处（即著名的中央特科前身）在武汉诞生，党的隐蔽战线工作从此拉开了序幕。这是党的历史上首次建立专职政治保卫和情报组织机构，对党保存力量发挥了重要作用。1927年7月15日，汪精卫武汉"分共"，特务工作处及时拿到情报，使陈独秀及中央所有成员成功避开国民党的搜捕。随后，八七会议召开，国民党警探也一无所知。前文所述红色特工李强就是在这个时候进入周恩来的视线，并一次次受命于危难之际，学做炸药、制作电台、组建军工局，最终成为新中国的第一届中科院院士。

中共中央军委武昌办事处旧址是中共中央军委早期活动的重要见证，也是八一南昌起义的重要策源地。1927年朱德来到武汉后，办事处安排他到南昌军官教导团工作做南昌起义的前期准备；刘伯承来到武汉后，办事处直接安排他作南昌起义参谋长。不久，中央军委大部分人员根据党中央安排，奔赴九江、南昌参加暴动。

1988年，中共中央军委武昌办事处旧址被列为武汉市文物保护单位，2008年被列为省级文物单位。

中华全国总工会暨湖北省委总工会旧址，武汉是中国工人阶级登上政治历史舞台最早的地区之一，也是中国现代工人运动的重要发源地。在革命年代，武汉曾三次成为全国工人运动的中心，四次掀起中国工人运动高潮，中华全国总工会暨湖北省委总工会旧址是这段中国工人运动光辉历史的重要见证。旧址位于武汉市江岸区友益街16号（原友益街2号，所谓友益，叶凤池取自《论语·季氏》：益者三友，友直、友谅、友多闻），为两幢法式楼房，坐南向北，砖混结构，右楼为3层，左楼为2层，占地面积分别为340平方米和450平方米，带有院落，总面积1507平方米。该楼房建于1920年，原系汉口"叶开泰"叶氏家族叶凤池（叶开泰第九代）的寓所，右楼为叶凤池女婿陈汉卿（军阀吴佩孚部将）住宅，左楼为叶凤池住宅。

1926年秋，北伐军攻克武汉三镇，华中地区的工人运动进入高潮阶段。因叶公馆与北洋军阀关系紧密，遂被国民政府征用为中华全国总工会驻汉口办事处，由李立三任主任，刘少奇任秘书长，负责领导湖南、湖北、江西、安徽、四川、河南等省的工人运动。随后，在中华全国总工会驻汉口办事处的领导下，湖北全省总工会于10月10日成立，向忠发任委员长，李立三、刘少奇（兼任秘书长）、项英（兼任党团书记）任副委员长，与全总驻汉口办事处合署办公。1927年2月，中华全国总工会正式由广州迁入武汉，机关也设于友益街2号，全总驻汉口办事处机构随即撤销，随后又将东楼交湖北省总工会机关使用。这期间，刘少奇在此写成了《工会代表会》《工会基本组织》和《工会经济问题》三本指导工会建设的重要著作。

1927年5月20日，中华全国总工会在武汉筹备召开了太平洋劳动会议，这是中国共产党成立以来第一次召开的国际劳动者大会；6月19日至28日，又筹备召开了第四次全国劳动大会。同时，积极发展和壮大各地工会组织，使广大的工人阶级团结起来，成为一支反帝反封建斗争的强大力量。继二·七大罢工后，武汉再次成为了全国工人运动的中心，而汉口友益街2号则成为领导全国工人运动的中心。

1927年7月15日，汪精卫领导的武汉国民政府正式宣布与共产党决裂，封闭中华全国总工会和湖北省总工会，开展对革命群众大屠杀。中华全国总工会迁往上海，湖北省总工会转入地下。

中华全国总工会旧址作为大革命时期全国工人运动中心，是中国工运史及中国革命史的重要载体和见证，同时具有极高的建筑史料和建筑艺术价值。

1981年，武汉中华全国总工会旧址被公布为省级文物保护单位；2006年，被设立为全国重点文物保护单位；2021年3月，被湖北省文旅厅确定为湖北省第一批不可移动革命文物。

旧址上建有中华全国总工会旧址纪念馆暨武汉工运历史陈列馆。

中共中央宣传部旧址暨瞿秋白旧居，位于江岸区吉庆街126号（原汉口"模范区"黄石路辅义里27号），一栋具有石库门建筑风格的二层小楼，砖木结构，灰墙红门，面积大约943平方米。

1927年3月，时任中共第四届中央执行委员、中央局成员、宣传部委员的瞿秋白奉命来汉，负责中共"五大"筹备工作，并在汉主持中宣部，同时担任中央军事政治学校武汉分校政治教官，吉庆街126号（原江岸区辅义里27号）成为中宣部办公地及瞿秋白住所。在这里，瞿秋白读到了毛泽东的《湖南农民运动考察报告》，把这篇报告交给共产党办的长江书店出版单行本，书名改称《湖南农民革命（一）》，作为计划出版湖南农民运动系列丛书的第一本，并亲自为这篇报告写了热情洋溢的序言，号召"中国的革命者个个都应当读一读毛泽东这本书，和读彭湃的《海丰农民运动》一样"。中共"五大"闭幕后，瞿秋白在此主管中宣部并兼中央党报委员会书记；"八七会议"后成为临时中央总负责人，兼管农委、宣传部，并任党报总编辑。这一期间里，辅义里 27 号名人荟萃：王明曾在这里任中宣部秘书；后来曾任中共武汉市市委书记的宋侃夫当时是中宣部干事；陈伯达曾在这里管理图书资料。

尚在上海时，中共中央宣传部机构不多，发挥作用亦有限，迁至武汉后，中宣部增设机构、扩大规模，下设宣传科、鼓动科、出版科、图书馆、长江书店、长江印刷所、中央出版局等机构，领导《向导》《汉口民国日报》等报刊，形成了建党以来最强的宣传工作阵容，为宣传中国共产党的方针政策，唤醒广大工农群众投入反帝反封建斗争，鼓舞全国人民的革命斗志，扩大中国共产党的政治影响发挥了极其重要的作用。

汉口吉庆街 126 号是新民主主义革命时期唯一保存完好的中宣部旧址，2013 年入选第七批全国重点文物保护单位名单。

旧址上建有中共中央宣传部旧址暨瞿秋白旧居陈列馆，比较全面地展现了中国共产党在大革命时期和土地革命战争初期的斗争历史，详尽介绍了这一时期中共中央宣传部以及瞿秋白同志在武汉开展的革命活动。

中共中央长江局机关暨湖北省委机关旧址，位于武汉市江岸区珞珈山街（原珞珈碑路）12 号，1983 年 4 月被武汉市人民政府公布为武汉市文物保护单位。

"七·一五"反革命政变后，武汉笼罩在一片白色恐怖之中，党的各级组织及其革命活动完全转入秘密状态。中共湖北省委秘密转移到珞珈碑路 12 号，继续坚持革命斗争。1927 年 9 月下旬，中共中央决定将党中央机关迁回上海，同时成立长江局，管辖湖南、湖北、河南、四川、安徽、陕西等省党的工作，罗亦农任书记，陈乔年、任旭、刘昌群为常委。长江局的成员基本上是湖北省委的负责人，为了工作方便，两个机关就都设在珞珈碑路 12 号。毛泽东、罗章龙、王一飞、李维汉等人曾在此居住，一些外地来汉的中央委员也曾在这里作短暂停留，罗亦农、陈乔年等人也是从这里出发出席八七会议。会后，湖北省委起草了《湖北秋收暴动计划》，先后派遣 370 多名党员干部分赴各地，传达贯彻八七会议精神，发动秋收暴动。湖北省委还大力整顿和恢复各级党组织，收集脱离党组织，与组织失去联系的党员，组织他们参加罢工斗争，这些措施使武汉地区党的组织得到了发展，坚定了广大党员群众的斗争信念。

中共中央长江局是湖南、湖北等 8 省革命斗争的指挥中心，它从这里向所辖各省发出许多重要指示，传达贯彻八七会议精神，指导各地党组织进行整顿、举行秋收暴动、开展武装斗争、发展土地革命。1927 年底，长江局撤销，罗亦农等先后调离湖北。

八七会议会址，位于武汉市汉口鄱阳街 139 号（原俄租界三教街 41 号），是英国人 1920 年建造的一排三层西式公寓（名为怡和新房）中的一个单元，一楼是外商开办的商店，砖木结构，占地面积 197.2 平方米，建筑面积 532.3 平方米，二、三楼为住房。国民革命军北伐占领武汉并建立武汉国民政府后，二楼是苏联援华农业顾问洛卓莫夫的住处，"八七"会议就在洛卓莫夫的住房内召开。

大革命失败后，中国革命处在危急关头。1927 年 8 月 7 日，在共产国际帮助下，中共中央在汉口俄租界三教街 41 号（现为鄱阳街 139 号）召开了一天的紧急会议，史称"八七"会议。由于时局紧张，交通不便，只有在武汉的中央委员、中央候补委员、中央监察委员、共青团中央委员和湖南、湖北的负责人参加了会议。瞿秋白、李维汉、毛泽东、邓小平等人参加了会议。会议总结了大革命失败的经验教训，坚决纠正和结束了陈独秀的右倾机会主义错误，选出了瞿秋白、李维汉、苏兆征为首的中央临时政治局，确定了土地革命和武装反抗国民党反动统治的屠杀政策为党在新时期的总方针，决定发动湘、鄂、赣、粤等省农民秋收起义作为党在当时的最主要任务。毛泽东当选为中央临时政治局候补委员，并在会议上发言，提出了"枪杆子里出政权"的著名论断。

这次会议给正处在思想混乱和组织涣散中的中国共产党指明了新的出路，为挽救党和革命作出了巨大贡献，实现了从大革命失败到土地革命战争兴起的历史性转变。八七会议会址见证了中国共产党历史上第一次伟大的转折，在进行党史教育、爱国主义教育和革命传统教育中扮演着重要的角色。

中华人民共和国成立后，湖北省和武汉市文物管理部门通过大量的调查工作，确认了会议旧址。1976 年和 1982 年依原貌两次进行修缮。1977 年建立八七会址纪念馆。1980 年，邓小平为纪念馆题写了"八七会议会址"的门匾。1982 年 2 月，八七会议会址被国务院公布为第二批全国重点文物保护单位。2016 年，八七会议会址纪念馆被人民日报、中央党史研究室评选为"我最向往的党史纪念地"，成为湖北地区唯一入选的全国 20 个党史纪念地之一，充分彰显了八七会议在党史上的重要地位。

宋庆龄汉口旧居位于汉口黎黄陂路口沿江大道 161—162 号，是一座典型的俄罗斯风格建筑，杏黄色主楼有三层高，塔楼为四层。小楼始建于 1896 年，最先是一家专门为俄茶商交易而开设的华俄道胜银行。十月革命后，银行关了门。大革命时期，这幢建筑被武汉国民政府财政部相中，后又为民国中央银行武汉分行。

1926 年 12 月 10 日，宋庆龄和国民政府先遣人员到达武汉，随即住进了这幢小楼，并在此生活、工作了 8 个月。在这里，宋庆龄接待了美国著名作家文森特·希恩、安娜·露易斯·斯特朗等，通过他们向世界介绍了中国革命斗争的史实；在这里，她发表了"讨蒋通电"和"七·一四"声明，以维护三民主义和联俄、联共、扶助农工的三大政策。八个月的时间里，她奔波于武汉三镇，兢兢业业地工作，参与了收回英租界、创办妇女训练班、参加了国民党二届三中全会等活动。1927 年 7 月 17 日，因时局动乱宋庆龄被迫离开汉口。

2002 年，旧居被公布为省级文物保护单位。旧居上建有宋庆龄汉口旧居纪念馆。

《汉口民国日报》社旧址，位于武汉市江汉路泰宁街 2 号（原汉口歆生路忠信二里 4 号），是一座主体三层、穹顶塔亭四层的西式建筑，坐东朝西，是一栋四层楼房，砖混结构，占地面积 649.05 平方米，建筑面积 2343.91 平方米，使用面积 1669.88 平方米，共有 92 间房。旧址为武汉著名的新闻大楼。最初是湖北督军王占元的亲信李振（华堂）办的国民新报社社址。

《汉口民国日报》是大革命时期董必武在武汉筹办的大型日报，创刊于 1926 年 11 月 25 日。该报名义上是国民党机关报，为武汉国民政府、国民党中央党部、湖北省国名党党部言论机关，实际上是中国共产党领导下的以国共合作统一战线的公开面貌出现的日报，是共产党开展革命统一战线工作的重要舆论工具，在办报方针、宣传内容、经营管理上均由中共中央宣传部指导。董必武任报社经理，宛希俨、高语罕和沈雁冰（茅盾）先后担任主编，毛泽民曾一度协助董必武领导该报工作，20 多位工作人员大多数是共产党员。该报有莫斯科、日内瓦、巴黎、伦敦、纽约的特约通讯员，每天出版对开 3 张，发行量达 1 万余份，宣传国共合作的武汉国民政府的革命政策，报道北伐战争的胜利，支持工农群众运动，揭露帝国主义与新旧军阀的罪恶行为，在全国及国际上颇有影响。

1927 年"七·一五"反革命政变后，报社被迫改组，董必武于 7 月 19 日辞去经理职务，由国民党中宣部派曾集熙接替，报纸遂成为反动派的宣传工具。

1983 年武汉市人民政府公布其为市级文物保护单位。

武汉大学周恩来故居，位于武汉大学珞珈山东南山腰，坐北朝南，为标准英式田园二层别墅，始建于 20 世纪 30 年代初，原为武汉大学延揽知名教授所建住宅区"十八栋"别墅之 27 号，是武大早期建筑群的一部分。别墅红瓦青砖，地基开阔，庭前屋后被参天大树环绕，通往山下的是几条铺满落叶的石阶小径，被称为"恩来小路"。

1938 年，武汉成为全国抗战的中心，武汉大学成为国民政府军事指挥中心，诸多国共军政要员纷纷住进武大校区。时任中共代表团负责人的周恩来与夫人邓颖超当年 5 月至 9 月住进这栋小楼，展开抗日民族统一战线工作并领导全国抗战宣传工作。在这里，他组织领导了"抗日活动宣传周""七七抗战一周年纪念""七七献金"等抗日宣传活动，先后在武大作了三次演讲，为军官训练团授课，并会见了斯诺等国际友人，与各界民主人士、文化界和新闻界的知名人士、国民党高级将领等商谈抗日大计，使这里有着"国共合作抗日小客厅"之美誉。在他的引导和感召下，不少青年学生奔赴革命前线。

1983 年，这栋建筑被武汉市政府列为文物保护单位；2001 年被国务院公布为全国重点文物保护单位。

2021 年，武汉大学周恩来故居与中央农民运动讲习所旧址、中国共产党第五次全国代表大会开幕式旧址、毛泽东同志旧居及"八七会议"会址被票选为武汉市"五大红色地标"。

陆军新编第四军司令部（汉口旧址），位于武汉市江岸区胜利街 332—352 号（原汉口大和街），为毗邻的两栋二层住宅式砖木结构日式楼房，建筑面积 1029

平方米。

卢沟桥事变后，为了抗击日本帝国主义的侵略，中国共产党同国民党谈判达成协议，于 10 月将在江西、福建、广东、湖南、湖北、河南、浙江、安徽 8 省坚持游击战争的红军和游击队，集中整编为国民革命军陆军新编第四军（简称新四军），军长叶挺，副军长项英。12 月 25 日，新四军军部在武汉正式组建成立，着力解决新四军各支队集中整编、干部任命、隶属关系和后勤给养问题；确定红军游击队的集中整编办法和作战部署；多方筹集款项、武器、物资、补充新四军给养供应的不足。1938 年 1 月 4 日，指挥部队迅速开赴敌后，开展抗日游击战争，军部离汉迁往南昌。1 月 28—29 日，《新华日报》头版刊登《陆军新编第四军司令部启示》："本军奉命即行整编出发，军部当即移驻南昌。前汉口大和街 26 号军部即行结束。以后驻汉办事处事宜，委托八路军驻汉办事处钱处长代办。"

汉口新四军军部旧址具有日本住宅式建筑特征，见证了新四军军部在武汉诞生的历史，具有较高的历史、艺术价值，2002 年 11 月被湖北省人民政府公布为湖北省文物保护单位，2008 年 2 月被武汉市人民政府公布为武汉市爱国主义教育基地，2013 年 5 月，国务院公布汉口新四军军部旧址为第七批全国重点文物保护单位。

八路军办事处旧址，位于武汉市汉口长春街 57 号（原日本租界中街 89 号），是一幢四层日式楼房，砖混结构，占地面积 1776.96 平方米，建筑面积 2252.6 平方米，原为日商大石洋行。旧址一角于 1944 年日军占领期间被美国飞机炸毁，1978 年在原址按原貌重建，1979 年 3 月 5 日正式对外开放，叶剑英为旧址纪念馆题写馆名。

1937 年 10 月，董必武在汉口安仁里一号筹建八路军武汉办事处，同年 12 月底迁至现址。中共中央长江局成立后，其机关也设在办事处内。1938 年元月，汉口新四军军部迁往南昌后，由八路军办事处代办新四军驻汉办事处的一切工作。李涛、之光先后担任处长。1938 年 10 月 25 日，武汉沦陷后，八路军武汉办事处的工作人员全部撤离。八路军武汉办事处是中国共产党在国民党统治区建立的公开办事机构，在领导团结国内外各界人士参加抗日战争中发挥了重要的作用。在武汉的短短一年时间里，办事处积极为八路军、新四军筹备粮饷和各种军需物资；宣传我党主张、动员全民抗战，输送大批爱国青年赴延安和抗日前线；热情接待国内外各界人士，广泛开展抗日民族统一战线活动，为争取抗日战争的胜利作出了重要贡献。1937年12月—1938年10月，周恩来、董必武、秦邦宪、叶剑英、邓颖超等中共领导人先后在此工作。

2013年旧址被列为第七批全国重点文物保护单位；2021年被湖北省文化和旅游厅确定为湖北省第一批不可移动革命文物。旧址上建有八路军武汉办事处旧址纪念馆，纪念馆于1995年被授予"湖北省爱国主义教育基地""武汉市爱国主义教育基地"；2002年被授予"湖北省国防教育基地"。

《新华日报》社大陆里旧址，位于武汉市汉口民意一路大陆里4—9号，系二层楼里弄式民房，占地约600平方米，建筑面积大约1200平方米，当年分别作为编辑部、印刷厂和工作人员宿舍。

《新华日报》是中国共产党在国民党统治区公开发行的唯一综合性机关报。1938年1月11日，经过中共代表团与国民党方面的多次谈判，《新华日报》在武汉面世，直属中共中央长江局领导。从1938年1月11日在武汉正式出版，到1938年10月24日在武汉出版最后一期，共出版287期，5月2日曾休刊一天。报纸发行量约一万余份，主要栏目有专论、国际述评、经济述评、时事问答、编余杂谈等，副刊辟有工人生活、妇女之路、社会服务等专栏，在许多城市设立分馆或分销处，是当时在全国影响最大的报刊之一。武汉沦陷前夕，《新华日报》迁往重庆。

诞生在抗战烽火中的《新华日报》，从"创刊号"开始就吹响了战斗的号角。它高举抗战、团结、进步大旗，深得全国人民的信任和欢迎，成为伟大民族解放战争中催人奋进的战斗堡垒。在武汉近10个月的时间里，《新华日报》把武汉作为抗战宣传的大舞台，在指导南方各地中共组织建设及其活动、维护和扩大抗日民族统一战线、促进各民主党派及群众团体的交流与合作、推动国民党积极抗日、动员组织广大人民群众实行全民抗战等方面发挥了重要作用，成为全国和全世界了解中国的窗口。国内各界群众与国外进步人士，由此逐步加深了对中国共产党领导的八路军、新四军的了解，更加信任真正致力于抗战的中国共产党。港澳同胞、海外侨胞和国际反侵略阵营，从此不断从精神和物资上支持八路军、新四军，许多爱国青年包括部分国民党军队的官兵，也因此而投奔延安，投身革命。

1938年6月，日军拉开进攻武汉的序幕。危急关头，6月12日，《新华日报》头版头条刊登社论《保卫大武汉》，提出"保卫大武汉"口号，对动员和组织全国人民参加抗日战争，通过保卫大武汉使全国抗战成为全民族的抗战，将日本侵略者拖入人民战争的汪洋之中具有重要意义。10月21日的第283号报纸开始出版半张。当时武汉即将沦陷，街市上已呈现混乱局面，敌机不断轰炸市区，报馆已经毁坏无法工作。当日的报眼是大号黑体的战斗口号："我们不应自馁，我们要在持久战中，把已经陷入泥沼的敌人葬埋下去！"10月22日的第284号报纸，报馆地址更改为五族街。两则紧要启事更为醒目，一是继续告知八路军办事处迁湘，二是公告新华日报重庆版日内出版。当日的报眼大字口号是："现在保卫武汉的战斗，已临到最后关头。我们保卫武汉固然重要，而产生新的力量坚持长期抗战更为重要。"10月24日夜，汉口秋雨淅沥。周恩来在报馆口述25日发表的社论，题为《告别武汉父老兄弟》，郑重宣告："我们只是暂时离开武汉，我们一定要回来的，武汉终究会回到中国人民的手中。"

武汉时期的《新华日报》是中国共产党在国民党统治区内党与群众公开联系的纽带。它加强了党在国统区群众中的影响，坚定了广大民众坚持抗战的信心，为全国及湖北抗日救国运动的开展，提供了强大的宣传舆论支持，树立了中国必胜、抗日必胜的民族信念。对《新华日报》在武汉的工作，中共中央给予了充分的肯定："这一年来，《新华日报》正确执行了中国共产党的路线，坦白地反映了全中国同胞的意志，坚定地发扬了坚持抗战坚持持久战，坚持抗战到底争取最后胜利的责任。"毛泽东同志后来曾称赞说"我们的《新华日报》抵得上一个方面军"。

《新华日报》社旧址于1983年4月被武汉市人民政府公布为武汉市文物保护单位。

国民政府军事委员会政治部第三厅旧址，位于武昌县华林武汉市第十四中学内，坐北朝南，为二层楼房，占地面积200平方米，砖木结构，是国共合作共同抗击日本帝国主义侵略的重要实物见证。

1938年2月，国民政府军事委员会终于恢复第一次国共合作时期久负盛名的政治部，并邀请周恩来担任政治部副主任，主管第三厅的工作，即抗日宣传工作。4月初，国民政府军事委员会政治部第三厅在武汉昙华林正式亮相，厅长是郭沫若，下设五、六、七三处：五处处长胡愈之，六处处长田汉（寿昌）（下设三科：第一科科长洪深，主管戏剧音乐；第二科科长郑用之，主管电影；第三科科长徐悲鸿，主管绘画木刻），七处处长范寿康，分管动员工作、艺术宣传、对敌宣传等业务。第三厅人才济济，最盛时有2000多人，聚集的文化名流不下百人，由此获得"名流内阁"的雅号。

第三厅有10个抗敌演剧队，4个抗敌宣传队，3个电影放映队，1个漫画宣传队，还有著名的"孩子剧团"和"新安旅行团"，全国慰劳总会"和"战地文化服务处"也隶属第三厅领导。

在中国共产党的领导下，三厅的抗日宣传工作范围之广、规模之大、影响之深，都是空前的。三厅成立后打响的第一炮是4月上旬的抗日扩大宣传周活动。周恩来号召大家"把武汉的扩大宣传周扩大到全国去，武汉要做全国宣传工作的模范"。为此，三厅的各个成员对活动周进行了精心计划和周密安排。宣传周以4月7日的火炬游行为开端，之后每天一个主题，联袂而出，络绎缤纷。第一天举行开幕式，确定为"文字宣传日"。当时"火炬游行，行列绵亘数里，经过之地区，市民均以鞭炮欢迎，民气极度振奋"。第二天是"口头宣传日"。那一天虽然大雨滂沱，但1000余支宣传队活跃在街头巷尾，沈钧儒、于右任、邹韬奋等都被邀请作广播演讲。第三天是"歌咏日"。白天，在中山公园体育场举行广场歌咏活动，郭沫若作了"来它个四面倭歌"的动员。晚上，光明大戏院举行大合唱，《义勇军进行曲》《大刀进行曲》《救国军歌》等歌声此起彼伏。第四天是"美术日"。巍峨的黄鹤楼两旁展出数百幅抗日宣传画，气氛热烈。当夜幕降临后，又开始了火炬游行，火光映照之下，滚滚长江水浩荡而去，慷慨悲壮之情油然而生。第五天是"戏剧日"。《最后一计》《团结抗日》《日兵暴行》等群众喜闻乐见的优秀话剧、小品琳琅满目。第六天是"电影日"。巡回放映车在武汉三镇各重要地点放映中国电影制片厂摄制的抗战影片，同时播放抗战歌曲。到第七天，宣传活动达到顶峰，武汉地区举行了声势浩大的游行，近40万群众参加了活动。

1938年7月，冼星海在这里创作了抗日歌曲《在太行山上》。"七七"事变后，三厅组织开展自愿献金活动，分布在武汉三镇的八座献金台，短短五天时间，献金总金额超过 100 万元，为慰劳前线将士和救济难民发挥了重要作用。

三厅的对敌宣传以及国际宣传工作也做得相当出色。这项工作主要由共产党员董维健、杜国庠和冯乃超三位科长主持。他们联络日本进步人士鹿地亘等，开展日本专题研究、颁发《对敌宣传要点》、协助散发和投放各类反战宣传品、组织在前线对日军喊话、在战俘中组织反战教育活动等；在国际宣传中成功使用世界语对外宣传，创办了一个世界语刊物《中国导报》（半月刊），寄给 50 多个国家；每周召集外国通讯社记者招待会，发布的材料真实而丰富。

1938 年 10 月下旬，日军逼近武汉，第三厅随同国民政府辗转到重庆。三厅是前辈留给我们的无价之宝，它见证了中国共产党在国统区开展抗日民族统一战线的光辉篇章，见证了中国军民抗战必胜的自信和壮志，见证了英雄的武汉人民在武汉保卫战中众志成城、前赴后继的大无畏壮举，是新民主主义革命时期中国共产党领导宣传工作的成功典范。三厅活动时间虽然不长，但它扩大了中国共产党的影响，极大地增强了党在大后方爱国知识分子和进步文化人士中的向心力和凝聚力。党领导下的第三厅把流亡到武汉的优秀文艺人才吸揽到自己的队伍中来，不仅在当时为全民族抗战大业作出贡献，而且为新中国培养和储备了一批杰出的文艺骨干。许多在当年加入第三厅的年轻一代文艺工作者和进步知识分子，通过接受党的教育、培训以及战争的洗礼，后来成了新中国文艺界和知识界的领军人物。

旧址为武汉市文物保护单位，建有国民政府军事委员会政治部第三厅旧址纪念馆。

京汉铁路总工会旧址，位于武汉市汉口解放大道 2185 号，为一旧式平房，砖木结构，坐西朝东，占地 240 平方米。

1923 年 2 月 1 日，京汉铁路 16 个分工会的 3 万名工人在郑州召开京汉铁路总工会成立大会，遭到封建军阀吴佩孚的阻挠和破坏，总工会决定举行全路总同盟大罢工。2 月 3 日，京汉铁路总工会领导人从郑州来到汉口江岸，租用此房秘密办公，这里遂成为领导京汉铁路总同盟罢工斗争的指挥部。张特立（张国焘）、李震瀛、陈潭秋、林育南、项德隆（项英）、杨德甫、施洋、林祥谦等在这里开会，起草了《特别紧要启事》《罢工宣言》《警告本路司员》《敬告旅客》等文件、传单，向武汉人民乃至全国人民宣传京汉铁路工人罢工的原因和目的。2 月

4 日上午，林祥谦在这里下达了罢工命令，江岸机厂（现江岸车辆厂）锅炉工黄正兴接到命令后，拉响了指挥罢工的汽笛。三小时内，京汉铁路全线客车、军车、货车一律停驶。震惊中外的京汉铁路工人大罢工爆发。

为了揭露敌人，及时报道罢工消息，加强联系，在中共武汉区委的帮助下，京汉铁路总工会在这里创办了油印小报《罢工月刊》（"二七"惨案后停止）。

为了教育后代，保护好这处重要的革命旧址，湖北省人民委员会于 1956 年 11 月将它列为省级文物保护单位。2013 年，旧址被公布为国家重点文物保护单位，2018 年，入选第三批中国 20 世纪建筑遗产，2021 年 3 月，被湖北省文化和旅游厅确定为湖北省第一批不可移动革命文物。

旧址内举办有《二七罢工斗争史迹陈列》。

三店徐王湾"刘、邓晋冀鲁豫野战军司令部"旧址，位于武汉市新洲区三店街坨坑村徐王湾南（王氏宗祠）。

1947 年 6 月，刘伯承、邓小平率晋冀鲁豫野战军 12 万余人执行跃进大别山的战略任务，8 月底进入鄂东大别山区，10 月初，晋冀鲁豫野战军司令部和中共中央中原局机关进驻黄安七里坪一带，并迅速占领和控制了黄陂、麻城一带。为适应战事的发展需要，10 月 8 日，晋冀鲁豫野战军司令部移住新洲柳子港东南徐王家湾（今新洲区三店街坨坑村徐王湾南），司令员刘伯承、政治委员邓小平住在附近的王氏宗祠指挥战斗。晋冀鲁豫野战军司令部进驻新洲不久，刘伯承司令员、邓小平政委就发动了李家集之战。此仗打得异常惨烈，战斗持续 3 天 3 夜，解放军最终占领李家集。至此，国民党设置的（黄）陂麻（城）防线全部崩溃。

旧址原有 4 进房屋，现只存主殿，仍作王氏祠堂。

姚家山新四军第五师司政机关旧址，位于黄陂区北蔡店街姚家山（抗战时期称为小悟山，是地跨鄂、豫、皖、湘、赣五省的战略要地，周边有双峰尖、西峰尖、黄牯石、门前山、后头山、雅冲、茶山等九山环绕），由司政大礼堂旧址、司令部旧址（李先念、陈少敏旧居）、参谋部旧址、印刷厂旧址、修械所旧址、医院旧址、造弹厂旧址和姚家宗祠等九处建筑组成，除姚家宗祠被日军炸毁外，其他八处基本保存完好，是武汉市唯一保存较完好的近现代革命文物建筑群。

1940 年 4 月，李先念率新四军豫鄂挺进纵队与前期到达姚家山地区的陈少敏部会合，边区党委机关和纵队司、政两部同时进驻姚家山，姚家山第一次成为部队和地方党委的指挥中心。

1941年2月，为接援"皖南事变"中突围的新四军部队，李先念派第一、第二团东进，配合鄂东独立团，打击鄂东反动武装。17日收复大小悟山根据地，姚家山第二次成为边区首脑机关的指挥阵地，司令部就设在三份湾姚成台家。豫鄂挺进纵队在此正式创建抗日游击根据地，成立抗日民主政府，开办抗日军政大学第十分校，召开"鄂豫边区陂孝北参议大会"。

9月，李先念率领刚组建不久的新四军第五师第十三旅、第十四旅全歼灭国民党军保一旅旅部和保一旅第二团、第三团各一部以及黄安的自卫队，第三次进驻姚家山。10月以后，新四军第五师的军政首长离开姚家山，但仍在此地建有司令部、政治部、参谋部、后勤部、医院、边币厂、被服厂、修械厂等，是巩固的后方基地，新四军第五师司、政两部经常来姚家山驻扎，仅1943年就常驻半年之久。

武汉沦陷后，姚家山是新四军坚持武汉外围抗战的重要指挥中心，因此得名"武汉抗战第一村"（前武汉市市长王群题字）。2014年6月，姚家山多处革命旧址被公布为省级文物保护单位。2015年姚家山新四军第五师历史陈列馆开馆。

雷祖殿会议、红岗山会议、陈秀冲会议旧址，三处会议旧址均是土地革命战争时期组成红四方面军最早的革命力量在武汉黄陂地区进行革命斗争过程中召开的重要会议。

1927年，黄麻起义失败后，根据黄安北部木城寨会议决议，副总指挥吴光浩率领戴克敏、陈再道等72位工农革命军鄂东军战士带着53条枪从黄安南下，于12月29日到达山高林密，易守难攻的木兰山，保存下黄麻起义的革命火种。1928年1月1日，吴光浩率领起义军到达木兰山的第三天，在雷祖殿的地下室里召开了秘密会议。其内容是：1. 宣读了省委将鄂东军组建为工农革命军第七军的命令，吴光浩任军长、戴克敏任党代表；2. 为了便于游击活动，全军72人编为三个队，每队20余人；3. 强调必须把工农革命军置于中国共产党领导之下，坚决贯彻"党指挥枪"的原则，为建设新型的革命军队奠定了基础。

1928年3月，中国工农革命军第七军党委成员在云水湖边的红岗山举行会议，决定缩编部队，化整为零，组成四个短枪队，采用"昼伏夜动，远袭近止，绕南进北，声东击西"的战术，分散游击于黄陂、孝感、黄冈、罗田、黄安、麻城等县，继续开展对敌斗争。

1928年4月，蒋桂战争爆发，敌军撤回河南。红七军返回木兰山，于4月中旬在木兰山下的陈秀冲举行会议。会议决定：用游击战争方法号召群众；大打反动分子、消灭民团、清乡团；不打城市；实行土地革命；回黄麻再组织暴动等。会议表明，七军领导人在把握时机、指挥艺术上逐步成熟起来了。

1928年5月，第7军进入河南省光山县南部柴山保地区，发动群众，创建根据地，走上了边界武装割据的道路。7月，第7军改编为中国工农红军第11军第31师。到1929年5月，红31师规模进一步扩大，初步建成了以柴山保为中心、纵横50余千米的鄂豫边苏区。黄麻起义创建的红军和苏区，是后来中国工农红军第四方面军和鄂豫皖苏区的重要来源及组成部分。

1929年，吴光浩奉命前往河南指挥商南起义，在罗田遇袭牺牲，年仅23岁，接替他职务的，是后来的开国元帅徐向前。最早参加木兰山斗争的72人中，除战争中牺牲和被张国焘杀害的之外，活下来的都在1955年授将军军衔，其中包括徐海东大将、王树声大将、许世友上将、陈再道上将等战功赫赫的传奇式的将领。

《楚光日报》社旧址，位于武汉市江岸区铭新街3号（原锦春里2号），一幢带有西式建筑风格的2层楼房，坐西朝东，砖混结构，石框门，门内为天井，两侧是房间，楼上与楼下布局相同，使用面积206平方米。《楚光日报》是大革命时期董必武以民间办报的名义公开发行的4开版日报，实际上为中共汉口地委的机关报。1926年春创刊，董必武任社长，宛希俨任主编，社址先设在花楼街洪益巷，后迁于此。报纸开始主要反映工人、农民、学生生活上的苦难和他们的要求。北伐军攻克武汉后，着重报导北伐军胜利进军的消息及工农运动迅猛发展的大好形势，揭露帝国主义、封建军阀以及后来叛变革命的蒋介石反动集团反革命罪行。大革命失败后，被国民党接管。旧址现为民居，保存完好。

中原军区武汉办事处旧址，位于武汉市江岸区胜利街245号，即江汉饭店（原德明饭店）。

抗战胜利后，国民党为了抢夺抗战胜利果实，加紧包围和"蚕食"中原解放区，企图一举围歼中原军区部队。1946年1月，中共代表周恩来与国民党代表张治中和美国特使马歇尔（简称军事三人小组）进行多次谈判，会商解决国共军事冲突及有关事项，汉口谈判大多在德明饭店进行。1月10日，双方签署了《国共双方关于停止冲突、恢复交通的命令与声明》，中共中央决定让出中原战略要地，换取中原部队6万人的生存，同时也表明中国共产党的和平意愿。

停战协定签署后，周恩来受命交涉中原军区主力转移的问题。1946年2月28日至3月6日，国民党代表张群、共产党代表周恩来、美国代表马歇尔组成的军事三人小组先后到华北和华中巡视停战情况。期间，在周恩来等人的努力下，张治中和武汉行营同意中原军区在汉口设立办事处。随后，中原军区在德明饭店设立了办事处。司令员李先念、副司令员王震与国民党和美国调停小组成员在此进行过数次谈判。6月26日，国民党撕毁停战协议，向以宣化店为中心的中原解放区发起进攻，挑动内战，办事处随即撤销。中原军区武汉办事处开展的一系列工作，为中原军区赢得了宝贵时间，为中原军区部队举行的中原突围战役，一举突破国民党的封锁，实现伟大的战略转移奠定了坚实基础。

中原军区武汉办事处旧址于2003年10月被湖北省人民政府公布为湖北省文物保护单位。

长江书店旧址，位于汉口中山大道831号，是一幢普通的砖混结构4层楼房，坐西朝东，每层结构布局相同，均有一个宽敞通间。当年1楼为营业部，2楼是编辑室，3楼为印刷间，4楼为维修间。

长江书店是大革命时期中国共产党在武汉公开开设的一家书店，1926年底开张营业，店址先在血花世界（即今民众乐园）下首，后因书店营业兴旺，店面狭窄，于1927年5月1日迁于此址。书店主要经销马克思、列宁著作等进步书籍，中共中央的机关刊物《向导》、团中央的机关刊物《中国青年》，中共湖北省委的《群众周刊》等革命刊物也由该店发行。1927年7月20日，因大革命失败而遭封闭。1983年武汉市人民政府公布为市级文物保护单位。

工人运动讲习所速成政旧址，位于武汉市江汉区前进五路111号，原为汉口宁波会馆（原名四明公所），在汉宁波商贾集资建于1924年，地上三层，地下一层，总建筑面积约500平方米，新古典主义建筑风格。现为江汉区教育局办公所在地。

1926年10月10日，湖北全省总工会在此举行成立大会，向忠发当选为委员长。1927 年 2 月 11 日，中华全国总工会正式迁至武汉，并在此办公。工会组织的建设进一步推动了武汉工人运动的迅猛发展，各地急需大批成熟的工会干部。1927 年 1 月 21 日，工人运动讲习所速成班在此开学，学员 90 余人。讲习所前后共办两期：1 月开学的第一期在武昌、汉口两处同时开办，不久两处合并到汉口集中举办；4 月中旬，讲习所又招收第二期学员，所址迁至汉口同兴里（有争议，一说同丰里）。

工运讲习所以研究中国和湖北的工人运动为中心，组织学员学习马克思主义的基本理论及工运常识、历史知识。授课教员多是共产党员和著名工运领袖，如刘少奇、李立三、董必武、陈潭秋、项英、张国焘等。工运讲习所还非常注意军事训练、集会演讲练习和作文习字练习，所以又被称为"无产阶级革命战士的军官学校"。学员毕业后，思想政治素质、组织领导能力、文化水平和军事技术方面都有较大提高，被派往武汉各工会及各县担任工人运动领导工作，成为各地工会的骨干力量，为工人运动和革命事业作出了重要贡献。

1993 年，工人运动讲习所速成班旧址被公布为武汉市优秀历史建筑，2011 年成为武汉市文物保护单位。

"革命里"旧址，即今联保里，位于武汉市江汉区中山大道北侧，前进五路东侧，与江汉一路平行，占地 1.1 万平方米，门牌 1—42 号，是融合西方建筑风格的里巷，建于 1918 年前后，由上海联保保险公司出资修建，为里弄式名居，皆为二层砖木楼房，结构较好。早年住户多为绅商达贵，1949 年以后为普通民宅，保存完好。

1926 年，已转入地下工作的董必武居住联保里 4 号二楼，联保里成为领导武汉革命斗争的一个中心驻点。北伐军攻入汉口后，工会组织纷纷建立，联保里的房屋分别为码头工会、店员工会、人力车夫工会等十几个行业工会的办公室，这里成为武汉工人运动行业工会的指挥机关，被工农大众誉为"革命里"。在收回汉口英租界斗争中，各行业工会的工人发挥了主力军作用。蒋介石、汪精卫叛变革命后，在联保里办公的行业工会等革命团体遭到了严重摧残，工人运动转入低潮。1938 年 4 月中旬，汉口区委员会重新建立，直属湖北省临时委员会领导，区委机关设在汉口联保里，下辖海员支部、电台支部、生活书店支部、烟厂支部、女校支部、武汉小学教师支部、新知书店支部、车夫支部、江岸铁路支部、码头支部及汽车特别小组、妇女特别小组等。

2011年，联保里被认定为不可移动文物。

冈西特别支部旧址，位于武汉市新洲区双柳街魏淌村魏文伯故居，为三间木质结构房屋，占地面积约100平方米，是新洲革命先驱开展革命活动的重要见证。

1926年4月，新洲区第一个党支部——中共新洲阳逻支部在双柳魏淌村魏文伯家成立，书记魏梦龄。1926年秋，中共冈西特别支部在魏文伯家成立，书记叶万鹤。1927年，国共分裂，魏文伯受党之命，将阳逻区打土豪所得财物，银元一筐、枪四十余支，送九江贺龙部二十军政治部周逸群同志，魏文伯等一大批双柳籍党员参加了南昌起义。1928年，冈西特别支部在魏文伯家指挥了"冈西暴动"，捣毁国民党清乡委员叶协成家，处决数名反动恶霸，震动了黄冈和武汉，遭到国民党疯狂镇压。起义失败后，中共党组织损失惨重，魏家淌村被烧3次，二十余人被捕，包括魏梦龄的母亲、魏文伯的三伯在内的十几名烈士被残酷杀害。

魏文伯同志在革命战争年代历任山西省委委员、宣传部长兼省委秘书长，鄂豫皖边区英山县委书记、中心县委书记，定远县长，津浦路东专署专员等职。中华人民共和国成立后，历任最高人民检察署华东分署检察长、中共中央华东局书记及司法部长等职。曾主持修订了新中国第一部"法院组织法"，被毛主席感叹道"写得熨熨贴贴"，并赞扬"魏文伯这同志很有能力！"

魏梦龄同志在土地革命时期从北京的草岚子监狱解救六十一人，为我党保留下了一大批革命精英，被誉为"红色特工"；抗战时期即担任八路军豫北办事处主任（时任武汉办事处主任叶剑英，重庆办事处主任周恩来），在极其艰苦复杂的斗争环境中开拓新的局面，为抗战胜利作出了不可磨灭的贡献。

魏淌烈士陵园被新洲区委区政府命名为区爱国主义教育基地。2019年春，魏淌村创建了魏淌革命史陈列馆。

鄂豫边区大达卷烟厂旧址，位于王家河街长堰镇东南大余尖夏家湾。抗日战争时期，为粉碎日寇对我军军事上分割包围、经济上严密封锁，鄂豫边区党委在极其艰苦的环境中创建了大达卷烟厂，主要生产"女将军牌"和"三三牌"两种香烟，其中"女将军牌"曾与日寇生产的高级名牌香烟"将军牌"争夺市场，名噪当时敌占区的武汉三镇，赢得了较高的商品信誉。大达烟厂的创办和经营，为发展生产，保障供给，支援抗日斗争，改善根据地人民生活发挥了重要作用。

以上介绍的仅是武汉地区保存和开发利用较好的旧址、旧居，尚有大量此类红色资源囿于篇幅并未列举。如仅武汉市内就有保存较好但未被充分利用的中华全国文艺界抗敌协会旧址、史沫莱特旧居等；保存和利用情况都比较差的中共保福祠支部委员会旧址、第一届国民参政会旧址等；亟待保护或已灭失的战时书报供应所旧址、武汉中央军事政治学校南湖校区遗迹（位于华中科技大学武昌分校校内，当年平叛夏斗寅的学生军在这里入住学习，现已被拆除）、中共中央组织部旧址（江岸区铭新街 13 号建筑已拆除）等。市郊未被重视和保护的资源就更多，仅以新洲区徐古镇为例，就有中共新洲县委会、新洲县爱国民主政府、新洲县军事指挥部旧址、红军伤员护理所旧址、涨渡湖抗日根据地、刘邓大军指挥部旧址、将军山上金盆寨的瞭望台、将军山将军洞等十多处遗址、旧址。

此外，大量的战斗战役遗址不易保存，随着时间流逝、社会发展早已灭失；而另一类不属于红色资源但却是日本侵华铁证、具有珍贵爱国主义教育价值的旧址也慢慢消失在我们的视线里，如武汉沦陷后，日本陆续在积庆里、大华饭店、生成里、联保里、斗级营与粮道街等地方设立了"慰安所"，最多达到六十多所，其中日本陆军控制的积庆里是武汉地区慰安所中设施较完善、慰安妇最集中的一处，也是目前武汉市内我们唯一能与那段历史对话的地方。

（2）烈士墓与陵园

序号	名　称	地　址
1	辛亥先烈田桐墓	中部战区武汉总医院内
2	辛亥首义烈士陵园（安葬首义烈士最多的公墓）	江岸区球场路 2 号
3	辛亥首义烈士公墓	汉口利济北路 71 号
4	辛亥铁血将士公墓	汉阳扁担山南麓
5	辛亥首义烈士墓（孙武、刘静庵、吴兆麟等烈士）	卓刀泉公园伏虎山

续表

序号	名　称	地　址
6	贺胜桥北伐阵亡将士陵园	山坡乡贺胜镇的西南
7	北伐独立团烈士陵园	洪山南坡街道口
8	施洋烈士陵园	洪山南麓施洋衣冠冢
9	向警予烈士陵园	汉阳区龟山西
10	新洲第一任县长刘天元烈士墓	新洲区徐古街汉子山
11	黄麻起义总指挥潘忠汝烈士墓	黄陂区六指街甘棠铺社区潘家堰湾村
12	黄麻起义副总指挥吴光浩烈士墓	黄陂区王家河街蔡吴湾
13	苏军烈士墓（武汉空战牺牲苏联空军墓）	汉口解放公园内
14	九峰山革命烈士陵园（武汉八宝山）	九峰乡与花山镇的交界
15	睡虎山革命烈士陵园（2022 年 11 位散葬烈士迁居）	东西湖区睡虎山
16	张环芝烈士墓	蔡甸区侏儒街阳湾村付湾
17	李训清烈士墓	新洲区李集街长岭村
18	周又山烈士墓（舍己救人牺牲）	蔡甸区侏儒街宁堡村
19	程喆烈士墓（抗洪牺牲）	汉南区程家山
20	红色战士公墓	汉阳龟山西，向警予烈士墓之东

红色战士公墓，省级文物保护单位。公墓中安息着第一次大革命失败后在武汉牺牲的数百名共产党人和革命志士的英魂。碑文如下：此地安葬着为中国革命英勇献身的先烈。他们是土地革命战争时期，被国民党反动派杀害的中国共产党人和革命群众。1927 年 7 月 15 日，以汪精卫为首的国民党右派集团在武汉公开叛变革命，提出"宁可枉杀一千，不使一人漏网"的血腥口号，疯狂屠杀共产党人和革命群众。面对白色恐怖，共产党人毫无畏惧，他们以"砍头不要紧，只要主义真"的英雄气概，领导武汉各界革命群众，前仆后继，与敌人进行顽强斗争。先后壮烈牺牲在国民党反动派屠刀下的革命者达数千人。向警予、夏明翰、黄五一、任开国、魏人镜、马骏三、黄赤光、邓雅声、李汉俊、詹大悲、何羽道等是其中著名者。烈士们牺牲后，遗体有的由家属亲友认领安葬，有的无人认

领，一部分由社会慈善部门安葬；还有一部分则是共产党员、海员工人陈春和同他的舅弟王斋公冒着生命危险，在夜深人静时秘密收殓的。当时安葬于汉阳龟山西麓补乾亭附近并记录了烈士英名。其后，陈春和、王斋公亦被国民党反动派杀害，烈士名单遗失。仅知该处安葬着数百位烈士，其中有优秀共产党员向警予、马骏三、赵世当、陈其科等。后人缅怀这些先烈，称他们为"红色战士"。1955年，因建长江大桥将烈士忠骨移葬于汉阳扁担山。1978年，向警予烈士牺牲五十周年之际，中共湖北省委和武汉市委决定，在汉阳龟山西首修建向警予烈士墓。1986年10月，武汉市人民政府将红色战士公墓迁移至此，并立碑永志纪念。

悠久的革命历史使得武汉地区的烈士墓、烈士陵园及其纪念设施非常丰富，上述列表仅能呈现一二。比如作为鄂东革命根据地的新洲区，目前统计的烈士墓共有634座，烈士纪念设施17处（方院革命烈士纪念碑、凤凰镇烈士陵园、徐古革命烈士陵园及纪念碑、三店人民抗日杀敌纪念碑等）零散分布于区内各村镇，囿于篇幅，对此不做详细介绍。

（3）博物馆

序号	名　　称	地　　址
1	张之洞与武汉博物馆	汉阳区琴台大道169号
2	黎黄陂路街头博物馆（了解武汉租界屈辱史）	江岸区黎黄陂路
3	辛亥革命博物馆	武昌区彭刘杨路
4	武汉革命博物馆	武昌区红巷13号
5	中山舰博物馆	江夏区金口街中山舰路特一号
6	中国武钢博物馆	青山区冶金大道30号
7	武汉桥梁博物馆	汉阳区四新大道6号
8	钱学森与武汉生物工程学院博物馆	新洲区阳逻经济开发区汉施路1号

张之洞与武汉博物馆，原张之洞与汉阳铁厂博物馆，位于武汉市汉阳区琴台大道169号，一幢二层仿欧式建筑，占地面积约1000平方米，隶属于武钢集团汉阳钢厂，是一座社会科学类历史专题博物馆。博物馆采用全钢结构和全钢表皮，以独有的特色和视角反映了洋务运动和中国钢铁历史及武汉城市发展历史，

既是对汉阳铁厂的历史致敬，也是中国现代钢铁工业水平的展现。

张之洞与武汉博物馆是国内关于张之洞与"汉阳造"的唯一专题纪念馆，2005 年，被武汉市市委、市政府命名为市级"爱国主义教育基地"。

黎黄陂路街头博物馆，黎黄陂路位于武汉市汉口江岸区，1925 年前曾称阿列色耶夫街、夷玛街，1946 年为现名。路长 604 米，有各式欧陆建筑 17 栋，是列强在武汉进行殖民侵略活动的见证。1997 年，武汉市江岸区政府将其辟作街头博物馆加以保护，意为革命传统教育和城市发展提供切实的、有深度的历史借鉴，使之发挥"存史、资治、教化"的作用。

1861 年汉口开埠后，列强纷纷涌入。在黎黄陂路（夷玛街）周边 2.46 平方公里的区域内，划分了英、法、俄、德、日五国租界，建立了 12 个外国领事馆、近 30 家外资金融机构和 100 多家洋行，汉口呈现了一派带有殖民色彩的畸形繁荣，成为殖民者们乐而忘返的"东方芝加哥"。而位于租界中心的黎黄陂路，则是这段屈辱历史的缩影。

黎黄陂路街头博物馆包括十七处古建筑：华俄道胜银行旧址（宋庆龄汉口旧居在此）、俄国巡捕房旧址、中华基督教信义大楼旧址、美国海军青年会旧址、裕兴洋行旧址、俄租界工部局旧址、高氏医院旧址、基督教青年会汉口会所旧址、顺丰洋行旧址、邦可花园旧址、巴公房子旧址、惠罗公司旧址、珞珈碑路高级住宅区旧址（1927 年中共中央长江局机关就在 12 号楼，长江局书记罗亦农曾居于此）、五花宾馆旧址、汉口首善堂旧址、日伪汉口放送局旧址、万国医院旧址。

辛亥革命博物馆，位于武汉市武昌区阅马场首义广场南侧，是武汉市为纪念辛亥革命武昌首义 100 周年而兴建的一座专题性博物馆，与武昌起义军政府旧址、孙中山先生铜像、黄兴拜将台、烈士祠牌坊等同在一条轴线上。

博物馆建筑面积 2.2 万平方米。外形设计独特，V 字造型寓意着胜利及武汉腾飞，向上斜出的几何形外墙采用肃穆凝重的"楚国红"主色调，含有"破土而出"意象，颂扬了敢为人先的首义精神，成为大武汉新的文化地标。

辛亥革命博物馆基本陈列"共和之基——辛亥革命历史陈列"分为晚清中国、革命原起、武昌首义、创建共和、辛亥百年五个部分，展示了辛亥革命波澜壮阔的历史进程。

　　武汉革命博物馆，位于武昌红巷 13 号，2000 年 11 月由中央农民运动讲习所旧址纪念馆、武昌毛泽东同志旧居纪念馆、中共五大会址暨陈潭秋烈士早期革命活动旧址陈列室、武昌起义门管理所、中国共产党纪律建设历史陈列馆等革命旧址和红色场馆合并组建，办公地点在武昌农民运动讲习所旧址内。

　　场馆总占地面积 32111.59 平方米，建筑面积 19296.79 平方米，是全国重点文物保护单位、全国爱国主义教育示范基地、全国廉政教育基地、全国百个红色旅游经典景区、国家 AAAA 级旅游景区和全国文明单位。博物馆现已成为征集、收藏、保护、研究武汉地区近现代文物、革命文物、党史文物和展示大革命史、中共党史及重大历史事件的综合性博物馆，更是大革命史和武汉地区党史的研究中心，是武汉地区红色景点最多、内涵最丰富、资源保护最早、知名度最高的红色旅游资源富集区，现已成为传播红色文化、传承红色基因、开展爱国主义教育的重要阵地。

　　2021 年 3 月 8 日，武汉市革命博物馆被评为"武汉十大景"。

　　中山舰博物馆，位于武汉市江夏区金口街中山舰路特 1 号，是一座专题性纪念性博物馆，以"中山舰"的名字命名，展示了抗日英烈为国捐躯，铁血悲歌的革命精神。博物馆建筑面积 11000 平方米，馆藏文物 6000 余套，其中珍贵文物 1716 件/套（含国家一级文物 60 件/套），主要为随"中山舰"出水文物，从不同角度反映了中山舰各个历史时期的政治、军事、经济、文化等社会活动及中山舰官兵们的精神面貌。博物馆常设展览有《中山舰舰体陈列》《一代名舰——中山舰史迹陈列》《中山舰出水文物精品展》。

　　2010 年 2 月，成为湖北省第二批国防教育基地，2012 年 7 月，成为第三批省级爱国主义教育基地，2014 年，入选第一批国家级抗战纪念设施、遗址名录，2017 年 5 月，晋级第三批国家一级博物馆。2019 年 11 月，成为武汉民盟首个传统教育基地。

　　中国武钢博物馆，位于武汉市青山区冶金大道 30 号，是中国首家钢铁博物馆，也是集展示、科普教育和接待多功能为一体的综合性博物馆。

　　有着"共和国钢铁长子"美誉的武钢，是新中国第一个特大型钢铁联合企业，1958 年 9 月 13 日建成投产，毛主席亲临现场见证了新中国第一炉铁水出炉。为纪念这个特殊的日子，武钢修建了九一三剧院，中国武钢博物馆就是在九一三剧院的原址上建立起来的。承载着中国人钢铁梦想的武钢，不仅改变了当年被称作为"荒五里"的小渔村面貌，同时为中国的工业化、现代化打下了坚实的基础。博物馆浓缩了武汉钢铁人数十年艰苦奋斗的光辉岁月，再现了武汉钢铁人"炼铁又炼人"、誓为民族工业振兴开拓奉献的武钢精神，还翔实介绍了中国钢铁冶炼历史和钢铁工业发展历史。2010 年 11 月，武钢博物馆挂牌为"省级科普教育基地，2021 年 6 月，被国资委命名为首批 100 个中央企业爱国主义教育基地。

2021 年底，产出第一炉铁水的武钢一号高炉入选国家工业遗产；2022 年 7 月 1 日，武钢一号高炉国家工业遗址公园正式揭幕；8 月，武钢一号高炉入选国家首批大思政课实践教学基地名录。

武汉桥梁博物馆，位于汉阳四新大道 6 号，中铁大桥局桥梁科技大厦一层，是由中铁大桥局集团有限公司运用现代化博物馆理念建设的国内首家综合性桥梁博物馆。

武汉是新中国桥梁事业的发源地，而作为建桥国家队的中铁大桥局，其前身就是 1953 年 4 月为修建武汉长江大桥经政务院批准成立的铁道部大桥工程局（2001 年改制为现名），是中国唯一一家集桥梁科学研究、勘测设计、工程施工、机械制造四位于一体的大型工程公司，具备在各种江、河、湖、海及恶劣地质、环境条件下修建各类型桥梁的能力，是目前世界上设计建造桥梁最多的企业。桥梁博物馆以"天堑变通途——古今中外话桥梁"为主题，分为中国古代桥梁、中国近现代桥梁、世界桥梁博览、桥梁文化展示、桥梁互动体验等 8 个部分，呈现了世界桥梁技术的发展轨迹，全方位展示了中国桥梁的建设成就，生动再现了武汉桥梁人立志建桥报国、从建成学会到奋发图强再到领先世界的奋斗历程。博物馆还打造了积木模型搭建、极速港珠澳 VR 飞车、5D 观影等多种沉浸式体验，为桥梁博物馆增添了许多科技感与趣味性。

武汉桥梁博物馆入选全国首批国家科普基地、中央企业爱国主义教育基地，是湖北省科普教育基地、爱国主义教育基地及"汉港澳青年交流驿站暨国情教育基地"。

钱学森与武汉生物工程学院博物馆，位于武汉市新洲区阳逻经济开发区汉施路 1 号，2011 年 12 月钱学森诞辰百年之际正式开馆。2015 年 4 月被命名为新洲区爱国主义教育基地，2016 年 1 月被命名为市第五批爱国主义教育基地。博物馆目前已建成三期工程。一期工程主要为室内展厅，陈列珍贵图片和实物近 600 幅（件），二期工程以实景实物复原钱学森学习生活工作场景。三期室内展厅用房和生态园林景观面积共 3000 余平方米，由东西南北四个阁楼、四块空中花园和一座中心园林庭院组成，分为"农展区""林展区""草展区""海展区"和"沙展区"五个专题展区，全方位多维度展示了钱学森关于第六次产业革命的战略构想。

（4）纪念馆、纪念园、纪念碑与陈列馆

此类红色文化资源在极富革命传统的武汉比比皆是。前文所述遗址、旧址、旧居基本设有纪念馆或陈列室，如武昌起义军政府旧址上设有辛亥革命武昌起义纪念馆、中共中央秘书厅旧址上设有中共中央机关旧址纪念馆、宋庆龄汉口旧居纪念馆、八七会议纪念馆、八路军办事处纪念馆等。此外，还有大量专门纪念重大历史事件或英雄人物的纪念馆、纪念碑、陈列馆，以下仅为部分场馆介绍。

序号	名　　称	地　　址
1	二七革命纪念馆及二七烈士纪念碑	汉口解放大道 2499 号
2	武汉抗战纪念园及武汉保卫战英雄纪念碑	武昌石门峰世界名人文化公园
3	孩子剧团陈列馆	长春街小学天地校区
4	道观河革命先烈事迹陈列室	新洲区道观河风景区油麻岭村 65 号
5	江夏革命烈士纪念馆	江夏区青龙山国家森林公园
6	武汉白求恩纪念馆	武汉市第五医院内
7	黄继光纪念馆	黄陂区空降兵 45 师驻地（黄继光生前所在部队）
8	上甘岭特功八连荣誉室	黄陂区辛店村
9	武汉长江大桥建成纪念碑	武昌桥头观景平台
10	武汉防汛纪念碑	汉口沿江大道滨江公园
11	武汉市中国共产党纪律建设历史陈列馆	武昌区都府堤 56 号
12	武汉见义勇为英烈纪念碑	洪山区九峰寿安林苑

二七革命纪念馆及二七烈士纪念碑，位于武汉市汉口解放大道 2499 号，是为纪念 1923 年 2 月 7 日京汉铁路工人在中国共产党领导下举行的政治大罢工这一历史事件而建立的专题性纪念馆。这次罢工斗争，得到全国人民和世界无产者的有力声援，大大提高了中国共产党的政治威望，充分显示了中国工人阶级伟大的团结与战斗力量，在中国工人运动史上谱写了光辉灿烂的一页。为了纪念"二七"大罢工这一伟大历史事件，1956 年中华人民共和国铁道部、湖北省、武汉市人民政府在"二七"烈士英勇斗争的江岸修建了武汉纪念馆，1958 年毛泽东题写"二七烈士纪念碑"。1985 年投资迁建了新馆，胡耀邦为新迁建的"武汉二七纪念馆"题写馆名。武汉二七纪念馆占地面积 27500 平方米，藏有文物实物 89 件，国家一级文物 3 件，二级文物 17 件，展线 1200 米。矗立在纪念馆广场中央的二七烈士纪念碑，于 1999 迁建落成，尉健行同志亲临纪念馆为纪念碑落成揭幕。

武汉二七纪念馆为省重点文物保护单位、"全国爱国主义教育示范基地"。

武汉抗战纪念园及武汉保卫战英雄纪念碑，位于武汉市洪山区石门峰。武汉抗战纪念园是武汉市唯一的以纪念抗战为题材的主题纪念性公园，由纪念园主入口广场、武汉保卫战纪念墙和英雄广场组成。武汉保卫战纪念墙铭刻着胡锦涛总书记对中国抗日战争纪念提出的"牢记历史、不忘过去、珍爱和平、开创未来" 16 字的总结性观点；英雄广场墙上镂刻数千名抗战英烈的姓名、籍贯、军衔、部队番号、阵亡地点，见证着那段光辉的历史。武汉保卫战英雄纪念碑就坐落在松柏环绕的石门峰山脉中枢。

武汉孩子剧团陈列馆，位于武汉市长春街小学天地校区，是全国首家也是目前为止唯一一家校园孩子剧团陈列馆，于 2016 年开馆，再现了孩子剧团在抗战烽火中的英勇事迹。

1937 年，全民族抗战爆发。9 月，22 名上海当地难民收容所里的中小学生和童工组成了自己的抗日救亡团体：孩子剧团。他们中年龄最小的只有 8 岁，最大的 16 岁，团长吴新稼（后更名为吴莆生）也不过 19 岁。孩子剧团走街串巷，用唱歌、演讲等方式进行抗日宣传，成为抗日救亡中的一支活跃力量。两个月后，上海沦陷，孩子剧团转战多地，继续进行抗日救亡宣传。1938 年 1 月，孩子剧团抵达武汉，八路军武汉办事处特意为他们举行欢迎会，周恩来在会上以"救国、革命、创造" 6 个字勉励孩子们为抗日救亡多作贡献。在武汉的 7 个月，孩子剧团先后演出 500 多场儿童话剧、哑剧、活报剧，演唱了大量抗战歌曲，足迹遍布汉口、武昌、汉阳三镇以及黄石石灰窑等鄂东地区，在抗日宣传中发挥了出色而独特的作用。后来，他们又辗转到湖南衡阳、广西桂林、重庆、陕西延安，最终于 1942 年 9 月宣告解散。著名作家茅盾赞誉孩子剧团为"抗日战争血泊里的一朵奇花"。

2022 年 1 月，由长春街小学推荐申报的民间文学《武汉孩子剧团故事》成功入选武汉市第七批市级非物质文化遗产代表性项目，让热爱祖国、不畏艰险、探索创新的革命精神穿越时空，在一代又一代的少年儿童身上焕发出新的生机。

道观河风景区革命先烈陈列室，位于武汉市新洲区道观河风景旅游区油麻岭村 65 号，陈展面积 80 平方米，展示了刘天元、周德顺、陶子玉、洪定泰 4 位道观河革命烈士的英雄事迹和遗物，再现了新洲区东部地区党组织开展革命活动及鄂东革命根据地艰苦战斗的光辉历史。

道观河是新洲东部地区党组织的发祥地、革命武装的发源地和东部游击根据地的中心，是鄂东革命根据地的重要组成部分，并为涨渡湖抗日根据地的建立和巩固提供了有力支持。李先念、方毅、刘西尧、张体学等老一辈无产阶级革命家在这里进行艰苦卓绝的英勇斗争，留下了光辉的足迹。陈列室共展出图片 70 余幅，烈士遗物、实物 31 件，包括烈士证书、书信、军服、武器等。其中，沙家浜团团长洪定泰在革命时期给家人写的多封家书是首次展出，十分珍贵。

位于新洲区的此类红色资源还包括：陈汉福革命烈士纪念碑、将军山红色文化陈列馆、邾城"六·二六"惨案纪念碑、涨渡湖抗日根据地纪念碑、对越自卫还击战纪念碑、方院革命烈士纪念碑、林家大湾反抗日寇暴行纪念碑、李集大游革命烈士纪念碑等。

江夏革命烈士纪念馆，位于青龙山国家森林公园，占地 2000 平方米，为两层仿古建筑，是重要的革命传统和"国防双拥"教育基地。

纪念馆通过图片及实物的陈列，展示了杰出的无产阶级革命家、工人运动的著名活动家、党和红军早期的领导人之一项英为中国革命奋斗直至英勇献身的一生，再现了江夏在党的创建和大革命、土地革命战争、抗日战争和解放战争以及社会主义革命和建设等多个时段的辉煌历史篇章。

武汉白求恩纪念馆，位于武汉市第五医院内，是我国继河北省石家庄市和河北省保定市唐县白求恩纪念馆之后，全国第三个白求恩纪念馆。

1938 年 1 月，白求恩大夫率领援华医疗队来到了当时中国抗战临时首都武汉，在等待北上的期间，武汉遭受到日本侵略者的疯狂轰炸，白求恩不顾个人安危，与助手女护士琼·尤恩在汉阳高隆庞修女会诊所（即现在的武汉市第五医院），为伤员截肢、止血、取弹片，持续工作一周。

2010 年 7 月 30 日，落成典礼当日，武汉市 260 名新入职的医务人员在全国先进工作者、"江城好医生"王争艳的带领下，面向白求恩塑像庄严宣誓，决心以白求恩同志为榜样，学习他毫不利己专门利人、对技术精益求精的精神，更好地为广大患者服务。

纪念馆以"医德医风教育"为主题，通过文字图片，全面介绍了白求恩为中国抗战救死扶伤、牺牲自我的感人事迹，重点再现白求恩曾经在武汉战斗过的历史片段。展厅内还展现了首批入选"白求恩纪念馆"的武汉地区新时期好医生，包括裘法祖、桂希恩、张应天、江泽熙、陈曼仙和王争艳等人的先进事迹。

白求恩纪念馆被武汉市文明办、武汉市卫生局命名为武汉市首个医德医风教育基地，今后武汉市"准医护人员"都将在执业前再次接受白求恩精神的洗礼。

黄继光纪念馆，位于武汉市黄陂区空降兵 45 师（黄继光生前所在部队）驻地，始建于 1958 年。

黄继光（1931 年 1 月 8 日—1952 年 10 月 20 日），原名黄积广，四川省中江县人，中国人民志愿军第 15 军 45 师 135 团 2 营通讯员。1951 年 3 月参加中国人民志愿军，1952 年 10 月 19 日晚，黄继光所在的第 2 营奉命向上甘岭右翼 597.9 高地反击。在离天亮只有 40 多分钟时，黄继光用胸膛堵住疯狂扫射的敌机枪眼英勇牺牲。中国人民志愿军给他追记特等功，追授"特级英雄"称号（志愿军历史上获得这项荣誉仅有两人，另一人为杨根思）；所在部队追认他为中国共产党党员；朝鲜民主主义人民共和国追授他"朝鲜民主主义人民共和国英雄"称号和金星奖章和一级国旗勋章。

黄继光纪念馆的正上方，是由董必武先生亲笔题写的"黄继光纪念馆"；黄继光铜像的后上方，"特级英雄黄继光"这 7 个大字是 1982 年黄继光牺牲 30 周年时邓小平的亲笔题词。黄继光厅以图画的形式展示了黄继光的生平简介及战斗历程，收藏了邓小平、朱德、彭德怀、刘华清、张万年、迟浩田等为黄继光的题词，和平建设时期一厅和二厅展示了新时期新阶段部队建设取得的成就。

黄继光纪念馆是中宣部公布的 100 个全国爱国主义教育示范基地之一，也是武汉市爱国主义教育基地。

上甘岭特功八连荣誉室，位于武汉市黄陂区辛店村，空降兵第 15 军 134 团驻地。

1931 年，特功八连创建于鄂豫皖根据地，是黄麻起义时的一支赤卫队，后来改编为八路军第一二九师警卫营第三连，曾先后参加战斗 150 多次，集体立功 11 次，涌现出各级战斗英雄、功臣模范 297 名。特功八连是这支骁勇善战的英雄部队参加抗美援朝战争后获得的赞誉。

1952 年 10 月 14 日至 11 月 25 日的上甘岭战役，是整个抗美援朝战争中最为惨烈的战役，被称为"朝鲜战场上的凡尔登"。钢铁八连在此役中三次打光重建（其中四班曾 4 次重建），以顽强的战斗作风浴血奋战 43 天，坚守坑道 14 昼夜，歼敌 1700 余名，最终将战旗插上了上甘岭主峰，用鲜血和生命证明了自己是一支继承了红军、八路军、解放军光荣传统的连队，是一把杀入敌人胸膛的锋利尖刀。上甘岭战役，八连荣立集体特等功，1984 年被空军党委授予"从严治军，文明带兵，特功八连"荣誉称号。

和平时期，特功八连参加了 1998 年长江抗洪抢险、1999 年国庆 50 周年阅兵、2008 年汶川地震什邡、清平（93 名官兵坚守绵竹清平乡 40 天，续写了"上甘岭"新传奇）等活动，在新的历史时期传承该连的优良作风和传统，续写八连的光辉历史。

2010 年，"上甘岭特功八连荣誉室"落成，生动再现了上甘岭特功八连不怕牺牲、英勇战斗的光辉历程，记录了英雄连队从建立至今所获得的光辉荣誉。

武汉长江大桥建成纪念碑，位于武汉长江大桥武昌桥头堡观景平台中央，与"万里长江第一桥"同时竣工于 1957 年，碑高 6 米，重达 20 余吨。纪念碑碑座为八角形，刻有"武汉长江大桥建桥记"；碑身为圆柱形，象征着世界上第一次用作大桥基础的大型管柱，北面镌有"武汉长江大桥建成纪念碑"，南面镌有毛泽东"一桥飞架南北，天堑变通途"的诗句。武汉长江大桥是中国人民首次征服长江天堑的标志性建筑，长江大桥建成纪念碑展现了中华民族逢山开路、遇水架桥的奋斗精神和敢闯敢试的创新精神。

武汉防汛纪念碑，位于武汉市汉口滨江公园江堤上，1969 年为纪念武汉人民战胜一九五四年特大洪水防汛胜利而建，面向大江，占地 1160 平方米。纪念碑台基高 4.9 米，正面与两侧设宽大台阶，四周围以护栏；碑身高 37 米，上部嵌有毛泽东头像，正面镶嵌乳白色大理石，上有用铝板镀金制成的毛泽东亲笔题词，"庆祝武汉人民战胜了一九五四年的洪水，还要准备战胜今后可能发生的同样严重的洪水"；碑顶立直径 1.8 米五角红星，下饰红绸、葵花簇拥天安门图案；基座正面镌刻毛泽东诗词《水调歌头·游泳》，左右侧面为武汉人民抗洪抢险大型浮雕，构图完整，造型生动，气势雄伟。

纪念碑是长江儿女战胜洪水的伟大精神象征，为市级文物保护单位。

武汉市中国共产党纪律建设历史陈列馆，位于武汉市武昌区都府堤 56 号，2019 年 5 月 9 日开馆，是全国首座全面展示党的纪律建设光辉历程的专题性展馆。

武汉是中国共产党纪律建设的发源地，陈列馆就建在首次提出加强党的纪律建设并成立中央监察委员会的中共五大会址旁，表明了党中央对监督执纪工作不歇脚、不松劲、不停步的决心。陈列馆展厅面积近 3000 平方米，上展文物资料 405 件（套），其中珍贵文物 38 件（套），全面、客观、真实地展示了百年来中国共产党在不同历史时期的纪律建设理念、方针策略及主要成果。馆内还设有中国共产党首届中央监察委员会委员生平展和"领袖风采 人民公仆"老一辈无产阶级革命家风范图片展。

武汉见义勇为英烈纪念碑，位于武汉市洪山区九峰寿安林苑，2022 年 4 月 1 日重建揭幕。纪念碑底座宽 2.8 米，碑身高 5.4 米，分别采用黑色花岗岩和灰色花岗岩铸就，基座上刻有中华见义勇为基金会会标，碑身正面镌刻"武汉见义勇为英烈纪念碑"十一个鎏金大字。纪念碑左侧的英烈纪念墙，高 2.4 米，长 19 米，镶嵌着见义勇为英烈遗像和生平事迹简介，右侧的见义勇为文化浮雕景墙，长 16.5 米，高 2.1 米，突出了扶危济困、舍生取义、抑恶扬善、匡扶正义的见义勇为主题。目前，纪念墙上列着受表彰的 41 名见义勇为英烈的遗像和事迹。

以上红色场馆的馆藏革命文物和藏品，是弘扬好革命传统和革命文化的宝贵资源。目前，武汉市文化和旅游局直属红色场馆藏革命文物和藏品 5 万余件套，其中珍贵文物和藏品约 3700 件套。

2. 武汉地区非物质形态红色文化资源

（1）信息类红色文化资源

武汉地区信息类红色文化资源包括文字类资源（档案、文献、手稿、人物传记、口耳相传的叙事、革命历史书籍等）和声像类资料（影视资料、红色歌谣、红色舞台剧等），种类繁杂、资源极其丰富，实在无法一一枚举，以下仅是部分代表作品。

文字类红色文化资源。这类红色文化资源浩如烟海。马克思主义在中国传播的早期阶段，武汉地区成为继北京、上海后第三大传播中心，涌现出 200 余种宣传马克思主义的报刊，其中比较有代表性的是恽代英创办的《我们的》《武汉星期评论》《中国青年》；董必武创办的《武汉评论》《汉口民国日报》《楚光日报》及《今日》《群众》《湖北农民》《湖北妇女》《汉口青年》等。武汉抗战时期，文献报刊亦多达 212 种，其中期刊就有《抗战文艺》《七月》《阵地》《自由中国》《时调》《诗时代》《抗战漫画》近二十种；抗战诗集有《向太阳》《北方》《给战斗者》等。新中国成立后，回忆革命经历的书籍汗牛充栋，如曾在西安事变时直面张学良的老红军张林苏编撰的《闪光的青春》《忆昔抚今见真情》及亲自撰写的自传体小说《岁月如歌》；张林苏老人的丈夫、武汉市第五任市长刘惠农编著的《难忘的历程》《风雨沧桑越雄关》等。此外，武汉地区还有许多革命战争年代没能留下物质遗存的历史事件与感人事迹，如散珠落玉般地存在于人们的口口相传中，忠实记录着武汉人民为了国家富强、民族振兴而英勇抗争、流血牺牲的历史。世人皆知林则徐虎门销烟，但鲜少有人了解，武汉才是林则徐禁烟销烟的起点。1838 年 9 月，时任湖广总督的林则徐以武汉为中心，在两湖地区开展了声势浩大的禁烟运动，成效显著。在此期间，林则徐写下了饱含忧国忧民情思的《筹议严禁鸦片章程折》，说服了摇摆不定的道光帝，才有了后来虎门销烟的伟大壮举。相较于家喻户晓的民族小英雄王二小，武汉地区经受反动派 30 天残酷折磨而英勇牺牲的 15 岁儿童团团长——小英雄雷金咏就不为人知了。由于得不到足够重视，缺乏深入有效的挖掘和宣传，在武汉，大部分诸如此类的红色资源被尘封在老人的记忆里、湮没于历史的档案中，让人极其痛心！可喜的是，武汉市政府正在开展"武汉红色资源中的非遗寻访活动"，重视挖掘和推广民间传说与故事。2022年3月，武汉市公布第七批市级非物质文化遗产代表性项目名录，新增武汉孩子剧团故事、黄陂红色歌谣、武汉张之洞故事、武汉岳飞传说、武汉刘歆生故事等民间文学五个项目，武汉孩子剧团故事、黄陂红色歌谣、武汉刘歆生故事，就是"武汉红色资源中的非遗寻访活动"中挖掘出的新项目。

声像类红色文化资源。1949年前，仅武汉抗战时期就有《保卫我们的土地》《八百壮士》《热血忠魂》等抗战故事片和《抗战特辑》《姚营长血溅宝山城》等50余部纪录片。中华人民共和国成立后，讲述党在武汉的光辉历程、缅怀战斗和牺牲在武汉的革命志士的红色微党课视频、舞台剧、影视作品大量涌现。比如由武汉地方志办公室和武汉交通广播电台联合推出的记录建党以来武汉革命、建设、改革的历史轨迹和辉煌成就的系列节目《武汉百年瞬间》，记录九八抗洪斗争的大型文献纪录电影《挥师三江》等，此外，武汉各地区为彰显本区特色、更好挖掘和利用本区红色资源而制作了大量声像资料，如江岸区拍摄《红色江岸百年潮涌》专题纪录片、《红色江岸故事会——8位红色足迹寻访团讲述红色地标与身边党员故事》，深入讲述党在江岸的光辉历程；同时还专门面向全区6万余名中、小学生制作了《红色场馆里的红色故事》30节原创红色微党课。

特别值得关注的是十八大以来，武汉红色舞台剧的丰盛创作，将武汉地方特色与红色经典有效融合，为武汉人民呈献了一台台感人肺腑、精彩绝伦的精神盛宴：

2016年，武汉人民艺术剧院联合湖北省董必武思想研究会创作以"塑造精神高塔，传承红色基因"为己任的《董必武》一剧，凸显了董必武忠于信仰、视死如归的革命精神和团结进步力量共同奋斗的博大胸怀。

2019年，长江人民艺术剧院为庆贺中华人民共和国70华诞的献礼之作、大型革命史诗话剧《一心向党》在武汉上演，讲述了鄂豫皖革命根据地和红四方面军创始人之一的吴焕先赤胆忠心、一心向党，以坚强的革命意志和卓越的领导才能率领红25军创建鄂豫皖革命根据地、西征北上接应党中央并牵制敌人，在转战中献出年仅28岁生命的悲壮故事，该剧以全新的艺术手法，为观众上了一堂坚定理想信念、守初心担使命的主题教育党课。

2020年9月，武汉人民艺术剧院创作的抗疫题材话剧《逆行》首演，该剧展现了武汉人民在抗疫中的英勇斗争，通过"突如其来""未雨绸缪""抢救生命""全民抗疫""全国驰援""迎接曙光"等震撼人心的戏剧情节，诠释了生命的价值和武汉人民的精神品格，展示了伟大的中国力量和武汉抗疫精神。城市还是原来的城市，而我们已不是原来的我们，剧终这句话，会让每一个经历过这场惊心动魄斗争的武汉人感慨万分。

2021 年正值党的百年华诞，武汉地区红色剧目更是精彩纷呈。6 月，武汉楚剧院大型红色主题原创楚剧《向警予》在楚乐戏苑展演，该剧在艺术表现形式上进行大胆创新，首次将交响乐融入楚剧；在内容上以"理想之光不灭、信念之光不灭"为主题，展现了中国共产党女创始人、第一任中央妇女部长向警予追求理想、忠于信仰、至死不渝的革命精神和高尚品格。9 月 8 日，武汉市人民艺术剧院与武汉市江岸区长春街小学共同创作红色题材儿童剧《孩子剧团的故事》，在武汉琴台大剧院开演。该剧选取了少年抗日戏剧团体——孩子剧团由上海转移到武汉，在"武汉大会战"前后所经历的故事，67 名小学生与专业演员一起，演绎了一段 80 余年前"同龄人"的英雄历史，讴歌了中华儿女弦歌不辍的家国情怀和不屈不挠的民族精神。9 月 11 日晚，充满湖北腔调、武汉元素的红色曲艺剧《三教街四十一号》在刚刚修缮一新的武汉剧院亮相，1 小时 30 分钟的演出，带领观众"穿越"到大革命时期的老武汉，去回溯枪声在耳边、心悬在嗓子眼的艰难岁月，听一曲中共地下党为信仰而抒写的生命赞歌。9 月 25 日，由湖北省歌剧舞剧院创排的科技版《洪湖赤卫队》在武汉汉秀剧场首演，此次演出的版本将经典歌剧与高科技舞台结合，将"千里洪湖"实景呈现，展现了革命先辈坚定不移的革命信仰和艰苦卓绝的斗争精神。

红色歌谣是革命战争年代为适应革命斗争的需要，宣传革命道理，鼓舞动员群众参加革命斗争的重要教育手段。红色歌谣的风格比较明快，曲调比较激昂，多用比兴方式把新的革命词汇及革命道理，溶进歌体之中，既吸取了传统民歌的表现手法，又有一定的创造和发展。红色歌谣的创作、传唱，是中国共产党倡导和鼓励的结果。我党高度重视民间文学的宣传教育作用，在古田会议决议中即规定要运用歌谣等形式编写教材，作为宣传革命的工具；许多革命领导人，如彭湃、方志敏、韦拔群等，都曾编写民歌或运用传统民歌曲调填上新词，用当地群众特有的语言表达宣讲质朴的革命道理，鼓舞军心士气。武汉红色歌谣是武汉人

民在革命斗争年代创作的重要红色资源，其最具代表性的作品当属新近入选武汉
市第七批非物质文化遗产名录的黄陂红色歌谣。以下是由郭艾英记录整理的部分
黄陂红歌：

儿歌

地主土豪，快乐逍遥；红军一到，狗命难逃。

童子团歌

童子团，背木枪。打不响，拍巴掌。
你站岗，我放哨。卫标子，查路条。

对唱"抗战"时期歌谣

什么人亲日发动内战？什么人出卖大别山？
什么人甘愿当走狗？什么人专杀爱国青年？
何应钦亲日发动内战，李品仙出卖大别山，
程汝怀甘愿当走狗，顾敬之专杀爱国青年。

都为财主忙

冷天无衣裳，热天一身光。吃的野饭菜，喝的苦根汤。
麦黄望接谷，谷黄望插秧。一年忙四季，都为财主忙。

来了共产党

大悟小悟山，连着姚家山；来了共产党，领导游击队；
晚上打游击，白天山上去；东边打一铳，西边放一枪；
匪军不敢来，地主吓得弹。

反苛捐杂税

农救来了陈大脚，贫苦农民心里乐；

组织农救会，办起青年团；大家一联合，反对苛捐多。

穷人要翻身

共产党领导农民军，打倒土豪和劣绅；

一切权力归农会，天下穷人要翻身。

五师打进来

新四军真勇敢，开到小悟来作战，要把姚山地盘占；

日军飞机参了战，飞到天空扔炸弹，炸得姚山人跑返；

五师英雄打进来，伪军纷纷缴了械，喊着饶命磕头礼拜。

当兵光荣

好铁要打钉，好男要当兵；

百姓都要能打仗，才能保家乡。

葵花向太阳

葵花永远向太阳，穷人跟着共产党；

任凭敌人再猖狂，烧我房来抢我粮；

一颗红心不叛党，头断血流不投降。

五师恩情记心上

小日本真可恨，什么坏事都干尽；

今天炸我房，明天抢我粮，血债要用血来偿。

五师官兵爱人民，天降奇兵杀敌人；

一边帮我支农忙，一边为我盖住房；

冷暖饥渴都过问，恩情永远记心上。

唱山歌

一要唱来共产党，领导穷人把身翻；

而要唱来李先念，号召边区闹革命；

三要唱来陈少敏，组织成立弄协会；

四要唱来是五师，英勇杀敌为人民。

哥哥参军

哥哥去参军，田地我来耕；

家里事情莫牵挂，一心杀敌人。

慰劳伤员

苏区革命好，竹林医院养病号，我们去慰劳。

带上物品好几挑：冻米和花生，猪肉加面条，

鸡蛋糍粑糕，统统端上了。

又是唱来又是跳，乐得哈哈笑，伤员痛苦全忘掉；

早上前线杀敌人，来把乡亲情谊报。

短工歌

春季里来是春风，财主叫我打短工，

富人衣暖炉边坐，穷人受冻在田中。

夏季里来天气热，短工做事冇得歇，

两天活计一天成，天光下地做到黑。

秋季里来天气凉，短工心中好悲伤，

穷人勤劳有饭吃，富人不做谷满仓。

冬季里来功夫闲，冇人请工好为难，

捆紧肚子屋里坐，一受饥来二受寒。

稻场上

稻场上，稻场上，稻儿黄又黄；

割稻子，晒麦子，你忙我也忙；

兵哥哥，兵叔叔，都来抢着帮；

你一担, 我一担, 欢声笑语扬。①

从内容上看, 上述红色歌谣以极其简单质朴接地气的语言宣扬穷人革命造反、歌颂共产党、歌唱军民鱼水情, 其简洁明快的曲调更易传唱, 强有力地配合我党的政治宣传工作, 极大地鼓动了群众、鼓舞了士气。时光飞逝, 红色歌谣诞生和传唱的年代已是距离遥远, 真挚感谢郭艾英老师对武汉黄陂地区红色歌谣的抢救性整理工作, 也希望有更多的音乐人投入到这项有意义的工作中来, 使更多的红色歌谣能被挖掘、整理和传承。

作为国家政治运动的重要参与地, 武汉从来都不缺乏感人至深的英雄事迹, 也不缺乏可歌可泣的光辉形象。为了缅怀英烈, 感召后人, 武汉人民用英雄人物和英雄事迹为地名和道路命名: 纪念太平天国女战士向死而生精神的九女墩; 纪念"武汉之父"张之洞的张公堤、张之洞路; 纪念资产阶级革命人物和事迹的中山大道、中山公园、起义门、首义路、彭刘杨路、黎黄陂路、黄兴路、三民路、民主路、民生路、民权路; 纪念声势浩大二·七大罢工的二七路; 纪念抗日英雄的郝梦龄路、张自忠路、刘家琪路、陈怀民路等。每一个地名、每一条道路, 都折射出武汉人民自强不息的奋斗精神和为国捐躯的牺牲精神。

(2) 精神类红色文化资源

伟大斗争需要伟大精神, 伟大斗争铸就伟大精神, 伟大精神熔铸城市品格。近代以来, 武汉人民在辛亥首义、"二七"大罢工、收回英租界、八七会议、武汉保卫战、武汉战疫等一系列革命实践中, 孕育出武汉人民勇立潮头、敢为人先的首创精神; 不畏强暴、敢于牺牲的革命精神; 坚韧不拔、勇往直前的奋斗精神, 这些精神铸就了武汉"英雄城市、英雄人民"的文化品格。武汉人民在这些艰苦卓绝革命斗争实践中形成的各类精神, 是武汉地区宝贵的红色资源。

首义精神

九省通衢的武汉自晚清"新政"在湖北实施 20 多年后, 在经济、文化、思想观念诸方面发生深刻变化, 为武昌首义积累深厚社会基础。武汉地区进步青年以各种名义组织花园山聚会、科学补习所、日知会、振武学社、文学社、共进会

---

① 摘自《汉北诗联》第 216 期。

等反清革命团体，传播革命思想，并首创"抬营主义"，致力于从"平息民变"的清政府武装"夺矛借盾"，将其抬到革命者阵营，为起义"以革命的武装推翻反革命的武装"提供了军事上的必备条件。1911年10月10日，以四川保路运动为契机，湖北新军工程第八营的革命党人率先发难，打响了埋葬清王朝的第一枪，吹响了共和国诞生的号角。从准备到发动，从成立湖北军政府改国号为中华民国到发布中国历史上第一部近代意义的宪法草案《中华民国鄂州临时约法》（简称《鄂州约法）》，首义先贤给后世留下了不朽的首义精神：解放思想、敢为天下先的首创精神；救国救民、振兴中华的爱国精神；顽强拼搏、愈挫愈勇的进取精神；舍生取义、不怕牺牲的革命大无畏精神。

二七精神

中国共产党成立后，把加强对工人运动的领导作为当时的中心工作，中国工人运动风起云涌。1923年2月1日，为了加强对京汉铁路工人运动的统一组织和领导，在郑州召开京汉铁路总工会成立大会，遭到军阀吴佩孚的武力阻挠和破坏，总工会决定举行全路总同盟罢工，提出"为争自由而战，为争人权而战"的口号，同时迁移至汉口江岸办公。2月4日，京汉铁路全线工人实行总同盟罢工，长达1214.5多千米的京汉铁路在短短三个小时内全线瘫痪。在帝国主义支持下，军阀吴佩孚在汉口江岸、郑州、长辛店等地对工人进行血腥镇压，江岸分工会委员长林祥谦、总工会法律顾问施洋等52人先后惨遭杀害，数百人受伤，酿成了震惊中外的"二七"惨案。武汉二七纪念馆珍藏的一本记述二七罢工史实的小册子《二七工仇》，内有二七死难烈士名录，林祥谦排在第一位。他是中国共产党历史上有据可查、壮烈牺牲的第一位党员。

这次罢工将中国共产党领导的第一次工人运动的高潮推向了顶峰，是轰轰烈烈大革命的前奏，在中国革命和中国工人运动史上占有重要地位。列宁领导的共产国际发来声援电，称"二七这一行动，表明你们（中国工人阶级）已经登上了世界政治舞台"；时任中国劳动组合书记部主任，领导全国工人运动的邓中夏，1929年撰写的《中国职工运动简史》一书中写道："以工业中心城市的罢工潮而论，当时应首推武汉。"

京汉铁路工人大罢工虽然遭到残酷镇压，但罢工工人以"头可折，肢可裂，奋斗的精神不消灭"的信念坚持斗争，凝结成指导中国工人运动的伟大的二七精神。中国铁路史编辑研究中心主编的《二七革命斗争史》一书，对二七精神的内涵进行了如下概括：一是伟大的牺牲精神，二是披荆斩棘的革命先锋精神，三是团结一致严守纪律的精神，四是前赴后继持之以恒的坚毅精神，五是全心全意为人民服务的奉献精神，六是艰苦奋斗的主人翁精神。特别需要说明的是，在中国共产党的精神谱系中，二七精神这一概念是最早提出的。1924 年 2 月，在施洋烈士牺牲一周年的时候，李大钊著《追悼列宁并纪念二七》一文，林育南著《伯高死的含义》一文，相继提出"他们的精神""施洋革命精神"；1929 年，长辛店工人运动领导人史文彬在《中国工人》第 6 期发表《"二七"的精神是什么?》，正式提出"二七精神"概念。对二七被难烈士的缅怀、对二七罢工精神的研究，实际上开启了中国共产党弘扬红色精神、传承红色基因的伟大历程。

武汉抗战精神

1937 年 12 月 13 日，南京沦陷，国民政府迁都重庆，但党政军主要机构及工作人员均迁至武汉，英、美、法等国外交使节随之留驻武汉；周恩来、董必武、陈绍禹、秦邦宪等中共中央代表和沈钧儒、邹韬奋、李公朴等社会名流和文化界名人均汇集武汉，武汉成为临时首都和抗战中心。1938 年 10 月 25 日起，汉口、武昌、汉阳陆续失守，周恩来、蒋介石等纷纷撤离武汉，至此，"武汉抗战"时期落下帷幕。这一时期，是中国人民十四年抗战中凝聚力最强的时期，中国各党派、各阶级、各团体、各民族、各地区实现了高度团结；这一时期，是自九一八事变以来抗战文化空前繁荣因而也是民众空前觉醒的时期，各种抗战报刊、书籍、纪录片、电影、舞台剧等如雨后春笋般涌现；这一时期，也是武汉有史以来与海外联系最紧密的时期，新加坡、菲律宾、越南、印度等地的华侨，积极筹募捐款，甚或回国参加抗战。在将近一年的"武汉抗战"时期，武汉会战无疑是最重要的组成部分，亦是其最后的怒涛。1938 年 6 月中旬到 10 月下旬的武汉会战是中国抗战史上战线最长、规模最大、双方投入兵力最多、伤亡最惨烈的一次战役。此役虽以中国军队失败撤离、武汉被日军占领告终，但粉碎了日军速胜中国的阴谋，成为抗日战争的转折点，中国人民的抗日战争从战略防御阶段转入战略相持阶段。武汉抗战时期，民众慷慨解囊、无私支援，体现了天下兴亡、匹夫有责的爱国情怀；军队不畏艰难、浴血奋战，体现了不畏强暴、血战到底的英雄气概和视死如归、宁死不屈的民族气节；社会各种力量同仇敌忾、团结一心，体现了百折不挠、坚韧不拔的必胜信念。

武汉抗洪精神

长江、汉江交汇的武汉地势低洼，江河支流众多，一遇雨季便成泽国，尤其是地产大王刘歆生"划船计价"的汉口，一到夏天水涨全境一片汪洋。武汉境内长江、汉江大堤长达400多公里，算上连江支堤的话有800公里之长，在长江中下游，它是唯一有抗洪任务的特大城市，抗洪抢险是武汉人民一到夏天就不得不直面的话题。中华人民共和国成立前，政府无所作为，武汉人民在肆虐的洪灾面前束手无策，只能听天由命，1870年和1931年的洪灾分别夺走数十万生命，灾后更是哀鸿遍野。中华人民共和国成立后，武汉遭遇的流域型洪水（特大洪水）有四次，分别发生在1954年、1998年、2016年和2020年，与以往不同的是，由于有了党中央的坚强领导、政府的有力举措、全国人民的大力支持，武汉人民一次次战胜洪魔，并在抗洪斗争中熔铸了"万众一心、众志成城，不怕困难、顽强拼搏，坚韧不拔、敢于胜利"的伟大抗洪精神。因此，在笔者看来，武汉抗洪精神是武汉人民在党和政府的领导下、在全国人民的支援下抗击洪灾的过程中形成的伟大精神力量，它形成于1954年，勃发于1998年，是武汉人民战胜历次洪灾（包括极为惊险的九八特大洪水）的成功秘笈。

1954年，一穷二白的中华人民共和国成立不久，各项生产生活尚处于恢复阶段，这时长江中上游持续暴雨（疯梅），武汉地区降雨总量更是超过1400毫米，当时武汉关的最高水位已达29.73米，是武汉防洪警戒水位的最高级别；而旧中国留给武汉的136公里堤防却残缺不全，来不及加固，堤防最好的高29米，最差的只有26米。外洪内涝，武汉处于极度危险中。紧要时刻，武汉市紧急动员30万防汛大军保障堤防，组织数十万后勤保障人员随时待命支援，形成了保卫武汉的坚强护盾；全国各地伸出援手，紧急调拨物资送往武汉，抗洪期间，621万条麻袋、300万条草带、6000余个铁锚被运送到武汉，在物资上保障抗洪工作的顺利进行；上游的沔阳、洪湖、监利等许多地区，先后十余次进行分洪，累积分洪500余亿立方米，以牺牲自己的方式，减轻武汉的防汛压力。正是因为武汉人民上下一心，全国人民倾力支援，大武汉才得以保全。毛主席为此亲笔题词：庆贺武汉人民战胜了1954年的洪水，还要准备战胜今后可能发生的同样严重的洪水。

1998 年，我国遭遇一场包括长江、嫩江、松花江等江河流域地区的全流域型特大洪水，抗洪抢险的战役全面打响，全国百万军民在南北两个战场同时与罕见的大洪水进行了惊心动魄的殊死搏斗。长江流域汛情尤为凶猛，从 7 月 2 日到 8 月 31 日，武汉长江上游共计出现八次洪峰，武汉抗洪任务尤为艰巨。在党中央的部署下，在全国人民的大力支援下，在可爱的人民子弟兵的倾力守护下，英雄的武汉人民再次战胜洪魔。9 月 7 日，长江干流石首至武汉河段恢复通航，至此长江干流全线恢复通航，最长封航时间 43 天；9 月 22 日，参加抗洪抢险的解放军和武警部队官兵全部撤离抗洪第一线，这是自渡江战役以来长江边集结兵力最多的一次；9 月 25 日，长江中下游水位全线回落至警戒水位以下；9 月 28 日，全国抗洪抢险总结表彰大会在京隆重举行。江泽民总书记发表重要讲话，宣布抗洪抢险斗争已经取得全面胜利。9 月 5 日至 6 日，江泽民总书记在哈尔滨召集黑龙江、吉林、内蒙古等三省区负责人开会，强调在 1998 年这场伟大的抗洪抢险斗争中，我们形成了万众一心、众志成城，不怕困难、顽强拼搏，坚韧不拔、敢于胜利的伟大抗洪精神。2021 年 4 月 2 日，人民日报第 4、5 版《奋斗百年路 启航新征程》专题，聚焦抗洪精神，以《九八抗洪——伟大精神汇聚强大力量》《九八抗洪——挺起中华民族不屈的脊梁》为题，回顾 1998 年的抗洪历史，通过辉煌历程、感悟初心、亲历者说多角度阐述，再次展现了全党、全军、全国人民万众一心、众志成城、不怕困难、顽强拼搏、敢于胜利的伟大抗洪精神。

九八抗洪中，武汉市江汉区龙王庙闸口的 16 名共产党员郑重签名的"誓与大堤共存亡"生死碑入列国家一级文物，珍藏于中国国家博物馆。

武汉城市精神

"城市精神"，就是城市灵魂的呈现，是城市市民文明素养和道德理想的综合反映，是城市历史记忆、意志品格与文化特色的精确提炼。没有形象的城市就缺乏个性，缺乏个性的城市就缺失灵魂，缺失灵魂的城市就缺少内涵，缺少内涵的城市就很难在激烈的竞争中取胜。一座城市对自身"城市精神"的凝练，是这座城市对于自己所肩负的历史使命的高度自觉，同时也反映出这座城市的底蕴、韵味和品位，城市精神一旦形成，就是最深沉、最持久的文化力量。

作为荆楚文化核心区域的武汉，是一座英雄的城市。长江汉水之奔涌、百湖之灵秀，哺育了武汉人蓬勃向上、敢为人先的品格。公元前 15 世纪，盘龙城的建立拉开了武汉地区城市文明发展的历史；曾被中原诸国鄙为"南蛮"的楚国，辟在荆山，筚路蓝缕，不断开疆拓土，最终位列"春秋五霸""战国七雄"，展现出了楚人敢为人先的勇气和开拓进取的精神。三国时期因军事斗争的需要，夏口城正式构筑，唐宋时期大名鼎鼎的黄鹤楼此时只是建立在蛇山上的一所军事瞭望塔，这是武汉三镇中最早出现的城市区划，自此，因武而兴、因武而昌的武汉被历代朝廷视为军事重镇。经过无数战火兵戈的搏杀和考验，武汉磨砺出了铁血家国义、无忘忠骨魂的气质。

进入近代以来，大武汉敢为人先的精神特质深深烙印在英雄城市见证过的每一个重大历史事件中：这里建立了近代中国第一家现代意义上的钢铁厂，被西方视为中国觉醒的标志；这里打响了辛亥革命第一枪，是当之无愧的首义之城；这里成立了全国第一个地方性联合工会——武汉工团联合和全国最大的产业总工会——汉冶萍总工会，爆发了京汉铁路工人大罢工、收回英租界工人大罢工，是工人运动的大本营；这里经历了抗日战争时"保卫大武汉"的烽烟岁月，是民族精神的锤炼炉；这里迎战了 1998 年特大洪水，是英雄之歌的谱写地。从首义第一枪的摧枯拉朽，到八七会议实现的伟大转折；从迎战洪峰的誓死不退，到抗击疫情的英勇担当，大武汉敢为人先的英雄品格早已融入城市血脉。

2020 年，习近平总书记在视察武汉疫情时指出，"武汉是英雄的城市，湖北人民、武汉人民是英雄的人民，历史上从来没有被艰难险阻压垮过"。武汉的过去已经验证了总书记的断言，武汉的现在正在验证，武汉的未来将进一步证明自己的英雄品格。

城市精神的凝练，既要根植于历史传统，更要善于吸收时代养分。2011 年12 月 1 日，经过历时四个月的征集和 20 万武汉市民的热情参与，武汉的城市精神应运而生：敢为人先、追求卓越。这八个字不仅是对武汉城市文化的升华、是广大市民精神气质的凝练，是我们对于武汉这座城市光辉历史的共同记忆，它同时也是对当前武汉"复兴大武汉、建设国家中心城市"的改革创新实践中敢闯敢试精神的准确揭示，饱含着武汉人民对前行道路的价值追求和深切希望。

改革开放初期，武汉人就曾以敢为天下先的创新精神，不断开拓进取，打造了大批名扬全国的精品，如红山花电扇、荷花洗衣机、大桥童车等；新时代，武汉人民继续站立潮头，不但在经济建设上推动武汉 GDP 跻身万亿俱乐部，还涌现多位感动中国的道德楷模和行业标兵。武汉人民奋斗自强的精神和楷模们高尚的人格构成了武汉地区红色文化资源中一道靓丽的风景。

三、武汉地区红色文化资源的特点

武汉，在近代中国历史发展的不同阶段都曾见证过重要历史活动、发生过重要历史事件、活跃过重要历史人物、产生过重大历史影响，可以说，"红色"已经深深烙印在这座英雄城市的发展史中，成为这座英雄城市永远鲜艳的亮丽底色。与其他同样具有红色底色的城市相比，武汉地区红色文化资源具有自己独特的优势和特点。

1. 分布广泛

从时间跨度来看，它跨越了从鸦片战争前后（林则徐武汉禁烟）至今 180 余年的历史；从空间跨度来看，它遍布于武汉三镇和近郊的黄陂、江夏、新洲和沌口（汉南）开发区各区；从分布的具体方位来看，它们广泛存在于大中小学、居民区、机关单位内，在繁华、喧嚣的街头亦随处可见。

2. 内容丰富

从历史事件的涵盖度来看，近代以来所有历史时期、所有重大历史事件都在武汉地区留下了自己的深刻印记，涵盖了鸦片战争、太平天国农民起义、洋务运动、维新变法运动、辛亥革命、北伐战争、土地革命战争、抗日战争和解放战争、社会主义革命和建设时期、改革开放和中国特色社会主义新时代。

从红色文化资源的载体形式来看，既有遍布全地区的各种丰富的物质载体，也有不同时期鼓舞激励武汉人民奋勇直前的大量非物质遗存。

更为重要的是，从武汉地区红色资源所体现的精神内涵来看，它囊括了社会主义核心价值观三个层面的所有内容，是武汉人民强有力的精神支柱。我们可以随例举证武汉地区不同时期的红色文化资源对以爱国主义为核心的民族精神和以改革创新为核心的时代精神的生动阐释。

洋务新政时期，张之洞针对旧式教育严重滞后于时代发展现实，大刀阔斧地进行了近代教育改革，在武汉大规模发展新式教育，包括实业教育、师范教育和国民教育。实业教育的发展打下了武汉现代化的工业基础；师范教育的发展大大促进了武汉地区教育事业的进步；国名教育的发展则启迪了民智，大大提高了武汉民众的国民素养和认知水平，为辛亥首义的爆发奠定了重要思想基础（借用雾满拦江所著《民国就是这么生猛》中的一句话：闭塞民智，帝国只能等死；放开民智，帝国就是找死。事实虽然如此，但若清帝国能顺应民心和时代潮流，那就不是找死，而是新生了）。受益于张之洞当年对教育制度的改革创新，武汉成为名副其实的大学之城，拥有全世界最多数量的大学生。时代是思想之母，实践是理论之源。洋务新政时期的红色遗存用事实向我们证明了一个道理：改革创新是任何一个国家、任何一座城市在任何一个时代焕发生机活力的必由之路。没有张之洞的湖北新政，就没有与大上海比肩的大武汉，也根本不存在复兴大武汉这个命题。

辛亥革命时期，刘复基所属的文学社的演变历史，再现了武汉地区革命先贤为救生民于水火、拯国家于危亡而不断奋进、愈挫愈勇的光辉事迹，诠释了武汉地区红色资源外溢的爱国主义情感。1904 年 6 月，刘静庵、张难先、胡瑛等在武昌多宝寺街组建科学补习所，以革命为团体宗旨，因准备策应华兴会长沙起义，被张之洞下令搜捕，科学补习所被迫停止活动。1906 年 2 月，刘静庵、曹亚伯等在武昌发起成立日知会，是年冬欲响应萍浏醴起义，事情暴露，刘静庵、胡瑛、张难先等被张之洞逮捕下狱，日知会活动即告终止。1908 年 7 月，原日知会成员任重远、李长龄等在武昌洪山罗公祠成立湖北军队同盟会，因谋刺湖南总督陈夔龙事暴露，改组为群治学社。群治学社以"促睡狮之猛醒，挽既倒之狂澜"为宗旨，预谋响应长沙抢米风潮发动武装起义，事情暴露失败，遂改组为振武学社。1911 年 1 月，蒋翊武和刘复基等振武学社骨干，在武昌奥略楼成立文学社，并联合武汉地区另一个革命团体共进会组成"湖北革命军"，共同筹划了武昌起义。从科学补习所到日知会，再到湖北军队同盟会，再到群治学社、振武学社、文学会、湖北革命军，武汉地区革命先烈前赴后继，将救国救民的爱国主义传递下去，最终推动中国实现了 20 世纪的第一次历史性巨变！

3. 广泛的适应性和极强的针对性

武汉地区红色文化资源具有广泛的适应性。武汉地区红色文化资源广泛分布在学校、居民区和机关单位，这为我们随时随地利用红色文化资源对不同群体进行党史学习教育尤其是对大中小学生进行社会主义核心价值观培育提供了现实可能性。例如，武汉中学是湖北第一家用白话文上国文课、第一个实现男女同校的学校，校内的董必武纪念馆，记录了革命先烈在那个风云变幻的艰难岁月立志革新的历史，武汉中学的学生通过触摸时间的记忆，能够更直观、更深刻地理解革命者的情怀和斗志，也更容易对校园文化产生认同感和归属感。

武汉地区红色文化资源具有极强的针对性。风雨百年，武汉见证过太多重要的历史瞬间，无数珍贵的红色资产如珠玉般散落在武汉的街头巷尾，这为武汉地区有针对性地开发利用红色文化资源提供了极大便利。比如，在中央军事政治学校（即黄埔军校武汉分校）旧址内开办的武昌实验小学，可以轰轰烈烈的大革命为时代背景，以共产党员在国共合作的统一战线内身先士卒、率先垂范、努力推进国民革命为主要内容，打造宣传以"爱国革命"为核心的黄埔精神；共产党人董必武创办的武汉中学可以党的创建为时代背景，以武汉地区革命先驱宣传进步思想、与反动势力坚决斗争、成立武汉党的小组为主要内容，打造宣传中国共产党伟大的建党精神；1993年，为纪念大革命时期牺牲在武汉余记里空坪刑场（原黄石路中学操场）的向警予烈士，黄石路中学更名为警予中学，警予中学可以大革命和妇女解放运动为时代背景，以我党的第一位女中央委员、中国妇女解放运动先驱、革命家向警予短暂而辉煌的一生为主要内容，着力打造宣传向警予精神；曾培养过民主革命先驱宋教仁、共产党创始人董必武和陈潭秋、著名科学家李四光、著名文学家黄钢和严文井的武汉市第十四中学，可以武汉抗战和第二次国共合作为时代背景，以共产党人郭沫若领导的国民政府军事委员会政治部第三厅凝聚文化界抗战力量继而成为"国统区抗日民族统一战线的战斗堡垒"的光辉岁月为主要内容，着力宣传武汉抗战精神；中国宝武钢铁集团有限公司和中国武钢博物馆，可以新中国成立初期百废待兴、毛主席掷地有声的"钢铁要过江"布局为时代背景，以承载着中国人民的钢铁梦和工业梦的武汉钢铁人自觉自主地发扬"老黄牛"的实干精神、"拓荒牛"的开拓精神、"孺子牛"的奉献精神为主要内容，着力打造和宣传武钢精神；中铁大桥局和武汉桥梁博物馆可以伟人"天堑变通途"愿景为时代背景，以武汉桥梁人在艰辛的探索中不断进取进而获得"世界桥梁看中国，中国桥梁看武汉"的盛誉为主要内容，着力打造和宣传筑桥精神，凡此种种，不一而足。

四、武汉地区红色文化资源保护开发概况

2013 年 2 月，总书记在视察当年的兰州军区时首次提出，要依托红色资源，深入进行党史、军史和优良传统教育，使红色基因代代相传。红色文化资源凝结着近代以来先进中国人奋勇拼搏、顽强斗争的光辉历史，是红色基因的鲜活载体和外化表现；红色基因是红色文化资源内蕴的隐性的精神内核，必须通过红色文化资源的合理开发、利用才能得到彰显和传承。2019 年总书记在河南考察时指出："革命博物馆、纪念馆、党史馆、烈士陵园等是党和国家红色基因库。要讲好党的故事、革命的故事、根据地的故事、英雄和烈士的故事，加强革命传统教育、爱国主义教育、青少年思想道德教育，把红色基因传承好，确保红色江山永不变色"。① 红色文化资源是静态的、内敛的，不能主动而全面地呈现那一段段波澜壮阔的历史和一幕幕惊心动魄的瞬间，必须多部门联动，积极保护、合理开发、赋能利用，红色文化资源才能"活"起来、"动"起来，成为呈现红色基因的鲜活教材。

1. 中国共产党保护利用红色文化资源的历史沿革

我党对红色文化资源的重视和保护，始于井冈山时期。1928 年 11 月，红四军在第六次党代表大会的决议中明确："红军政治机关应编纂红军战史及死难同志传略，并收集其遗嘱和遗物作纪念品。"② 1934 年初，中央革命博物馆在瑞金成立，这是我党历史上的第一座革命历史博物馆，通过革命历史文物陈列，向群

---

① 习近平：《用好红色资源 传承好红色基因 把红色江山世世代代传下去》，载《求是》2021 年第 10 期。

② 井冈山革命根据地党史资料征集编研协作小组：《井冈山革命根据地》（上），中共党史资料出版社 1987 年版，第 202 页。

众进行苏区革命史和革命传统的教育。中央红军长征到达陕北后，毛泽东同志亲自主持编纂《红军长征记》，给后世留下中央红军长征最早也是最珍贵的文献资料。

1949年9月30日，中国人民政治协商会议第一届全体会议通过了建立人民英雄纪念碑的决定，当天下午6时，毛泽东偕全体政协委员在北京天安门广场中心举行奠基典礼，并亲笔题写"人民英雄永垂不朽"八个大字，表达了新中国致敬英雄、传承革命精神的决心。1950年3月，成立中央革命博物馆筹备处，负责搜集和保管革命历史档案和文物。1953年10月，政务院颁布《关于在基本建设工程中保护历史及革命文物的指示》，明确规定"各级人民政府对历史及革命文物负有保护责任"。1961年，国务院制定和公布的第一个具有文物基本法性质的法规《文物保护管理暂行条例》，是我国文物事业开始向规范化、制度化迈进的重要标志。

改革开放后，红色文化资源的保护传承进一步向法制化、专业化、规范化迈进。1982年《中华人民共和国文物保护法》颁布，第一次将我党保护利用革命文物的做法转化为具有普遍约束力的法律规范。1991年，多部门联合下发《关于充分运用文物进行爱国主义和革命传统教育的通知》，指出要"依托博物馆、纪念馆和各种革遗迹、遗址作为固定场所，有计划地运用文物开展爱国主义和革命传教育活动"。①

党的十八大以来，以习近平同志为核心的党中央高度重视红色文化资源的利用和红色基因的传承。自2015年《中华人民共和国立法法》修正案赋予设区的市地方立法权后，全国设区的市加快了对城乡建设与管理、环境保护、历史文化保护等方面的事项制定地方性法规的步伐。中办、国厅印发的《关于实施革命文物保护利用工程（2018—2022年）的意见》，是我国首个专门针对革命文物的中央政策文件，充分体现了我党不忘初心、牢记使命的历史责任和政治担当。《意见》明确提出"鼓励各省（自治区、直辖市）和设区的市制定革命文物保护地方性法规"。2019年福建省在全国率先垂范，出台了《关于加强文物保护利用改

---

① 教育部思想政治工作司组：《加强和改进大学生思想政治教育重要文献选编（1978—2014）》，知识产权出版社2015年版，第118页。

革的实施方案》，此后又相继出台了一系列福建红色文化资源保护的实施方案和管理条例。2021 年，为了庆贺中国共产党成立一百周年，"立法保护红色资源"成为多个省市在其召开的第十三届人民代表大会常务委员会上的重要议题。红色资源丰富的安徽、湖南、四川、河南、上海等地相继通过保护、利用、传承红色资源的条例（或草案），以"红色立法"的方式响应中共中央号召、献礼党的百年华诞。

2. 武汉地区保护开发红色文化资源现状

2017 年 12 月，武汉市委第十三届四次全会提出"以长江文明之心为重点，提升建设'历史之城'，致力建设世界级历史人文集聚展示区"，为武汉地区发掘、保护和利用武汉丰厚的红色文化资源提供了历史契机。

近些年来，武汉地区在保护、开发和利用红色文化资源方面取得了重大进展：首先，以抢救性和预防性保护做好革命文物的修复、定级工作，推动革命文物开放和共享。建立了一批新的展室展馆，并对已有的纪念馆、博物馆进行修葺完善。八七会议会址纪念馆、中共五大会址纪念馆、武昌中央农民运动讲习所旧址纪念馆等，基础设施维护保养情况很好、展览陈列丰富、社会知名度较高，在人文展示、宣传教育、旅游拓展等领域都取得了不小的成绩。其次，创新方式，用好用活红色资源。武汉在全市红色场馆开展数字博物馆和线上展览，开通网上云游博物馆、直播等多种服务，通过短视频、VR、AR 等手段，让红色展览活起来、动起来；整合全市 145 处重要红色遗存，发布《武汉红色旅游手绘地图》，设计推出"伟人足迹"等 6 条红色旅游线路，开通 3 条红色旅游公交专线；在哔哩哔哩网（B 站）开设"云讲国宝"专栏、发布武汉校园红色教育资源图谱等。2021 年 5 月，"红色武汉·英雄城市"精品线路入选"建党百年红色旅游百条精品线路"之"重温红色历史、传承奋斗精神"栏，追寻红色足迹、打卡红色经典已成武汉市文明新风尚。再次，通过提档升级红色阵地，将红色基因嵌入城市治理。广泛开展各式志愿服务活动，举办红色课堂等，以身边人讲身边事，让身边事影响身边人，守护街头巷尾的文明风貌，使红色都市的底色更足更靓丽。

当然，武汉地区赋能红色资源并取得成绩的同时，也存在工作滞后的隐忧。如，红色文化资源遗存寻访认定工作较为缓慢；在保护利用红色文化资源工作上缺乏顶层设计和统筹安排，导致一些尚未列入文保单位的红色遗存遭到毁损或面临被迅速拆除的险境；最遗憾的是，在"红色立法"热潮中，武汉市却反应相对迟缓。诚然，武汉市在2017年公布了《武汉市促进革命老区发展办法》，明确提出应当加强革命旧址、革命遗迹、革命史料的保护，加大经费投入，建立修缮、维护和利用机制。但是，此办法仅仅局限于对革命老区（第二次国内革命战争和抗日战争时期在中国共产党领导下建立和发展起来的革命老根据地）经济社会发展的帮扶和促进，没有对市中心城区红色资源进行保护开发和利用的内容。

第三章　武汉"红色基因"传承工程

武汉是座历久弥新的城市，在这里，大江奔流不息，高山流水不断，黄鹤千载悠悠；在这里，首义终结帝制，万众降服洪魔，全民抗击疫情。追昔抚今，一部波澜壮阔的百年武汉奋斗历史，书写了一幕幕浓墨重彩的英雄城市传奇。"红色"是这座城市永不褪去的底色，"英雄"是这座城市血脉中流淌的基因，是一座拥有丰富红色资源和光荣革命传统的英雄城市。新时代以来，为贯彻落实习近平总书记提出"要把红色资源利用好、把红色传统发扬好、把红色基因传承好"的重要指示精神落地生根，为贯彻落实习近平总书记考察湖北武汉重要讲话精神，武汉人民本着弘扬"敢为人先、追求卓越"的城市精神、彰显"英雄城市、英雄人民"精神特质，坚定不移推进文化强市建设，将红色基因传承工程纳入城市建设和发展的整个体系中，保护、管好、用好丰富的红色资源，激活红色基因，讲好武汉红色故事，发挥凝心聚力、铸魂育人、推动发展的社会功能，打响武汉红色文化品牌，成就武汉最靓丽的城市名片，打造文化繁荣的新时代英雄城市。

一、武汉"红色基因"传承工程实施

1. 习近平总书记"红色足迹"的武汉篇

心中有信仰，脚下有力量。党的十八大以来，习近平总书记走过的"红色足迹"遍及大江南北，长城内外。革命博物馆、纪念馆、党史馆、烈士陵园等，都是党和国家的红色基因库。习近平表示，我到地方考察，都要瞻仰对我们党具有重大历史意义的革命圣地、红色旧址、革命历史纪念场所，主要的基本上走到了。每到一地，重温那一段段峥嵘岁月，回顾党一路走过的艰难历程，灵魂都受到一次震撼，精神都受到一次洗礼。每次都是怀着崇敬之心去，带着许多感悟回。① 习近平总书记指出，"一切向前走，都不能忘记走过的路，走得再远、走到再光辉的未来，也不能忘记走过的过去，不能忘记为什么出发""我们要铭记光辉历史、传承红色基因，在新的起点上把革命先辈开创的伟大事业不断推向前进"。习近平要求，"讲好党的故事、革命的故事、根据地的故事、英雄和烈士的故事，加强革命传统教育、爱国主义教育、青少年思想道德教育，把红色基因传承好，确保红色江山永不变色。"习近平总书记的"红色足迹"印初心，缅怀革命先烈，是对红色基因传承的坚定信念，是共产党人饮水思源时刻为民的情怀，是"不忘初心、牢记使命"的真实写照，为全党带头传承红色基因，为党员干部提供一份鲜活的学习教育"红色教材"。习近平总书记围绕传承红色基因作出的重要论述，贯通历史、现实与未来，精辟阐述了红色基因的时代价值，为推进红色基因传承提供了根本遵循。

武汉这座英雄的城市、红色的热土，在中国共产党百年创造性实践中，党的领袖、无数共产党员践行初心使命，在武汉的革命经历、行动实践、建设擘画，凝结为这座城市最深邃的文化底蕴，在武汉留下丰富宝贵的历史经验。党的十八大以来，习近平总书记曾先后五次考察湖北武汉。2013 年 7 月，习近平总书记来到武汉考察，正值大雨。他挽着裤腿、撑着雨伞，前往武汉新港阳逻集装箱港区等地考察。2018 年 4 月，习近平总书记再次来到湖北考察长江经济带发展和经济运行情况，在武汉他主持召开深入推动长江经济带发展座谈会，作出一系列重要部署。2019 年习近平总书记出席第七届世界军人运动会开幕式，为实现军人运动会"办赛水平一流、参赛成绩一流"目标成功举办作出重要指示。2020 年 3 月 10 日，在疫情形势依然严峻复杂的关键时刻，习近平总书记亲临武汉考察新冠肺炎疫情防控工作，前往火神山医院、东湖新城社区等地看望慰问一线工作者，为武汉抗疫注入了强大的信心和力量。2022 年 6 月 28 日下午，习近平总书

---

① 习近平在中共中央政治局第三十一次集体学习时强调，用好红色资源赓续红色血脉努力创造无愧于历史和人民的新业绩。人民网-人民日报，发布时间：2021-6-27。

记在东湖高新区左岭街道智苑社区广场亲切地对大家说，"我一直牵挂着武汉人民，时隔两年，再次来到武汉这座英雄的城市看望大家"。① 习近平总书记为我们奋进新征程、奋力打造新时代英雄城市指引了航向、注入了动力、提供了遵循。

（1）"把毛主席故居办成革命传统教育基地"

武汉东湖宾馆毛泽东故居位于东湖北岸不远处的一面小山坡上，白墙小楼掩映在几棵高大茂密的樟树下，这里曾是毛泽东在东湖宾馆的主要办公、起居之所。1953 年至 1974 年，毛泽东曾 44 次下榻武汉东湖宾馆，短则十天半月，长则达半年之久，是中华人民共和国成立后除了中南海，他居住时间最长的地方。这排小楼里，曾产生过党和国家的重大决策，见证了共和国历史上的重大事件东湖之滨的毛泽东故居。为纪念毛主席诞辰 120 周年，2013 年武汉东湖宾馆对毛泽东同志故居重新布展，此次展览以丰富的照片、音像、实物等，分 6 大板块全方位反映了毛主席下榻东湖宾馆的工作和生活情况，400 余幅珍贵的毛主席历史照片在一楼陈列馆展出。

2013 年 7 月 21 日至 23 日，习近平总书记来到湖北视察。从武汉新港到中国光谷、从武重到武汉市民之家、从鄂州东港社区到岢山村，习近平访民情、听民意、察民生，一路轻车简从，一路亲民务实。在繁忙的行程中习近平特地考察了东湖之滨的毛泽东故居。21 日 18 时 45 分，习近平走进陈列馆，与负责讲解的陈列馆馆长郑敏庭亲切握手。一幅 1953 年毛主席在武汉黄鹤楼下与小商贩亲切交流的照片，吸引了习近平的目光，他在照片前久久停留。郑敏庭介绍说，照片中的毛主席正与小商贩说话，结果被市民们发现了。大家簇拥过来，要和毛主席握手，毛主席握着群众的手，与群众交流互动了两个多小时。领袖与群众的水乳深情让习近平在内的一行人非常感动，这也与当时正在深入开展的党的群众路线教育实践活动相契合。习近平看得认真，问得仔细。"考虑到总书记奔波了一整天，可能比较累，我加快了讲解进度。"郑敏庭说，"没想到，当我移步到下一个板块，总书记仍停留在原地不动，我只好又退回来接着讲解"。听完讲解，习近平

---

① 习近平在湖北武汉考察时强调把科技的命脉牢牢掌握在自己手中 不断提升我国发展独立性自主性安全性。人民网-人民日报，发布时间：2022-6-30。

特意叮嘱时任湖北省委书记李鸿忠和省长王国生说："今年是毛主席诞辰 120 周年，一定要把毛主席故居办成爱国主义和革命传统教育基地，特别是在对青少年一代教育中发挥更大作用。"①

2013 年总书记视察武汉后，作为爱国主义教育和革命传统教育的重要载体，作为培育和践行社会主义核心价值观的生动课堂，东湖之滨毛泽东故居陈列馆工作人员牢记嘱托、继续前进，收集整理了大量珍贵史料，还精选 300 多幅珍贵史料照片，制作中英文对照画册《毛泽东在东湖梅岭（1953—1974）》，同时推出三集纪录片《东湖梅岭毛泽东》，最大限度发挥教育功能作用。这些年来陈列馆每年有 30 多万人次参观，大中小学生占三分之一。陈列馆把实物和故事相结合，真正把大道理讲到孩子们内心深处，入脑入心。毛泽东故居这座东湖之滨的精神灯塔，正在潜移默化中筑起荆楚儿女的信仰高地。

（2）"办赛水平一流、参赛成绩一流"

2019 年 10 月 18 日下午 3 时，在碧波万顷、佳树古木的武汉东湖宾馆，习近平主席在长江厅集体会见有关外国领导和国际友人时说，中国政府和军队坚持"绿色、共享、开放、廉洁"理念，按照世界眼光、奥运思维、中国特色，高标准高质量地完成了赛会筹备的各项工作。中国军队愿以本届世界军人运动会为契机，不断推动国际军事合作创新发展，加强同各国军队交流沟通，深入开展各领域务实合作。当晚 21 时许，中共中央总书记、国家主席、中央军委主席习近平在军运会开幕式上郑重宣布："第七届世界军人运动会开幕！"全场掌声雷动，欢呼不断。经过 12 天组织 27 个大项 329 个小项 3065 场次比赛，实现零差错、零失误、零事故。国际军事体育理事会主席皮奇里洛说，武汉军运会可以媲美包括奥运会在内的任何赛事，在军运史上具有里程碑意义。② 在中华人民共和国成立 70 周年之际，第七届世界军人运动会在武汉成功承办，体现了中国气派、军人特色，实现了"办赛水平一流、参赛成绩一流"目标。

"办赛水平一流"。习近平主席对军运会高度重视、全程把关定向，先后多次

---

① 行走在荆楚民众中间——习近平总书记在鄂考察纪实，湖北日报，2013 年 07 月 24 日，http：//jhsjk. people. cn/article/22302846。

② 创军人荣耀 筑世界和平——第七届世界军人运动会启示录-新闻中心-北方网，http：//news. enorth. com. cn/system/2020/01/05/037909524. shtml。

作出重要指示批示，为军运会成功举办提供了根本遵循。其中每一个重大事项的决策和任务的部署，都体现着习近平主席高超的政治智慧、深远的战略考量，凝聚着习近平主席厚重的民族情怀、强烈的历史担当。早在 2015 年 5 月 21 日科威特举办的国际军事体育理事会第 70 届代表大会上，决定把第七届世界军人运动会承办权授予中国，由湖北武汉承办这届"和平运动会"。武汉军运会从办赛理念、内容模式到运行机制进行了一系列探索创新。2019 年 8 月 1 日，南昌八一起义纪念馆，方志敏烈士的曾孙女方铭璐步履坚定地走到采火盆前。片刻间，第七届世界军人运动会的火种在她手中的采火棒上被点燃。从人民军队诞生地"英雄城"南昌采集的"星星之火"，到第七届世界军人运动会承办城市武汉的"江城闪耀"；从"和平方舟"医院船"播撒仁心"，到武警猎鹰突击队"展翅翱翔"，军运会圣火，一路传递、一路荣光……历时 60 余天，经过 260 名火炬手的传递，第七届世界军人运动会的圣火在 10 月 18 日在开幕式上点燃。火炬传递赓续红色基因，彰显强国强军伟大成就，宣示和平发展理念主张，让"共享友谊、同筑和平"的理念更加深入人心。① 武汉军运会与国际军体 20 多个项目委员会反复磋商近 200 次，签订 76 项备忘录，对 27 个比赛大项 329 个小项的场馆建设、器材配备、竞赛规则、礼仪服装等，逐一建立规范，同时制定技术官员指南，细化残疾运动员参赛保障，精心创设奖杯奖牌、体育展示、颁奖音乐……体系化构建了各方共同认可的"中国标准"。习近平总书记对第七届世界军人运动会成功举办作出重要指示强调，这次国际军事体育盛会的成功举办，向世界展示了新时代的中国形象，宣示了中国和平发展主张。这是在党中央和中央军委领导下，组委会、军地各有关方面共同努力的结果。湖北省及武汉市以高度的政治责任感精心组织、精益求精，广大市民以主人翁姿态热情参与、积极奉献，成功承办第七届世界军人运动会，为军运会圆满成功作出了重要贡献。

"参赛成绩一流。"世界军人运动会，享有"军人奥运会"的美誉，是各国军队展示形象、增进友谊、扩大影响的重要平台。本届军运会上，从水上救生项目中国队 0.14 秒的冲刺，到潘玉程用 6 年时间超越自己的那 1 秒；从卢嫔嫔成

---

① 第七届世界军人运动会火炬传递活动综述_新闻频道_中国青年网，http：//news. youth. cn/jsxw/201910/t20191017_12095827. htm。

为第一个在军事五项比赛中进入 5600 分女兵的顽强一搏，到八一跳伞队队员邢雅萍成就"八冠王"的精准一落……在一次次顽强拼搏中，我军体育健儿挑战极限、追求卓越，刻苦训练、超越自我，取得了运动成绩与精神文明双丰收，为祖国和人民赢得了荣誉，为国旗争了光，为军旗添了彩！2018 年 6 月，中央军委印发了《传承红色基因实施纲要》指出，大力传承红色基因，是新时代政治建军的战略任务和基础工程，对于激励官兵铭记历史、不忘初心，牢记使命、不懈奋斗，奋力实现党在新时代的强军目标，把人民军队全面建成世界一流军队，具有重要意义。红色血脉、红色基因，是人民军队从胜利走向胜利的传家宝，承载着无数革命先烈的赤胆忠诚与奋斗牺牲，是我们党我军性质、宗旨、本色的集中体现，凝结成坚定的理想信念、崇高的革命精神和顽强的战斗作风。实现中国队在世界军人运动会赛场比赛成绩历史性突破，是解放军体育代表团坚决贯彻党中央、中央军委决策指示，牢记使命重托、积极练兵备战、共同拼搏奋斗的结果。全体参赛运动员、教练员比赛中表现出听党指挥、绝对忠诚的政治品格，祖国至上、不辱使命的责任担当，不畏强手、敢于亮剑的拼搏精神，崇尚荣誉、捍卫和平的价值追求，尊重对手、尊重规则的竞技风范，传承和弘扬了我军一不怕苦、二不怕死的战斗精神，展现了威武之师、文明之师、胜利之师的良好形象，立起了新时代革命军人的好样子。在举世关注的第七届世界军人运动会中，全体运动员、教练员作为解放军和武警部队官兵的代表，征战赛场、勇攀高峰，传递友谊、共筑和平、顽强出色的表现，集中宣示了我军体育队伍是一支听党指挥、能打胜仗、作风优良的过硬队伍，充分展示了改革强军的新形象新变化新风貌，极大激发了爱国热情、鼓舞了军心士气、汇聚了强大力量，更加坚定了全党全军全国各族人民决胜全面建成小康社会、夺取新时代中国特色社会主义伟大胜利、实现中华民族伟大复兴中国梦的信心意志。

2. 红色基因传承的武汉自觉

英雄的城市、英雄的人民从习近平总书记"红色足迹"中感受红色力量，深刻领会习近平总书记关于传承红色基因的重要论述，牢记习近平总书记殷殷嘱托，持续弘扬伟大抗疫精神，坚决扛起党中央和湖北省委赋予的重大使命，秉承文化强市的发展理念，深耕红色资源、打造精神高地，努力让"红色基因"变成可持续的"发展基因",增强文化自信,在新时代新征程上奋力打造新时代英雄城市。

（1）牢记殷殷嘱托传承红色基因

习近平总书记强调:"红色血脉是中国共产党政治本色的集中体现,是新时代中国共产党人的精神力量源泉。"我们党的百年奋斗历经苦难辉煌,开辟了伟大道路,建立了伟大功业,创造了中华民族发展史、人类社会进步史上令人刮目相看的奇迹,构筑起中国共产党人的精神谱系,形成党的红色基因。回顾党的百年历史,正是由于一代又一代中国共产党人传承红色基因,才使中国共产党由胜利走向胜利,团结带领中国人民实现从站起来、富起来到强起来的伟大历史性飞跃。这些伟大精神和红色基因蕴含着我们"从哪里来"的密码,确立了我们"向哪里去"的精神航标,激励我们风雨无阻、坚毅前行。中国特色社会主义进入新时代,中国正在经历人类历史上最为宏大而独特的实践创新,改革发展稳定任务之重、矛盾风险挑战之多、治国理政考验之大都前所未有,世界百年未有之大变局深刻变化前所未有,提出了大量亟待回答的理论和实践课题。在风险越大、挑战越多、任务越重的情况下,就越需要共产党人牢记初心使命、锤炼品格、迎难而上,就越需要传承红色基因,汇聚力量、奋勇前进。红色基因是中国共产党人的宝贵精神财富,必须得到珍藏和赓续,进而充分发挥其作用。传承红色基因对于全面建设社会主义现代化国家具有重要现实意义。党的二十大报告提出,要弘扬以伟大建党精神为源头的中国共产党人精神谱系,用好红色资源,深入开展社会主义核心价值观宣传教育,深化爱国主义、集体主义、社会主义教育,着力培养担当民族复兴大任的时代新人。新的征程上,我们必须始终赓续红色血脉,坚持用党的百年奋斗重大成就和历史经验鼓舞斗志、指引方向,用党的光荣传统和优良作风坚定信念、凝聚力量,用党的理论创新和实践创造启迪智慧、砥砺品格,努力开创属于我们这一代人的历史伟业。

武汉有着英雄的传统和基因,在中国共产党百年历史中拥有许多高光时刻和高光表现,英雄气概始终蕴藏在这座城市的历史记忆中。武汉这座英雄的城市是一片传承红色基因、流淌红色血脉的热土。2011年,中国共产党武汉市第十二次代表大会提出围绕建设国家中心城市这个目标,彰显历史文化名城新魅力,努力建设文化强市,为传承和发展红色文化指明方向,有力推进红色文化在新的历史条件下实现创造性发展、创新性发展。党的十八大以来，武汉市委、市政府以习近平新时代中国特色社会主义思想为指导，深入贯彻党中央关于传承红色基因的重要指示精神，牢记习近平总书记视察湖北武汉时的殷殷嘱托，坚持文化强市的发展思路，武汉深入推进红色基因传承创新建设，充分挖掘红色资源，着力建强红色教育阵地，大力传承红色基因，加快红色文旅产业融合发展，"英雄城市"知名度和影响力不断提升。2017 年中国共产党武汉市第十三次代表大会推进文化强市建设，深化社会主义核心价值观建设，大力发展文化事业，积极发展文化产业，深入开展文明城市建设，高水平建设文化小康，彰显武汉文化魅力；加强和创新基层党建工作，实施"红色引擎工程"，促进基层治理体系和治理能力现代化，夯实党的执政基础和群众基础。积极融入全国、湖北省红色产业发展布局，重视红色文化的传承与传播。为打造具有创造力和影响力的红色文化品牌，武汉市出台了若干意见方案等重要的指导性文件，深入实施具有人文精神的五大工程，为研究、宣传、弘扬提供了工作指导和制度支撑。积极打造运用红色基因开展党性教育的各种红色平台和载体。文化事业和文化产业繁荣发展。物质文明和精神文明同步推进，社会主义核心价值观深入人心，文化软实力进一步增强，城市精神不断彰显，市民文明素质不断提升，成功蝉联全国文明城市。把红色资源作为坚定理想信念、加强党性修养的生动教材，开展党史、新中国史、改革开放史和社会主义发展史学习教育，深入发掘建党精神和新时代红色资源。我们把红色基因传承融入教育培训、学校思政课、全域旅游、文明实践等各个领域，打造红色治理、红色驿站等特色品牌，全力建设全国革命传统教育高地。疫情期间武汉抗疫精神的彰显，"英雄之城"的进一步锻造，成就了武汉最靓丽的城市名片。全市人民同心同德、空前团结，大力弘扬伟大抗疫精神，汇聚起疫后重振、浴火重生的强大势能。党的二十大报告指出，高质量发展是全面建设社会主义现代化国家的首要任务，要加快构建新发展格局，着力推动高质量发展。新时代新征程上，学习贯彻党的二十大精神，武汉将牢记总书记殷殷嘱托，心怀"国之大者"，自觉在党和国家发展大局中谋划推动发展，加快建设国家中心城市和国内国际双循环枢纽，努力在湖北建设全国构建新发展格局先行区中当先锋、打头阵，奋力打造新时代英雄城市。

（2）弘扬新时代"英雄的城市、英雄的人民"精神特质武汉这座英雄的城市是一片传承红色基因、流淌红色血脉的热土。武汉是国家历史文化名城，这片土地上的楚文化、三国文化博大精深，辛亥首义文化、红色文化构成英雄城市的底色。武汉有着英雄的传统和基因，在中国共产党百年历史中拥有许多高光时刻和高光表现，英雄气概始终蕴藏在这座城市的历史记忆中。从中国共产党早期组织的重要发祥地，到大革命时期汹涌澎湃的"赤都"；从人民军队建军策源地，到抗日烽火中响彻中华大地的"保卫大武汉"；从国家重大战略的聚焦地，到全国抗击新冠肺炎疫情的决战决胜地……江城大地矗立着一座座精神丰碑，这些丰碑是英雄的人民铸造的。英雄应该被铭记，精神应该要传承。"武汉是英雄的城市，武汉人民是英雄的人民"，习近平总书记的深刻论述和殷殷期许，阐明了新时代武汉的英雄品格，升华了新时代武汉的城市精神。武汉市第十四次党代会绘就了"打造新时代英雄城市"的蓝图，并从实力雄厚、创新涌动、文化繁荣、民生幸福、生态宜居、治理高效等方面确立了新时代英雄城市建设目标。立足新征程，深入理解新时代"英雄城市"的价值意蕴和实践要求，传承红色基因，激发广大市民对英雄城市、英雄人民的自豪感、归属感，推动形成适应新时代要求的思想观念、精神面貌、文明风尚、行为规范，促进市民素质和城市文明程度"双提升"，对武汉更好服务国家战略全局和区域发展大局，提升新时代英雄城市能级、品质、形象提供精神动力。

新时代"英雄"精神特质的丰富内涵

英雄品格与英雄精神是红色基因的重要元素。习近平总书记指出："今天，中国正在发生日新月异的变化，我们比历史上任何时期都更加接近实现中华民族伟大复兴的目标。实现我们的目标，需要英雄，需要英雄精神。"英雄是中华民族最闪亮的坐标，一代代革命先辈与英雄烈士是红色基因生成并不断丰富的实践主体。人民军队铸就红色血脉，英雄壮举纯正红色基因。英雄品格与英雄精神经过在不同历史情景与不同历史使命中的沉淀，内涵不断升华，随着时代变迁而与时俱进。在新民主主义革命这一时期流淌在英雄血液中的红色基因体现为艰苦奋斗、敢于牺牲，为国家和民族英勇献身的大无畏革命精神，在新时代英雄模范血液中的红色基因具有了新的时代特征，"忠诚、执着、朴实"是新时代英雄模范的鲜明品格，具体体现为：新时代英雄模范坚守着为中国人民谋幸福、为中华民族谋复兴的初心使命，执着于为民族复兴拼搏的赤子之心，致力于在平凡的岗位上创造不平凡的成就。

武汉这座英雄的城市是一片传承红色基因、流淌红色血脉的热土。不是每一个产生过英雄人物的城市都能称之为英雄城市，能够冠之以"英雄"二字的城市，必定有其独特的英雄特质。武汉3500年来的历史是一座英雄城市的发展史，这里打响过辛亥革命第一枪，是当之无愧的首义之城；这里举行过京汉铁路工人大罢工、收回英租界工人大罢工，是工人运动的大本营；这里经历过抗日战争时"保卫大武汉"的烽烟岁月，是民族精神的锤炼炉；这里迎战过1954年、1998年的两次特大洪水，是英雄之歌的谱写地；这里遭遇过新冠肺炎疫情的巨大考验，是2020年抗击疫情的主战场，习近平总书记赞叹"英雄的城市、英雄的人民"，武汉保卫战写入了党的第三个历史决议中，在历史上留下了浓墨重彩的一笔，使武汉市成为新时代英雄城市、武汉人民是英雄人民实至名归。武汉有着英雄的传统和基因，"英雄"不仅表现为重大关头的挺身而出、危难之际的舍生忘死等品质，英雄的精神也内在地包含着创新精神、探索精神，表现为敢闯敢试、敢为人先，是一种勇于担当、善于创造、敢于革新的精神胆识。新时代赋予英雄城市新的内涵，城市的英雄基因、英雄气质在紧紧拥抱创新的时代浪潮中继续升华、不断弘扬，英雄精神特质是立体的、全方位的。在精神层面上体现为高远开阔的眼界、一往无前的勇气、勇于创新的激情、敢于斗争的气魄、顾全大局的担当，在实践层面上反映在城市奋发有为争先创优、面对困难迎难而上、遭遇挑战勇于斗争、科学应变主动求变的行动中。

新时代"英雄"精神特质的实践要求

全面建设社会主义现代化的新征程已经开启，前进路上从来都不是一帆风顺的，全球不确定性不稳定性因素增加，面对无处不在的新挑战，新时代赋予的新使命，新时代英雄城市必须要在新的历史条件下，用"英雄"精神特质再续时代篇章。

"英雄"精神特质助推武汉服务构建新发展格局先行区。"英雄"精神特质是一种强烈的使命感和大局观，这要求武汉牢记"国之大者""省之大计"，深刻认识重要战略机遇期新变化新特征，立足新发展阶段，贯彻新发展理念，服务构建新发展格局，在时代发展大势、国家发展大局中找准武汉历史方位，强化政治担当、历史担当和责任担当，以一往无前的气魄，当好中部和全国的门户城市，加快建设成为国内大循环的重要节点和国内国际双循环的战略链接，引领辐射带动武汉城市圈的发展，努力在湖北建设全国构建新发展格局先行区中当先锋、打头阵，加快打造新时代英雄城市，为奋力谱写全面建设社会主义现代化国家武汉篇章开好局起好步。

"英雄"精神特质助推武汉创新创造活力迸发。英雄精神有一往无前的勇气、勇于创新，与时代同步伐，与未来共命运。武汉近年来在打造国家科技创新中心方面取得了重大突破，但与武汉强大的科教优势相比，还有很大的发展空间，尤其是在世界不确定性不稳定性不断增加时，还需要更加准确识变、科学应变、主动求变，以与时俱进、革故鼎新、敢为天下先的英雄精神特质，充分调动各方资源、激发全社会创新创造活力，助推武汉以新发展理念突破思维惯性和路径依赖，在新发展阶段中抓住先机，实现更高质量、更可持续的发展。

"英雄"精神特质提升武汉在新时代的全球影响力。弘扬"英雄城市、英雄人民"精神特质，推出广泛传播、直抵人心的文艺作品和新媒体产品，提升武汉城市形象标识度和传播力。历史一路走来，武汉城市影响力、知名度、美誉度不断提升，尤其是抗疫期间武汉人民展现出来的不怕牺牲、勇于担当、顾全大局、甘于奉献的精神为全世界所叹服。同时，武汉的"英雄"精神特质通过进一步提炼和弘扬，随着时代发展不断赋予新内涵，使之成为城市名片。通过讲好英雄故事、传播英雄价值、实践英雄行为，不仅可以将英雄特质转化为广大市民的思维方式、行为规范、文化气质和人文情怀，提振武汉人民奋进新征程、书写新篇章的昂扬精气神，还能向全世界展现与时代相适应的当代表达和中国精神，使武汉城市形象更清晰、更亲和、更具体，新时代英雄城市标识度、知名度、美誉度和全球影响力不断提升。① "英雄"精神特质既是地域性又是世界性的。它是地域性的，承载着一个城市独特的地理环境特征、历史文化底蕴、市民性格气质，因此，"英雄"精神特质在不同的地域环境表现不同，使之具有强烈的辨识度。同时，城市的英雄气质一经形成，就会融入中华民族共同体的精神血液，转化成为中国共产党人为人民谋幸福、为民族谋复兴所进行的艰苦卓绝的斗争和不懈努

---

① 在英雄城市论"英雄特质"_大 V 在此_长江时评_长江网_cjn. cn   http：// news. cjn. cn/sy/dvzc/202201/t3920053. htm

力。当它抽象为一种精神特征,并经时间沉淀后,会超越地域、民族,成为一种普遍精神特质,就像马克思所说,"不仅在内部通过自己的内容,而且在外部通过自己的表现,同自己时代的现实世界接触并相互作用",进入人类发展史上战胜困难、迎接挑战、开创伟业的精神宝库。

"英雄"精神特质既是历史的积淀又是对未来的引领。它是历史的,是城市在长期的发展过程中,应对各种风险挑战时集聚积淀而来,随着历史发展日渐醇厚、历久弥新。同时它又是未来的,"英雄"精神特质一经形成并得到认可,便构成人们的理性自觉,成为人们自觉把握和引领未来发展的观念形式,引领人们去追求更高、更伟大的价值目标,从而不仅实现人自身的提升与完善,使人的存在更加合理、更有意义、更加进步,同时也使得外在世界更加可持续、更加优化、更加美好。弘扬"英雄城市、英雄人民"精神特质,推出广泛传播、直抵人心的文艺作品和新媒体产品,提升武汉城市形象标识度和传播力。坚持党管媒体原则,推进媒体深度融合发展,实施全媒体传播工程,做大做强新型主流媒体,提高新时代新闻舆论传播力、引导力、影响力、公信力。整合传播资源,讲好武汉故事,持续弘扬生命至上、举国同心、舍生忘死、尊重科学、命运与共的伟大抗疫精神,构建全方位、多层次、立体化大外宣格局,向全球更好展示英雄武汉新形象。

千百年来,武汉的"英雄"精神特质早已内化为这座城市的文化基因,并深深塑造着这座城市的精神品格。今天的武汉,有基础、有条件、有信心在全面建设社会主义现代化国家新征程中,争当守正创新的开拓者、踔厉奋发的奋斗者、勇毅前行的实干者,奋力续写新时代英雄城市的崭新篇章!

(3)为红色基因传承提供有力保障

红色基因是共产党人百年奋斗史上红色资源、红色文化、红色传统、红色实践的智慧凝结和沉淀升华,孕育了党不忘初心、牢记使命的精神血脉,是我们奋力走好新时代赶考之路的成功密钥。近年来全国已有福建、山东、四川等省份,上海、天津、南京等大中小城市出台了本区域的相关红色文化或者是红色基因保护传承的条例、方案,贯彻落实习近平总书记强调的"要把红色基因传承好"的指示要求,从实际出发,充分发挥红色资源优势,形成了赓续红色血脉,擦亮各具特色的红色品牌。如上海市先后实施了"党的诞生地"发掘宣传工程、革命文物保护利用工程、红色文化传承弘扬工程，在全国率先制定实施《红色资源传承弘扬和保护利用条例》，推出红色文化资源信息应用平台"红途"，打出了一系列"组合拳"，努力把红色资源保护工作做细做实。江西省把传承红色基因作为重大使命，出台《关于深入推进红色基因传承的意见》等系列政策文件，着力加强红色资源科学保护利用，深化红色基因研究阐释，提升红色基因铸魂育人功能，丰富红色基因传承实践载体，营造红色基因传承浓厚氛围，高质量建设全国红色基因传承示范区。

新时代以来，为贯彻落实习近平总书记提出"要把红色资源利用好、把红色传统发扬好、把红色基因传承好"的重要指示精神落地生根，武汉人民立足新征程，深入理解新时代"英雄城市"的价值意蕴和实践要求，坚定不移推进文化强市建设，将红色基因传承工程纳入城市建设和发展的整个体系中，不断完善红色基因传承长效机制，力争在红色基因传承方面创造武汉经验。

建立健全有效的组织领导体制和工作机制

新时代推进红色基因的传承，涉及网上网下和体制机制等一系列问题，牵涉国家、政府、院校、个人等多个层面，是一项重要而复杂的系统工程，需要统筹兼顾、上下联动、齐抓共管以精准化应对，需要循序渐进，久久为功。为此，必须建立健全有效的组织领导机制，着力解决好红色基因传承的顶层设计与基层创新相统一的问题，鼓励基层进行积极探索和实践创新，有效激发基层创造活力，并将基层探索取得的好经验、好做法进行总结推广，实现红色基因传承的全域统筹联动发展。在项目推进上下功夫完善领导体制和工作机制，在工作格局、队伍建设、支持保障等方面采取措施。

红色基因的传承弘扬，必须坚持党的全面领导。更好发挥党总揽全局协调各方作用，强化全面从严治党引领保障作用，确保党中央重大行政决策部署贯彻到位，确保"十四五"时期武汉市发展目标任务落到实处。2022年中国共产党武汉市第十四次代表大会，坚持以习近平新时代中国特色社会主义思想为指导，全面贯彻落实党的二十大和中央经济工作会议精神，深入贯彻习近平总书记考察湖北武汉重要讲话精神，认真落实省委、省政府和市委部署要求，围绕奋力打造新时代英雄城市。各区各有关部门要把思想和行动统一到市委、市政府部署要求上来，切实增强建设红色基因传承的思想自觉、政治自觉和行动自觉。

红色基因传承弘扬，实行党委领导、政府负责、部门协同、社会参与的工作机制。形成中共武汉市委宣传部、文明办主抓，武汉市教育局、共青团武汉市委员会、武汉市妇女联合会、武汉市关心下一代工作委员会的工作格局。推进建立党委领导下的市、区两级以宣传、党史研究、档案、文化旅游、规划资源、住房和城乡建设、退役军人事务、教育等部门和机构为红色基因传承工程的主要成员单位的红色资源传承弘扬和保护利用联席会议机制，由联席会议负责统筹、指导、协调、推动红色资源传承弘扬和保护利用工作，研究决定红色资源传承弘扬和保护利用的重大事项，对红色基因传承弘扬工作实施情况进行评估并向社会公布。同级宣传部门具体负责红色基因传承弘扬工作联席会议的组织工作，推进综合协调、督促检查等工作，完成联席会议交办的其他工作。要在联席会议的统筹协调下，各司其职、密切配合、重点重抓，不折不扣落实好各项重大活动、重点项目，全力做出水平、做出特色，进一步讲好武汉故事、传播好武汉声音。在武汉市委宣传部领导下，市文化和旅游局与市教育局等部门，文化旅游部门负责红色资源中文物的保护利用工作，以及与红色资源传承弘扬和保护利用相关的公共文化、旅游服务等工作。退役军人事务部门负责红色资源中烈士纪念设施的保护利用以及烈士褒扬工作。规划资源部门负责与红色资源保护利用相关的历史风貌区、优秀历史建筑以及需要保留的历史建筑的规划管理工作。房屋管理部门负责红色资源中优秀历史建筑和需要保留的历史建筑的保护利用工作。档案部门负责监督和指导红色资源中档案的保护利用工作。教育部门负责监督和指导学校开展红色基因传承弘扬和保护利用工作。发展改革、财政、人力资源社会保障、新闻出版、电影、网信、国有资产、住房城乡建设、生态环境、绿化市容、交通、公安、消防救援、城管执法、统计、民政等部门，按照各自职责，协同实施，实现红色基因传承的全域统筹联动发展。武汉市各区人民政府是本行政区域红色资源传承弘扬和保护利用工作的责任主体，将红色资源传承弘扬和保护利用纳入本级国民经济和社会发展规划以及政府目标责任考核，提升红色基因传承弘扬工作水平。乡镇人民政府、街道办事处 党建引领红色基因激发红色动能，党建引领红色文化融入基层治理。按照职责，做好辖区内红色资源传承弘扬和保护利用工作。

完善政策法规保障

加强红色资源地方性法规。党的十八大以来，各地通过立法加大了保护红色资源的力度。据不完全统计，目前已有福建省龙岩市、湖北省黄冈市、广东省汕尾市等10多个地级市通过了保护红色资源的地方性法规。地方立法的探索为红色资源保护、传承提供了可借鉴、可参考的方案。这有利于更好地保护红色资源和传承红色基因，建议在时机成熟后总结立法经验，在国家层面制定红色资源保护法，规范红色资源的保护、利用和传承等内容。在这样的背景下，研究出台武汉地区的红色资源传承弘扬和保护利用条例，用立法特别规范红色资源的传承弘扬和保护管理，进一步明确保护要素，严格落实属地管理和各方责任，凸显通过立法加大保护红色文化遗存力度的重要性。

加强政策支持。树立目标，指引方向、战略部署，在系统谋划上下功夫。从加强红色文化保护、做好红色文化挖掘整理、创新红色文化传播方式、加强红色文艺精品创作生产、培育红色文化旅游品牌等方面，进一步明确了武汉红色文化保护、传承和弘扬工程的方向和重点，建立了武汉红色文化保护、传承和弘扬工程联席会议制度，在红色文化宣传推广、平台建设、展示项目等方面采取了一系列措施。建立红色基因传承保护专项资金，提供经费保障。

加强队伍建设。红色基因传承弘扬，要健全人才培养、选拔、管理、考核机制，努力打造一批高层次革命历史文化研究队伍、高水平红色资源保护开发利用队伍、高素质红色讲解员队伍，为红色基因传承提供有力的人才支撑。区级以上文化和旅游、文物、档案等部门和社科研究、高校等机构，应当组织开展红色资源理论研究，加强档案整理利用研究，挖掘本区域红色资源的历史价值和时代内涵。

建立跨区域红色文化联盟。在红色旅游发展迅猛的当下，做好红色史迹与周边区域的整体规划开发，更将进一步提升红色文化价值，让红色文化与城市发展相得益彰。在上海、嘉兴、遵义、延安、西柏坡、北京等地之间建立跨区域红色文化联盟，讲好"中国红故事"，让红色基因代代相传，为中华民族伟大复兴的"中国梦"注入强大精神动能。长三角地区还有望"试水"红色文化资源联动共享机制，打破地理空间的限制，为跨地区流动互通提供实践范例。武汉弘扬、践行红色文化中，主动融入湖北省内红色文化建设中，强化武汉都市圈合作发展，牵头发布一批武鄂黄黄文旅精品线路和合作项目,发挥武汉城市圈红色资源的区域合力提升传承能力。

我们牢记习近平总书记重要讲话、重要指示精神,坚持守正创新、扬优成势、积极作为,我们必须从政治高度把握重大意义、从理论高度把握思想精髓、从时代高度把握实践要求,自觉当好红色基因的传承者,当好红色文化的弘扬者、践行者。新时代武汉不断完善红色基因传承长效机制,在建设红色基因传承上迈出坚实步伐。加强理想信念教育,弘扬伟大建党精神,抗洪精神、抗疫精神等精神谱系,保护利用好武汉中共中央机关旧址纪念馆、八七会议会址纪念馆等红色资源,传承红色基因,厚植爱党、爱国、爱社会主义的情感;做好宣传思想工作,要抓紧理论学习,抓活宣传普及,讲好抗疫这堂"大思政课";要结合党史学习教育,整合利用好武汉市丰富的红色文化资源,讲活红色故事,传承红色基因;保护、传承、弘扬长江文化,展示国家历史文化名城内涵特质,推动文化与经济社会深度融合,促进满足人民精神文化需求和增强人民精神力量相统一,建设社会主义文化强市;激发广大市民对英雄城市、英雄人民的自豪感、归属感,推动形成适应新时代要求的思想观念、精神面貌、文明风尚、行为规范,促进市民素质和城市文明程度"双提升"。守正创新、奋发有为,为加快打造"五个中心"、建设现代化大武汉提供坚强思想保证和强大精神力量。

3. 保护和管理好武汉红色资源

红色资源承载着我们党为中国人民谋幸福、为中华民族谋复兴的初心和使命,凝结着党在百年奋斗历程中薪火相传的红色基因,是我们党艰辛而辉煌奋斗历程的见证,是最宝贵的精神财富。党的二十大报告明确提出,弘扬革命文化,弘扬伟大建党精神,用好红色资源。用心用情用力保护好、管理好、运用好红色资源,发挥好红色资源在始终坚持科学理论指导、坚持理想信念、坚持初心使命、坚持光荣革命传统、坚持推进自我革命等方面的重要作用,必能充分激发广大干部群众的精神力量。武汉红色资源丰富,做好红色资源的深度挖掘、整理与保护工作,建好用好党史"红色基因库",就是珍惜和保护好红色资源,就能为加快打造新时代英雄城市汇聚强大的前行力量。

(1)革命文物保护和修缮

红色基因不是抽象的，而是鲜活地体现在党带领全国人民奋斗的历程中，革命文物是最好的见证，成为中国共产党精神谱系的实物载体。革命文物资源在服务爱国主义教育、党史学习教育、展现中国共产党革命精神谱系和中华民族精神、促进经济社会发展、凝聚实现中华民族伟大复兴中国梦强大精神力量中的独特作用得到有效发挥。党的十八大以来，党中央高度重视革命文物工作，召开全国革命文物工作会议，中办、国办印发《关于实施革命文物保护利用工程（2018—2022 年）的意见》，对新时代革命文物保护利用作出全面部署。坚持"保护第一、加强管理、挖掘价值、有效利用、让文物活起来"的工作方针，着力夯实革命文物保护利用基础工作，开展馆藏革命文物修复、定级工作，改善革命文物尤其是低级别文物保护状况；深化革命文物研究阐述，将价值较高的未定级不可移动文物遴选推荐公布为文物保护，确保革命文物安全。完成全国第二批革命文物名录核定公布和红色标语类革命文物专项调查，不可移动革命文物基本信息和保存状况核查工作。

武汉拥有众多的革命文物，"红色家底"深厚，武汉红色资源数量居全省前列。近年来，武汉市以习近平总书记关于革命文物保护利用的系列重要论述和重要指示批示精神为根本遵循，在国家、省文物行政部门的指导和大力支持下，积极推进落实革命文物保护利用工程，联合多方力量，协同开展革命文物保护和修缮工作，坚持保护为主，部署推进革命文物专项调查、保护抢救、管理研究、传播弘扬、活化运用等五大工程，传承红色基因，赓续革命传统，擦亮英雄城市底色。

革命文物专项调查项目。我国保存和遗留了丰富多样的革命文物资源，是弘扬好革命传统和革命文化的宝贵资源。经过文物普查，相关数据显示，武汉市文化和旅游局直属红色场馆藏革命文物和藏品 5 万余件套，红色遗迹 8 处，有 145 处革命遗址。2022 年 12 月湖北省文化和旅游厅公布湖北省第二批革命文物名录中，武汉中共中央组织部旧址、联保里湖北特种委员会旧址、汉口安仁里董必武旧居、汉口安仁里八路军武汉办事处旧址、辛亥革命烈士祠牌坊、陈定一纪念碑、首义枪声塑像、辛亥革命武昌首义纪念群雕、辛亥革命纪念碑亭、三烈士雕像、侏儒山战役傅家山遗址、侏儒山战役桐山头遗址等 12 处未定级不可移动文物核定入选。八路军武汉办事处旧址纪念馆藏 1938 年第十八集团军（八路军）

证章、武汉革命博物馆藏1937年抗敌协会"誓雪国耻"木匾、武汉市中山舰博物馆藏"中山舰印花图章"木质印章等234件（套）可移动革命文物核定入选。①

征集革命文物史料是科学保护的基础条件，是新时代革命文物工作的重要内容。武汉革命博物馆"弘扬抗疫精神 传承红色基因——武汉革命博物馆抗疫物证的收藏保护和利用"项目，入选2020全国革命文物保护利用十佳案例。在没有硝烟的抗疫战斗中，武汉革命博物馆秉承初心使命，主动担当作为，在全市援汉医疗队、重点医疗机构、建设单位、社区中，从"人民英雄"张伯礼院士、陈薇院士和金银潭医院院长到普通社区工作者、公安民警和志愿者，征集到抗疫物证一万余件（套）。这些来自抗疫一线的物证，承载了感人的抗疫故事，见证了生动的历史瞬间，彰显了生命至上、举国同心、舍生忘死、尊重科学、命运与共的伟大抗疫精神。武汉革命博物馆抗疫物证征集收藏保护利用工作走在了全国博物馆、纪念馆的前列，利用在抗击新冠肺炎疫情期间征集到的13447件（套）抗疫物证，举办丰富的线上线下展览和教育活动，以建设性的姿态参与现代社会政治、社会、文化议题，深入挖掘、系统阐发抗疫物证所蕴含的文化内涵和时代价值，通过诠释伟大的抗疫精神，让抗疫物证保护利用成果更多更好惠及人民群众。武汉革命博物馆该项目特色鲜明、主题突出、内容感人、成效显著，为博物馆在重大公共安全和生命健康事件中充分发挥抚慰公众心灵情感的特殊作用提供了极具价值的参考和探索。

2021年武汉红色资源中的非遗寻访活动正式启动，由湖北省文化和旅游厅指导，武汉市文化和旅游局统一组织进行，武汉市各区文化和旅游局以及与革命文物有关的市直博物馆具体实施。寻访范围涵盖武汉各级非遗代表性项目名录中与红色文化相关的项目，以及未列入各级名录但在当地活态传承、具有良好群众基础的红色文化资源，并以《湖北省可移动革命文物名录》《湖北省不可移动革命文物名录》中与革命文物有关的非遗内容等为重点。严谨科学，求真务实，注重文献的系统性、全面性与田野调查的真实性、深入性，集中研讨和分工实地调查，组织开展了"百年红色民间文学暑期田野调查"，搜集建党以来民间传承的

---

① 第二批湖北省革命文物名录公布，武汉12处、234件文物入选。

红色歌谣、英雄传说和革命老区故事，完成了近90万字的田野调查报告，为开展武汉红色资源中的非遗寻访活动，积累了一定的经验。武汉红色资源中的非遗寻访活动，是发掘党的文化自信与文化认同的基础性工程，可谓历史价值重大、当代意义非凡，为英雄之城创建可靠、系统、全面的红色非遗基础数据，最终形成《武汉市红色资源非遗线索目录》。

抢救记录红色历史记忆。随着时间的推移，那段光辉历史的见证人相继离世，健在者随着年龄增长记忆逐渐模糊，抢救这些宝贵的历史资料迫在眉睫。这部分口述历史资源非常珍贵，进行一个抢救性的挖掘和采访，也是将来不可复制的一部分资源。2014年7月7日，荆楚网通过官方微博、东湖社区发出"抗战口证大抢救"活动召集令，以"口述历史"的形式，在全球范围内征集、公布相关的历史资料，抢救那些即将消失的抗战记忆。一个多月来，广大网友通过各种渠道向荆楚网提供"抗战口证"抢救线索近百条。荆楚网选取其中十余条进行重点报道，并整合视频、图文资料，制作成第一批抗战"口证"史料，引发近百万读者关注、阅读。由经历抗战的老人亲口讲述、荆楚网整理记录的侵华日军罪行史料捐赠给武汉革命博物馆。荆楚网会将搜集到的资料制作成为日军侵华罪行的大型数据库，并将捐赠给更多的档案馆、纪念馆、博物馆等机构，让这段历史永远镌刻在国人的心中，激励越来越多的人为民族复兴贡献智慧和力量。武汉市地方志编纂委员会办公室、档案馆启动红色历史资料抢救工程，采取录音录像、书面文档等口述历史的形式，记录这些珍贵的信息。退役军人是党、国家的宝贵财富，引导退役军人彰显社会价值，讲好红色故事，赓续红色血脉，推动全社会形成关爱尊崇退役军人的浓厚氛围。2022年8月1日，由武汉市退役军人事务局、长江日报报业集团、武汉市地方志编纂委员会办公室合办的"老战士故事会"正式上线，本次活动邀请到20位退役老战士分享红色故事，抒发爱党爱国情怀，弘扬社会主义正能量。继续传承红色基因，弘扬红色精神忆往昔峥嵘岁月，聆听红色动人故事。八七会议会址纪念馆的历史与八七会议代表的革命历程息息相关，与会议代表的后裔有着天然的血脉联系。该馆将用心延续好、维护好这份心连心的情谊，尽最大努力探寻更多会议代表后裔的足迹，挖掘历史真相，建立深入联系，用好红色资源，弘扬以伟大建党精神为源头的中国共产党人精神谱系。武汉市委党史研究室、市发改委和江汉大学武汉研究院共同编撰，由武汉出版社出版的《武汉改革开放口述史 1978—2018》（一）（二）册，以亲历者口述方式记录武汉改革开放 40 年历史，围绕经济体制改革和开放这一主线，广视野、多视角地呈现武汉在全国走在前列的原创性、唯一性、试验性改革及重大决策、试点的历程和经过，通过客观、生动、鲜活的口述史料首次披露重要决策出台前利弊的权衡、重大事件发展过程中观念的碰撞及改革开放对传统体制机制的冲击，真实反映改革者敢为人先的智慧和舍我其谁的担当。该书填补了武汉改革开放口述历史方面的空白。

2022 年国家文物局开展全国红色标语类革命文物专项调查工作。红色标语是中国共产党领导的党政军民开展政治宣传、加强思想动员的创新形式和重要手段，是中国革命史的独特文化现象，是不可再生、不可替代的革命文物资源。在湖北省级文物部门指导下武汉市政府及其文物部门加强红色标语类革命文物保护管理，完善保护标识，做好记录、编目并留档，开展数字化信息采集试点。加强红色标语的系统研究和价值挖掘，讲好红色标语故事，传承好红色基因。

为全力打造革命历史资源高地，集中展示武汉对重要红色资源的发掘保护和展陈利用工作，完善武汉市红色资源名录，推动红色资源的保护利用。

革命文物的保护修缮工程。近年来武汉市将进一步夯实革命文物保护基础，将革命文物的保护和利用纳入城市的总体规划，加大革命文物保护力度，实施革命旧址维修保护和馆藏革命文物保护修复计划，确保革命文物安全。坚持抢救性和预防性保护并重，实施革命旧址维修保护行动计划和馆藏革命文物保护修复计划，加强革命文物安全防范设施建设。加强革命文物保养维护，开展革命文物研究性保护项目。

武汉红色资源丰富，多处优秀历史建筑中的红色革命遗迹不仅承载了这些革命记忆，也延续并传递了生生不息的革命精神。多年来，在"历史之城"建设中，在城市发展规划中一直注重强化红色资源的保护利用，都对革命旧址等建筑文物加以保护修缮。进一步加大保护武汉老城历史风貌和城市肌理工作，加强文化遗产的保护与城市建筑形态、风格、色调的总体设计，进一步彰显武汉高品位的文化魅力。武汉文物保护利用水平日益提升，城市的历史根脉焕发出勃勃生机。

在重点项目引领下，依托旧址和挖掘资源新建的武汉中共中央机关旧址纪念馆、中国共产党纪律建设历史陈列馆相继建成开放;坚持规划引领,推进历史风貌区建设,加强文物保护利用,江岸区建成开放汉口中宣部旧址暨瞿秋白旧居陈列馆;以市级项目为主,发动各区共同保护革命文物,中共中央军委办事处旧址得以维修;八七会议会址纪念馆经历建馆以来最大规模的扩馆修缮后,风格统一,特点鲜明,历史底蕴浓厚,百年建筑见证党的百年辉煌。中共五大会址修缮过程,处处可见匠心,手工一点点剥离旧漆,辗转多地寻找到 10 万片手工小青瓦;修缮一新的八路军武汉办事处旧址纪念馆、汉口新四军军部旧址纪念馆重新开放,再现武汉抗战的场景。全国唯一以"中共中央机关"命名的武汉中共中央机关旧址纪念馆,建成开放;在"博物馆之城"建设中,红色场馆取得长足发展。江汉关大楼、巴公房子、平和打包厂旧址等文物保护单位重获新生。近 10 年来,武汉在文化遗产保护利用和传承的实践之路上擦亮了众多"金名片"。公布一批革命文物保护利用片区工作规划,实施一批革命文物连片保护和整体展示项目。

坚持规划引领,结合城区改造,推进历史风貌街区建设。江岸区升级改造黎黄陂路街头博物馆,形成以中共中央机关旧址为中心的 1 平方公里红色场馆群,鼓励市民游客在重点红色场馆打卡,进一步提升市民群众观展体验,提升城市认同感。

始终坚持把保护放在第一位,以区为重点,大力实施革命文物集中连片保护利用工程,推动革命文物保护从抢救性保护向预防性保护转变,从单体革命文物保护向革命文物、旧址群体保护转变,从革命文物本体保护向本体和环境整体综合保护转变。大力实施分级科学保护,加大革命遗址遗迹、烈士纪念设施等维护修缮力度,做好红色档案、红色歌谣、红色标语等的挖掘、整理、修复工作,确保革命文物的历史真实性、风貌完整性和文化延续性。

做好新时代革命文物工作,还要避免革命文物被过度开发。某些地方对革命文物设施的包装构筑过度追求奢华,滥用声光电,华而不实,失去了精神内涵;有的为了追求戏剧效果,一些展陈讲解词脱离了历史和事实依据,出现不当内容,混淆了视听。不能以发展红色旅游的名义破坏革命文物的保护,也不能以保护革命文物的名义过度市场化运作,只看重经济效益。一些红色旅游地对红色内涵不上心,却热衷于商业化运作,让红色旅游方向"跑偏了"。

革命文物数字化保护项目。数字资源库的建立是保护红色文化资源最直接有效的方式，也是促进红色文化传播、让红色文化"活起来"的重要手段。数字化和科技赋能，以实现文物信息共享为目的，以红色文物资源数字化为基础，引入现代先进的数字化技术手段，发挥数字化应用信息系统建设的纽带作用，统一构建和完善文物数字化保护利用体系，推进红色文物数据资源库的开发共享。为此，中共中央办公厅、国务院办公厅印发《关于实施革命文物保护利用工程（2018—2022 年）的意见》等文件，加强对红色文化资源数字化的组织领导，不断创新文物保护新模式，强调要切实做好"革命文物资源目录和大数据库""适度运用现代科技手段，增强革命文物陈列展览的互动性体验性"等工作，比如上线革命纪念地虚拟展，推出线上红色课堂、"云游"革命纪念地等专题，推出"5G+AR"沉浸式体验游览项目，开展红色故事线上"云直播"，全景式讲述革命历史，真正让红色文化"活起来"。加快推进藏品数字化，完善藏品数据库，加大基础信息开放力度。一方面，要对各地的红色文献、图片、纪录片、声音、文物等进行数据收集、挖掘、梳理与整合，建立基础数据库。同时，利用人工智能、3D影像、VR网络虚拟现实等技术，将红色文化转化为影像、文字和三维再现数据等数字模式；另一方面，要充分挖掘红色文化资源内涵，开发各具特色的数字化创意产品，提升红色文化数据库的利用率。

武汉革命博物馆开展革命文物数字化保护项目工作。基于馆藏 1007 件/套珍贵文物进行数字化采集加工制作成果，深入挖掘红色文化内涵，创意制作文物展示小动画、二维动画短片、纪录片、线上社教课程、武昌中央农民运动讲习所专题知识库、毛泽东讲课视频等深度内容，创意构建革命文物交互体验、AR互动体验、极致影音体验、知识互动体验、全景成像体验等线上线下一体化的沉浸式观展体验，并设计开发线上社教课程，以丰富的文物展示内容、崭新的文物展示形式实现观众随时随地看展。开展红色基因库申报工作。对重点文物进行重点宣传报道，制作短视频等新媒体传播方式，开展全方位多角度的宣传。

武汉教育局运用大数据采集技术，对武汉市红色遗址遗迹遗物开展普查、登记、造册，摸清红色家底，分门别类建档立卡，建立武汉红色基因数据库。将主管部门、场馆、学校、学生、家长紧密结合在一起，大数据平台通过对学生登录、签到、互动、留言的信息抓取，实现活动的数据采集、挖掘和分析。每半年发布的《红色电子护照活动大数据分析报告》，对各区参与人数、学校参与度，各基地接待人数、受欢迎程度进行排名，作为各区、文明学校和爱国主义教育基地考评的重要依据。教育部门将爱国主义校本教育、活动组织、学生受益等纳入各校考核评价体系，中小学校则将学生参与"红色电子护照"活动情况计入学生校外实践学分，纳入学生综合素质评价体系，极大地推动了爱国主义教育在青少年中深入持久开展。①

（2）深化红色文化研究

近十年来国内红色文化研究呈现出专门化、系统化、学科化的发展；研究内容从主要探讨红色文化的内涵、特征等发展到研究红色文化的传播与传承；研究区域进一步扩展，其中以地方乡土红色文化发展最为显著；红色文化价值功能实现更加多样化探讨，尤其是思想政治教育价值方面，强调从高校到中小学层面的扩展；研究时段延伸，涉及在不同历史阶段所形成的红色文化；研究视角下移，从宏观的研究更多转向微观叙事；研究方法日益多样化，多学科的研究方法，包括实证调查、口述史等。红色资源看不见的部分，主要是指在长期革命实践中所积累的精神资源和财富，包括革命理论、革命价值观以及各种类型的红色文化等，需要重点做好研究工作。红色基因传承主体是红色基因传播和言说的行为主体，政党理论研究宣传者、各级政府部门、国家领导人、公职人员等。传承主体要壮大，主流思想舆论增强。阵地意识，开展宣传教育，激发全社会团结奋进的强大力量。

为贯彻落实习近平总书记关于"推进红色基因传承"重要要求，充分发挥武汉高校和科研机构云集、科研力量雄厚的优势，整合文物、党史、军史、档案、地方志等方面研究力量，应当加强本市红色文化理论和应用研究，挖掘和展示红色文化资源的历史渊源、发展脉络、主题特色和当代价值，为传承和利用红色文化资源提供理论支撑，鼓励和支持社会各界开展红色文化学术研究、交流等活动。

强化红色文化研究阐释。一是红色资源的保护研究。开展革命文物的保存现状调查、预防性保护研究，以及红色资源保护的材料和技术研究，尽可能形成保

---

① 武汉市创新思路让红色资源"活"起来——党建网（dangjian.cn）

护标准和规范,为后续编制保护规划、保护项目启动和提升革命文物保护水平打下坚实的基础;红色资源保护相关的理论基础研究,探讨红色资源整合、统筹规划和整体保护议题,从而发挥红色文物服务大局、资政育人和推动发展的独特作用;红色资源保护实践的比较与实证研究,通过不同保护实践的对比和实证研究,筛选出具有良好保护经验和保护模式的案例,以形成全国普适性经验和地方性经验;依据新时代红色文物工作的重点工程、重点任务,深入研究红色文物保护体制机制创新的要素组合,以形成促进红色文物保护重大工程实施和红色文物事业健康持续发展的系统性、整体性、协同性创新体系。对分布广泛、形态各异的红色资源进行原汁原味的充分的挖掘、搜集、整合与保护,使之系统化、条理化、知识化,并根据受众的思维发展特点、接受知识的先后顺序以及知识本身的逻辑顺序,对红色资源各项内容进行排列组合,从而形成一个具有高度科学性的红色资源系统大宝库。在深入开展研究的基础上,根据不同的保护需求,统筹安排、积极推进红色资源的保护力度;二是挖掘革命文物蕴含的思想内涵和时代价值,让红色精神绽放出新的时代光芒。传承弘扬红色文化要同弘扬伟大建党精神紧密结合,同挖掘武汉这座英雄城市的精神文化底蕴联系起来,让传承弘扬更有持续性。要汇聚全市乃至全国的研究力量,梳理回顾从中国共产党早期组织的重要发祥地,到大革命时期汹涌澎湃的"赤都";从人民军队建军策源地,到抗日烽火中响彻中华大地的"保卫大武汉";从国家重大战略的聚焦地,到全国抗击新冠肺炎疫情的决战决胜地……江城大地矗立着一座座精神丰碑,这些丰碑是英雄的人民铸造的。英雄应该被铭记,精神应该要传承。武汉这些重要的红色文化资源不仅是城市往昔光荣革命历史的见证,也是当下树立城市形象,提升城市品位,彰显城市魅力,增强城市文化软实力的宝贵财富,更是教育和激励广大市民不忘初心、砥砺奋进,加快打造五个中心建设现代化大武汉的精神力量和重要载体。把伟大建党精神、抗洪精神、抗疫精神的丰富内涵研究阐释好,弘扬"英雄武汉、英雄人民"精神特质为核心,坚定文化自信,推进文化铸魂、发挥文化赋能作用,加快建设文化强市。三是开展实物、文献、档案、史料征集,加大革命烈士和英雄人物的红色书信、红色影像、红色传承等实物的收集整理力度,深入挖掘蕴含其中的历史记忆和高尚情操,深入解读历史,编写符合党员干部、学生、普通大众特点的学习读本和通俗读本,让英雄故事、革命事迹有温度,为各类受众提供生动活泼、可读性强的学习教材。

推出系列研究成果。武汉是中国共产党建党、建军、建政的重要策源地，多年来，武汉围绕红色历史、红色人物、红色遗迹、红色文旅、红色传承等开展专门研究，推出了《大武汉红色故事（四）——赤都风云》《1927年中共中央在武汉》《中国共产党武汉历史》（第一册）《抗日战争初期中共中央长江局史》《中国共产党第五次全国代表大会》《倷儒山战役》《烟雨莽苍苍——中共五大全景录》《红色密码——荆楚大地机要保密往事》等多部历史著作等图书，系统研究深挖源头活水，树牢正确史观。组织推出一批高质量理论成果，加强对武汉丰富党史资源的挖掘整理和系统研究，编纂出版《纪念中共湖北早期组织成立100周年学术研讨会论文集》《百年荣光，初心永恒——中国共产党武汉历史大事记》《大武汉红色故事丛书——播火荆楚》等社科精品力作，用鲜活历史人物、伟大历史事件帮助党员干部群众树牢正确党史观。电视文献片《武汉·1938》《解放大武汉》《热血忠诚》《将星闪耀江城》《世纪曙光》和电影《忠诚与背叛》。2020年11月3日，武汉出版集团组织编写的图书《英雄城记》在汉首发。该书收录了疫情防控期间坚守一线的医护人员、公安干警、建设者、保供人员、志愿者等173位作者的173篇日记，按时间顺序依次排列，展现了从1月23日上午10时离汉通道关闭到4月8日0时恢复这76天里武汉人民在党和政府的领导下，面对疫情万众一心、守望相助的共同记忆。激励干部群众赓续红色血脉、传承红色基因。要借助现代技术和艺术等多途径多形式，推出一批富有思想内容、理论高度和实践价值的红色文化学术成果，以史鉴今，资政育人。

搭建合作研究新平台。为发挥湖北是中国红色文化中心之一的资源优势，更好发挥党史弘扬红色文化，继承革命传统的职能，挖掘、保护和利用武汉红色文化资源，红色文化研究要强化体系维度，突出重点、做足做透、彰显特点，既要发挥武汉市委宣传部牵头部门的主力军作用，又要发挥武汉地区的高校、社科院所、党史研究和档案等部门和单位学者生力军作用，深入开展我市红色资源研究，提高红色文化展示水平。

中共武汉市委党史研究室：全面贯彻落实习近平总书记视察湖北武汉重要讲话精神，立足党史部门工作实际，积极主动作为，充分发挥新时代英雄城市红色资源优势，扎实推进实践活动。注重发挥党史部门职能优势，深入基层党史部门和红色点位，切实为基层排忧解难，先后前往蔡甸区武汉龙源红色报刊博物馆、黄陂区朱铺村党史教育馆等民办企办红色场馆调研，针对基层反映的展览问题提出多项建设性意见，为基层红色点位持续发展提供进一步支持。针对基层党史工作需求，举办业务能力提升培训班。在武汉社区学院举办全市党史干部业务能力提升培训班，培训采用专题辅导、现场教学、交流讨论等多种形式，进一步提升了基层党史干部的业务能力和综合素质。积极开展基层党史宣讲，结合学习贯彻党的二十大和省第十二次党代会精神，组织党史宣讲团开展群众性宣讲，编辑出版《赤都风云》等红色故事丛书，为推动群众学"四史"提供有力支持。

武汉市地方志编纂委员会办公室：方志的职能是存史、资政和育人，吸纳各领域专家学者，组建了武汉地方志专家委员会和专家库，邀请各领域的专家参与各级各类志书的编纂，同时也通过方志讲堂开展学术讲座，把方志讲堂打造成了一个常态化建言资政的平台。形成一个智囊团，既能开门修志，提高市地方志办修志的水平，更好地传承中国文化。近两年来，市地方志办联手长江日报集团共同打造方志讲堂，每期讲堂的主要内容和专家学者的相关建议都可在市地方志办官网和长江网"方志讲堂"专题页面观看，部分讲堂通过视频的形式在专题页面展示，每一年的方志讲堂，市地方志办都将其整理成册，集萃出版。方志讲堂的主题围绕武汉市委市政府的中心工作、提出的重大发展战略而展开。2020 年，方志讲堂主题为"复兴大武汉"，2021 年主题为"建设现代化大武汉"，2022 年的主题是"打造新时代英雄城市"。方志讲堂邀请高水平、在各自领域造诣颇深的专家学者开展学术讲座，目的就是为了充分发挥武汉高校和科研机构云集、科研力量雄厚的优势，以史明鉴，鉴古知今，通过专家学者提出的新观点、新建议，为武汉市委市政府资政辅志、建言献策，做出"方志贡献"。主办的"方志讲堂"每年如期开讲，成为常态化资政辅治的平台和弘扬方志文化的载体，吸引不少人关注。

华中师范大学恽代英研究中心：恽代英是中国无产阶级革命家、中国共产党早期青年运动领导人之一，是中国共产党早期杰出的政治家、教育家，也是我党新闻宣传工作的早期领导者。恽代英生于武昌，毕业于中华大学（华中师范大学前身之一）。他早期求学和革命实践始于湖北，一生大半时光在湖北度过。大型文献纪录片《永远的恽代英》由湖北省委宣传部、湖北省新闻出版广电局、江苏常州市委、中央新闻纪录电影制片厂（集团）联合制作，华中师范大学协助拍摄。此次在央视播出，分为两集《追求真理》《英雄本色》。讲述了恽代英从爱国青年成长为具有坚定信仰的共产主义者、从投身革命到壮烈牺牲的经历。文献片《永远的恽代英》通过丰富的史料、珍贵的文献，客观完整地还原了这位中国共产主义先驱者短暂而光辉的人生。华中师大作为取景地点之一，主要拍摄的是恽代英青年时期在中华大学学习、工作、生活以及创办利群书社的内容。如今，学习恽代英的精神和党史学习教育已经融入学校办学的方方面面：建造"青年恽代英雕像"，设立"恽代英班"，开办"恽代英党校培训班"，成立"恽代英新闻采访团"……在华中师范大学官网上，"党史学习教育专题"以恽代英的汉白玉雕像图为底，"重要论述""学习资料""党员故事"等板块诉说着华中师范大学追随中国共产党的脚步，将恽代英的精神融入师生血脉。

江汉大学武汉红色文化研究中心：武汉红色文化研究中心于2022年6月在江汉大学挂牌。武汉红色文化研究中心主任李腊生教授率领科研团队充分挖掘和运用好武汉红色文化资源，研究红色文化资源蕴含着巨大的思想价值、教育价值和时代价值，即将陆续出版《李大钊在武汉的革命活动述评》《毛泽东在武汉》《武汉红色文化资源概览》等著作，并与全国红色文化研究机构联络，新疆大学新疆红色文化研究中心、大别山红色文化研究中心等单位交流活动，与教育部高校中国共产党革命精神与文化资源研究中心保持联系，以武汉红色文化研究中心成立和校级项目研究为契机，搭建中共党史、中国近现代史、马克思主义中国化等领域学者、教师和研究生之间的学术交流与合作研究平台，进一步推动学院学科发展、学术研究和教学改革创新。

武汉市新洲红色文化研究会：新洲是一片红色土地，这里的山山水水孕育了大批英雄儿女，留下了李先念、魏文伯、刘西尧、张体学等老一辈无产阶级革命家的战斗足迹。无数革命先烈、仁人志士，为了民族独立和解放，让人民过上好日子，用鲜血染红了鄂东大别山南麓的这片土地。诸多先烈的英名，在人民心中留下了永久记忆，仅记录在册的新洲籍烈士就有1878名。2021年11月9日，武汉市新洲区召开红色文化研究会成立大会。研究会将从三个方面努力：在挖掘上着力，查漏补缺、补齐短板，丰富新洲红色文化内涵；在研究上着力，收集、整理新洲现有红色资源，在研究的基础上形成相对科学体系；在传承上着力，让新洲红色文化在机关、学校、团体、社区（村组）落地生根，成为人们砥砺斗志、开拓前行的精神动力。该红色文化研究会是一个具有区域性、学术性、非营利性、公益性的社会团体。会员来自新洲区各街镇，他们有着不同岗位，但都有一份热爱家乡的热情。他们自发研究，希望将身边的先烈英勇事迹，准确地一代一代传下去，成为人们前进的精神动力。

探索建立跨地区、跨专业、跨部门研究的武汉红色基因传承研究基地，争取社会广泛参与，有效整合优化各方研究力量和资源，秉持"资源共享、优势互补、协同创新、合作共赢"原则，立足武汉、面向全国，拥有一定规模的特约研究员队伍，借助全国的学术资源和研究力量，推动形成系统研究红色资源的强大合力。研究基地加强建设、增强实力，顺应改革发展潮流，紧密结合意识形态领域斗争实际，结合重要时间节点，搞好相关纪念活动，促进研究阐释不断提质升级和红色文化交流宣传，推动红色资源保护和利用，探索建立和完善红色基因传承长效机制，为推进武汉地区红色基因传承提供强有力的学理支撑和智力支持。

（3）完善红色资源保护管理体系

管理好红色资源，才能实现在保护中传承。革命文物是不可再生的宝贵资源，必须深怀敬畏之心、历史之责，坚持真实性、完整性、最小干预的原则，传承其历史文化价值。做好红色资源的整理、修复、展览、研究等一系列保护管理工作，革命文物就能"有个家"，红色基因也能更好地代代相传。要把确保文物安全放在首要位置，聚焦文物保护的重点难点问题，加强制度设计和精准管理，注意盘活文物资源，在保护中发展，在发展中保护。[①] 从加强顶层设计入手，明确政府职责，强化资金保障。对各级政府、文物部门、社会力量等承担的责任进行了清晰界定，构筑起革命文物保护利用的价值体系。

一是法规保障。始终把保护放在第一位，健全革命文物保护利用法律制度、执法机制，落实各级政府严格落实属地管理和各方责任，严守革命文物安全红线，确保文物本体安全，维护文物周边环境安全，提升全社会文物保护法治意识。目前中国红色文化遗产保护工作所依据的法律，《中华人民共和国文物保护

---

① 习近平主持召开中央全面深化改革委员会第三次会议，中国文明网　http：//www. wenming. cn/wmsjzx/gcdt/202112/t20211223_6273780. shtml

法》《非物质文化遗产法》《中华人民共和国英雄烈士保护法》《历史文化名城名镇名村保护条例》《烈士褒扬条例》。红色文化遗产属于文物的受《文物保护法》保护，属于非物质文化遗产的受《非物质文化遗产法》管理，但是仍有不少红色印记、红色记忆、红色人物、红色景点等无法纳入以上几个法律的规制范围。国家鼓励各省（自治区、直辖市）和设区的市制定革命文物保护地方性法规。随着全国许多省市对红色文化地方立法工作重要性的认识不断提升，陆续开展相关工作，对红色文化遗产的认定保护、调控导向、规范管理起到重要作用。系统梳理了福建、山东、江西、广西等地已出台的红色文化遗存保护的地方性法规，可以通过设区市地方立法对红色文化遗产保护进行探索。湖北省秉持"查漏补缺、统分结合"的思路，结合实际，立足解决短板问题，及时制定出台《湖北省关于加强文物保护利用改革的实施意见》《湖北省革命文物保护利用工程（2020—2022年）实施意见》。以推动出台武汉地方性红色文化保护法规为目标，准确界定红色文化遗产的保护范围与对象，努力探索研究红色文化遗产及红色精神的标准体系，进一步完善红色文化保护管理与开发利用的体制机制，形成完整的革命文物保护法律体系，为新时代革命文物"保驾护航"。

二是建章立制。加强科学保护、系统保护，进一步完善革命文物定期排查、日常养护管理和安全防范制度，实施一批革命旧址维修保护项目、馆藏革命文物保护修复项目和革命文物研究性保护项目。加强整体保护，推进革命文物保护利用片区整体规划、连片保护、统筹展示，发挥示范引领作用。持续改善各级各类不可移动革命文物保存状况。武汉出台《武汉市历史文化风貌街区和优秀历史建筑保护条例》，印发《武汉市人民政府关于进一步加强文物工作的意见》等文件，不断提升文物保护工作水平。《武汉市人民政府关于公布部分市级文物保护单位保护范围和建设控制地带的通知》，《武汉市第十一批优秀历史建筑保护目录》随着《武汉市历史文化风貌街区和优秀历史建筑保护条例》的颁布实施，武汉市房管局制定了一系列规范性文件：《武汉市优秀历史建筑分级保护及评审管理办法》《武汉市优秀历史建筑巡查监管办法》《武汉市优秀历史建筑保护修缮方案审查管理办法》《武汉市优秀历史建筑档案管理办法》《武汉市优秀历史建筑修缮技术规程》。

三是规划引领。近年来武汉市区人民政府坚持规划先行，抓好革命文物保护顶层设计,将革命文物工作纳入《武汉市国民经济和社会发展第十四个五年规划和2035年远景目标纲要》,将文博事业纳入武汉市城市规划,编制《武汉市国土空间总体规划(2021—2035)》等总体性规划和《汉口历史风貌区实施性规划》等专项规划,将不可移动文物保护范围、建设控制地带和地下文物埋藏区等历史文化保护线纳入全市"一张图"管理,纳入城市紫线控制范围,实现与城乡规划、国民经济和社会发展规划等的"多规合一"。

四是健全机构。经市委编办批准,市文旅局加挂市文物局牌子,内设文物保护与考古处、博物馆与社会文物处以及文物考古机构、文物行政执法机构、直属博物馆等。15个行政区(功能区)均已建立区政府分管领导负责的文物保护工作机制,明确区级文物工作队伍,其中江岸、武昌等区在区文旅局加挂文物局牌子,武昌、汉阳等区成立区级文物保护中心,新洲、黄陂等区设有区属博物馆(文物管理所),文物保护工作机构更加健全。当前文物保护涉及许多职能部门,在文物保护工程涉及的消防、建设管理等环节,由于相关部门对行政监管职责边界认定和划分不够清晰,造成管理缺失、管理权责不明等问题,并直接影响工程施工许可与管理、渣土清运、消防验收等环节正常进行,部门职责有待进一步厘清。

四是压实责任。加大财政投入,坚持政府主导与社会参与结合,财政投入与市场运作结合建立健全文物保护专项资金,为日常文物保护提供经费保障。树立文物保护全市一盘棋思想,成立国家历史文化名城保护委员会,统筹全市历史文化名城和文物保护工作;将文物保护工作纳入各级政府绩效考核体系,建立健全文物安全工作联席会议制度和部门联动机制,形成了齐抓共管促保护的合力;实行文物安全"一处一策"工作机制和文物博物馆单位安全直接责任人公示公告制度,文物保护责任体系进一步健全。

五是加强机构和人才队伍建设。目前,我市各区文旅局均未单独设置负责文物行政管理的内设机构,基层文物人才匮乏,与日益繁重的文物保护工作任务难以匹配,文物机构人才力量薄弱。文物保护工作,人才队伍建设是关键。文物的发现、收集、鉴定、申报工作,专业性强,要在市区级文化和旅游部门配置专人管理,同时,充分发挥武汉地区高等院校、科研院所聚集的优势,多渠道培养引进文物保护利用专业人才。

"红色"是这座城市永不褪去的底色，"英雄"是武汉这座城市血脉中流淌的基因。武汉这些重要的红色文化资源不仅是城市往昔光荣革命历史的见证，也是当下树立城市形象，提升城市品位，彰显城市魅力，增强城市文化软实力的宝贵财富，更是教育和激励广大市民不忘初心、砥砺奋进，加快打造五个中心建设现代化大武汉的精神力量和重要载体。近几年，武汉市政府对文化遗产的重视大为提高，取得显著成效，但在文化遗产保护利用以及整合方面还需继续加强。保护红色资源不承载着让人引以为傲的历史，蕴含着激人奋进的力量，人人都有责任珍惜它、保护它。

4. 筑牢红色基因传承阵地

丰富的红色资源承载着红色记忆，凝结着鲜活的红色价值。武汉着力充分挖掘红色文化资源，传承红色基因，践行社会主义核心价值观，用心守护爱国主义教育、党史教育、廉政教育、国防教育等基地建设，把武汉打造成全国重要的红色革命教育基地。红色基因的传播方法与手段，打造了一大批传播红色基因的基地与熔炉。除爱国主义教育示范基地以外，还建有市、区各级各类党校和一些主题鲜明的干部的培训基地形成了具有武汉特色的党性教育培训体系，这些基地或学校在深入开展爱国主义教育、理想信念教育和革命传统教育，不断的巩固党的执政地位，筑牢意识形态阵地等方面起到了国家队和主力军的作用。

（1）提升武汉市各级爱国主义教育基地

各级各类爱国主义教育基地涵盖各个历史时期重大历史事件、重要人物和重要革命纪念地，日益成为激发爱国热情、凝聚人民力量、弘扬民族精神、传承红色基因的重要场所，是中国共产党人的精神殿堂、中国人民的精神家园、中华民族的精神高地。用好革命旧址和革命博物馆、纪念馆等各类红色资源，建设好爱国主义教育、党史学习教育、革命传统教育的重要阵地，成为广大党员干部群众缅怀革命先烈、传承红色基因、弘扬革命文化的精神家园，成为服务国家战略、促进经济社会发展的新引擎、新动力。

武汉"红色家底"深厚，红色博物馆、纪念馆22家。其中市属管理10家，省属管理12家。市级以上爱国主义教育示范基地10家，其中全国爱国主义教育示范基地2家（武汉革命博物馆、八七会议会址纪念馆），省级爱国主义教育示范基地5家。国家级国防教育示范基地2家：辛亥革命博物馆、武汉市中山舰博物馆。国家级海峡两岸交流基地4家：辛亥革命博物馆、武汉国民政府旧址纪念馆、武昌中央农民运动讲习所旧址纪念馆、武汉市中山舰博物馆。"我最向往的党史纪念地"1家：八七会议会址纪念馆（由人民日报、中央党史研究室评选）。近年来，在武汉市委市政府的领导下，市文化和旅游局以保护革命文物、传承红色基因、弘扬革命传统为核心，充分发挥红色资源资政育人、以文化人的教育功能，切实加强革命文物保护力度，深入挖掘红色资源，在革命文物征集保护、展示传播、社会教育等方面取得了一定的创新成果和典型经验，对于进一步宣传展示我省革命文物保护利用取得的成绩，提高全社会对革命文物保护利用的关注度，具有重要作用。

实施卓越博物馆发展计划。为持续推进我国博物馆事业高质量发展，国家文物局等九部门2021年5月发布关于推进博物馆改革发展的指导意见中，实施卓越博物馆发展计划，因地制宜支持省级、重要地市级博物馆特色化发展。2023年2月湖北省八部门联合印发《关于推进湖北博物馆改革发展的实施意见》中提到，将进一步擦亮武汉"博物馆之城"名片，支持武汉博物馆、武汉革命博物馆、辛亥革命博物院、武汉市中山舰博物馆等红色展馆纳入国家卓越博物馆发展计划。武汉市委市政府贯彻落实新发展理念，将爱国主义教育基地建设纳入全市经济社会发展的总体规划，坚持以党委政府为主导，不断加大资金和项目投入，高起点定位、高标准规划、高品位打造，全面推进我市红色资源保护、基础设施建设和周边环境整治。将红色旧址纳入城市建设发展规划，严格落实各级政府文物保护主体责任，推动市区主管部门守土有责、守土尽责、守土负责。近年来八七会议会址、武汉中共中央机关旧址纪念馆、武昌中央农民运动讲习所等一批红色旧址得到修缮保护，各级爱国主义教育基地在基础设施、陈列布展、人文景观、周边环境等方面有了质的飞跃。

重点培育建设武汉革命博物馆、八七会议会址纪念馆、武汉中共中央机关旧址纪念馆、武汉博物馆等一批代表武汉特色的博物馆。武汉革命博物馆改造提升中共五大历史陈列"紧急时期的艰难探索——中国共产党第五次全国代表大会历史陈列"，展览面积将从660m³增加到1100m³，拟通过300余幅历史照片与大量珍贵文献和实物资料，以及多种技术手段的科学合理运用，将原有重点展项更新、提炼新的亮点,更加真实全面地反映中国共产党第五次全国代表大会的历史背景和会议过程。中共五大会址纪念馆已隆重开展。

推进辛亥革命武昌起义纪念馆和辛亥革命博物馆资源整合和协同创新,组建武汉辛亥革命博物院。① 为加强辛亥革命历史文化资源整合利用,进一步擦亮辛亥首义文化品牌,2021 年 7 月,省委、省政府决定将辛亥革命武昌起义纪念馆划转武汉市统一管理。2022 年 3 月,武汉市政府发布了《统筹辛亥首义资源整合利用工作方案》,其中包括在原辛亥革命武昌起义纪念馆、辛亥革命博物馆的基础上组建辛亥革命博物院。辛亥革命博物院的成立和正式挂牌是辛亥首义文化旅游区建设和辛亥首义资源整合利用的阶段性成果。博物院将全力打造辛亥革命文物收藏保护中心、教育纪念中心、陈列展览中心、学术研究中心和文化旅游中心,守护好、传承好、展示好辛亥首义文化。

建成开放汉口中华全国总工会旧址纪念馆。2022 年 11 月 17 日,汉口中华全国总工会旧址纪念馆开馆,占地面积 3160 平方米。该馆是目前全国唯一一座反映大革命高潮时期党领导的全国工人运动的纪念馆。1926 年 10 月 10 日,湖北省总工会在这里成立,中华全国总工会从广州迁至武汉后曾在此办公,后迁往上海。1959 年筹建纪念馆,2006 年成为第六批全国重点文物保护单位。2019 年 2 月,经中共中央、国务院批复同意,恢复汉口中华全国总工会旧址纪念馆。武汉市总工会按照修旧如旧的原则对三栋文物建筑进行修缮保护,并在史料收集考证的基础上进行展示陈列。纪念馆历史陈列"中华全国总工会在武汉"面积为 740m³,复原陈列面积为 948m³,严谨、完整地展现了大革命时期中华全国总工会在武汉领导全国工人运动的革命历史,是全国职工爱国主义教育基地和武汉市重要的红色教育基地。纪念馆位于武汉市江岸区友益街 16 号,由全国重点文物保护单位汉口中华全国总工会旧址和市级文物保护单位刘少奇同志在武汉的旧居两部分组成,旧址由两栋西洋式建筑组成,均建成于 20 世纪 20 年代,建筑面积 3160 平方米,具有较高的历史价值和艺术价值。纪念馆展览以"中华全国总工会在武汉"为主题,通过 239 件展品、458 幅史料照片,全面立体再现了武汉大革命时期,在中国共产党领导下的工人运动历史。

---

① 《武汉市文化和旅游发展"十四五"规划》。

建成开放的汉口中华全国总工会旧址纪念馆，与同在汉口历史风貌区内的武汉中共中央机关旧址、八七会议会址、武汉中组部旧址、武汉中宣部旧址等，共同组成大革命时期"中共中央在武汉"序列，实证武汉曾作为全国革命中心的重要历史地位，也标志着武汉革命文物保护利用工作开启了全面保护、系统保护、整体保护的新篇章。

武汉市在"博物馆之城"建设中，红色场馆取得长足发展。与此同时实施中小博物馆提升计划，支持长江国家博物馆、湖北革命军事博物馆等专题博物馆建设。

打造精品红色展览和品牌社会教育活动。要讲好党的故事，革命的故事、根据地的故事、英雄和烈士的故事，加强革命传统教育，爱国主义教育，青少年思想道德教育，就要充分激发爱国主义教育基地的生命活力，让其发挥好传承红色基因的本质功能。场馆陈展和社会教育活动是各级爱国主义教育基地最基础也是最核心的关键环节，关系到红色基因能否客观精准、栩栩如生再现给观众，达到传承红色基因的效能。

精品红色展览提升展示效果。为用好武汉红色资源，讲好武汉红色故事，近年来武汉市持续对红色场馆多维发力提升改造，展览与社教活动注重与科技联姻，与创意嫁接，与教育结合，充分利用"互联网+"等现代科技手段，打造一批主题鲜明、内涵丰富、形式新颖的精品革命展览和品牌红色社教活动，提升了红色阵地展示水平，充分发挥阵地作用，助力党史学习教育、革命传统教育、爱国主义教育，亮点纷呈。多个原创展览斩获大奖，《纪律建设永远在路上——中国共产党纪律建设历史陈列》《探索与奠基——武昌中央农民运动讲习所历史陈列》分获全国博物馆十大陈列展览精品推介活动"特别奖"和"优胜奖"；《武汉上空的鹰——纪念苏联空军志愿队特展》《那些年 那些人 那些书——连环画中的红色经典》获"全国革命文物保护利用十佳案例"；中国共产党纪律建设历史陈列馆以纪律建设史上 58 个创新贯穿基本陈列，获全国十大精品展"特别奖"；中共五大会址历史陈列改陈提升，获中宣部等部门推介的全国"庆祝中国共产党成立 100 周年精品展览"；举办《英雄战疫——抗击新冠肺炎疫情武汉保卫战专题展陈》，为全市党员干部强化党史学习和筑牢党性根基提供了全新的"红色熔炉"；辛亥革命博物院举办《辉煌十年 荆楚答卷》，展现党的十八大以来湖北广大党员干部和人民群众在党中央领导下的不懈奋斗历程，生动讲述新时代的湖北故事、荆楚答卷；武汉市中山舰博物馆、辛亥革命博物院等单位联合举办的《初心如炬——共产党人与黄埔军校》主题展，讲述革命先辈的红色革命和奋斗历程；武汉革命博物馆推出《信仰铸忠魂——中国共产党首届中央监察委员会成员专题展》《迎新纳福大展宏图——湖北传统宣传画中的奋进力量图片展》。这些案例围绕庆祝中国共产党成立100周年，服务党史学习教育活动，宣传十九届六中全会、二十大精神等年度党和国家工作大局，落实全国性重大历史纪念、重大宣传主题任务，坚持社会效益第一，坚持文博行业特色优势，精心设计，创新实践，具有显著示范性意义和带动效应。

多种活动为载体拓宽展示渠道。红色场馆依托自身承载的历史，整合文物、档案等各类红色资源，注重时间节点和丰富展示手段。一是利用每年清明节、"七一"、国家公祭日和烈士纪念日等时间节点，组织全区党员干部、职工和中小学生，到爱国主义教育基地开展纪念活动，接受革命传统教育。例如武汉红色场馆于建党百年之际推出了形式多样的红色展览和社教活动。武汉革命博物馆举办的"紧急时期的艰难探索——中国共产党第五次全国代表大会历史陈列"，入选中宣部和国家文物局联合推介的109个"庆祝中国共产党成立100周年精品展览"；武汉市文化和旅游局与市委党史研究室联合主办的"英雄城市　百年荣光——庆祝中国共产党成立100周年武汉专题展"全景式展现了英雄城市武汉的百年荣光；武汉中共中央机关旧址纪念馆等七家中共中央驻地场馆举办的"灯塔照耀中国——中共中央驻地联展（1921—1949）"，再现了中国共产党从建党到建国的辉煌历程。展览中陈列信札手稿、剪纸作品、电影海报、百年名舰、城市旧物，用小切口、大情怀，多形式、多视角呈现党的光辉历史。"百年征程　初心如磐"，社会教育活动异彩纷呈。"礼赞建党100周年"主题快闪活动，数十位各行各业的旗袍爱好者同唱《歌唱祖国》等红色经典歌曲，为党的生日献上祝福。"庆祝党的百年华诞　共听一堂特别的党课"，通过主讲人讲述、情景剧在线和实时直播连线等形式，生动再现新民主主义革命时期党的光辉历程。"百年征程　初心如磐"庆祝建党百年主题活动，重温入党誓词，演绎情景剧，VR还原现场，据直播平台显示，当天观看人数累计近200万人次。二是融入广大市民日常生活。为彰显武汉英雄城市文化底蕴，策划举办原创性主题精品展览，通过联合办展、巡回展览、流动展览、网上展示，提高武汉红色场馆展陈知识性、趣味性，让文物"动"起来、"活"起来。开展"流动红色文物车"系列巡展活动，将红色文物展送进社区、农村、学校、广场、军营，让馆藏红色文物走出去，极大地扩大了爱国主义教育的覆盖面。政府多部门合作联动，出版《武汉红色文化地图》，推出红色旅游专线，打造"流动红色博物馆"，发挥红色文化的社会效益。例如武汉中共中央机关旧址纪念馆擦亮"中共中央机关"这个品牌，打造了"中共中央驻地巡展""红色记忆——中共中央在武汉""不爱红装爱武装——纪念武汉中央军事政治学校女生队成立 95 周年特展"》等专题巡展活动，展览先后在湖北省内外多地巡展。同时，开展武汉地铁巡展季、公园巡展季、景区巡展等区域专场巡展活动，将展览送进机场、校园、军营、社区、扶贫点等地，产生了良好的宣传推广效果。其中，原创展览"那些年那些人那些书——连环画中的红色经典"形成品牌效应，自 2018 年 4 月开展以来已在全国 14 个省份巡展 40 余场，观众超过 200 万人次。三是推动红色场馆体验基地建设。通过广泛运用 VR 等多媒体技术，在光影流动中回到历史场景，形成沉浸式体验，使参观者在历史的感召下升华思想境界，传承红色基因。武汉革命博物馆联合多家单位深挖红色资源，发挥各自优势，共同打造了情景剧《1927 年，革命的大武汉》等，让游客沉浸式感受共产党人的初心使命和苦难辉煌。在这里，参观者变身"农讲所学员"，在讲解员及来自长江人民艺术剧院演员扮演的"老师"的带领下，"穿过时光隧道"回到 1927 年，了解毛泽东在汉创办农讲所的历史瞬间，切身感受慷慨激昂的峥嵘岁月。这次全新的尝试，打破了传统讲解参观模式，通过沉浸式、接地气、有温度的红色情景剧"实地还原"1927 年在此发生的故事。四是多部门联合，扩大社会影响力：武汉革命博物、八七会议会址纪念馆、八路军武汉办事处旧址纪念馆、武汉中共中央机关旧址和武汉博物馆等全市文博场馆积极响应和配合市委组织部、市直机关工委开展的"党建引领、融合赋能"活动，积极组织红色展览送进全市"两新组织"，热情服务接待全市"两新组织"进红色场馆参观学习。目前已按计划将 7 场红色巡展送进江岸区、江汉区、硚口区、武昌区等"两新组织"，有效扩大和提升了我市红色文化的社会影响力和传播力。

品牌社会教育活动立德树人。全国各级各类学校都将实现红色基因代代传承作为立德树人的重要切入点，让青少年成为传承红色基因的主体。爱国主义教育基地致力于帮助青少年确立正确世界观、人生观、价值观，满足青少年对红色文化、革命历史的认知需求为目标，切实成为青少年思想政治教育的重要的阵地。武汉市各级各类爱国主义教育基地充分发挥全市博物馆、纪念馆成为学生研学实践的重要载体，不断地创新爱国主义教育方式方法的同时，适应新时期的青少年群体思想多元特点，开展丰富多彩的社教活动，参与学生研学实践活动，增强武汉红色资源的教育功能，有效地实现了立德树人的重要任务。在武汉市委宣传部领导下，市文化和旅游局与市教育局等部门，常年开展"中小学生走进爱国主义教育基地"活动。2018年开展了"走进博物馆·我爱我城——我有红色小护照"暨"红色小课堂"主题活动，用打卡红色小护照，吸引中小学生到全市文博场馆接受革命传统教育；2019年为庆祝新中国成立70周年，市教育局、市文化和旅游局联合多部门主办了"同上一堂思政课——红色故事进校园"宣讲活动，选派全市红色博物馆优秀讲解员进校园宣讲红色故事；红色博物馆常年开展"国旗下的讲话""小手拉大手"等系列革命教育活动有声有色，在青少年中厚植红色基因和爱国主义情怀，效果突出。2022年教育部会同有关部门联合公布首批453家"大思政课"实践教学基地。其中联合国家文物局公布首批100家中华优秀传统文化、革命文化、社会主义先进文化专题实践教学基地，武汉3家单位入选，分别是辛亥革命博物院、武汉革命博物馆、武汉中共中央机关旧址纪念馆。

创新宣传形式，扩大红色文化影响力。新时代以来，红色场馆是依托资源优势围绕党员干部、农民、社区居民、学生、企业员工等不同群体的思想实际，量体裁衣搭建平台，加强红色文化宣传，融入日常、化作经常。通过设计线上线下产品，集教育性、知识性和趣味性于一体，用H5、微视频、动漫游戏、图片、文字等数字化手段多维度对爱国主义教育基地进行全方位解读和展现，让习惯互联网方式生活的市民利用手机，可看、可听、可触、可分享。例如在2020年"英雄武汉英雄城 革命精神永传承"武汉革命文物线上展示月活动，用革命文物实证"武汉不愧为英雄的城市"，吸引广大网友尤其是年轻人关注，直播实时播放量累计超7500万。武汉市组织开展了"红色基因代代传"纪念建党100周年系列直播活动。在武昌农民运动讲习所旧址纪念馆、八七会议会址纪念馆、武汉中共中央机关旧址纪念馆、中共五大会址纪念馆与中国共产党纪律建设历史陈列馆等红色旧址纪念馆，党史专家、市民代表和党员主播、专业讲解员、小小讲解员,以讲解、评论、情景演出等形式,讲述红色故事,追寻革命足迹。"周恩来的旧围巾""陈潭秋用过的茶壶"……武汉市还拥有一批馆藏国家级革命文物。《长江日报》、武汉广播电视台开设"红色基因永传承·让红色文物活起来"专栏,讲述中国共产党领导人在汉领导开展革命工作、动员人民群众参加革命的峥嵘岁月。此外,武汉革命博物馆在 B 站开设"云讲国宝"专栏,讲述文物及其背后的历史,让红色文化浸润年轻观众的心田。

武汉红色场馆要深入挖掘展示宣传教育资源的思想内涵和时代价值,准确把握历史发展的主题主线、主流本质,旗帜鲜明反对历史虚无主义,着力打造主题突出、导向鲜明、内涵丰富的精品陈列。要不断增强庆祝活动仪式感、参与感、现代感,着力引导广大党员干部群众特别是青少年,厚植爱党爱国爱社会主义情感,让红色基因、革命薪火代代传承。要积极拓展辐射力和影响力,通过组织引导干部群众就近就便参观学习、开设流动展览、建设网上展馆,不断整合展览资源,拓宽社会教育覆盖面。要持续提升服务水平,加强管理和健全机制,提供优质服务保障。

(2)加强干部培训基地建设

习近平总书记在中共中央党校建校 90 周年庆祝大会发表重要讲话中强调,为党育才,是党校的独特价值所在。党校是干部教育培训的主阵地,必须在培养造就堪当民族复兴重任的执政骨干队伍上积极作为,做好新时代的传道、授业、解惑工作,传好马克思主义真理之道,授好推动改革发展稳定之业,解好改造主观世界和客观世界所遇之惑。习近平指出,党校是领导干部锤炼党性的"大熔炉"。各级党校要把党性教育作为教学的主要内容,深入开展理想信念、党的宗旨、"四史"、革命传统、中华民族传统美德、党风廉政等教育,把党章和党规党纪学习教育作为党性教育的重要内容,引导和推动领导干部不断提高思想觉悟、精神境界、道德修养,树立正确的权力观、政绩观、事业观,保持共产党人的政治本色。

为落实中国共产党武汉市第十四次代表大会精神要求,打造红色路线,把红色基因一代代传承下去,为更好地适应现代干部教育培训需求,进一步提升干部教育培训质量,市、区党校(行政学院)、社会主义学院、社区干部学院等党性教育基地,继续把党史作为必修课、常修课,依托武汉红色文化资源研发特色红色主题课程，组织开展专题教学实践活动，鼓励和支持社会各界开展红色文化学术研究、交流等活动，建强红色教育阵地，扩大红色文化影响。充分发挥党校职能作用，以巩固拓展党史学习教育成果为契机，着力抓好学员学习党史常态化，大力推动红色基因教学课程及系列讲座精品化、红色基因课题研究及红色武汉读本系列化，使传承红色基因成为学员砥砺初心使命的"必修课"、接续奋斗再出发的"动力源"、推进自我革命的"正衣镜"。

武汉社区干部学院锤炼党性的熔炉，正式启用，学院开班，办学重点更为突出。聚焦"民呼我应"，科学设置理论教学课程，采取现场观摩、情景模拟、跟班实习、案例教学等方式，对社区干部进行全面系统的能力培训，着力提升社区干部引领社区治理能力、服务基层群众能力、信息化应用能力。同时，学院将不断扩大培训范围，逐步拓展到人才、党务工作者、街道干部、组工干部，不设专职教师，充分利用党校及社会资源，针对不同对象有针对性地设计课程。学院坚持严格从严治学、从严治教、从严治校。学院坚持以习近平新时代中国特色社会主义思想为指导，认真贯彻落实党的十九届四中全会精神，按照立足武汉、服务全省、辐射全国的要求，努力把学院建设成为广大社区干部锤炼党性的熔炉、提升能力的阵地、成长成才的摇篮。各区要把社区干部队伍建设牢牢抓在手上，分级分类开展培训提能，整体提升社区工作者能力素质，深入推进"民呼我应"改革，为一流的城市治理夯实基层基础。

武汉市直机关工委"四讲四访"活动。近年来武汉市直机关工委贯彻习近平总书记在中央和国家机关党的建设工作会议上的讲话精神，加强对党忠诚教育，发挥机关红色资源优势，形成具有机关特点的党内政治文化。武汉市直机关工委充分利用当地红色场馆资源丰富的优势，发挥理论教学与现场教学的整合效应，积极探索将对党忠诚教育融入支部日常主题党日活动的创新方式和长效机制，大力组织"讲初心使命访革命历程""讲核心价值访英模事迹""讲祖国发展访辉煌成就""讲武汉故事访城市足迹"（简称"四讲四访"）活动，将学习党的创新理论同学习党史、新中国史、改革开放史、社会主义发展史以及学习先进典型结合起来，取得对党忠诚教育的积极成效。一是充分利用武汉红色资源优势，建立党员干部教育基地。市直机关工委先后三批选择武汉革命博物馆、八七会议会址纪念馆、武汉二七纪念馆、武汉黄继光英雄连荣誉室等22个地方作为市直机关党员干部教育基地，同时对这些教育基地按"四讲四访"分类，各教育基地突出对党忠诚教育主题，按"四讲四访"分类要求，针对机关干部特点，设计有针对性的讲解课件和流程。如武汉革命博物馆适应"不忘初心、牢记使命"主题教育中学好党史的要求，修改创作武昌农讲所《毛泽东主办武昌中央农民运动讲习所期间的革命实践和理论思考》等现场教学课件，进一步增强教育针对性和实效性。二是在教育基地举办机关大讲堂，使"讲"与"访"统一于对党忠诚教育目标。改变在机关内部办讲堂的惯例，将机关大讲堂"前移"到教育基地，按照对党忠诚教育目标要求，邀请专家学者举办相关讲座。如就"讲初心使命访革命历程"，八七会议会址纪念馆在"不忘初心、牢记使命"主题教育期间举办《伟大开端——中国共产党创建历史图片展》专题展览，并邀请专家就《不忘初心从严治党——中国共产党早期纪律建设》《中国共产党人的初心和使命》《中国特色社会主义进入新时代》等主题进行宣讲；举办《信息通信展——5G改变社会》等多期展览，同时邀请院士专家就祖国发展成就、改革开放成就、我国在高科技领域发展成就等内容策划举办专题机关大讲堂，邀请武汉市社会科学院专家在江汉关博物馆就《江汉朝宗——武汉城市现代化的历程》进行专题讲座，讲座结束后，参会人员再参观江汉关博物馆，以加深对授课内容的理解。三是精心组织"四讲四访"，将对党忠诚教育融入支部主题党日活动。市直机关在教育基地开展"四讲四访"活动，都以支部或支部联合为单位，结合支部主题党日活动，使党员干部在教育基地接受党性教育、强化党性锻炼，锻造对党忠诚品格。市直各机关基层党组织充分发挥"四讲四访"理论教学和现场教学的整合效应，参观的同时还由单位领导或邀请专家学者在教育基地现场授课，使参观主题和授课主题相一致，加强学习效果；有的单位还延伸教育过程，出发前作预备学习，回单位后写感想、作进一步交流讨论。四是对组织"四讲四访"进行规范管理，使对党忠诚教育常态长效。参访教育基地开展"四讲四访"活动是"走出去"学习的创新方法，市直机关工委明确要求，必须紧扣对党忠诚教育目标，绝不能成为"走马观花"，没有实际效果的参访必须杜绝；参观应与学习研讨相结合，设计好重温入党誓词和入党志愿书、聆听专项讲解、研讨交流逐一发言等流程，以确保学习效果。与此同时，市直机关工委还联合市财政局出台赴教育基地参访经费开支相关规定，使各基层党组织开展"四讲四访"活动使用经费有章可循。

综上所述,武汉市直机关围绕对党忠诚教育目标开展"四讲四访"活动,在教育内容上,加强党的创新理论和党史、新中国史、改革开放史、社会主义发展史以及先进典型事迹等的学习,从而确保教育目标内容集中统一;在教育平台上,充分利用当地红色场馆资源丰富的优势,使教育阵地等保障有力;在方式创新上,注重"讲"与"访"的有机结合,在"讲"时发挥党员干部的主体作用、讲解员的引导作用以及专家学者的辅导作用,而"讲"和"访"又统一于对党忠诚教育目标和内容,既不搞空洞的说教,又防止搞参访教育上的形式主义,由此把理论教学与现场教学融会贯通起来,增强了对党忠诚教育的感染力、吸引力和严肃性、实效性;在长效机制上,注重将"四讲四访"融入日常主题党日活动,加强制度建设和经费保障,由此,党员干部得以在常态长效的"四讲四访"活动中受到熏陶,始终把对党忠诚作为党员干部的基本政治品格和素养,进一步增强"四个意识"、坚定"四个自信",坚决做到"两个维护"。

(3)拓展红色文化宣传阵地

牢牢掌握党对意识形态工作领导权,全面落实意识形态工作责任制,巩固壮大奋进新时代的主流思想舆论。健全用党的创新理论武装全党、教育人民、指导实践工作体系。深入实施马克思主义理论研究和建设工程,加快构建中国特色哲学社会科学学科体系、学术体系、话语体系,培育壮大哲学社会科学人才队伍。加强全媒体传播体系建设,塑造主流舆论新格局。

发挥新时代文明实践中心阵地资源效能。建设新时代文明实践中心是以习近平同志为核心的党中央从战略和全局高度作出的重大决策,是建设具有强大凝聚力、引领力的社会主义意识形态的重要工程,是建设具有强大生命力、创造力的社会主义精神文明的有效载体。2022年3月武汉市文明委出台《武汉市深化拓展新时代文明实践中心建设实施方案》(简称《方案》),《武汉市文明委成员单位包点联系指导新时代文明实践中心建设工作制度》《武汉市新时代文明实践中心(所、站)建设及评价标准(试行)》等制度也响应出台。《方案》要求在全市范围内全面推进新时代文明实践中心建设,推进全市新时代文明实践中心建设巩固深化、提质增效,全市各区(功能区)、乡镇(街道)、村(社区)三级实现新时代文明实践中心(所、站)建设全覆盖。《方案》聚焦广泛传播党的创新理论、做深做实思想政治工作、培养时代新人弘扬时代新风、开展新时代文明实践志愿服务、整合资源建强文明实践阵地等方面，明确了全市新时代文明实践中心建设的重点任务。

《方案》明确，依托新时代文明实践中心推动红色基因传承弘扬与文明实践活动融合发展。依托文明实践中心（所、站），广泛开展"武汉以我为荣"文明实践活动，开展形式多样的文明实践活动，号召和引导广大市民听党话跟党走、参与社会治理、传播文明风尚、争当时代英雄、助力城市发展。助推创建全国文明典范城市，展示新时代英雄城市良好形象。全市探索在街区、商区、景区、园区、校区、服务窗口等建设新时代文明实践点，构建"15分钟志愿服务圈"。此外，武汉将支持道德模范、身边好人、优秀志愿者和骨干志愿组织设立特色工作室，打造更富集聚能力的服务阵地。建立健全相应志愿服务机制，组织开展志愿服务活动，铭记革命历史，传承革命传统。

截至2022年2月底，武汉市已建成文明实践中心15个、文明实践所177个、文明实践站3177个，实践中心、所实现全覆盖，实践站覆盖率达97.36%。① 各类文明实践队伍超过1万个，3837家文明单位与文明实践中心（所、站）结对共建，45家文明委成员单位一对一联系指导文明实践所、站。每周"文明实践日"主题活动全市围绕宣传宣讲、文化文艺、科学普及、关爱帮扶、清洁家园、文明倡导等主题开展超过1.5万场次。② 今年全市将广泛开展对象化、分众化理论宣讲志愿服务活动，推动"两团多队"常态化进驻文明实践阵地，持续深化"周周讲""周三有约""翻牌大开奖"等特色活动，广泛开展学习宣传贯彻党的二十大、"永远跟党走"等主题宣讲活动。全市将依托社区党建、综治等网格资源，探索构建文明实践网格，组织志愿者及时掌握群众需求和思想动态，开展有针对性的志愿服务，常态化做好思想政治工作。同时，深化"我为群众办实事"实践活动，每周集中开展以生活服务、医疗保健、文化惠民、政策宣传等为主题的"文明实践日"活动。

利用公共空间传承红色基因。武汉市将红色资源传承弘扬融入市民文化节等

---

① 武汉深化拓展新时代文明实践中心建设，将集中开展"文明实践日"活动-荆楚网-湖北日报网。http：//news. cnhubei. com/content/2022-03/14/content_14574935. html

② 把生活故事搬上舞台，武汉市新时代文明实践中心建设取得新成果_汇演_工作_实践。https：//www. sohu. com/a/588392303_121284943

重大品牌节庆活动，利用机场、车站、港口以及行业窗口、办公楼宇等公共空间。

"红色旅游公交专线"：武汉市委宣传部、市文化和旅游局联合市公交集团，充分用好我市丰富的红色资源，创新党史学习教育方式，共同打造推出的十条"红色旅游公交专线"。这十条"红色旅游公交专线"分别为402路、408路环线、542路、313路、707路、521路、727路、607路、508路、10路。它们在基本不改变运营路线和市民出行习惯的基础上，增设站点，串联所途经的红色场馆。例如，408路环线将途经京汉铁路总工会旧址管理所、八路军武汉办事处旧址纪念馆、宋庆龄汉口旧居等；313路途经中共中央机关旧址纪念馆、汉口新四军军部旧址纪念馆、武汉"二·七"纪念馆；607路途经武昌中央农民运动讲习所旧址纪念馆、武昌毛泽东同志旧居、武汉革命博物馆、中共五大会址等。此外，607路和542路还将增设武汉革命博物馆和中共五大会址的临江大道大堤口站。

"红色旅游公交专线"车身涂装、更换公交站牌、增加语音播报内容等工作。全车色彩丰富、内容生动、主题醒目，让人一目了然。例如经过涂装工作后的408路"红色旅游公交专线"全车以红色为主色调，侧身有醒目的"红色旅游公交专线"字样，同时还附有武昌农讲所旧址纪念馆、"八七会议"会址纪念馆、中共五大会址暨陈潭秋烈士早期革命活动旧址纪念馆的实景图。有300台"红色旅游公交"成为一道流动的红色风景线，载着市民前往全市重点红色场馆，让广大市民通过乘坐红色公交，感受城市变化，感悟初心使命。

武汉地铁红色专列：如何用好武汉丰富的红色资源，让红色文化成为武汉的城市名片。地铁独有的空间优势和客流优势，就是一个很好的红色文化宣传阵地。

2号线"初心号"红色专列。在中国共产党成立100周年之际，武汉地铁集团在相关部门指导下，开通了武汉地铁红色专列'初心号'，打造一座'移动红色博物馆'，让市民、乘客乘坐地铁时也能感受武汉这座英雄城市的历史脉搏。全车6节车厢，图文并茂地回顾了中国共产党的百年光辉历程。在这列专列上，乘客们不仅可以了解中共一大至十九大的相关史实；还可以获取八七会议会址、中共五大会址等16个武汉著名红色旧址的历史地位及相关文物展陈信息；并通过一系列精美大气的照片，感受从 20 世纪 50 年代至今，在中国共产党领导下，武汉的沧桑巨变。尤为值得一提的是，专列上介绍的每个红色旧址，都有乘坐地铁的路线提示；专列上还有"点赞红色群聊"的巧妙设计，它将市民、乘客对党、对祖国、对家乡的赞美用文字呈现出来。这些留言，都来自此前在"大武汉"App 的线上征集。与此同时，武汉地铁 1 号线"初心号"专列，也以鲜艳耀眼的红色重装亮相，成为武汉一道亮丽风景线。配合"初心号"地铁的上线，武汉地铁集团在洪山广场站、中山公园站的站厅通道，还打造了"百年征程文化墙"。它以时间为序，精选武汉"大事件"，全面呈现中国共产党在武汉的百年辉煌历史。据了解，地铁 1 号线、2 号线客流量较大，"初心号"运行 1 个月，预计传播人群将超 3500 万人次。

"英雄武汉"号主题列车。2022 年 9 月 28 日上午，首列"英雄武汉"号主题列车到达武汉地铁 7 号线三阳路站。它承载着英雄之城武汉涌现的新时代英雄故事，穿江而过，奔向未来。发车仪式结束后，先进模范代表和现场嘉宾、市民们一同乘坐专列体验，车厢内以温暖火热的明红色为设计基调，"平凡铸就伟大，英雄来自人民"的标语十分醒目，车窗、车门、挡板、拉手、宣传位等处，均被精心装饰。英雄城市武汉涌现出大批新时代英雄，他们大多来自基层岗位，以平凡书写伟大，用自己的亲身经历，传递着一个个光芒闪耀的武汉故事。"英雄武汉"号主题列车首批共展示了 31 位英雄人物，包括共和国勋章获得者、人民英雄、时代楷模、全国道德模范、全国最美奋斗者、荆楚楷模、武汉楷模、最美人物及中国好人等榜样人物。31 位楷模的形象海报印在车门、车厢处，照片下方还有对应的二维码，乘客扫码就能看到他们的感人事迹。各位楷模满怀欣喜地行走在列车中，抚摸着车窗，与车壁上的自己亲密合影。"谢谢你们带来的感动与正能量！"车厢中，乘客们纷纷为楷模点赞，与"共和国勋章获得者"黄旭华、"人民英雄"张定宇、"人民公仆"吴天祥、"时代楷模"长江救援志愿队、"小处方医生"王争艳、"生命摆渡人"汪勇等英雄"合影"，并扫描英雄海报上的二维码，观看了解新时代的英雄故事。在现场，全国教书育人楷模马丹向全体市民发起倡议：崇尚英雄、争做英雄，努力在平凡的岗位上做出不平凡的业绩，为奋力打造新时代英雄城市贡献智慧和力量。

武汉地铁 7 号线三阳路站打造成英雄文化地铁独属空间，灯箱、包柱、梯眉等位置，印上了英雄们的形象。"英雄武汉"号主题列车和三阳路站"新时代英雄"主题站点，还设立了"发现新时代英雄专区"。市民可以通过扫码参与"寻找我身边的平凡英雄"活动。平凡铸就伟大，英雄来自人民，推荐你身边的英雄，让每一份平凡的伟大都被看见。榜样的力量是无穷的。先进典型选树宣传是宣传思想工作的重要抓手，是培育和践行社会主义核心价值观的重要路径。崇尚英雄才会产生英雄，争做英雄才能英雄辈出。"英雄武汉"号地铁专列是我市奋力打造新时代英雄城市，讲好英雄城市故事的一次有益尝试。

武汉文明空间：为提升市民文明素质和城市文明程度，助推全国文明典范城市建设，2022 年武汉市文明办策划组织在城市地标和重要交通场站建设富有特色的"武汉文明空间"，构建深化文明教育、展示创建成果、塑造城市形象的平台。

武汉地铁率先在客流量较大的黄浦路站建成武汉首个"武汉文明空间"。该空间分为"模范风采""图说文明""阅读驿站"三大版块，"模范风采"展示武汉市 18 位全国道德模范的感人事迹，引导市民自觉向道德模范学习，彰显"英雄城市、道德高地"城市形象；"图说文明"展示文明交通、文明旅游等文明城市创建相关宣传内容，倡导乘客争做文明使者，传播文明风尚；"阅读驿站"通过耳机森林畅听专区、热门好书荐读专区、图书自助借阅专区、有声图书馆听读专区，为乘客提供多维阅读体验，营造"读书之城"浓厚氛围。吴天祥小组、爱我百湖、地铁文明伴你行、邻里守望、长江救援等志愿服务品牌在武汉志愿服务展示墙进行推介。"武汉文明空间"LOGO 以变体的"文"字为主体，融入武汉人文元素，展现武汉文明特质。

武汉街头飘起"中国红"：近年来为营造热烈喜庆、欢乐祥和的国庆节日氛围，武汉市城管执法局在大街小巷挂满了五星红旗，红色旗海飘满江城，彰显了英雄城市踔厉奋发的精气神儿。五星红旗悬挂在道路两旁的路灯杆上，车流汇出霓虹色的长河与五星红旗交相辉映，成为城市里一道靓丽的风景线。多主干道都穿上了"中国红"新装，"中国红"营造出喜迎国庆的浓厚氛围。一面面五星红旗在绿树、蓝天、白云的映衬下，格外醒目动人。获悉，在红旗路的路牌下，有一个背景吸引了记者的目光。他看向国旗，认真向国旗敬礼，记者在他身后记录下这一时刻。简单交流后，记者了解到敬礼的罗先生就住在附近的红旗小区，他年轻时当过兵，对国旗有一种特殊的感情。"看到大街小巷处处都洋溢'中国红'，我心中的热情也一下子被点燃了。"

武汉江滩开发红色印记资源：武汉江滩位于武汉市中心城区长江、汉江沿线，总长约 26 千米，总面积为 334 万平方米，现已成为服务市民的人水和谐共生区域，是"长江大保护"的生动实践。自 2008 年 9 月，武汉江滩被授予"国家水利风景区"称号（城市河湖型）以来，市江滩办充分发挥江滩区位优势、合理开发红色印记资源，先后建设开放横渡长江博物馆、武汉防汛陈列展、武汉防汛纪念碑等红色资源，形成了独具特色的三地江滩红色旅游线路，并先后获评"国家水利风景区""中国人居环境奖""省级爱国主义教育基地""市直党员干部教育基地"等荣誉，成为弘扬红色水利文化，讲好新时代长江故事的典范。2022 年 11 月湖北武汉江滩景区入选水利部公示一批《红色基因水利风景区名录》。武汉江滩经过多年努力，在坚持水利风景区建设与水利工程建设、水资源保护、'河湖长制'工作全面推行等基础上，不断加强红色资源挖掘和传承，加强景区保护和利用，发展成为以水利工程景观、生态植被景观、红色文化、生态文化等为特色的红色水利旅游胜地，使之具有鲜明的红色印记和重要的时代价值，给武汉市增添了鲜明的红色名片，具有广泛的影响力和知名度。

红色文化是城市的历史底蕴。我们需要在顶层设计、城市空间布局中完善红色文化中长期建设规划，制定红色资源保护利用细则方案，指导相关部门联动合作实施，在红色文化建设中不断凝聚城市和人民的精神力量。近年来，我市注重发挥先进典型的示范引领作用，围绕中心、服务大局，选树宣传了一大批英雄模范人物，有力激发了市民群众的思想认同、情感共鸣和效仿意愿。为进一步统筹全市典型宣传工作，讲好英雄城市故事，塑造新时代英雄城市形象，专门制定相关实施办法，强调要在工作理念、内容形式、方式方法上创新，充分利用各类社会媒介，建立立体化、全方位、多角度的宣传矩阵，使先进典型可亲、可近、可学。未来，武汉将不断加强红色文化传播利用等方面创新，持续推进武汉高质量发展。

5. 用好武汉红色基因传承实践载体

武汉的每一处红色资源，每一段红色足迹，都凝结着革命先辈艰苦卓绝、荡气回肠的动人故事值得深入挖掘、广泛传扬。挖掘红色记忆，讲好红色故事，弘扬"英雄城市英雄人民"培育出的伟大抗洪精神和抗疫精神，要让这些精神深入人心，口口相传，还要探索弘扬红色基因的方式方法，丰富传承载体，运用多种形式用情讲述红色故事。我们持续推动红色旧址遗址成为党史"教室"、文物史料成为党史"教材"、英烈模范成为党史"教师"，以精品展陈吸引人、以精彩故事感染人，有效推动党史学习教育常态化制度化；推出红色主题文艺精品，创作推出一批高质量的汉味文艺作品等，引导人们铭记革命先辈的奋斗牺牲和崇高风范；开展群众性主题教育活动，举办丰富多彩的体验教学和主题党日活动，引导人们尤其是青年一代深刻感悟我们党的百年历程，奋斗何其艰难、经验何其宝贵、精神何其崇高。"让文物说话，让历史说话，让文化说话"，让讲解员、参观者、当地百姓都能够成为故事的传播者，将"红色种子"撒播到更多地方。通过红色故事等红色资源进行多次转化，与大众对党史学习教育、影视作品、体验式主题服务等需求结合起来。要讲好党的故事、革命的故事、英雄的故事，创新传承载体，推出各具特色的实践活动，让红色基因"传"下去，确保红色江山后继有人、代代相传。

（1）党内集中学习教育

党内集中教育是我们党特有的一种马克思主义教育实践形式，"集中"是全党范围内的集中，是指集中一段时间；"教育"是有组织、有计划、有步骤地进行马克思主义教育，是我们党加强自身建设、推进自我革命的一大法宝，也是新时代传承红色基因的实践进路。习近平总书记强调，要用好红色资源，增强党性教育实效，让广大党员、干部在接受红色教育中守初心、担使命。党的十八大以来，以习近平同志为核心的党中央，根据新时代的要求和党内的实际状况，围绕思想建党、理论强党进行了新探索，中央先后组织开展了党的群众路线教育实践活动、"三严三实"专题教育、"两学一做"学习教育、"不忘初心、牢记使命"主题教育、党史学习教育。通过党的群众路线教育实践活动解决了影响群众切身利益的症结、难点问题，使广大党员干部受到了马克思主义群众观点的深刻教育，党群关系更加融洽，党的执政基础更加稳固；通过"三严三实"专题教育，我们狠抓"关键少数"，推动了领导干部以身作则、率先垂范、绷紧政治纪律和政治规矩这根弦，政治生态明显改善；通过"两学一做"学习教育，把全面从严治党落实到每个支部、每名党员，使基层党组织积极发挥战斗堡垒作用，广大党员发挥先锋模范作用；通过"不忘初心、牢记使命"主题教育，广大党员干部的思想政治受到洗礼和锻炼，增强了守初心、担使命的思想和行动自觉，理想信念更加坚定了；通过党史学习教育，广大党员干部从党的百年奋斗中感悟真理的力量、信仰的力量，汲取成功经验、政治智慧，始终保持顽强的意志，勇敢战胜各种重大困难和严峻挑战。这5次党内集中学习教育，尽管主题和具体内容不同，但目标一以贯之，体现了初心立党、思想建党、理论强党的决心、信心与恒心，一以贯之地进行党性锤炼，坚持思想建党和制度治党同向发力，抓住"关键少数"、引领"绝大多数"，并从集中性教育向经常性教育延伸，实现常态化制度化，为党在长期执政条件下永葆先进性和纯洁性提供了根本性保证。2022年3月中共中央要求推动党史学习教育常态化长效化，2023年2月全党深入开展学习贯彻习近平新时代中国特色社会主义思想主题教育。

传承红色基因，打造新时代英雄城市名片，必须推动党史学习教育。武汉市开展党史学习教育活动以来，坚持以习近平新时代中国特色社会主义思想为指导，紧紧围绕"学史明理、学史增信、学史崇德、学史力行"的目标要求，用好本地红色资源、抗疫大思政课作为主题教育的生动教材，创新学习教育方式方法，因地制宜开展活动，形成了分层分类、特点突出、成效明显的"一领两用三加强"特色品牌，全市上下形成"学党史、悟思想、办实事、开新局"的浓厚氛围，党史学习教育取得实实在在成效。

高标准高质量推动党史学习教育走深走实。中共武汉市委高度重视党史学习教育工作，提高政治站位，强化组织领导，制发《武汉市党史学习教育实施工作方案》和市级重点实事项目清单，确保组织到位、人员到位、责任到位、工作到位。加强对全市党史学习教育的统筹协调，建立健全党史学习教育重点工作进展周报机制、联络机制，制定党建考核标准。领导小组成员单位各司其职、协同配合，积极发挥归口管理作用，各区各部门各单位党史学习教育办公室上下贯通、同频共振，形成工作合力。强化指导督导。市委组建15个巡回指导组，对全市各区各部门各单位开展党史学习教育情况进行全面督导，及时发现问题，总结典型经验，指导各区各部门各单位做到边学习、边检视、边整改、边提高。

全市干部群众掀起党史学习教育热潮。武汉市委理论学习中心组以及各区各部门各单位党委（党组）理论学习中心组采取专题报告会、专题研学、专题读书班、专题党课和组织生活会等方式开展党史学习。全市基层党组织在党员干部自学的基础上，采取"三会一课"（党员大会、党支部委员会议、党小组会议，党课）、主题党日、集中宣讲等形式组织开展学习。市委组织部开展"党课开讲啦"暨"百年党史·红色传承"主题党课活动，组织讲授主题党课，评选市级优质党课。开展活动激发起全社会学习党史的热情。组织"学习强国"武汉学习平台党史知识挑战赛，全市累计24万市民线上参加，完成答卷800余万份；开展"上学习强国，品江城书香"年度积分兑换和"七一"、国庆、"喜迎党代会"特别活动，全市干部群众积极参与，激发起全社会学习党史的热情。

全方位营造党史学习教育浓厚氛围。为从党的百年伟大奋斗历程中汲取继续前进的智慧和力量，深入学习贯彻习近平新时代中国特色社会主义思想，武汉市开展多元化宣讲，让宣讲在基层冒热气、聚人气。推出党史专题宣讲精品课程菜单，组建市、区两级党委宣讲团开展理论宣讲，各区各部门各单位推出"党史宣讲进校园""对话百年、声动大城——国资国企党委书记讲党课""永远跟党走·百名先模说成长"等党史宣讲品牌活动，培育如武昌区"周周讲"等百姓宣讲特色团队深入基层融入日常开展宣讲。"两团多队"宣讲矩阵满足群众多样化、个性化需求，让党的创新理论"飞入寻常百姓家"。多层次宣传，全媒体宣传出新出彩。市属媒体围绕"奋斗百年路 启航新征程"重大主题开设专题专栏，推出"华彩长江·激越百年""寻找21颗初心"大型寻访报道以及《百炼成钢·总书记讲述的党史故事》《经天纬地一百年·英雄城市党旗红》系列特刊；开设"新赶考，新胜利"专栏，推出《不懈奋斗》等系列主题报道。制作纪录片《东湖往事》在央视播出。开展《红色基因代代传》网络直播，组织"学习强国"武汉学习平台"微慕课"宣传展示活动，征集原创视频《请党放心，强国有我》《我是谁？这是我们的答案》等被人民日报App首页首屏推荐。

用好红色资源拓展党史学习教育内容。扎根"红色沃土"，立足"英雄之城"，武汉市全方位打造特色鲜明、主题突出、功能完善的党史党性教育阵地，统筹构建集教学、观摩、体验为一体的红色教育体系。组织党员干部赴武汉中共中央机关旧址、中国共产党纪律建设历史陈列馆、黄陂姚家山"抗战第一村"等红色历史纪念场馆开展现场教学,将现场教学答疑、老党员讲党课、交流研讨等多种方式相结合,促进党史学习教育取得扎实成效。继承先辈之志,熔铸信念之魂。把党史作为各级党校(行政学院)必修课,精心设计课程,增加教育课时,讲好参训学员的党史教育课。策划推出《中共中央驻地(1921—1949)联展》《英雄武汉·百年荣光——武汉百年党史主题展览》《江城印象——庆祝建党 100周年武汉城市记忆主题展》等一批红色精品展览。通过短视频、VR、AR 等信息技术手段,开设"云展馆",让党员干部足不出户即可观展。整合全市 145 处重要红色资源,发布《武汉红色旅游地图》,推出 6 条红色旅游精品线路,全市红色景区热度再攀新高。持续对中共五大会址纪念馆陈列进行提升改造,进一步提升红色阵地展示水平。推进历史风貌街区建设,形成以中共中央机关旧址为中心的 1 平方公里红色场馆群,鼓励市民游客在重点红色场馆打卡,提升城市认同感。开展"百年征程忆初心——武汉红色故事汇"活动,举办"党旗在基层一线高高飘扬"先进事迹报告会。推出京剧《母亲》、楚剧《向警予》等红色剧目让党史学习教育更加生动鲜活。党史学习教育内容用好抗疫"大思政课",在外交部湖北全球特别推介活动中,向 155 个国家驻华使节讲述武汉战疫故事;举办"英雄战疫——抗击新冠肺炎疫情武汉保卫战专题展陈",全景展现英雄城市、英雄人民抗击新冠肺炎疫情的壮举;武汉革命博物馆在武汉天河机场举办"英雄的城市 英雄的人民"展览,紧扣"英雄"主题,围绕重大历史事件精选 70 余幅照片以及 32 张《谢谢你,为武汉拼过命》的海报,表达武汉人民对全国人民的感恩之情;开展寻访"平凡普通战疫人"活动,邀请劳动模范、医护人员、社区干部进学校讲述战疫故事,推动"抗疫精神进校园";举办武汉市庆祝建党百年大型主题文艺演出《初心闪耀英雄城》,"百年辉煌·武汉记忆"全国美展;参与拍摄抗疫题材电影《中国医生》《没有一个春天不会来临》;推出话剧《逆行》、杂技剧《英雄之城》等一批文艺精品,红色血脉通过舞台艺术、影视作品浸润人心。充分用好红色资源,开展各类党史教育活动,为全市党员干部强化党史学习和筑牢党性根基提供了全新的"红色熔炉",引导广大党员干部坚定理想信念、牢记初心使命、汲取精神力量、强化使命担当、不断砥砺奋进。

加强三类群体党史学习教育分类指导。重点加强青少年学习教育。围绕落实立德树人根本任务，依托全市红色资源，实施"红色基因工程"，出版武汉红色文化地方教材，发布武汉校园红色教育资源图谱，开展思政课教案评比、组织红色研学等，形成"扣好人生第一粒扣子""新时代好少年""童心向党"等学校思政品牌；开展"青春向党·奋斗强国"风采展示等系列主题实践活动，开展诵读分享、答题竞赛、互动式音乐主题精品党（团）课、"新青年下乡""打卡武汉红色地标"等活动，组织青年学生走进基层，推动举旗铸魂的精神动力薪火相传；把思政课作为青少年党史学习教育的主抓手，持续擦亮"同上一堂思政课"工作品牌，建好用好思政课骨干教师队伍和校外专兼职辅导员教师队伍，把党史教育纳入学校思想政治课重要内容，邀请党史专家学者走进校园，面对面开展宣讲，把思政小课堂和社会大课堂结合，推进党史教育进教材、进课堂、进学生头脑。以"我的青春正当红"为主题，加强"两新"组织党员学习教育。扎实开展"千局联千企""处级干部联系服务规上企业"活动，通过讲专题党课、开展支部主题党日等方式，广泛凝聚思想共识；打造中小企业服务平台"江城红领驿站"，让民企党组织"握指成拳"，增强党史学习教育的有效性。加强流动党员学习教育。用好网上"思政课堂"、微党课、短视频等，举办"一线党旗红"等专题直播线上参学，让流动党员"学习不掉队"；引导流动党员就近就便下沉社区开展党史宣传、疫情防控、清洁家园等志愿服务，让流动党员"学习见实效"。

推动"我为群众办实事"实践活动见实效。把为民办实事作为党史学习教育的出发点和落脚点。武汉市把党史学习教育与落实"我为群众办实事"实践活动结合起来，按照"小切口、影响大、能办到、群众普遍受益直接受益"的原则，推动各级党组织和广大党员、干部满腔热情为群众办实事、解难事，走好新时代党的群众路线。① 在市委领导示范带动下，各区各单位一级带一级，层层抓落实，通过"我是党员当先锋""争做党员志愿者"等形式，坚持实干为民，突出疫后重振和民生补短板，建立"真情关爱、暖心惠民"十百千实事项目库，一体

① 继续把党史总结学习教育宣传引向深入 更好把握和运用党的百年奋斗历史经验——党史学习教育官方网站——人民网。http：//dangshi.people.com.cn/n1/2022/0112/c436975-32329315.html

化统筹，清单化管理督导，有序有效推进"为群众办实事"工作。"我为群众办实事"实践活动已见实效，新增常急结合三甲医院、新增入学入园学位、建社区养老服务中心，中小学生全覆盖建立视力筛查档案，参加职工医疗互助活动，困难妇女享受特定疾病医疗安康保险等群众急难愁盼问题。社区党组织建成小区党群服务驿站 1630 个，组建小区党组织 4382 个，发动居住地报到党员和自管党员"认岗、认事、认亲"。村党组织深入实施党建引领"五化兴乡"，扎实开展"国企联村"，推动 15 家市属国企党委与 40 个农村联合党委结对，带动各类投资超过 20 亿元。实践活动始终把群众满意作为第一标准，做到活动请群众参与、过程让群众监督、效果由群众评判。建立公示践诺制度，通过层层"晒任务、亮进度、比成效"，让群众看到新变化、得到真实惠。遴选 30 名基层代表组建"群众评议团"，通过实地看、现场问、座谈议、即时评，开展 10 场实地调研，帮助责任单位查漏补缺。

经过党史学习教育，全市党员干部受到一次全面深刻的政治教育、思想淬炼、精神洗礼，历史自信、理论自觉、政治意识、革命精神、时代责任大大增强，进一步筑牢了信仰之基，进一步砥砺了忠诚之心，进一步恪守了为民之责，进一步激扬了奋进之志，各级党组织的创造力、凝聚力、战斗力得到明显提升。党的二十大报告指出，要"坚持理论武装同常态化长效化开展党史学习教育相结合"。推动党史学习教育常态化长效化是建设马克思主义学习型政党的一项长期重要任务。武汉市把党史学习教育和开新局相互促进、相得益彰。奋进新征程、建功新时代，必须坚定坚持"两个确立"、坚决做到"两个维护"，在以习近平同志为核心的党中央坚强领导下，步调一致向前进；必须始终坚持用习近平新时代中国特色社会主义思想培根铸魂，切实用以武装头脑、指导实践、推动工作；必须始终站稳人民立场、践行人民至上，在推动高质量发展中实现城市高效能治理、为人民群众创造高品质生活；必须发扬斗争精神、勇于担当作为，确保现代化建设各项事业行稳致远；必须坚定不移推进全面从严治党、推进自我革命，不断巩固拓展风清气正的政治生态。①

---

① 《武汉年鉴》（2022）专记——党史学习教育。发布日期：2022-10-27 17：10。来源：武汉市地方志编纂委员会办公室。

（2）汉味红色文化精品创作与演出

红色基因要浸润人心，红色文化经典等的创作是一个重要的途径。近年来武汉大力实施红色文艺精品工程，立足坚持以人民为中心，与时代同步伐，围绕脱贫攻坚、建党百年、全面建成小康社会和疫情防控武汉保卫战，创新武汉故事传播方式，在文学、影视、戏剧、音乐等多个艺术门类的文艺创作，汉派文艺精品喜结硕果、大放异彩的，让伟大建党精神、抗洪精神、抗疫精神深入人心，起着涵育品格、教化人心的作用。武汉京剧院演员刘薇主演现代京剧《母亲》荣获文华表演奖；武汉说唱团演员姚俐伶凭借湖北小曲《党员》荣获第十二届中国曲艺牡丹奖表演奖；武汉杂技团创作演出的《扬帆追梦·浪船》获第十一届中国杂技金菊奖；湖北小曲《鹤归来》摘得全国群众文艺领域唯一的国家级政府奖——"群星奖"。

大型现代京剧《母亲》

京剧《母亲》由武汉市委宣传部、武汉市文化和旅游局出品，武汉京剧院联合湖北省京剧院、武汉爱乐乐团、江汉大学和武汉歌舞剧院等在汉艺术团体和院校共同创作演出的大型原创现代京剧，作为湖北省唯一入选剧目亮相第十三届中国艺术节，并参与我国舞台艺术领域最高奖项、第十七届文华奖的角逐。全剧以培养了我党杰出人物蔡和森、向警予、蔡畅、李富春的母亲葛健豪为主角，再现了她为寻求光明，迈着一双小脚携儿带女奋斗行走的人生轨迹，成功塑造了中国从封建社会向民主革命艰难转折中，极具划时代意义的中国母亲的典型形象。主演刘子微在剧中的表演不仅跨越了青衣、老旦的行当，更以京剧舞台上少见的跷功，演活了"小脚老太"的形象，凭借在剧中的精彩演出，斩获第十七届中国文化艺术政府奖文华表演奖。

该剧为现场和线上直播观众献上了文化艺术盛宴。三天两场的演出，不仅赢得现场观众雷鸣般的掌声和喝彩声，还通过中国文艺、文旅中国等平台进行了线上直播，当晚的全国总观看量就达到1716.08万人次，湖北省内媒体同步直播的总播放量达686.97万人次。京剧《母亲》在武汉天一戏院上演多场公益表演。该剧还引入小剧场，旨在给观众带来一种沉浸式的观戏体验。武汉市多家党政机关和企事业单位以京剧《母亲》为教育平台开展党史学习活动，持续开展红色课堂教育。

电视文献片《武汉·1938》

这部由武汉市党史专家宋健担任电视文献片《武汉·1938》剧本创作撰稿人、市委党史研究室、市广电局等单位联合摄制的 8 集电视专题片，全景式展示了武汉作为抗日战争初期全国抗战中心和世界反法西斯战争前哨，在全国抗战和世界反法西斯战争中的重要贡献和历史地位。《武汉·1938》展现了从 1937 年底至 1938 年 10 月武汉沦陷期间，全国 4.5 亿同胞为保卫武汉这个战时首都，在 10 个月的艰苦抗战中创造的无数可歌可泣的英雄事迹，真实再现了台儿庄大捷、马当要塞之战、万家岭之战等十多个为保卫武汉而进行的大大小小战役，以及武汉沦陷前为抗日持久战奠定基础的战略大迁徙等史实。为拍好专题片，武汉电视台记者历时 3 个月走访了湖北、河北、山西、安徽、江西、陕西、河南等 7 个省，采访了数十人，了解到不少鲜为人知的细节。在湖北武穴采访时，电视台记者还发现了一座埋葬了 5000 多名在半壁山之战中阵亡的中国抗日官兵无名墓地。当地村民介绍，这些遗体都是当时老百姓自发捐资掩埋的。如今，当地一位小学校长还花了 1 万多元为墓地树了一座碑，经常在那里对孩子们进行爱国主义教育。

大型原创话剧《董必武》

武汉人艺有创作红色剧目的传统优势，倾全力打造大型话剧《董必武》，首次将董必武同志光辉人生搬上话剧的舞台。《董必武》在武汉成功首演之后，由湖北省董必武思想研究会主办，湖北省董必武思想研究会与武汉人民艺术剧院有限责任公司联合出品的大型原创话剧《董必武》在北京全国政协礼堂演出。该剧从董必武漫长的革命生涯中截取了 1947 年董必武在中共驻上海办事处周公馆被军警包围 48 个小时的脱险经历展开，勾勒出了这位伟大的无产阶级革命家的光辉革命历程，生动再现了中国共产党模范的领导者董必武同志的革命风范，他以自己丰富的统一战线的理论和实践，为推进中国革命胜利建立了不可磨灭的功勋，也为中国共产党人树立了理想道德、家风传承的楷模。

由武汉人民艺术剧院演员、国家一级演员路羽扮演的董必武，不仅有几分神似，更传达出了丰富的人物层次。面对敌人时的睿智、镇定，面对妻子的情真意切，面对孩子的谆谆教诲，尤其是"舌战何应钦"一场戏，大段的台词掷地有声，赢得了台下如潮的掌声。全剧的舞台效果也是本次演出的一个亮点，通过在转台上搭建起的一座三层的小楼，从各个角度还原出上海周公馆的整体风貌。简朴的客厅，堆满书的书房，屋外的花园等。通过转台的旋转，让小楼变幻出不同的表演空间。而庭院里蜿蜒而上的藤蔓，爬满台阶的青苔，为小楼增添了不少绿意，也向观众暗示着春天的希望。和舞美辉映的还有该剧出色的音效设计，长征途中隆隆的炮声，民众支持共产党人反对内战的呐喊声，都通过环绕立体声在剧场的每个角落回荡，让观众顿生身临其境之感。观众们纷纷表示，这部话剧有着浓厚的史诗风格，剧情说的是 48 小时，其实是浓缩了董必武同志波澜壮阔的革命生涯，从小故事里能看出董老的革命大情怀。该剧受当时的文化部邀请又参加第 11 届中国艺术节演出，轰动西安城，在一年内实现了首演、进京展演、参加中国艺术节三项目标。后来，该戏在国家艺术基金资助下在全国巡演 30 多场，在北京、深圳、上海、重庆等 10 个城市广泛传播，扩大红色影响力。

原创红色题材话剧《王荷波》

2017 年推出了，再现了这位党的纪检监察工作奠基人如何从一名普通钳工，历练成为一名伟大的无产阶级革命家的生命历程，展现了王荷波同志忠于信仰、保卫党的纯洁、打铁必须自身硬的革命精神和高尚品格。真实塑造了一个有血有肉、有情有义的伟大革命者形象，彰显中华民族不可战胜的血性气质，呼唤一种百折不挠、永往直前的时代精神。我们以艺术的形式，追溯历史，讴歌伟人，唤醒记忆，传播能量，催人进取，引发人们对如何做一名真正的共产党员和全面从严治党的深深思索。该戏由中纪委方正出版社、省纪委、市纪委、市委宣传部文旅局共同出品，在北京的演出影响巨大。为探索文旅深度融合新路径，强化文艺院团、文博场馆互动融合，该剧在武汉革命博物馆创排沉浸式演出，通过沉浸式、接地气、有温度的剧情'实地还原'，把党史上新民主主义革命时期在武昌都府堤红巷发生的故事生动呈现出来，让党员群众既"想学"又"爱学"，既"学到"又"学懂"。

表现抗疫题材的话剧《逆行》

武汉人艺创作的话剧《逆行》歌颂平凡的英雄，不惧病毒，把人民的生死放在心上，真正体现了英雄城市英雄人的精神，深深镌刻着红色精神的印记。自2020 年 9 月 10 日首演以来，该剧相继参加第十七届中国戏剧节、百年辉煌——中国文联、中国剧协庆祝中国共产党成立 100 周年戏剧晚会、第四届湖北艺术节、第八届武汉国际戏剧演出季、晋京赴国家大剧院展演等系列演出。获第十七届中国戏剧节优秀剧目奖，入选国家艺术基金"庆祝中国共产党成立100周年大型舞台剧和作品主题创作资助项目"、2020年湖北省舞台艺术精品创作工程，获第四届湖北艺术节楚天文华大奖、湖北省第十一届屈原文艺奖。中宣部领导在全国宣传部长会议讲话中积极肯定该剧是一部感人至深的作品，讲述了万众一心、艰苦卓绝的抗疫故事，歌颂了党领导人民铸就的伟大抗疫精神，让人深受感染、深受鼓舞。

《逆行》也留下了一段可歌可泣的壮丽篇章。就是这一批曾参与到抗疫前线的艺术家们，又在话剧舞台上参与表演抗疫题材的戏剧，他们以坚定的信念，践行了"德在先"的理想信念的担当，用"逆行"让舞台变得崇高。2020年，武汉迎来了抗疫大战，在生死存亡面前，武汉人艺的艺术家们，奋勇当先，下沉抗疫的前沿阵地，用无畏的坚守，给党和人民交出了一份满意的答案。话剧《逆行》将观众带回武汉抗疫时刻。当快递小哥站在阳台上，面对万家灯火唱起国歌时，舞台上下一起喊出"武汉加油"，一起唱响国歌。共同的记忆唤起人们共同的感动。中国艺术研究院话剧研究所所长、研究员宋宝珍认为，话剧《逆行》的编排，表现出了文艺工作者与人民同心、与时代同行的情怀。

原创交响曲《浴火重生》

大型交响曲《浴火重生》诞生于抗疫形势最为严峻的时刻，由京汉音乐家携手致敬英雄，主创阵容由曾获"推动中国音乐发展杰出贡献奖"的中国当代著名作曲家关峡领衔，中国音乐学院指挥系主任邵恩，以及来自中国交响乐团的杨帆、黄凯然四位作曲家共同创作完成了这部公益作品。在京、汉两地音乐家的努力下，《浴火重生》应运而生。经过几个月的创作打磨，《浴火重生》于2020年8月15日由武汉爱乐乐团在恢复开放后的琴台音乐厅首演。亲身的战疫经历，让乐手们演奏起来有更深的理解和感受，这部作品是向英雄致敬，也是向所有关心武汉的人民传达感恩之情和必胜的信念。《浴火重生》颂扬了中国人民在抗击疫情时散发出的人性光芒和勇敢、坚韧的品格。

武汉爱乐乐团带着《浴火重生》先后走进中国地质大学、武汉大学、湖北工业大学、中南财经政法大学、湖北大学、华中科技大学等7所高校，受到师生们的热烈欢迎，不少场次的门票都被"秒光"，获得入场资格只能"拼手速和运气"。指挥三次登台谢幕和全体观众起立鼓掌的场面，几乎在巡演的每一站上演。

而乐团也精心准备了曲目，除了《浴火重生》，音乐会序曲为关峡创作的《激情燃烧的岁月》，返场则是大众耳熟能详的《我的祖国》。每场音乐会开演前，武汉爱乐乐团音乐总监刘鹏都会与学子们互动，介绍交响乐的观演礼仪。《浴火重生》又在跳动着城市最强脉搏的大学校园中响起，鼓舞着整装待发奔赴未来的城市"后浪"们。为"英雄之城"武汉而作的《浴火重生》，打动的不仅仅是高校学子。作品首演当晚，琴台音乐厅的现场迎来大批战疫一线的医护工作者及志愿者。作为作品中着重描绘的群体，《浴火重生》的每一次奏响，都满载着对他们最深切的致意。第九届琴台音乐节上，《浴火重生》走出剧场，在城市地标、长江之畔黄鹤楼脚下亮相。除受邀到场的医护人员、社区工作者外，路过的市民也闻声而来，在户外舞台前驻足欣赏。

大型原创交响曲《灯塔》

《灯塔》是武汉爱乐乐团为庆祝建党 100 周年，联合四川、深圳、天津、青岛、哈尔滨五家交响乐团，携手著名作曲家王丹红女士创作而成，是文化和旅游部 2020—2021 年度"时代交响——中国交响音乐作品创作扶持计划"入选作品。这部作品从百年沧桑巨变的恢宏历史画卷中提炼思想结晶，汲取艺术灵感，将理性思辨与热血情感化为极具张力的交响乐语言。武汉爱乐乐团首席李嘉说，在演奏过程中一直心潮澎湃，我们由衷地从心底缅怀革命先烈，想沿着他们的革命道路走下去。武汉爱乐乐团团长张守忠说，《灯塔》这部作品，将中国共产党百年风雨曲折的艰难历程，通过音乐刻画出来，极具画面感，是一首中国老百姓听得懂的交响曲。作曲家王丹红表示，在《灯塔》创作中，她选择将人们耳熟能详的歌曲《没有共产党就没有新中国》作为《灯塔》的主导动机贯穿其中。这个旋律是大家都认可的，它一出来大家都会知道，这就是灯塔。返场时全场掌声阵阵，观众意犹未尽齐声高唱《没有共产党就没有新中国》。中间有几次听到《没有共产党就没有新中国》的旋律，都忍不住在心中跟着哼唱起来。这场演出简直是一场视听盛宴，音乐气势恢宏。从音乐中，观众能感受到点亮的灯塔，感受到党的光辉指引。

红色故事无须生硬说教，一部部精心制作的文艺作品就是最好的"教材"。这些年来武汉文艺工作者尊重历史，以艺术手法活化红色文化资源，通过主题提炼、内容表达和形式呈现，创作出反映时代风貌的、引发社会共鸣的系列汉派红色精品，让一个个鲜活、生动有强大精神气场的人物朝观众走来：向警予、宋庆龄、葛健豪、蔡和森、董必武、王荷波这些伟大人物的命运都是一部部抒写崇高壮歌的英雄史诗，弘扬了主旋律、壮大了正能量。新时代新征程，将党的二十大精神宣传和新时代英雄城市宣传有机结合，坚持思想精深、艺术精湛、制作精良相统一，让更多革命故事、英雄故事走上艺术舞台，不断完善艺术作品的创作生产、演出演播、评价推广机制，推出反映时代新气象、讴歌人民新创造的文艺精品，生动展示党和人民的奋斗历程、奋进脚步，以文艺的形式阐释新时代英雄城市内涵，把敢为人先的创新精神、勇于担当的大局意识、坚韧不拔的刚毅品格、追求卓越的奋进姿态等红色文化传承好发扬好，打响"文艺汉军"品牌。

（3）群众性主题文化活动

一部红色基因的传承史，就是一部为了人民、依靠人民、同理共情、武装群众、掌握群众的聚力赓续史。① 回顾历史，总结经验，红色基因之所以能代代相传，一个重要的经验就是用大众化、生活化、通俗化的群众话语武装群众、发动群众。近年来，武汉为丰富群众文化生活，每年举办武汉之夏、武汉高校艺术节等各类主题活动1500场次以上。健全支持开展群众性文化活动机制，拓展群众文化参与程度。引导各类文化服务向基层倾斜，组织开展艺术家、志愿者服务基层等活动，加大对农村地区、偏远地区群众文化活动的支持力度。发挥"群星奖"示范作用，推出优秀群众文艺作品。

武汉文联红色文艺轻骑兵活动。人民需要艺术，艺术也需要人民。如何把新时代的故事讲好，把主旋律弘扬好，是文化战线工作者的使命职责。习近平总书记在给苏尼特右旗乌兰牧骑队员们的回信中指出，在新时代，希望你们以党的十九大精神为指引，大力弘扬乌兰牧骑的优良传统，扎根生活沃土，服务牧民群众，推动文艺创新，努力创作更多接地气、传得开、留得下的优秀作品，永远做草原上的"红色文艺轻骑兵"。武汉市文化战线工作者贯彻习近平总书记的指示，以人民为中心的创作导向，做新时代文艺服务的先锋劲旅，切实让'红色文艺轻骑兵'这面鲜艳的旗帜高高飘扬，让广大群众能在家门口看到高水平的文艺表

---

① 张立、金新亮：《红色基因传承机制变迁与当代建构》，人民出版社2020年版，第77页。

演。近年来，武汉市文联"红色文艺轻骑兵"扎实推进文艺志愿服务制度化常态化，每年开展文艺志愿服务活动超 100 场，涌现出一大批精神高尚、事迹突出、群众公认、影响广泛的先进典型。其中，武汉文艺家志愿团文艺志愿者冯翔、武汉"红色文艺轻骑兵"志愿服务队、"用艺术点亮星星的孩子"志愿服务项目，分别入选 2021 年度"武汉市最美志愿者""武汉市最佳志愿服务组织""武汉市最佳志愿服务项目"。为深入学习宣传贯彻党的二十大精神，用群众喜闻乐见的方式推动党的二十大精神在基层落地生根、开花结果，由武汉市文学艺术界联合会主办，武汉市江汉区消防救援大队承办的"我们的中国梦——文化进万家"2023 年红色文艺轻骑兵活动暨文艺宣讲活动在江汉区消防救援大队举行。武汉市文联"红色文艺轻骑兵"走进洪山区狮子山街道书城路社区，近 10 位国家一级演员、著名歌唱家、戏曲表演艺术家为洪山居民献上了一场丰富的艺术盛宴。以"喜迎二十大 礼赞新时代"为主题，由武汉市文学艺术界联合会、洪山区委宣传部主办，洪山区文化和旅游局、狮子山街道、洪山区文学艺术界联合会、武汉文艺家志愿团承办。生动呈现了荆楚文化和江城特色，讴歌了党的百年荣光。现场群众表示，能在家门口看到如此高水平的文艺表演，非常开心。武汉市文联以洪山区为主会场，武昌、新洲、黄陂、江夏、蔡甸 5 个区分别设立分会场，6 区协同联动，广大文艺工作者深入基层。武昌户部巷大戏台湖北地方戏曲专场演出正在上演，江夏 10 名摄影家正为村民拍摄肖像、生活照、合影，新洲将楚剧送到仓埠街居民家门前，蔡甸古琴进村培训和快板排演如火如荼，黄陂将"二程"清廉文化送进朱家大湾。为进一步深化文艺志愿服务活动，武汉市文联按照市区联动、步调一致、同向发力、分层实施的原则，统筹各区级文联集中力量组织有亮点、有特色、有规模、有声势的文艺志愿服务活动，展现文艺界昂扬向上的精神风貌。

"武汉之夏""武汉高校艺术节"等文化活动。融入时代精神和人文内涵，持续办好"武汉之夏""武汉高校艺术节"等文化活动。支持群众文化团体发展，引导群众自我表现、自我服务。组织举办武汉市"百姓明星"大赛，按照声乐、舞蹈、戏剧、曲艺、书法、绘画、朗诵等类别，动员非专业人员广泛参与，通过层层竞技，网络投票和专家投票相结合，评选 500 名以上群众文化明星，提高群众文化参与率，引导广大城乡群众在文化生活中当主角、唱大戏。

群众性主题教育活动。社会主义核心价值观是凝聚人心、汇聚民力的强大力量。弘扬以伟大建党精神为源头的中国共产党人精神谱系，用好红色资源，深入开展社会主义核心价值观宣传教育，深化爱国主义、集体主义、社会主义教育，着力培养担当民族复兴大任的时代新人。推动理想信念教育常态化制度化，持续抓好党史、新中国史、改革开放史、社会主义发展史宣传教育，引导人民知史爱党、知史爱国，不断坚定中国特色社会主义共同理想。把社会主义核心价值观融入日常生活。在每年"七一"前后集中开展红色主题活动，在国庆节、烈士纪念日以及重大历史事件纪念日等节点，组织开展各类纪念活动。开展红色文化纪念活动应当注重仪式，通过升挂国旗、奏唱国歌、宣誓、祭扫等方式，树立崇尚英雄、缅怀先烈的良好风尚，激发社会公众爱党爱国爱社会主义的情怀。鼓励和支持有关部门和单位组织新入职的国家公职人员在英雄烈士纪念设施举行宣誓仪式和纪念活动。鼓励和支持社会各界组织开展清明祭奠英雄烈士活动。

"平凡中的伟大——我身边的抗疫英雄故事"群众性主题教育活动。武汉是全国新冠肺炎疫情防控的主战场和决战决胜之地，是抗疫斗争的精神坐标，也是伟大抗疫精神产生的重要地区。2020年为更好激励和动员全市人民大力弘扬伟大抗疫精神，奋力夺取疫情防控和经济社会发展双胜利，真正使英雄气质成为城市源远流长的基因，武汉市组织成立了武汉市抗击新冠肺炎疫情先进事迹报告团，遴选18名在抗击新冠肺炎疫情过程中作出突出贡献的代表，深入全市开展巡回报告。报告团已走进全市各区及战线、高校开展了29场巡回报告，在全市干部群众中引起热烈反响，超过2万人次现场聆听，数千万网友线上观看。将弘扬伟大抗疫精神教育同学生思想政治教育紧密结合起来，我市组建"战疫青年说"宣讲团，组织全国第一档以抗疫为主要内容，面向青少年的电视节目"同上一堂思政课——战疫青年说"宣讲活动。甘如意、华雨辰等宣讲团的17名成员用云课堂的方式分享战疫故事，生动展现青年一代有理想、有本领、有担当的形象，感召更多青年学生争做担当民族复兴大任的时代新人。为进一步掀起学习践行热潮，2020年武汉市委宣传部正组织开展"平凡中的伟大——我身边的抗疫英雄故事"主题作品征集活动等群众性主题教育活动，发动身边人讲身边事，以身边事感染身边人，推动伟大抗疫精神在武汉落地生根，常学常新。

"百年征程忆初心——武汉红色故事汇系列活动"群众性主题教育活动。

2021年4月武汉全面启动"百年征程忆初心——武汉红色故事汇"系列活动，通过红色故事讲解大赛、武汉红色故事征集、展演活动和精品线上展播，在党员干部群众特别是青少年群体中厚植爱党爱国情怀，讲活红色故事，传承红色基因。"武汉红色故事汇"活动在线上线下同时开展，全市参与线下活动人数逾10万，线上视频浏览量破千万，从英模人物、红色后代，到青少年、基层党员、普通职工，争当红色故事讲述人蔚然成风。9月1日起，"武汉红色故事汇"精品展播上线长江日报大武汉客户端、人人通平台及微信微视频，展播内容紧贴英雄的城市和英雄的人民，组织专业讲解员、讲解爱好者和大中小学生参赛，打造传播革命文化人才队伍，以"小切口"展现"大主题"，折射中国共产党带领中国人民进行革命、建设和改革的光辉历程和丰功伟绩。讲述人讲身边的故事、家庭的故事，非常感人，感染力强。讲述人从自学、主讲到主播，实现了从发动一群人到影响一城人的效果。陆续推出"武汉红色故事汇"讲解大赛决赛短视频，再次引发热烈反响，一些中小学校专门组织学生观看。观看"武汉红色故事汇"精品展播后，不少青少年被其中的故事所吸引。这样的活动，是比赛，也是课堂，对广大社会受众来说，更是接受红色教育的过程。

在全市开展的"百年征程忆初心"武汉红色故事汇讲解大赛，迎来6位特殊的讲解人，他们是"全国道德模范"王争艳、孙东林，"新时代青年的青春担当"王琇琨，感动中国2020年度人物汪勇等。67岁的王争艳来自市直单位汉口医院，曾当选党的十八大代表，荣获"第三届全国道德模范"等荣誉称号。年近70的她，从林祥谦烈士的事迹讲到在去年抗击新冠肺炎疫情的斗争中，汉口医院涌现一批先模人物王圣男医生等，讲述了一代又一代铁路人的红色传承，感奋人心。红色后浪青春澎湃。武汉大学外国语言文学学院2019级硕士研究生王琇琨讲述了自己亲身经历的抗疫志愿服务，与逆行者同行，为奉献者奉献。这段特殊的经历，也让王琇琨作为唯一一名中国代表三次参与联合国网络直播研讨会，分享中国的战疫经验成果与志愿服务故事，并入选联合国全球青年抗疫榜样。2021年5月12日，在中共中央宣传部举行"新时代青年的青春担当"中外记者见面会上，她作为唯一的学生代表参与交流。此外，在黄陂区红色故事汇讲解大赛中，全国道德模范、中国好人、2010年感动中国十大人物孙东林现身说法。在东西湖区选拔大赛上，全国抗击新冠肺炎疫情先进个人、感动中国2020年度人物、"生命摆渡人"汪勇，也参与到红色故事汇的讲解大赛中。身为顺丰速运硚口分部经理，汪勇期待通过个人讲解，让更多在平凡岗位上默默奉献的人在国家有需要的时候站出来贡献一分力量。"全国三八红旗手标兵"、青和居社区党委书记桂小妹，"全国红色旅游五好讲解员"，来自武汉革命博物馆的周全，也在"红色故事汇"的宣传片中亮相，以自身经历分享对红色故事的感悟，并邀请大家"一起来讲武汉红色故事"。武汉红色故事汇讲解大赛复赛预计将于本月举行，并最终决选出 10 位"红色故事汇讲解大赛金牌讲解员"。"既讲出了惊涛拍岸的声势，又达到了润物无声的效果。"武汉市解放中学思政课教师吴又存一直密切关注着"武汉红色故事汇"活动，也一次次沉浸在动人心魄、感人至深的红色故事里。"选手们牢牢抓住了情感这根弦，以情动情，激情满怀地发出'中国声音'，用授课者的真情点燃受众的真情，使受众强烈感受到武汉是英雄的城市、武汉人民是英雄的人民。"

面向社会，广泛开展"武汉红色故事汇"等系列活动，形成党史学习教育宣传合力。通过讲解大赛、红色故事征集、红色故事展演等系列活动，评选"武汉红色故事汇"优秀讲解员、经典红色故事，计划组织开展多场"红色故事展演"。活动同时联合长江日报等宣传媒体和网络平台，直播相关活动，通过多种渠道发动全市各行各业广泛参与，采取线上线下相结合、场内场外齐互动的方式，全媒体平台共发力，弘扬和传播优秀传统文化和社会主义核心价值观，讲好红色故事，传播好红色声音，推出一批优秀讲解员和感染人、鼓舞人的红色故事。

为更好激励和动员全市人民大力弘扬伟大抗疫精神，奋力夺取疫情防控和经济社会发展双胜利，武汉市组织成立了武汉市抗击新冠肺炎疫情先进事迹报告团，深入全市各区及企业、高校进行巡回宣讲。

举办"闪亮的坐标"武汉红色文化竞赛，引导广大市民群众寻找英雄之城的地理坐标、文化坐标和精神坐标，通过知识竞赛、电视展演、专家解读等多种形式，让广大市民走进红色场馆、感受红色历史、追寻红色人物、诵读红色诗词，展现英雄城市蕴藏的英雄气质。在创建全国文明城市的持续过程中，深厚的红色文化、充盈的红色精神、磅礴的红色力量为这座英雄之城、文明之城加成发力，促进城市不断跃上文明新高度。

"强国复兴有我 奋进英雄城市"群众性主题宣传教育活动。2022年由武汉市委宣传部主办、江岸区委宣传部承办的"强国复兴有我 奋进英雄城市"群众性主题宣传教育活动。围绕"强国复兴有我 奋进英雄城市"主题，武汉市推出"听习总书记的话"系列活动、"武汉这十年"形势政策报告会、百姓宣讲、学习体验、"武汉以我为荣"文明实践、先进模范学习宣传、红色基因传承工程、"同上一堂思政课"、网上主题教育和各类群众性文化活动等十项重点活动，用群众熟悉的话语和乐于接受的方式，吸引广大党员干部群众在踊跃参与实践中弘扬主流价值、传递社会正能量，为迎接党的二十大胜利召开营造团结奋斗、自信自强的浓厚社会氛围。启动仪式上，全国道德模范王争艳、全国三八红旗手标兵桂小妹等先进模范代表以情景演讲的形式，深情讲述她们学习贯彻习近平总书记重要讲话精神的感悟体会和实践收获，向习近平总书记报告、向人民报告武汉市广大党员干部群众深入学习宣传贯彻习近平新时代中国特色社会主义思想的热情和成果。先进模范代表的倾情讲述激起了现场观众的广泛共鸣，掌声经久不停。武汉市在全市广泛深入开展内容丰富、形式多样的群众性主题宣传教育活动，持续掀起深入学习宣传贯彻习近平总书记考察湖北武汉重要讲话精神的热潮，激励和动员全市广大党员干部群众把习近平总书记的殷殷嘱托变成武汉的生动实践，努力在湖北加快建设全国构建新发展格局先行区中当先锋、打头阵，奋力打造新时代英雄城市。

红色基因传承的过程，实际上是强化大众对红色基因内含价值以及传承意义的科学认知过程、情感认同过程、思维形成过程、行为自觉过程，这四个过程是紧密联系、相互作用、统一和谐的发展过程。认真研究受众的心理需求，关注受众对红色文化的所思、所想、所求，深挖红色文化的科学内涵和现代价值，开发符合受众需要的红色资源，提升文化红色文化的品质，拉近红色文化与受众的心理距离，满足受众的心理需求，让受众充满认知和感受红色文化的精神，增强红色文化的凝聚力和吸引力，达到情感共鸣的目的。

6. 打造武汉红色文化旅游品牌

红色资源的珍贵价值，不仅在于它的历史光辉，更在于它在当下依然能带给我们思考和精神滋养。文化的基因优势在资源，而旅游的基因优势在流量，将红色资源活化、利用，转变为旅游资源、精神养分，文旅大融合结合了文化与旅游各自的基因优势，无疑是红色文化在当下的有效传承与弘扬途径，以更强的文化自信开辟了红色文化传承与弘扬的时代新境界。红色旅游是一项政治工程、文化工程、富民工程、民心工程，也是传承红色基因的有效载体。大力发展红色旅游，提升红色旅游产品的影响力，通过红色旅游这种形式，传承红色基因，教育青少年，对于加强和改进新时期爱国主义教育、理想信念教育、社会主义核心价值观教育，提高人们的思想道德素质，促进国民经济健康协调发展等，具有极其重要的意义和价值。

　　武汉这座具有光荣革命传统的城市，红色旅游资源禀赋优异，资源级别高。近年来，武汉市按照国家发展红色旅游的相关规划加强顶层设计，加强红色文化资源保护利用，推动转化成为红色旅游资源，编制实施《武汉市红色旅游发展总体规划》，明确了打造全国重要红色旅游目的地和红色教育基地的总体目标，红色旅游发展的空间布局、重点任务、政策措施。新时代 10 年间，武汉已形成了"两区、四片、六线"的红色旅游空间格局（两区即汉口红色旅游集聚区和武昌红色旅游集聚区），"红色武汉·英雄城市"精品线路入选全国"建党百年红色旅游百条精品线路"；修缮武汉中共中央组织部旧址、汉口中华全国总工会及刘少奇同志在武汉的旧居，武汉革命博物馆、八七会议会址纪念馆等一批红色景点，[1] 推动更多红色资源转为旅游资源；黄陂区持续打造"巾帼英雄木兰"品牌，获评首批国家全域旅游示范区。充分合理利用好武汉红色资源、推动红色文化与旅游、培训、演艺、文创融合发展，促成各红色旅游景点与旅行社建立合作伙伴关系；打造独具武汉特色的红色旅游产品；充分挖掘红色旅游资源的潜力，拓展武汉红色旅游市场；举办红色主题活动月活动，进一步创新红色旅游形式等。推进"红色旅游+演艺""红色旅游+动漫游戏""红色旅游+影视"等"红色旅游+"系列建设，加强红色旅游资源开发，提升红色文化传播力；组织红色研学旅行活动。全市红色旅游蓬勃发展，着力培育旅游新品牌，文化和旅游产业对经济发展的综合带动作用日益凸显。一个个红色旧址焕发出新的生命力，游览红色旅游景区，打卡革命纪念地，欣赏红色旅游演艺，缅怀革命先烈，赓续红色

---

① 《武汉市文化和旅游发展"十四五"规划》，武汉市文化和旅游局。

血脉,传承红色基因等红色旅游主题活动备受游客欢迎,"英雄之城"更加深入人心。

(1) 全国红色旅游经典景区

我国红色旅游蓬勃发展,社会各界积极参与,大量革命历史文化资源得到有效保护和合理利用,覆盖面广泛、内容丰富的经典景区体系基本形成,年接待人数持续增长,取得了明显的社会效益和经济效益。为贯彻落实习近平总书记系列重要讲话精神,保护好珍贵革命遗址遗迹,有效加强红色旅游教育功能,打造一批具有爱国主义和革命传统教育功能、对革命老区脱贫致富具有积极拉动作用的红色旅游目的地,同时也为打造各具特色、丰富多彩的红色旅游线路提供了坚实的基础。我国已基本建立起以"全国红色旅游经典景区"为核心,具有中国特色的红色景区管理体系。据统计,在国家最新颁布的《全国红色旅游经典景区名录》中,共包含300处经典景区和18个重点红色旅游城市,涵盖伟人故里、革命遗址遗迹、烈士墓/陵园、革命纪念场馆、红色非物质文化遗产等多种类型,构建起了较为完善的红色旅游景区管理系统。在此基础上,全国已培育形成浙沪红色旅游区、湘赣闽红色旅游区、左右江红色旅游区等12个"重点红色旅游区",以及30条"红色旅游精品线路",初步实现了全国红色旅游资源的融合发展和协同管理。我国已构建以重点红色旅游区、革命文物保护利用片区、全国爱国主义教育示范基地、全国红色旅游经典景区、国家国防教育示范基地等共同发力的红色旅游大格局。

武汉市域革命历史文化资源丰富,这些旧址遗存和纪念设施是武汉英雄城市的重要见证,是宝贵的文化遗产,是武汉城市文化的重要标志性符号,红色旅游资源十分丰富。武汉市委、市政府对红色旅游的重视,坚定文化自信,扎实推进文化强市建设,体制机制创新为武汉红色旅游注入的内生动力,大力发展全域旅游,文化铸魂、文化赋能和旅游为民、旅游带动作用充分显现,武汉文化和旅游综合实力显著提升。武汉市深入挖掘红色旅游资源,充分发挥红色资源优势,精心打造红色旅游经典景区,让红色文化在江城这片热土上传播弘扬、日渐鲜活起来。近年来,武汉市按照国家发展红色旅游的相关规划,积极挖掘、整合红色资源,加强区域间合作,着力构建"红色旅游链",多措并举推出一批红色旅游经典景区。武昌首义文化旅游区,武汉市革命博物馆、江夏中山舰旅游区、武汉市黄陂区姚家山景区、武汉市江岸区汉口历史文化风貌区共 5 个有红色旅游 A 级景区，武汉市红色旅游系列景区、武汉市辛亥革命系列景区入选全国红色旅游经典景区名录，形成了"两区、四片、六线"的红色旅游空间格局（两区即汉口红色旅游集聚区和武昌红色旅游集聚区，四片即黄陂、新洲、江夏、蔡甸 4 个片区系列红色旅游景点，六线即"伟人足迹""红色经典""红色宝藏""建军策源""革命烽火""红色英烈" 6 条红色旅游精品线路）。

武汉市红色旅游系列景区。武汉市红色旅游系列景区由江岸区八七会议会址纪念馆、武昌区毛泽东旧居及中央农民运动讲习所组成，入选全国红色旅游经典景区名录。

八七会议会址纪念馆位于湖北省武汉市江岸区鄱阳街 139 号，依托会址而建。1927 年 8 月 7 日中共中央召开紧急会议，批判了党内右倾错误，确立了实行土地革命和武装起义的方针，使全党没有为极其严重的白色恐怖而惊慌失措，重新鼓起同国民党反动派斗争的勇气，从而为挽救党和革命作出了巨大贡献。中国革命从此开始由大革命失败到土地革命战争兴起的历史性转变。毛泽东在会议上提出了"枪杆子里出政权"的著名论断。1978 年 8 月 7 日，纪念馆正式成立对外开放，1980 年 5 月邓小平亲笔题写"八七会议会址"馆名。由于八七会议在中共党史上的特殊的历史地位，纪念馆先后被命名为全国重点文物保护单位、全国青少年教育基地、全国爱国主义教育示范基地、全国百家红色旅游经典景区。2016 年纪念馆入选全国 20 个"我最向往的党史纪念地"之一。党和国家领导人邓小平、习近平等先后来馆视察。纪念馆占地面积 982.2 平方米，总建筑面积 3036 平方米。从扫码预约到刷码进门，从电子触屏到语音导览，八七会议会址纪念馆随处可见现代技术的身影，用科技为文化赋能，推动文博工作创造性转化、创新性发展。该馆利用好官网、微信、微博等新媒体平台，定期发送推文、简讯，拓宽传播红色文化的渠道，利用 5G、人工智能、物联网等技术，让文物"活"起来，让一件件革命文物有血有肉、有神有魂，不仅展现历史岁月，更彰显中国共产党人的理想追求，让蕴藏在纪念馆里的文物焕发全新的光彩，让红色文化用更加新颖、更容易接受的方式真正走进民众的心里。近年来，八七会议会址纪念馆除了基本的陈列展览，还开展丰富多样的实地社教活动，做到有史可讲、有物可看。着力弘扬传承红色文化，加强与会议代表后裔的联系，挖掘红色历史的深刻内涵;开展丰富多彩的社教活动,包括"素质教育进课堂""国旗下的讲话""红领巾小小讲解员"等,让红色教育课程惠及更多观众;八七会议会址纪念馆以情景剧体验的方式,让群众参与其中,在眼、脑、心多种感官中体会立体的历史触感;推动理想信念教育常态化制度化,持续抓好党史、新中国史、改革开放史、社会主义发展史宣传教育,让讲解的深度不仅见人、见物,更见品质、见精神;开展线上云端直播活动,通过"云参观""云课堂""云问答"等环节,增强红色党史的传播力、影响力;出版《星火相传历史见证——八七会议集撷》《光影留痕——八七会议会址纪念馆藏品图鉴》等多部书籍,宣传红色文化。现已成为对广大党员群众进行"不忘初心、牢记使命"主题教育的重要阵地,对青少年开展革命传统教育的重要课堂,成为社会各界缅怀伟人、追忆先烈的重要场所。我们将以党的二十大精神为指引,继续深入挖掘红色资源的内涵,深入开展各种主题宣传教育活动,潜心制作以人民为中心的陈列展览作品,以多种形式讲好中国故事、传播好中国声音。八七会议会址纪念馆将继续发挥好爱国主义教育阵地作用。

武汉八七会议会址纪念馆周围聚集着中共中央机关旧址纪念馆、二七纪念馆等一大批红色革命旧址,形成一平方公里红色景群。依托红色资源优势,该区全面普查、摸清革命遗址遗迹家谱,打造没有围墙的红色博物馆。连续 32 年举办"中华英烈凭吊周"活动,编撰中小学生红色校本教材,开展"百场大学生红色主题班会走进江岸"活动,组织全国副省级城市党报参加"寻访武汉人民军队建军策源地"活动等,吸引全国各地游客聚焦江岸一平方公里"红色街区",让该区的红色文化不断发扬光大。

武昌农讲所旧址位于武昌红巷 13 号,是第一次国共合作时期毛泽东同志倡议创办并主持的一所培养全国农民运动干部的学校。校舍为张之洞创办的北路小学堂,是武汉市现存唯一保存完好的晚清学宫式建筑。1963 年武昌农民运动讲习所旧址纪念馆正式对外开放。2001 年国务院公布为全国重点文物保护单位。展出有常委办公室、教务处、总队部、大教室、大操场等复原陈列和反映农讲所历史的辅助陈列。1997 年被中共中央宣传部命名为首批全国百家爱国主义教育示范基地。2014 年 9 月提升基本陈列,推出《探索与奠基——武昌农民运动讲习所旧址历史陈列》,获得 2014 年度全国博物馆十大陈列展览精品奖评选优胜奖。

武昌毛泽东同志旧居位于武昌都府堤41号,是毛泽东1927年主持农讲所工作并在武汉从事革命活动时居住的地方,也是毛泽东、杨开慧一家最后团聚的地方,毛泽东在这里完成了他的光辉著作《湖南农民运动考察报告》。毛泽东旧居1967年按原貌重建,2001年与武昌农讲所旧址一起,公布为全国重点文物保护单位。

武汉市辛亥革命系列景区。辛亥革命是20世纪中国所发生的第一次历史性巨变,是一次比较完全意义上的反帝反封建的民族民主革命。辛亥革命的成功,为中国先进分子探索救国救民的道路拓宽了视野,为中国的进步潮流开启了闸门。作为首义之城,武汉辛亥革命历史文化资源丰富,有着众多辛亥革命遗址遗迹及纪念设施,这些资源是武汉英雄城市的重要见证,是宝贵的历史文化遗产。为推进辛亥革命资源整合利用,进一步擦亮辛亥首义文化品牌,2021年湖北省委省政府决策将省文旅厅管理的辛亥革命武昌起义纪念馆划转武汉市统一管理。① 2022年3月,武汉市政府发布了《统筹辛亥首义资源整合利用工作方案》,总体思路是秉承"创造性转化、创新性发展"理念,以辛亥革命武昌起义纪念馆和辛亥革命博物馆整合为契机,统筹利用并促进全市辛亥革命历史文化资源"串珠成链",重点建设辛亥首义文化旅游区。推进辛亥革命武昌起义纪念馆和辛亥革命博物馆资源整合和协同创新,组建武汉辛亥革命博物院。2022年7月16日,由辛亥革命武昌起义纪念馆、辛亥革命博物馆两馆合并组建的辛亥革命博物院,正式成立并挂牌。辛亥革命博物院的成立和正式挂牌是辛亥首义文化旅游区建设和辛亥首义资源整合利用的阶段性成果。博物院将全力打造辛亥革命文物收藏保护中心、教育纪念中心、陈列展览中心、学术研究中心和文化旅游中心,守护好、传承好、展示好辛亥首义文化。

红楼依托中华民国军政府鄂军都督府旧址(即武昌起义军政府旧址)而建,位于武汉市武昌阅马场,西邻黄鹤楼,北倚蛇山,南面为首义广场。旧址占地面积1.8万多平方米,建筑面积近1万平方米。因旧址红墙红瓦,武汉人称之为红楼。红楼于1961年以"武昌起义军政府旧址"的名义经国务院公布为首批全国

---

① 《武汉市文化和旅游发展"十四五"规划》。

重点文物保护单位。1981 年 10 月，依托红楼建立辛亥革命武昌起义纪念馆，由宋庆龄题写馆名，为全国爱国主义教育示范基地和国家 4A 级旅游景区。武昌起义纪念馆内现有两个基本陈列：一是《鄂军都督府旧址复原陈列》，一是《辛亥革命武昌起义史迹陈列》。前者以旧址主楼为载体，复原和再现了都督府成立初期的场景与风貌；后者布置于旧址西配楼，以近 400 件展品，包括文物真迹、历史图片、美术作品以及图表、模型和场景等，全景式地展现了辛亥革命武昌起义恢弘壮阔的历史。

武汉辛亥革命博物馆，是为纪念辛亥革命 100 周年而兴建的一座专题博物馆。其外形设计独特，融合了中国传统建筑元素和现代建筑特色，几何形外观和"楚国红"色调，寓意敢为人先的首义精神，俯瞰呈 V 字造型，寓意胜利和武汉的腾飞。辛亥革命博物馆总建筑面积 22142 平方米，设有 1 个序厅、5 个基本陈列展厅和 1 个多功能展厅，集陈列展示、文物收藏、宣传教育与科学研究等功能于一体，是现有辛亥革命专题博物馆中展览规模最大、陈列科技含量最高、复原场景最多、参观导览系统最全的博物馆。其基本陈列《共和之基——辛亥革命历史陈列》分为晚清中国、革命原起、武昌首义、创建共和、辛亥百年 5 个部分，展示了有 900 多件文物、700 余张历史照片以及重大历史事件复原场景 27 处，艺术品 12 处，多媒体 20 处。

首义广场位于武昌阅马场，总面积 5.42 万平方米，种有 110 多棵大树，是全国种树最多的广场。它以孙中山像至黄兴拜将台为广场中轴线，武路路中分南北。坚持系统性、整体性、协调性思维，按照"保障畅通、做活文旅、带动商贸"的总体原则，促进辛亥首义文化旅游区与周边文化旅游资源联动融合、客源互流，与黄鹤楼、紫阳公园、起义门、武昌古城等景区景点形成连贯的空间游线，武汉市打造武昌文化旅游区。2012 年 10 月 25 日，集教育、观赏、休闲、购物、娱乐于一体的 4A 级旅游景区——"武昌首义文化旅游区"在首义广场正式揭牌。经湖北省文旅局报请国家文旅局批复，"武昌首义文化旅游区"成为 4A 级旅游景区。

武汉革命博物馆位于武昌红巷 13 号，下辖毛泽东同志主办的中央农民运动讲习所旧址（以下简称武昌农讲所）、武昌毛泽东同志旧居、中共五大会址暨陈潭秋烈士早期革命活动旧址、武昌起义门旧址、中国共产党纪律建设历史陈列馆等革命旧址和红色场馆,是风云 1927 年的重要见证。场馆总占地面积 32111.59 平方米,建筑面积 19296.79 平方米,是全国重点文物保护单位、全国爱国主义教育示范基地、全国廉政教育基地、全国百个红色旅游经典景区、国家 AAAA 级旅游景区和全国文明单位,年接待观众 170 万人次以上,每年举办、引进、输出展览 10 多个,举办社教活动 50 余次。博物馆现已成为征集、收藏、保护、研究武汉地区近现代文物、革命文物、党史文物和展示大革命史、中共党史及重大历史事件的综合性博物馆,更是大革命史和武汉地区党史的研究中心,是武汉地区红色景点最多、内涵最丰富、资源保护最早、知名度最高的红色旅游资源富集区,现已成为传播红色文化、传承红色基因、开展爱国主义教育的重要阵地。

为把辛亥首义文化旅游区建设成为国际知名辛亥革命文化展示区、国家级旅游休闲街区、国家级文化旅游消费集聚区、多功能资源综合开发利用示范区。一是强化规划引领,统筹资源利用。编制《辛亥首义文化旅游区发展规划》,统筹推进辛亥首义文化旅游区、黄鹤楼公园、昙华林、户部巷、武汉革命博物馆等资源利用,同时编制《武昌文化旅游区总体发展规划》及配套交通规划;实施机构重组,理顺管理体制,馆藏资源统一管理,优化调整陈列展览,辛亥革命武昌起义纪念馆重点做好旧址复原陈列和反映辛亥革命湖北地区重要人物生平事迹展览。辛亥革命博物馆依托现代化展陈条件,充实文物和图片资料,打造以首义文化为核心的辛亥革命全史展。整合研究力量,将辛亥革命博物院打造为国内外一流权威的辛亥革命研究机构;完善旅游设施,提升文旅功能,优化辛亥首义文化区内部和周边交通组织,完善通行功能,提升交通便捷度。改造首义广场地下通道环境,升级首义广场电子显示屏,增设交通、旅游导览等标识标牌;创新体制机制,形成工作合力,坚持政府主导,实施市区联动;引入市场主体,搞好开发利用。市级层面负责统筹武昌文化旅游区及辛亥首义文化旅游区的整体规划、宏观交通动线协调及文物资源整合利用。区级层面负责完善文化和旅游配套设施及相关资源整合开发,优化区域交通线路组织及通行流线;优选专业化市场主体,承担相关特色文化旅游项目、市场化服务设施及文创产品开发等建设、运营与管理;打造推广品牌,提升品牌影响。凝聚社会各方智慧和力量,以公共服务+市场化的融合机制,擦亮辛亥首义文化品牌,进行旅游产品和文创产品的多模态开发。加强海内外媒体宣传,提高辛亥首义文化旅游区国际知名度。持续举办好辛亥首义文化节，将其打造成为具有国际影响力的文化品牌节庆活动。

武汉入选全国红色旅游经典景区名录的两大景区，是武汉地区革命文物资源丰富、基础设施较完善、展陈效果较好、教育功能突出、有一定品牌知名度的景区。在新时代的背景下两大景区工作者们以党的二十大精神为指引，以促进物质文明和精神文明协调发展的中国式现代化为中心任务，继续传承好红色基因。两大景区继续深入挖掘红色资源的内涵，深入开展各种主题宣传教育活动，潜心制作以人民为中心的陈列展览作品，以多种形式讲好中国故事、传播好中国声音。两大景区要加强革命文物资源保护，完善道路交通和服务设施条件，提升红色旅游经典景区基础设施条件，更好地发挥爱国主义和革命传统教育功能。宣传、财政、旅游、教育、民政、住建、交通、文化、铁路、民航、文物、文献、党史等相关部门将对红色旅游经典景区的陈列布展和文物保护、道路等基础设施条件、通达条件、红色教育和文化活动等予以积极支持，形成合力，将红色旅游经典景区打造成常学常新的理想信念教育课堂，推进爱国主义和革命传统教育大众化、常态化。对于未能列入全国红色旅游经典景区名录的红色景点也要扎实做好保护工作，深入发掘其中蕴含的丰富精神内涵，充分发挥革命遗址遗迹和纪念设施的教育功能。在新时代的背景下，我们将以促进物质文明和精神文明协调发展的中国式现代化为中心任务，继续传承好红色基因。

此外，武汉将争创长江国家文化公园先行区，将弥补武汉尚没有国家级的博物馆和文化公园这方面的不足。长江是中华文化文明的重要标识和象征，长江文化是具有世界影响力的类型文化。建设长江国家文化公园是保护好、传承好、弘扬好长江文化的重要举措。坐拥长江是湖北的标志，荆楚大地拥有与长江相关的一系列红色文化、历史文化、建筑文化、码头文化资源，通过争创长江国家文化公园，大力促进保护与传承长江文化。武汉地处两江交处，165 条河流纵横交错，166 个湖泊星罗棋布，是我国内陆湿地资源最丰富的特大城市，也是全球同纬度湿地城市的典型代表，武汉是全国 13 个"国际湿地城市"之一，形成又一张城市名片。特殊的地理区位造就了武汉的英雄主义抗洪文化，1998 年 16 位共产党员在武汉龙王庙誓与大堤共存亡的抗洪生死牌，被国家博物馆作为国家一级文物永久收藏。武汉拥有最长城市滨江岸线和较大江滩公园，累积了丰富的世界大河治理经验，有基础、有条件、有责任打造长江国家文化公园先行区。武汉明确将打造长江国家文化公园武汉先行区,谋划建设长江国家博物馆,推动长江文化创造性转化、创新性发展,纳入武汉市委、市政府的战略决策部署,对于彰显武汉长江经济带核心城市地位和影响,具有重大而深远的意义。长江国家博物馆需要呈现"大文化",涉及长江水资源文化、长江流域红色文化等,认知不能局限在城市层面,而要站在整个长江流域来认识,凸显中华文明标识体系,进一步提升武汉的影响力、吸引力。武汉要成为长江国家文化公园先行区的中心、枢纽之地、核心关键之处。在武汉建设长江国家博物馆,应作为长江国家文化公园建设的"棋眼",突出先行示范区的"标杆示范"作用,集中展现长江文明的精神特色,着力打造长江大保护及生态创新建设典范与国家双创转型文旅示范区。国家文化公园是承载国家及民族文明使命的文化空间,武汉将争创长江国家文化公园先行区,与此同时加强长江文化遗产保护利用,充分挖掘武汉红色资源,打造加强武汉革命文物、工业遗产的保护利用,推动革命文物、工业遗产保护利用与文化保护传承、产业创新发展、城市功能提升协同互进,打造一批集城市记忆、知识传播、创意文化、休闲体验于一体的历史文化传承发展样板区,让老百姓能够进入文化遗址,感受文化氛围,增进文化自信。

(2)红色旅游精品线路

武汉在建设红色旅游经典景区过程中,积极挖掘、整合红色资源,加强区域间合作,着力构建"红色旅游链"。武汉市文化和旅游局编制实施《武汉市红色旅游发展总体规划》,以"红绿结合""红古结合""红俗结合"为思路,把依山傍水、环绕在大别山区的武汉及城市圈各市的村、镇串联起来,推动红色旅游与民俗旅游、农事旅游和生态旅游等业态相互融合,形成"两区、四点、多线"总体发展格局。在庆祝建党百年这一历史性时刻,打造出一批经典红色旅游线路,提升了红色旅游的武汉首位度。红色旅游精品线路,这些线路涵盖了全市知名的红色旅游景区(点),为游客出行提供红色指引,丰富假日旅游产品。6条旅游精品线路带你玩转"红色武汉"。集中力量宣传推广"红色武汉·英雄城市""伟人足迹——毛泽东的武汉时光"等红色旅游精品线路。

新增6条红色旅游经典线路:

第1条是"伟人足迹":①武汉防汛纪念碑——②横渡长江博物馆——③八七会议会址纪念馆——④武汉关旅游客运码头——⑤中华路旅游客运码头——

⑥长江大桥桥头堡——⑦黄鹤楼——⑧中共五大会址纪念馆（武汉革命博物馆）——⑨毛泽东旧居纪念馆（武汉革命博物馆）——⑩中央农民运动讲习所旧址纪念馆（武汉革命博物馆）——11梅岭一号。

第2条是"红色经典"：①汉口新四军军部旧址纪念馆——②八路军武汉办事处旧址纪念馆——③武汉中共中央机关旧址纪念馆——④八七会议会址纪念馆——⑤毛泽东旧居纪念馆（武汉革命博物馆）——⑥中央农民运动讲习所旧址纪念馆（武汉革命博物馆）——⑦辛亥革命武昌起义纪念馆——⑧辛亥革命博物馆。

第3条是"红色宝藏"：①中央农民运动讲习所旧址纪念馆（武汉革命博物馆）——②毛泽东旧居纪念馆（武汉革命博物馆）——③中共五大会址纪念馆（武汉革命博物馆）——④武昌廉政文化公园——⑤中国共产党纪律建设历史陈列馆（武汉革命博物馆）。

第4条是"建军策源"：①中央农民运动讲习所旧址纪念馆（武汉革命博物馆）——②八七会议会址纪念馆——③武汉中共中央机关旧址纪念馆——④八路军武汉办事处旧址纪念馆——⑤汉口新四军军部旧址纪念馆。

第5条是"革命烽火"：①上甘岭特功八连纪念馆——②木兰山风洞革命活动旧址——③姚家山新四军第五师机关旧址。

第6条是"红色英烈"：①武汉二七纪念馆——②京汉铁路总工会旧址管理所——③苏联空军志愿队烈士墓——④红色战士公墓。

为了方便游客，利用武汉丰富的红色文化资源优势，更好地开展党史学习教育和爱国主义教育，由市委宣传部、市委党史研究室、市自然资源和规划局、市文化和旅游局监制，武汉市测绘研究院和武汉大学资源与环境科学学院联合编制的《武汉红色文化地图》（简称"红色地图"）正式发布。突破传统地图逻辑和边界，"写意地图"展现"武汉红色印迹""红色地图"包含"武汉红色印迹"和"武汉百年辉煌"两个主题，一方面通过"写意地图"的设计手法，以空间维度展示武汉党史遗迹遗址及爱国主义教育资源；另一方面通过"叙事地图"设计手法，以时间维度展示武汉百年历程中的辉煌成就。在设计思路上，'武汉红色印迹'突破了传统地图的逻辑和边界，通过传递场景和风貌的方式来展现江城的红色画卷。地图上的主图以"两江四岸—东湖绿心"的江城特色空间结构为背景，以"飘扬红旗"形状为制图空间，采用鸟瞰视角，通过 135 个写景式符号（即地图上的点位）将党史遗址、党史遗迹、爱国主义教育基地、校园红色教育资源等主题进行空间化表达。地图左侧为市域范围红色文化资源布局，底部为红色旅游线路和校园红色教育资源分布。顶部通过时间线串联了重要党史遗址和爱国主义教育基地。135 个点位包括 5 种类型的红色资源，其中有 61 个党史遗址、9 个党史遗迹、74 个爱国主义教育基地、23 个校园红色教育资源图谱、8 个其他红色旅游景点，以及 6 条红色旅游线路，"这里面有交叉重复的红色资源，其中 23 个校园红色教育资源图谱，是专门为青少年制作的，帮助他们在学习中厚植爱党、爱国、爱社会主义情感"。为了更加生动直观地展现这些红色资源，"红色地图"上的 109 个点位还使用了建筑模型。串联武汉红色文化层积。"红色地图"以纸质、丝绸、微电影和电子地图 4 种形式呈现，市民可到武汉革命博物馆等 8 个红色景点免费领取纸质版"红色地图"，电子地图也上线。

（3）"寻访英雄武汉红色记忆旅游主题月"精品活动

红色记忆，流淌着鲜活的红色血脉；英雄武汉，传承着不朽的红色基因。弘扬武汉红色文化，推进武汉红色旅游发展，突出红色旅游的教育功能，由武汉市文化和旅游局、江岸区人民政府主办，中共武汉市江岸区委宣传部、江岸区文化和旅游局承办的"寻访英雄武汉红色记忆"红色旅游月系列活动，2022 年 6 月在武汉中共中央机关旧址纪念馆正式启动。发布《寻访英雄武汉红色记忆读本》口袋书；网络首发《寻访英雄武汉红色记忆——伟人足迹》红色旅游宣传片；创新举办"英雄城市·红色骑迹"红色场馆骑行打卡主题活动；推出"武汉 1927"沉浸式思政课、"我在红巷讲党史""童心向党，未来可期"我是小小革命传承人、"喜迎二十大·争做新时代好少年——牢记习爷爷嘱托"红色故事会等经典社教活动；举办中国人民解放军建军 95 周年、中国共青团成立 100 周年专题展和"红色足迹——中国共产党党章历程展""中国共产党首届中央监察委员会委员生平展"等红色展览。为纪念"八七会议"召开 95 周年，创作排演红色话剧《狂澜》于 8 月 7 日正式上演。"寻访英雄武汉红色记忆"红色旅游月精品活动 2022 年在 7 月、8 月举行，活动开展以来，武汉市民和外地游客通过线上观看红色直播，线下参观红色场馆、乘坐红色交通、观赏红色剧目等多种形式追寻革命先辈足迹，感受红色文化熏陶，传承红色基因，赓续红色血脉，参与人数累计突破 3000 万人次。文旅融合发展的精品活动。

讲述武汉红色故事，赓续红色血脉。在武汉各红色场馆里，一批以 90 后为主的讲解员、志愿者迅速成长，他们热情地向市民和游客讲述红色场馆中的红色记忆、红色故事、红色文化和红色宝藏，传播红色文化，成为一道靓丽的风景线。据不完全统计，近 3 个月时间，武汉市红色场馆接待观众 230 余万人次，接待参观团队 2 万批次。2022 年 5 月 4 日，武汉文化和旅游志愿者 6 位国家金牌导游用"沉浸式"直播形式，推出一场以"使命在肩走红路，红色基因代代传"为主题的 6 小时接力线上直播，用镜头带领全国观众连续打卡武汉红色地标，寻访红色足迹。将红色文化融入旅游讲解，从城市地标黄鹤楼出发，重走二七烈士纪念馆、武汉革命博物馆、八七会议会址、江汉关、武汉长江大桥等著名红色景点，接力讲述武汉红色故事，向观众全景式展现英雄城市武汉丰富的文化旅游资源。直播活动累计吸引 667.4 万人次在线观看。

乘坐红色交通，体验红色文化。2022 年武汉市推出 6 条经典红色旅游主题线路供市民、游客寻访打卡，围绕红色场馆，打造推出 10 条"红色旅游公交专线"，并在 1 号线、2 号线推出"初心号"地铁红色专列。"初心号"车厢内布置红色展览，打造"移动红色博物馆"，让市民、乘客乘坐红色交通时也能感受武汉这座英雄城市的红色脉搏。在地铁 2 号线专列上，大家不仅可以了解中共一大至十九大的相关史实，还可以了解八七会议会址、中共五大会址等 16 个武汉著名红色场馆的历史地位和相关文物展陈信息。"初心号"开通以来，累计接送市民、游客超过 2562 万人次。

观红色展览，重温红色记忆。武汉市文化和旅游局组织武汉革命博物馆、八七会议会址纪念馆、八路军武汉办事处旧址纪念馆、武汉博物馆、中山舰博物馆、江汉关博物馆等场馆，策划推出《红色印记——武汉革命遗址掠影》《红色记忆——中共中央在武汉》《方寸之间述党史—邮票上的百年党史》《大国脊梁民族英雄》《舰证强军——人民海军舰模展》等十余个形式新颖、内容丰富的红色展览，并在黄鹤楼公园、东湖绿道、汉口江滩、中山公园、首义广场等市民和游客旅游休闲聚集区，布设红色巡展，累计接待观众 200 万人次，"流动党课"让市民游客随时学，让市民游客在旅游休闲的同时受到红色文化熏陶。

赏红色演出，追忆百年红色征程。"初心闪耀英雄城"武汉市庆祝中国共产党成立 100 周年文艺演出在琴台大剧院首演，热情讴歌党的百年光辉历程和丰功伟绩，深情表达英雄的城市、英雄的人民对党的热爱和祝福，宣示新时代武汉牢记嘱托、在新发展格局下扛起更大担当的决心。现场观众从舞台传递的中国共产党百年历史中汲取磅礴力量，纷纷说："这是一堂生动的党史教育大课！"武汉市文化和旅游局组织全市文艺院团和机构创作了京剧《母亲》、交响曲《灯塔》、楚剧《把一切献给党》、杂技剧《英雄之城》等一批红色题材文艺作品，打磨提升了话剧《逆行》、交响曲《浴火重生》、音乐剧《种在屋顶上的长春花》等一批红色剧目，组织展演 14 部优秀剧目，庆祝中国共产党成立 100 周年。武汉市文化和旅游局还开展"百个党支部共赏红色经典剧目"活动，邀请各基层党支部党员观看展演剧目，让红色精神绽放光芒、激发力量。传承红色经典，传递磅礴力量。①

"寻访英雄武汉红色记忆"红色旅游月系列活动具体如下：

"英雄城市 红色骑行"红色旅游月主题活动

活动时间：2022 年 7 月 1 日 8：00—9：30

活动内容：邀请全市杰出青年代表 30 名，从长江大桥武昌桥头堡出发，骑行至武昌农民运动讲习所旧址纪念馆，观看沉浸式思政课《武汉 1927》，参观"红色足迹——中国共产党党章历程展"和"复兴路上 青春闪光——武汉庆祝中国共青团成立 100 周年专题展"。用骑行方式，鼓励和引导市民以绿色低碳出行方式参与红色旅游活动中。

"追寻红色记忆"沉浸式体验暨红色教育主题活动

活动时间：7 月

活动内容：通过参观武汉中共中央机关旧址纪念馆、八七会议会址纪念馆等红色场馆，体验坐红巴、乘红船等实境体验感强的活动，打造沉浸体验式红色文旅融合发展，传承党的红色基因，弘扬伟大革命精神，厚植爱国社会主义情感。

"童心向党，未来可期"我是小小革命传承人暨红色教育主题活动

---

① "寻访英雄武汉红色记忆"红色旅游月启动，长江日报，2022-06-30.

活动时间：7 月

活动内容：通过参观武汉二七纪念馆，在画卷上书写红色记忆、编草鞋等童趣方式，让孩子们铭记历史、不忘初心，学习传承并大力弘扬"忠诚如铁，敢为人先，不怕牺牲，一往无前"的革命精神。

"武汉 1927"沉浸式思政课"七一"特别活动

活动时间：7 月 1 日

活动内容：通过沉浸式红色情景剧实地还原 1927 年大革命前后发生在武汉红巷、都府堤红街的革命故事，引领观众穿越历史的沧桑巨变，深刻感受革命的苦难辉煌，体悟武汉英雄城市的时代内涵，接受理想信念教育的洗礼。

"复兴路上青春闪光——武汉庆祝中国共青团成立 100 周年专题展"巡展活动

活动时间：7 月 1 日至 7 月 31 日

活动内容：以百年党史团史为生动鲜活的创作素材，融入了经典音乐、诗词、影视、舞台剧等多种文艺手段，进企业、进社区、进学校、进军营、进乡村，聚焦反映新时代风采，以文化人、以情感人，真正让红色文化落地生根，为红色旅游贡献博物馆的力量。

"我在红巷讲党史"之"纪律建设永远在路上"文艺宣讲活动

活动时间：7 月上旬

活动内容：在中国共产党纪律建设历史陈列馆举办。宣讲内容涵盖党在革命、建设、改革、发展各个不同时期的纪律主题故事，形式上融入了多种艺术手段，线上线下同步进行。

红色足迹——中国共产党党章历程展

活动时间：7 月 1 日至 7 月 31 日

活动内容：武昌中央农民运动讲习所旧址纪念馆临展厅开展。2022 年是首部中国共产党章程诞生百年，以百年党章发展历程为主线，通过举办专题展，宣传党章基本知识，深入推进党史学习教育常态化长效化。

"用生命诠释忠诚——中国共产党首届中央监察委员会委员生平展"

活动时间：7 月

活动内容：在武汉革命博物馆举行。重点展示革命先烈对崇高理想信念的忠诚和纪检先驱"打铁还需自身硬"的优秀品格，反映党以伟大自我革命引领伟大社会革命的历史必然性和前瞻性，激励人们不忘初心、牢记使命、砥砺前行。

《传承红色血脉　共筑强军梦想——庆祝中国人民解放军建军95周年》图片展

活动时间：7月1日

活动内容：由八路军武汉办事处旧址纪念馆举办，将展览搬进后湖街道胜华社区。展览通过36块版面百余张图片讲述了中国人民解放军在中国共产党的领导下破土生长的光辉奋斗历程。

不爱红装爱武装——纪念黄埔军校武汉分校女生队成立95年特展

活动时间：7月底—10月

活动内容：武汉中共中央机关旧址纪念馆怡和洋行临展厅举办。展览通过图片、文物、实物及多媒体等多种手段，立体展示从1927年女生队入校到在党的教导下成为中国近代史上的第一代女兵，再到面对艰难抉择，坚定理想信念，终其一生的英勇故事。

喜迎二十大　争做新时代好少年——牢记习爷爷嘱托红色故事会

活动时间：7月上旬

活动内容：洪山区图书馆组织红色主题故事会，通过讲红色故事，引导青少年把习爷爷对少先队员的寄语制作成卡片，牢记习爷爷的嘱托，争做新时代好少年。

发布《寻访英雄武汉红色记忆读本》口袋书

活动时间：7月1日

活动内容：以重点红色场馆、革命历史遗址遗迹为对象，按照场馆简介、红色故事、红色游记、红色回忆四个篇章，编印《寻访英雄武汉红色记忆读本》口袋书，在重点红色场馆免费发放。

红色演艺剧目——话剧《八七会议》首映仪式

首映时间：8月7日

首映地点：中南剧场

剧目简介：该剧主要讲述"四一二"反革命政变后，中国共产党总书记陈独秀对"国民党左派"心存幻想，拱手让出革命领导权，以毛泽东、瞿秋白、蔡和森、周恩来为代表的一批共产党人，正视残酷的现实，高举起土地革命和武装斗争两面大旗，在白色恐怖笼罩下的武汉举行了决定党和革命命运的中央紧急会议——八七会议，使中国革命走入了土地革命的新阶段。

近年来，武汉市文化和旅游局在充分利用好武汉红色资源、发展武汉红色旅游上做了不少文章。举办红色主题活动月活动，进一步创新红色旅游形式等。

（4）武汉特色的红色文旅产品

智慧旅游、创意旅游是红色旅游业发展的重要方向。近年来，红色旅游积极推动多种业态融合发展，应用高新科技，开发创意"红色旅游+"产品，受到游客的青睐。红色旅游积极探索应用 VR、AR、数字化等高新技术，为游客带来了全新的游览体验。此外，红色旅游通过整合博物馆、艺术表演、研学产品等资源，成为旅游市场的"热销产品"，红色旅游产品科技赋能创新发展。

打造红色情景剧演出。创新是红色旅游发展的关键词，沉浸式体验、"红色+影视+乡村"、国际红色旅游对话交流等新模式成为创新性传承红色基因的重要手段。近年来武汉市立足文化和旅游工作特点推出更多革命历史题材优秀作品，用好革命文物、红色资源，办好展演展览展示、发展红色旅游。重点把曲艺《三教街 41 号》、情景剧《攻打武昌城》、京剧《母亲》、楚剧《向警予》等打造成红色旅游演艺产品。武汉革命博物馆、武汉中共中央机关旧址纪念馆等红色博物馆，结合自身红色历史资源，联合省、市专业文艺院团和艺术公司，采用与观众互动的沉浸式表演方式，打造了红色博物馆情景剧《历史的回望》《1927 年，革命的大武汉》，受到观众一致好评。在武汉革命博物馆创排沉浸式演出《毛泽东在武汉》《王荷波》。

为让党史学习更加立体丰富，武汉革命博物馆联合多家单位深挖红色资源，发挥各自优势，共同打造了一场特殊的思政课：观众变身"农讲所学员"，跟随"老师"的脚步，回到 1927 年的武汉。1927 年的武汉风雷激荡，随着北伐胜利进军，国民政府从广州迁到武汉，作为中共中央农委书记的毛泽东在武昌红巷创办中央农民运动讲习所，首批学员 800 多人，来自湖南、湖北、江西等 17 个省。

学员们结业后积极响应"到农村去,实行农村大革命"的号召,奔赴农村从事农运工作,成为武昌红巷撒向全国各地的革命火种。他们中大多数人,英勇奋斗到最后一刻,为中国革命奉献了青春与热血。这场思政课。这次全新的尝试,打破了传统讲解参观模式,通过沉浸式、接地气、有温度的红色情景剧"实地还原"1927年在此发生的故事。在这里,参观者变身"农讲所学员",在讲解员及来自长江人民艺术剧院演员扮演的"老师"的带领下,"穿过时光隧道"回到1927年,了解毛泽东在汉创办农讲所的历史瞬间,切身感受慷慨激昂的峥嵘岁月。此次活动还融入红色巴士、红船等元素,将党史学习延伸至更多场景,使红色文旅产品更加丰富、多元。在武昌农讲所,情景党课《历史的回望》将农讲所的一天的学习生活情况真实再现。"军事教官"带领"农讲所学员"举行军事操练,引领观众一同追忆早期无产阶级革命前辈不畏艰险、慷慨激昂的峥嵘岁月。农讲所已成为爱国主义教育基地、红色旅游的网红打卡地,年接待游客200多万人次。不少观众表示,这样的沉浸式思政课,观众融入其中,与演员零距离深度互动,有助于让红色历史、党史教育深入人心。

沉浸式体验由于其震撼力和现场感,一向是红色旅游的热点。探索文旅深度融合新路径,强化文艺院团、文博场馆互动融合,运用声、光、电等现代科技,在红色场馆打造沉浸式红色场景,在沉浸式的演艺矩阵,近距离感受每一段故事,提升游客体验感。真正实现文旅融合、情景融合、商演融合、传娱融合、昼夜融合、创销融合的全新文旅"6H模式"。沉浸式戏剧矩阵,真正实现戏剧+红色乡村游、戏剧+名人乡村游、戏剧+研学乡村游、戏剧+党建乡村游、戏剧+体验乡村游、戏剧+美丽乡村游等丰富的旅游产品,以新媒体艺术转译传统文化内涵,形塑沉浸式体验情境。文化+科技+艺术+商业共融是必然趋势。日新月异的信息时代,产业的发展十分离不开新媒体技术的加持,如果文化没办法和生活连接在一起就会消失。从旅游演艺做到了行浸式演艺板块上以后,突破了传统的观演方式,秉承让中国故事不止于讲而是沉浸其中的理念和出发点在创作。

深度打造红色研学旅游品牌。"红色+研学",强化红色旅游的教育功能,策划举办红色教育进景区、红色研学夏(冬)令营等丰富多彩的活动,依托丰富的历史文化资源,让更多学生在接受爱国主义教育的同时,学到更多历史文化和科普知识。武汉是国内最早开展研学旅行的城市之一,在20世纪90年代启动的

"跟着课本游中国"研学主题夏令营等活动，先后有230所中小学校25万余名中小学生参与，通过设计文史、科技、环保等60多个教育主题，增加见识、享受快乐。以红色文化引导的多样化研学发展成为红色旅游最重要、最核心的跨越发展趋势，武汉的旅行社从组织夏令营活动，再发展到致力于开拓红色研学游。红色研学旅游能增强学生对祖国大好山河的自豪感，对中华传统美德的亲近感，对革命光荣历史的崇敬感和对改革开放成就的认同感，引导学生走出校园，感受城市脉络和时代精神，全面实施素质教育，深入推进有效德育，促进学生知行合一。多年来，国家一直强调要发挥红色旅游在爱国主义和革命传统教育方面的作用，党员和青少年是红色旅游的核心客群，并成为红色教育的重点对象，红色旅游不再仅仅是中老年人回忆峥嵘岁月的怀旧旅游，更是广大党员干部和青年群体接受爱国主义教育和革命传统教育的重要形式。① 2017年武汉市教育局等14部门关于印发《武汉市推进全国中小学研学旅行实验区工作实施方案》，把红色研学纳入中小学教育教学计划，要求充分发挥课程育人功能，将社会主义核心价值观的内容和要求细化落实到研学旅行之中，围绕"走进爱国主义和中国特色社会主义教育基地"，依据中小学课程标准和学生实际情况，做好研学旅行课程设计，大力开展"红色电子护照"和"红色主题班会"教育实践活动。

"红色电子护照"活动。由武汉市委宣传部、市文化局、市教育局主办，九派公司承办的"中小学生走进爱国主义和中国特色社会主义教育基地"红色电子护照活动，自2016年开展以来，不断推出受场馆欢迎、学生喜爱的公益活动。科技改变了人们的生活方式，让一切变得简单便捷。在武汉这片红色热土上，红色文化的传承和发扬正与时俱进，悄然搭上了现代科技的快车，焕发出蓬勃生机。武汉红色旅游景区借助自身的资源优势，积极与各中小学校共建互动，通过移动端GPS二维码签到功能实现线上线下网络交流平台，形成资源共享、需求对接、教育互补，推动红色文化的传承和弘扬。据悉，武汉市对外开放的博物馆、纪念馆大多已做到了"互联网+"。比如中小学生每人都配有一张红色电子护照，他们每进入一个场馆，场馆里都会自动生成记录。同时，各大博物馆纪念馆还在试行掌上智慧博物馆，将馆藏文物的照片和背景故事通过互联网呈现出

---

① 王金伟《中国红色旅游发展报告（2021）》，社会科学文献出版社。

来，让红色故事"活"起来、近起来。红色电子护照研学旅行夏令营精彩继续。国画训练营于 8 月 7 日在八七会址旧址纪念馆开营，绘制红色历史，传承红色基因。八路军武汉办事处旧址纪念馆将举办"小小演说家"活动，重温红色历史，共享红色感悟。

其次，根据受教育者的不同需要，设计不同的旅游线路和教育资源，如对青少年进行爱国主义教育、光荣传统教育，对党员同志进行党性修养教育，对广大人民群众进行红色文化的教育。除了以干部研学和红色教育为主的研学外，"八七红色教育课系列课程"由"素质教育进课堂""国旗下的讲话""红领巾小小讲解员"三部分组成，以进一步发挥红色经典景区教育示范引领作用，每年结合最新时事新闻热点以及中小学生身心发展特点，前往各中小学开展主题多样的社教活动，将爱国主义教育贯穿于宣传活动中，搭建学校与纪念馆之间的良好平台，让近万名学生接受红色教育。八七会议会址纪念馆不断丰富活动形式，提升红色旅游吸引力和公共文化服务水平。结合中小学生身心特点开展八七红色教育课，并针对不同的学生群体，设计不同的活动环节，寓教于乐，使学生在轻松、有趣的氛围中掌握更多的红色知识。在线下课程不断完善之际，2020 年，八七会议会址纪念馆结合实际情况，将"八七红色教育课系列课程"——"素质教育进课堂"提升为云课程，制作了云课程送往武汉市 40 多所中小学校，让近万名中小学生接受爱国主义教育；"八七红色教育课系列课程"还录制了《对话1927》《家门口的纪念馆》等音视频教育课程，通过学习强国、微信公众号、新浪微博、抖音、快手等多家媒体平台展示，吸引了大批观众的收听收看，扩大了活动影响力和社会赞誉。"八七红色教育课系列课程"——"红领巾小小讲解员"，自 2016 年启动以来，已培养红领巾小小讲解员百余名，在各类社教活动中表现突出。2020 年 7 月，"八七红色教育课系列课程"创造性地采用演绎加讲述的形式，让红领巾小小讲解员们参与宣传片《扭转历史的关键时刻——八七会议》拍摄中，拍摄完成后在武汉市各中小学巡回播放，让同学们能够身临其境地感受到革命精神与红色文化。此外，"八七红色教育课系列课程"每年结合重大时事热点，以及"中华英烈凭吊周"、国际博物馆日、七一建党节、八一建军节等重要节日，充分挖掘八七会议会址的红色资源，结合各中小学自身特点和实际情况，制作与每个学校相适应的"八七红色教育课系列课程"，弘扬革命优良传统，传承红色革命精神，使广大中小学生在课程中丰富红色知识，厚植爱国情怀。为不断扩大"八七红色教育课系列课程"的活动覆盖面及活动影响力，纪念馆还积极与20余所学校共建合作，将优秀的课程资源送往各大、中、小学。

2017年武汉被确定为全国中小学生研学旅行实验区。近年来，武汉依托自然和文化遗产资源，红色教育资源和综合实践基地等，建设一批安全适宜的中小学生研学旅行基地，打造了一批示范性研学旅行精品线路，形成布局合理、互联互通的研学旅行网络。随着研学旅行在全国的试点推广，文化名城武汉将接待更多来自全国各地的研学团队，武汉将突出"以游促学"的核心目标，科学制订旅行方案，细化研学线路，强化活动体验，与教育、文化等部门共同做好实研学旅行产品的开发，建立起开放式、多元化的研学旅行体系，推动武汉旅游业的多样化发展。武汉市2018年公布系列标准，让中小学选择研学服务机构、研学基地等有了"星级"标准。武汉市旅游发展委员会和武汉市教育局近日联合公布《服务机构评定与服务规范》《研学基地评定与服务规范》和《研学导师评定与服务规范》3个考评标准，对研学旅行做了详细规定。据了解，武汉是全国首个规范中小学研学旅行标准的城市。标准公布后，将规范全市中小学的研学旅行市场，指导研学旅行服务机构和基地加强课程建设，使中小学生能安全、系统、科学、趣味地进行研学旅行实践，为学生全面发展提供良好成长空间。

在培训课程的设置上，采取"红色教育＋生活体验"的情景式、体验教学模式，知行合一、书本知识和生活经验合一，真正实现红色旅游与爱国主义、革命传统教育的有机结合。着力打造红色培训品牌，依托资源优势开展红色研学，吸引全国各地机关、学校、企业等参加红色培训，充分发挥教育群众、辐射全国、擦亮品牌的综合效应。

推动新时代红色旅游持续健康发展，只有深入挖掘红色旅游的文化内涵，推进红色旅游和革命文化两者深度融合、共同繁荣。红色旅游景区里不一样"教育"，让"红色"文化潜移默化地深入人心，也让红色旅游更加红火。为庆祝新中国成立70周年，2019年国庆假日期间，全市各大文化旅游场所整合红色资源，提升红色旅游产品品质，推出系列红色旅游产品。武汉11家市属博物馆、纪念馆推出40余项展览和活动，其中武汉革命博物馆推出"为了可爱的中国——方志敏烈士生平展"，游客观展缅怀革命先烈方志敏的光辉一生；武汉中共中央机关旧址纪念馆推出"伟大光辉的一生——陈云生平业绩展",展出陈云读过的部分马列著作、陈云化名"廉臣"所著的《随军西行见闻录》单行本以及和陈云同志相关的用餐、退工资收据等珍贵的文献资料,追思他为党和人民事业不懈奋斗的光辉一生;中国共产党纪律建设历史陈列馆推出"伟人风采人民公仆——老一辈无产阶级革命家廉政风范图片展",回顾毛泽东等革命伟人廉洁奉公的高尚风范;辛亥革命博物馆承办的"祖国立交桥:武汉 70 年'路'与'城'的协奏曲"展览,以建设"祖国立交桥"为主题,通过 140 余幅图片和 180 余件展品,回顾了 70 年来武汉城市的变迁和发展,展示了凝结武汉人智慧与汗水的硬核"武汉造"。各大旅游景区也推出爱国主题活动,姚家山旅游景区"我和我的祖国"献礼新中国成立 70 周年主题露营嘉年华;木兰天池景区推出创意爱国手绘步道,开展国旗打卡点活动,游客兴致盎然。让更多的党员群众能够在游中学、在学中游,从深厚的红色文化中汲取养料。

研学旅游品牌的创立,有利于促进旅游与研学深度结合,创新多元化的旅游发展模式。各研学旅游目的地和示范基地要进一步挖掘研学旅游资源,深化打造主题品牌,扩大对青少年人群的政策优惠,加强接待配套设施建设,切实提高管理服务水平和安全保障,不断提升研学旅游的综合吸引力和品牌认知度。各级旅游部门要充分发挥对研学旅游目的地和示范基地的指导作用,加大在政策、资金、项目、人才培训、宣传推广等方面的支持力度,将研学旅游培育成为各地旅游发展创新的增长点。

革命烈士纪念园、少年红军展览馆、少年红军文化主题公园、苏区少年先锋队主题展厅……"中央红军村"大田村依托红色遗迹,打造"少年红军精品线路",成为全国独特的以"少年红军"为主题的红色文化教育研学基地。同时,持续开发重走红军路、党史党课学习以及野外生存拓展等体验式、互动式项目。

文化和旅游融合发展,是文化建设和旅游发展的内在要求和必然结果,是贯彻习近平总书记关于文化和旅游工作重要论述的重大实践。我们将进一步坚持远近结合、精准发力,持续推动武汉文化和旅游深度融合、相互促进,为建设新时代英雄城市作出新贡献。武汉文化旅游实力突出,获评首批国家文化和旅游消费示范城市、首批中国旅游休闲示范城市。文化是城市的灵魂,历史是发展的底蕴。进入新时代,武汉将继续加强历史文化资源的保护、传承和利用,不断擦亮文化标识,自觉坚定文化自信,为实现中华民族伟大复兴中国梦提供强大的价值引导力、文化凝聚力、精神推动力。

充分发挥我市红色革命文化资源优势,加快推进我市红色旅游的发展,为加强对红色旅游统筹协调,武汉成立了革命历史类纪念设施、遗址和爱国主义教育基地工作联席会议领导小组及小组办公室,由宣传、发改、民政、财政、文化、文物、教育、国土、住建、旅游、党史、军区等部门单位共同组成,建立了联席会议制度,群策群力,为武汉的红色旅游发展"保驾护航"。武汉红色旅游发展要深化区域旅游合作,着力把红色旅游线规划建设成为资源品位高、品牌形象优、核心吸引力强的跨区域精品旅游线路。武汉以红色旅游景区作为载体,常用常新,让"红色"的革命精神成为了滋养精神家园,推动经济社会发展的强大力量源泉。武汉的红色旅游红得有"新意",正在不断创新中以蓬勃的姿态阔步前行。武汉市文化和旅游局贯彻落实习近平总书记关于推进文化自信自强的重要论述和考察湖北武汉重要讲话精神,立足我市得天独厚的文旅资源,推动文化旅游深度融合,为武汉在湖北建设全国构建新发展格局先行区中当先锋、打头阵,打造新时代英雄城市贡献。文化旅游融合发展具有十分重要的意义,这是贯彻落实中央决策部署和省委、市委要求的重要内容,是推进武汉高质量发展的具体行动,更是满足人民群众美好生活的现实需要。要持续深入研究文化资源和旅游资源、文旅与商业、文旅与乡村振兴的融合发展问题,更好做到以文塑旅、以旅彰文,以文促旅、以旅兴商,以农兴旅、以旅富农。在推进红色旅游高质量发展方面,武汉将建设一批展现新时代成就的全国红色旅游经典景区,拓展红色旅游产业链,推进红色旅游与乡村旅游、生态旅游、体育旅游等关联业态深度融合,打造一批红色旅游融合发展示范区;加强红色旅游景区与院校人才合作,加强红色旅游志愿者队伍建设。打造"红色+生态农业""红色+休闲康养""红色+非遗传承"等新业态、新模式,推动红色旅游与乡村振兴有机融合、深度融合,让当年的"革命路""长征路",成为新时代的"振兴路""幸福路"。

为了充分挖掘武汉旅游巨大潜力,使之成为带动经济社会发展的新引擎,建议尽快出台推动武汉文旅深度融合高质量发展的意见;举办武汉市文化和旅游发展大会,每年召开一次,通过政府主导,打出政策的"组合拳",凝聚各方力量,营造合力发展的氛围。加强文化遗产保护利用,挖掘武汉历史文化,让文物活起来，用文化丰富旅游内涵、提升旅游品位，实现让旅游带动文化传播、推动文化繁荣。长江国家博物馆需要呈现"大文化"，涉及长江水资源文化、长江流域红色文化等，认知不能局限在城市层面，而要站在整个长江流域来认识，凸显中华文明标识体系。举办武汉文化和旅游推介暨文旅招商专场活动，助力旅游业在更广范围、更深层次、更高水平上实现融合发展。发展精品旅游项目，全方位提升、高质量发展，提升武汉文旅知名度和影响力。强化武汉都市圈合作发展，牵头发布一批武鄂黄黄文旅精品线路和合作项目。开展"请进来""走出去"系列主题营销，与重点客源地城市，开展互为旅游目的地和客源输出地，互设"旅游活动月"，引客入汉。

二、武汉"红色基因"传承工程创新案例

新时代红色基因传承需要充分抓住融媒体时代的发展机遇，促进红色基因传承从理念到实践的创新创造。武汉市适应党史学习教育常态化长效化的要求，深入挖掘红色文化资源，积极创新方式方法，突出青少年群体，增强红色文化的渗透力。

1. "武汉校园红色教育资源图谱"

习近平总书记在中国人民大学考察时强调："要加强校史资料的挖掘、整理和研究，讲好中国共产党的故事，讲好党创办人民大学的故事，激励广大师生继承优良传统，赓续红色血脉。"立足新时代新征程，开发和挖掘武汉校园校史资源，传承和弘扬其内含的红色文化精神，对培育肩负民族复兴的时代新人具有重要意义。为了让红色基因、革命薪火代代相传，作为"红色基因工程"的重要内容，武汉市委宣传部、市教育局、长江日报在2021年4月6日联合发起"武汉校园红色教育资源图谱"活动，引导中小学生寻访、讲述、整理校园中的红色教育资源，形成经专家审定核实的首部完整的《武汉校园红色教育资源图谱》，免费发放给武汉市中小学生，为青少年党史学习教育提供素材和指引。

（1）校史校园红色教育资源见证党在武汉奋斗

校史校园红色教育资源见证党在武汉奋斗，是传承党史的重要载体，每一处

红色遗址、每一件红色文物，都蕴含着鲜活的历史。红色基因曾经深情流淌在校园，形成了宝贵的精神财富，是党史学习教育最生动的教材。武汉不少中小学校园中留存着红色教育资源，见证了党的发展史、革命史。这些红色教育资源有的是校址及遗址的，有的是革命历史人物办学求学活动遗迹类的，有的是为了纪念革命先烈得名，有的是将惊心动魄的历史再现于校园。比如在武昌实验小学校园内的武汉中央军事政治学校即原黄埔军校武汉分校旧址，恽代英、陈毅、徐向前等老一辈革命家都曾在这里工作、学习和生活过，蕴含以"爱国革命"为核心的黄埔精神；共产党人董必武创办的武汉中学可以党的创建为时代背景孕育了中国共产党伟大的建党精神。在武汉，一批中小学校校名中就有着鲜明的红色印记，如武汉市警予中学，原校名是黄石路中学，在1993年为纪念大革命时期牺牲在此地的向警予、夏明翰等200多位革命先烈，校名更名为警予中学。曾培养过民主革命先驱宋教仁、共产党创始人董必武和陈潭秋、著名科学家李四光、著名文学家黄钢和严文井的武汉十四中学蕴含武汉抗战精神。还有的中小学校将惊心动魄的历史再现于校园，如京汉学校内的铜板浮雕刻画出二七革命历史场景，黄陂路小学少儿博物馆临街墙面模拟八七会址、中共中央机关旧址等革命历史遗迹，是全国第一家、也是目前唯一一家位于校园内的关于孩子剧团的纪念场所长春街小学孩子剧团陈列馆。洪山高中缘起于师生请回来的雷锋塑像，在政府的支持下建立了雷锋广场和雷锋纪念馆。

红色校史与学生有着特殊的时空联系，校园、老师、校友等成为联结老一辈教育工作者与时代新人的重要纽带。发挥红色校史的育人示范功能，让党史知识成为师生看得见、摸得着、感受得到的"身边的历史"，学生更容易体会"自豪感"，获得"亲切感"，产生"认同感"，能在潜移默化中接受革命精神的教育和洗礼。挖掘丰富校史资源，凝练红色基因内涵，提升校史资源吸引力，运用网络信息技术优势，创新校史资源呈现的方式与形态，增强吸引力，充分运用校史资源创新红色基因传承和弘扬路径，提升育人实效。要了解党的历史，不仅要读要看，还要走近它、触碰它，浸润着青少年一路成长。

（2）红色图谱形成过程是生动的党史教育过程

2021年4月"武汉校园红色教育资源图谱"活动启动后，各学校引导学生寻访、讲述、整理校园中的红色教育资源。孩子们走进校园里的红色遗迹、红色教育场馆，倾听老师、专家的讲解，搜寻相关历史和人物。他们在红色旧址里上思政课，在陈列馆中学历史，跨越时空，触摸百年党史；他们为烈士制作小白花、给革命先辈写一封信，表达崇敬与哀思；他们还成为小讲解员、小导游，向小伙伴们介绍校园中一座雕塑、一条路名的来历。经过为期一个多月的寻访、收集和审定，最终全市有 23 所中小学的红色教育资源纳入图谱。这 23 所校园分别是：蔡甸区柏林中学、蔡甸区华英小学、汉阳区夏明翰小学、黄陂区第三中学、黄陂区王家河小学、武汉市电子信息职业技术学院、武汉市第二十一中学、江岸区长春街小学、武汉市京汉学校、江岸区黄陂路小学、江汉区武汉关小学、江汉区大兴路小学、武汉中学、武汉市第十四中学、湖北省武昌实验中学、武昌中华路小学、湖北省武昌实验小学、武汉大学第一附属小学、武汉市洪山高级中学、江夏区求实中学、江夏区义贞小学、新洲区莲湖小学、新洲区第二中学。

"武汉校园红色教育资源图谱"的内容全部来自中小学生的探访、收集，这个过程本身就是一次次生动的党史教育。按照"图谱"开展红色寻访，能引导广大师生深刻认识中国共产党筚路蓝缕的奋斗历程和凝聚的伟大力量，牢记红色政权是从哪里来的、新中国是怎样建立起来的，从而倍加珍惜党开创的中国特色社会主义道路，激励学生立鸿鹄志、做奋斗者。这份"武汉校园红色教育资源图谱"进一步展示武汉红色文化积淀，为全市师生提供身边的党史教育学习资源，将爱国、爱党的情怀深深植入青少年心中。

（3）把校园红色资源转化为教材、把红色遗迹现场转化为思政课堂

2021 年 5 月 17 日，武汉市青少年党史学习教育现场推进会在武汉三中举行，首部完整的武汉校园红色教育资源图谱在会上正式发布。《武汉校园红色教育资源图谱》汇集了 23 所中小学校的红色资源，免费发放到全市中小学校园，作为青少年党史学习教育素材和指引。图谱发放也采用线上的方式，师生、家长们扫描二维码就可以进入动态图谱页面，点击图标可获取学校简介、红色教育资源简介、学校导航等更多信息。图谱孩子们手持这份图谱，可以了解党在武汉的百年光辉历程，将爱国、爱党的情怀厚植心中。

长春街小学传承"孩子剧团"精神。走进江岸区长春街小学天地校区孩子剧团陈列馆，馆内陈列一座由著名雕塑家谢家生创作的"孩子剧团"汉白玉雕像，是"孩子剧团"精神传承的见证。2016 年，雕像经过两次搬迁，安放在环境优

美的长春街小学天地校区后，学校配套建设了陈列馆。馆内收藏有近百本相关书籍，近200张图片资料，以及皮鼓、腰鼓、口琴、小号、手摇留声机等近20件实物，馆内资料都是通过走访'孩子剧团'老团员收集整理而来。这是全国第一家、也是目前唯一一家位于校园内的关于孩子剧团的纪念场所。孩子剧团陈列馆现在已经成为学校的红色文化标志，激发着全校师生赓续红色血脉、传承红色基因的热情。近年来，作为发扬孩子剧团主力的长春街小学，每年学校都会结合社会热点，围绕'孩子剧团'开展一系列大型展演、公益宣讲、红色研学等活动，传承活动从未间断，在一批又一批孩子的心中播撒下红色种子。

80多年前，在那个战火纷飞的年代，一群流落在上海的少年儿童以歌咏、舞蹈、戏剧为武器，积极投身于抗日救亡的滚滚洪流之中。他们都是"孩子剧团"的成员，用小小的身躯承担起救亡图存的责任。上海沦陷后，"孩子剧团"的成员们辗转千里，从上海来到武汉，继续动员群众参加抗战，被著名作家茅盾誉为"抗日战争血泊里的一朵奇花"。近50年后，来自汉口永清街辖区的武汉市二中、滑坡街和长春街小学等8所学校的100多名少年儿童组建新孩子剧团，穿越时空传承"孩子剧团"精神。从"孩子剧团"宣讲队走进社区表演舞蹈、歌曲、快板、小品等节目，到学校开展"孩子剧团重返延安"红色研学活动，再到"孩子剧团"小团员登上第七届世界军人运动会开闭幕式舞台，向世界展示中华少年的风采，以及在《开学第一课》节目中演唱创作歌曲《草》，歌唱武汉人民在抗疫中表现出的坚韧不拔的英雄气概；《武汉孩子剧团故事》入选非遗项目，学校开展了《孩子剧团故事》线上宣讲活动，让孩子们在学校微信公众号上通过聆听、观看、阅读等方式回溯那段传奇的历史，用朗读、配音、宣讲等多种形式传承"孩子剧团"精神……一系列极具特色的活动让红色的种子在孩子们心中悄然生根发芽。

武汉市第二十一（警予）中学开展祭英烈活动。警予中学在校园内建起了一座烈士纪念馆，纪念馆门前砌起一面烈士群像浮雕墙。每年清明时节，该校学生都会手捧花环，步行7公里到龟山上的向警予烈士墓祭扫，用歌声、朗诵表达对先烈的敬仰与缅怀。警予中学还通过红色教育进课堂、红色教育读本建设、红色教育学段规划等方式开展爱国主义教育，以大革命和妇女解放运动为时代背景，传承中国妇女解放运动先驱、女权革命家向警予短暂而辉煌的一生为主要内容宣传向警予精神。

武汉中学旧址纪念馆里上"入学第一课"。武汉中学的校史馆,是董必武等人于1920年创办的私立武汉中学校旧址所在。中共一大代表中有三位代表董必武、陈潭秋、李汉俊,都是出自这所学校。珍贵的校史资源是党的创建时期,以武汉地区革命先驱宣传进步思想、与反动势力坚决斗争、成立武汉党的小组的历史见证,为传承中国共产党伟大的建党精神重要载体。近年来在学校的旧址纪念馆里上"党史课",是每位武汉中学学子入校的第一课。借助红色校史充实思政课教学内容,将红色校史中的重要人物、典型事件融入思政教学课堂,打造"校史画卷里的思政课",增强思政课教学的说服力。其次,将红色校史资源融入多媒体教学,采用案例式、探索研究式教学,发挥学生的主体作用,提高思政课教学吸引力。再次,依靠红色校史扩展思政课教学场景,将思政课堂延伸至校史馆、博物馆、红色建筑等场所,让学生近距离"沉浸式"感同身受,提高思政课教学的感染力。

京汉学校校园"红色文化八景"。京汉学校位于京汉铁路工人二七大罢工的发源地二七地区,学校在继承红色传统和铁路工人自强不息精神方面有着独特的责任和天然的优势。近年来学校围绕"红色奠基,自强育人"核心理念,进一步整合红色资源,将散落在各校的红色文化资源请进京汉学校,把"自强"二字深深刻在校门口的巨石上,将其命名为"自强石";主席台红旗背景两侧"自强不息,开拓进取"八个大字熠熠生辉;建立红色教育校内基地,把林祥谦烈士铜像请进校园,把国家授予的"铁路爱国主义教育基地"挂牌竖起来;新建二七革命历史群像墙雕,塑立红色"二七火炬"雕塑,将石头命名为"开拓牛""进取狮"。学校"红色文化八景"让红色文化渗入学生的文化基因,启迪学生思考历史、奋发图强。以红色校史资源为依据,可以在校园打造校史馆、博物馆、纪念碑、雕塑等红色校园景观,命名红色道路和红色建筑,树立红色标识等,通过专题研学参观、举办主题党日活动、开展思政第二课堂等方式,发挥校园红色场域的育人功能,实现"润物细无声"的育人成效。

洪山高中"大思政"课堂学雷锋。请回一个"雷锋",走出一批"雷锋"。近年来洪山高中充分发挥雷锋广场和雷锋纪念馆"一场一馆"的教育功能,组织开展了多种多样的学雷锋活动。学校挖掘雷锋精神的教育价值,编写校本教材,举办演讲赛和学雷锋的主题班会课，让雷锋精神有机的渗透到教学课程里头。学校不断加强和改进德育工作，开展了学雷锋积极分子评选、学雷锋志愿服务、学雷锋志愿助学等活动，在广大师生中生动诠释"雷锋精神"。洪山高中雷锋纪念馆被授予武汉市爱国主义教育基地，常年向社会开放，发挥教育辐射功能。20年来，一届届洪山高中学子从这里出发，走进社区、公园、车站、福利院，每年开展数百次志愿服务活动。在毛泽东等老一辈革命家为雷锋同志题词60周年之际，习近平总书记对深入开展学雷锋活动作出"深刻把握雷锋精神的时代内涵，让雷锋精神在新时代绽放更加璀璨的光芒"的重要指示，预约参观雷锋纪念馆的单位络绎不绝。这里，雷锋精神早已镌刻进洪山高中的基因，成为学校开展各项工作的精神指引，也成为武汉弘扬雷锋精神的"圣地"。武汉校园内的这些"雷锋印记"，如"精神灯塔"照亮下一代的心灵。

"武汉校园红色教育资源图谱"用好用活红色资源，把历史转化为课程、把史料转化为教材、把现场转化为课堂，注重把握学生认知发展规律、品德形成规律和教育教学工作规律，深入开展系列形式新颖、内容丰富、贴近学生的党史学习教育活动。武汉市各中小学将结合各校特色，以及学生成长规律，创新方式，发挥首创精神，将党史教育落到实处。依托全市红色资源，实施"红色基因工程"，出版武汉红色文化地方教材，发布武汉校园红色教育资源图谱，开展思政课教案评比、组织红色研学、综合运用 VR、AR、3D 技术建立虚拟校史馆、虚拟红色旧址、红色校史 VR 课堂等红色校史传播手段，增强校史育人的生动性、形象性和实效性。在青少年学生心中厚植爱党、爱国、爱社会主义情感，立志听党话、跟党走。红色基地现场变党史思政教育课堂，实现了思政课不仅应该在课堂上讲，也应该在社会生活中来讲，将学校小课堂和社会大课堂结合了起来，强化实践感悟，使"学思悟行"融为一体。青少年能通过'武汉校园红色教育资源图谱'重温伟大历史，不断汲取红色教育资源中的强大精神力量，是思政小课堂和社会大课堂的结合。"武汉校园红色教育资源图谱"是面向青少年开展党史教育的创新载体，打通了整合、用好红色资源的"最后一公里"，在挖掘、传承、弘扬武汉红色资源和打造武汉红色文化品牌方面，将发挥有效作用。

2. "红色引擎工程"

基层治理、城乡社区治理的现代化，是国家治理现代化的重要基石。党的二十大报告提出，"坚持大抓基层的鲜明导向，抓党建促乡村振兴，加强城市社区党建工作，推进以党建引领基层治理，持续整顿软弱涣散基层党组织，把基层党组织建设成为有效实现党的领导的坚强战斗堡垒。"红色基因是中国共产党人的精神内核，是中华民族的精神纽带。新时代党建引领加强基层社会治理，需充分发挥社会主义核心价值观引领作用，从红色基因中汲取力量，滋养初心，淬炼品格，将其融入基层治理体系和治理能力之中，推进新形势下基层社会治理的改革和创新。"红色引擎工程"是近年来武汉市在城乡发展一体化、城乡社区治理领域作出创新探索。作为基层党建全国品牌，充分挖掘和运用好新时代英雄城市的红色资源，筑牢社会治理文化根基，推进红色文化融入基层治理体系、以红色文化带动基层治理现代化。

2017年武汉市全面贯彻落市第十三次党代会精神，唱响"红色主旋律"，打出"红色组合拳"——大力实施"红色引擎工程"。武汉市委印发了《关于实施红色引擎工程推动基层治理体系和治理能力现代化的意见》，明确提出要强化红色引领，培育红色头雁，激活红色细胞，建设红色阵地，打造红色物业，繁荣红色文化，掀起红色旋风，用好红色基金，推动基层党组织建设全面进步、全面过硬，确保基层政权坚实稳固，基层社会和谐稳定。为建强基层党组织，武汉市全面实行街道（园区）"大工委"、社区（村）"大党委"制度，将辖区内的社会组织、非公企业、党员等各类资源和力量，通过党组织统领和整合，增强街道、社区党组织服务群众的能力。针对基层党建点多、线长、面广，各领域发展不平衡等问题，武汉市基层党建工作不断创新，统筹考虑、分类指导、整体推进，深化拓展"红色引擎工程"。2019年武汉市印发《中共武汉市委关于新时代深化拓展"红色引擎工程"　加强和改进全市基层党建工作的意见》以及社区、农村、两新组织（新经济组织和新社会组织）和行业系统党建等相关配套文件，一并构成武汉市基层党建"1+4"系列文件。2020年，武汉市委办公厅、市政府办公厅出台"1+5"文件，进一步深化新时代党建引领加强基层社会治理，继续推进"红色引擎工程"，明确以市场物业服务为主体、自管物业服务为补充、公益物业服务为托底，分类推进"红色物业"全覆盖。

"红色物业"是"红色引擎工程"的主攻方向和创新之举。物业服务联系千家万户，直接关系群众切身利益，抓住物业问题，就抓住了社区群众所思所盼。2017 年武汉以市域社会治理现代化试点工作为契机，在全国首创打造"红色物业"，把物业公司建设成党在社区教育引领群众、联系服务群众的重要平台，把物业工作者队伍建设成党的工作者队伍，让物业既发挥服务功能，又发挥政治引领作用，促进物业服务与基层治理同频共振，取得阶段性成效。

党建引领，把"红色物业"打造成党的工作队。物业企业是社会治理的神经末梢、基层自治的重要力量，物业员工不仅是物业服务人员，也是党的基层工作队，是党的政策宣传员、困难群众的服务员、邻里纠纷的调解员。武汉市出台《关于推进"红色物业"拓面提质的实施意见》《关于党建引领老旧小区物业服务高质量可持续发展的实施意见》，党建引领红色基因激发物业企业的红色动能，推动物业行业党组织建设全覆盖，擦亮"红"的底色。市、区两级成立物业行业党委，在物业项目建立党组织。对全市无物业老旧小区、自管物业小区，组织综合实力强的"红色物业"企业结对帮扶，帮助建立物业、提升改造。将党员比例、党建工作情况作为物业企业信用评级、行业评比、项目招投标的重要依据。物业企业党组织除接受上级党组织领导外，同时还接受所在街道工委、社区党委的领导。根据这种双重隶属机制，武汉充分发挥街道社区属地管理优势，在街道成立"红色物业"服务站，选派千余名物业党建指导员，党的组织和工作覆盖面不断扩大，基层自治力量不断壮大。通过开展社区物业党建联建工作，强化社区党组织对物业企业的工作指导，不断引导物业企业党员立足岗位，亮身份、树形象、作表率、优服务。打造党员大学生物业服务力量，建好"红"的队伍。提升物业服务人员中大学生、党员比例，打造一支既能开展政治引领、又能服务社区居民的"红色物业"队伍，使"红色物业"队伍成为社区党的工作队伍。不少物业企业负责人感慨，过去讲提升服务，业主还半信半疑，但是成立党组织，群众就信你，这对企业本身也是一种鞭策。

机制创新，齐心下好基层治理"一盘棋"。近年来，武汉市推动建立"三方四联"机制（居委会、业委会、物业企业，组织联建、队伍联管、要事联商、服务联评），全面推行"双向进入、交叉任职"管理模式，在小区党组织书记兼任物业企业质量总监的同时，将物业企业的党员负责人推选为小区党组织兼职委员，通过制度性安排，形成"你中有我、我中有你"的治理共同体。建立小区党组织和物业企业联席会议机制，创新小区治理"月月谈""邻里夜话"等协商载体，打造"物业人员—社区干事—社区党组织书记"的成长链。抓区域强统领、基层自治力量不断壮大。将物业组织深度融入基层自治，创新"红"的机制。物业服务力量与社区治理力量同在一个屋檐下，通过落实"三方联动"机制，红色物业维修队、志愿者、下沉党员穿梭其中，居民"急难愁盼"的物业难题逐步得到解决。

文化塑造，用红色基因激发红色动能。发挥文化引领作用，加强历史文脉传承、丰富红色文化内涵，以红色文化带动基层治理现代化。红色文化有深厚文化根系，大力弘扬以社会主义核心价值观为主导的"红色文化"，赓续红色基因，让红色细胞激发治理活力，凝聚最深厚社会共识，汇聚最广泛治理合力，完善共治共建共享基层治理格局。武汉充分挖掘"红色资源"，建好用好各类革命传统教育实践基地，在街道、社区建设"红色文化长廊""红色文化广场"，增加流动巡展、微展览等宣传方式，推动"红色文化"进社区、进家庭，让群众在家门口受到"红色文化"滋养。激活"红色细胞"，充分发挥城市基层党员先锋模范作用。推动"两学一做"学习教育常态化制度化，把合格党员标尺立起来，把服务群众机制建起来，使党员成为群众身边最具活力的"红色细胞"。总结推广常青花园社区530余名退休党员"退休不褪色、离职不离岗""忠诚一辈子、奉献一辈子"的党员模范群体经验，让有群众的地方就听得到党员的声音，看得见党员的身影。建好用好各类革命传统教育实践基地，组建老干部、老党员、老战士、老模范宣传队，利用"微电影""微动漫""微课堂"，组织广大党员学讲话、学党章、学党规、学传统。武汉市武昌区中华路街道"红巷爷爷"，是都府堤社区一支热心社区事务、乐于传播红色文化的退休老党员团队，组建于2018年，他们常穿红马甲，走街串巷，服务社区居民，宣讲红色故事，"红"透社区内外。开展"千名局级干部联系服务千家企业（项目）""万名处（科）级干部联系服务万家小微企业、万名机关党员干部联系服务万家困难群众"等活动，健全完善街道干部"岗在社区、重在服务"工作机制，落实社区"两委"成员"三必到五必访"制度，实现党员干部联系服务群众全覆盖。组织开展"星级争创"活动，围绕"学习、服务、业绩、道德、廉洁"五个方面，开展党员评星定级，并以支部为单位进行公示，评星定级结果与年度考核、评先评优挂钩，激励党员在评"星"晋位中争当优秀党员。善于运用科技搭建红色教育线上线下平台，把"键对键"与"面对面"结合起来，用群众喜闻乐见、爱听愿学的方式，生动鲜活地讲真理、讲道理，讲现实、讲事实，使党员群众在"微时间"中受教育、从小故事中悟大道理、从先进先辈中感受信仰力量，党的创新理论走进寻常百姓家，使党的路线方针政策深入人心。组织开展文明创建系列活动，推动社会主义核心价值观走进基层、走进群众。注重典型示范引领。在各领域、各行业选树和宣传不同类型的先进典型，发挥先进典型的示范作用，以高尚的道德引导人，以先进的事迹鼓舞人。深入开展道德模范、身边好人、"武汉精神"践行者选树推介，挖掘凡人善举，树立道德标杆。邀请老干部、老党员、老教师、老战士、老模范等组成宣传队，经常性开展革命传统教育。组织百姓宣讲团，到群众身边讲活武汉好故事、传播武汉好声音。他们也是中华路街道作为红色街区，赓续红色基因，用活红色文化、惠民生、促发展、强治理的有效尝试。中华路街道都府堤社区党委带领在职党员、自管党员、下沉党员队伍、社会组织，凝聚成社区治理的坚实力量，广泛参与一线工作。依托小区党群服务驿站，为居民和下沉党员提供阅览、活动、议事等服务。充分发挥老旧城区老党员多的优势，建设"银发初心站"，搭建"家长里短议事会"，组建"社区规划师"，招募"平安合伙人"，组成"义务网格员"，助力提升基层社会治理水平。中华路街道党工委还实施基层党建"红街领航"工程，深入挖掘辖区红色基因库，开展红色文化节系列活动，谋划打造红色研学游基地，积极塑造"红街红巷红色圣地"。红巷街区获评省级旅游休闲街区，被誉为"中国第一红街"，书写了党建引领红色文化融入基层治理的生动篇章。

提质增效，服务升级群众彰显"红"的温度。投入更多资金资源提高服务质量，社区党组织规范物业费的管理使用，物业企业积极主动承担社会责任，协同社区党组织解决堵点痛点问题。武汉市修订《武汉市物业服务收费管理实施细则》，社区党组织牵头对物业企业开展成本核定和财务审计，规范物业费的管理使用，对生活困难的居民减免物业费，组织开展公益服务抵兑物业费活动。江岸区开展全面评估，根据小区基础条件、物业服务质量和物业收费情况分档分类给予可持续发展奖励，通过少量的财政支出，撬动物业企业改革创新、增强自我"造血"功能。鼓励物业企业通过清理开发老旧小区公共空间资源，开展房屋装修、家电维修等增值服务，增加盈利来源。同时，物业企业协同社区党组织解决群众广泛关注、容易引发物业矛盾纠纷的堵点痛点难点问题。例如通过减少外租场地，增加群众迫切需要的停车位；改造提升小区视频监控，自动识别和阻止电动自行车进楼入户，消除电动自行车火灾隐患；协调推动老旧电梯安全改造更新，保障群众乘梯安全等。在全市开展"物业服务小区行"活动，引导物业企业在做好物业服务的同时，深入群众了解民情、收集民意、解决问题，帮助社区做好党的工作，传递党的声音。物业服务过程成为党联系群众、凝聚人心的过程。物业人员直面社区居民需求，变被动等待为主动服务，参与社区基层治理工作，物业的存在感越来越强，物业费收费率也越来越高，不仅公司成功实现市场化转变，居民的幸福感也更强了。"红色驿站"是汉阳区在推进老旧小区改造过程中，不断优化政务服务，方便群众就近办事的一项举措。社区将小区临街一楼约 120 平方米的架空层进行改造利用，建成了集党群服务站、红色物业服务站、民调服务站和志愿者服务站"四站合一"的"红色驿站"，形成了小区居民家门口的综合服务场所。涉及退役军人信息采集、城乡居民基本医疗保险、公租房租赁补贴、灵活就业人员社保缴费等 53 项服务类和审批类事项被张榜公布，居民不出小区便可办理日常生活中的高频事项。搭平台，架起党群连心桥。根据物业小区规模和服务能力，结合小区整体规划和交通区位等因素，小区为"红色驿站"。"红色驿站"打通服务居民"最后一百米"。驿站设置党员服务台，墙上贴着党员志愿者"身份牌"，居民可以随时联系党员志愿者获得帮助。驿站内设有文体活动室、图书学习室、会议室、娱乐室、休息室等，配有休息椅、雨具、饮水机、急救药箱、口罩、充电宝等便民设施，将服务送到小区居民身边。功能，画好共治同心圆。小区对"红色驿站"提档升级，不断拓展服务功能，设置了支部活动室、业委会工作室和"三方联动"议事室，实现"三室一体"。小区自管党员和下沉党员开展活动，业委会商讨工作，居委会、业委会、物业企业集中研究重大事项有了"阵地"。"红色驿站"成为小区的服务中心、活动中心、决策中心和治理中心。强服务，织就便民贴心网。小区依托"红色驿站"，组建下沉党员志愿服务队，定期组织小区网格员、下沉党员、志愿者在小区巡逻、进门入户了解居民需求，宣传疫情防控、文明城市建设等最新政策。同时，将"红色驿站"建在靠近学校、商超、医院等人流物流集中地，打造15分钟生活圈，满足居民生活需要。驿站成为党员群众办理事务、参加活动、邻里相熟、和谐相处的"温馨家园"，有效增强了小区居民的获得感、幸福感和归属感。

武汉深耕"红色物业""红色物业"，将政治属性、公益属性、服务属性、经济属性相结合，起到"一子落而满盘活"的自治强基效果。武汉市物业矛盾纠纷下降，群众满意度显著提高。物业服务企业既发挥政治属性，又发挥专业优势，切实解决好群众最关心、最直接、最现实的利益问题，推动物业服务融入社会治理，夯实基层基础，打通联系服务群众"最后一百米"。"红色物业"让基层治理有温度有活力。打造"红色物业"，走出了一条基层社会治理新路子，实现基层党建和社会治理的同频共振，取得阶段性成效，武汉"红色物业"经验在全国交流。随着社会治理工作的不断深入，武汉大力推动"红色物业"提质增效，物业服务从"有"向"优"进发，社区管理与物业管理深度融合，"三方四联"工作机制回应群众诉求，提升群众的获得感、幸福感、安全感。

经过"红色引擎工程"探索实践，以前群众反映问题，社区有心无力；现在，问题一出，八方响应。实践证明，"红色引擎工程"的实施，已成为新时期夯实党的执政基础、推进城市基层治理体系和治理能力现代化的重要抓手。基层社会治理就是要把基层治理同基层党建结合起来，把党的建设贯穿于基层社会治理的各方面和全过程，充分发挥党组织的领导核心作用，改革创新基层治理体制机制，通过党组织结构整合，实现部门间和属地间的系统耦合，强化"一片红"，有效推进基层治理中所需要的组织下沉、资源下沉、条块结合，使党建成为引领基层治理融合发展的"红色引擎"。超大城市现代化治理，关键在人民。新时代新征程，在一次次以人民为中心的"共同缔造"实践中，全市15.63万名党员下沉居住地社区，对接居民需求；服务"码"上办、"轻骑网格员""红色方向盘"志愿服务、"24小时不打烊办公室"等一批基层治理创新举措涌现；"互联网+智慧养老服务平台"升级调试，微信小程序里下个单，老人的照护服务送上门；158个公益托管室托起孩子"七彩暑假"，缓解双职工家庭带娃难……以打造新时代英雄城市破题开篇，武汉努力探索超大城市现代化治理新路子，正奋力把殷殷嘱托变成一项项生动实践。

3. "红色武汉·英雄城市"精品线路

建党百年，党史学习教育正如火如荼开展，红色旅游越来越受欢迎，武汉红色文化旅游资源丰富，革命遗址遗迹众多，不少红色景点异军突起，成为游客争相打卡的新"网红"景点。为深入贯彻习近平新时代中国特色社会主义思想，隆重庆祝中国共产党成立100周年，充分展示中国共产党带领全国各族人民在中国革命、建设、改革历史进程中取得的重大成就，引导干部群众就近就便开展实地考察、国情调研。2021年5月31日，文化和旅游部、中央宣传部、中央党史和文献研究院、国家发展改革委发布公告，推出"建党百年红色旅游百条精品线路"，分"重温红色历史、传承奋斗精神""走近大国重器、感受中国力量""体验脱贫成就、助力乡村振兴"三大部分，其中"重温红色历史、传承奋斗精神"部分推出了52条精品线路，其中"红色武汉·英雄城市"精品线路入选。

"红色武汉·英雄城市"精品线路入选"建党百年红色旅游百条精品线路"，反映了武汉这座拥有光荣革命传统的英雄城市的价值。武汉在中国近现代历史重要关头和转折时期，多次成为全国革命中心，是中国共产党组织的重要诞生地和发祥地之一，把党领导的第一次工人运动高潮推向了顶点，是大革命中心和中共中央所在地，是人民军队建军的策源地，是第二次国共合作中心和1938年全国抗日运动中心，是新中国成立后毛泽东同志离京外出居留次数最多的城市之一，拥有众多的革命旧址，革命文物涉及各个历史时期，资源数量位居全省前列，"红色家底"深厚。

"红色武汉·英雄城市"精品线路串联起武昌、汉口的9个经典红色场馆，追寻党史足迹，见证不同时期在武汉发生的重大历史事件，对中国革命进程都产生的重大影响。该线路为：湖北省武汉市中国共产党纪律建设历史陈列馆—中共五大会址纪念馆—武昌区毛泽东旧居及中央农民运动讲习所旧址纪念馆—江岸区八七会议会址纪念馆—武汉中共中央机关旧址纪念馆—八路军武汉办事处旧址纪念馆—汉口新四军军部旧址纪念馆—江岸区武汉二七纪念馆。

9个红色纪念馆全部位于武汉老城区，是武汉市红色旅游系列景区、武汉市辛亥革命系列景区的核心景点，这两大景区已入选全国红色旅游经典景区名录。位于长江南岸的武汉市中国共产党纪律建设历史陈列馆、中共五大会址纪念馆、武昌区毛泽东旧居及中央农民运动讲习所旧址纪念馆这4家红色场馆都集中在被称为"中国第一红街"的武昌中华路都府堤上。开通3条覆盖全市的红色旅游公交专线，市民乘坐红色公交，开启红色之旅，重温红色记忆，汲取精神力量。

位于长江北岸的八七会议会址纪念馆、武汉中共中央机关旧址纪念馆、八路军武汉办事处旧址纪念馆、汉口新四军军部旧址纪念馆等共同组成大革命时期"中共中央在武汉"序列，实证武汉曾作为全国革命中心的重要历史地位。在大革命时期，江岸是革命的心脏，是革命大潮的中心。中共中央机关、中共中央秘书厅、中央军委、组织部、宣传部都设在江岸。党的许多重要的会议和重要事情都在这里召开、决策。毛泽东、周恩来、刘少奇等一大批党的领袖和革命先辈怀着坚定的马列主义信仰和共产主义理想在江岸探索求亡图存的革命道路。江岸区素有"武汉的雨花台""没有围墙的博物馆"的美誉，红色场馆和红色遗址集聚度高。江岸区十分重视江岸红色资源的保护、开发利用，尤其是近年来，挖掘出一大批如中共中央发宣传部瞿秋白故居、中共中央组织部旧址等红色资源，与中共中央旧址、八七会址等39处红色场馆共同形成方圆1公里红色景群。武汉市"江岸区VR红色场馆"项目入选2022中国互联网大会数字化转型案例，项目基于VR虚拟现实、AR增强现实、web3D开发等数字化技术，整合江岸辖区内数十处红色点位，主要包括各革命遗址遗迹、旧址及纪念设施，建立网络场馆模型，并通过实景地图场景切换，配合真人语音、短视频介绍等媒体互动，给游览者带来身临其境的现场体验。这一项目与爱国主义教育深度结合，成为全区青少年学生进行线上爱国教育学习的重要平台。行走在江岸，漫步沿江优秀历史建筑群，倘佯在黎黄陂路历史风貌步行街，就如同行走在一个巨大的城市革命博物馆里，时时刻刻都在感受着红色古老建筑散发出的理想信仰的芬芳，感受汉口开埠以来的百年沧桑，体验幸福江岸的变迁与发展。

武汉着力充分挖掘红色文化资源，大力发展红色旅游，精心编制《武汉红色旅游手绘地图》，发布红色旅游线路，着力打造"移动的党史馆"，吸引全国各地游客到武汉寻访红色足迹，把武汉打造成全国重要的红色革命教育基地。文化和旅游局围绕"英雄城市红色传承"主题，整合我市近百处重要红色旅游资源设计并完成了《武汉红色旅游手绘地图》。该地图涵盖了辛亥革命、第一次国内革命战争时期、第二次国内革命战争时期、抗日战争时期以及中华人民共和国成立后等多个时间段在武汉所发生或遗留的红色革命历史遗址遗迹等纪念设施。地图共分三大板块，主板块是武汉市域红色资源手绘平面地图，较为准确反映了八十多处重要红色旅游景点。次板块为新编六条武汉红色旅游经典线路，分为"伟人足迹""红色经典""红色宝藏""建军策源""革命烽火""红色英烈"六条线路，将重要红色旅游场馆按照主题进行推介。第三板块为重点红色革命博物馆，详细介绍了武汉市十个重点红色革命博物馆（纪念馆）。红色旅游手绘地图有制成电子版，其生成的二维码将在武汉各大红色场馆及 AAA 级以上景区显著位置设置，游客只需微信扫二维码即可获取。

武汉开通 3 条覆盖全市的红色旅游公交专线，市民乘坐红色公交，开启红色之旅，重温红色记忆，汲取精神力量。"红色旅游公交专线"分别为 402 路、408 路环线、542 路、313 路、707 路、521 路、727 路、607 路、508 路、10 路。在基本不改变运营路线和市民出行习惯的基础上，增设站点，串联所途经的红色场馆。红色旅游公交专线车身涂装、更换公交站牌、增加语音播报内容。

红色基因的真正魅力在于使解释世界真正成为改变世界的力量。传承红色基因，要通过学习理论，全面的、准确的认识中华民族的历史、传统文化的积淀、基本国情，认清中国特色社会主义的历史必然，坚定走中国特色社会主义道路。红色基因所表达的价值追求，必须反映广大民众的情感需求，只有在这种情感的互通互动中，才能真正地将社会主义核心价值观落细，落小，落实。红色基因认同是一个由外到内，由认知经由情感再到意志，由观念到行为的连续的推进的心理过程。重温红色历史、传承奋斗精神。围绕建党 100 周年，以"四史教育"为内容，武汉还将充分挖掘和整合武汉历史人文及红色文化资源，通过系列展览和宣教活动，继承革命传统，传承优秀传统文化；大力发展红色旅游，持续推介伟人足迹——毛泽东的武汉时光红色旅游经典线路，用演艺的形式讲述红色故事，提升红色旅游品质。回望峥嵘历史，传承红色文化。这些年红色旅游蔚然成风，特别是在年轻群体里影响力很大，"95"后和"00"后逐渐成为红色旅游出游的主力军。这个现象也体现了红色基因早已刻进了我们的血脉，正在一代一代传承下去。发挥我市动漫游戏产业优势，激发在汉动漫游戏企业、人才的创新和创造能力，鼓励以在汉发生的红色故事 IP，创作出一批经典红色动漫、红色游戏等，提升青少年游客参与度，将武汉打造成全国重要的红色革命教育基地。

4. 入选全国革命文物保护利用案例

作为一座城市的文明高地和精神殿堂，武汉地区的红色场馆陆续有项目入选中国文物学会、中国文物报社主办的全国革命文物保护利用案例，很好展现了武汉市在革命文物保护管理运用的工作实践和机制创新、改革成果，具有较好的典型性、时代性、示范性和引领性，有利于提升革命文物工作水平，有利于扩大革命文物工作的社会影响力。

（1）武汉中共中央旧址纪念馆：拓宽展示利用渠道 小场馆亦有大作为

位于武汉市江岸区胜利街的武汉中共中央机关旧址红墙赤瓦，在繁华闹市中庄严肃穆，是党早期革命活动的重要历史见证。90多年过去了，这栋老建筑依然如一位老者，静静矗立，历经着岁月的洗礼，默默地守护着渐行渐远的历史回忆。自2016年对外开放以来，武汉中共中央旧址纪念馆依托革命文物——武汉中共中央机关旧址把红色资源守护好、建设好，以红色资源为载体，以丰富多彩的形式提供服务，获评全国首批"大思政课"实践教学基地，省、市爱国主义教育基地。①

临展守正创新，赞誉不断。原创展览"人间正道是沧桑——元帅与武汉"、"那些年 那些人 那些书——连环画中的红色经典"、"浴血鏖战 保家卫国——纪念中国人民志愿军出国作战70周年精品连环画专题展"、"灯塔照耀中国——中共中央驻地联展"和"犹记峥嵘岁月稠——宣传画中的家国情怀"原创特展等深受观众喜爱，创立了依托蕴含中华传统优秀文化、精选红色革命题材主题的连环画推出的"连展"三部曲品牌。"那些年 那些人 那些书——连环画中的红色经典"在全国巡展15省47场，供不应求，预约不断。

社教活动推陈出新，精彩纷呈。武汉中共中央机关旧址纪念馆以现有红色资源为基础，深入挖掘革命旧址及珍贵文物背后的故事，开发的特色品牌社教活动"迎新春民俗小课堂""童心童话故事会""红色快闪""军人集体婚礼""沉浸式参观情景剧""小小讲解员""党史课堂""薪火课堂""红色文物进校园"

---

① 国家文物局编：《全国革命文物保护利用案例集（2022）》，中国建筑工业出版社2022年版。

"听得见的宣传画"和"我与宣传画不得不说的故事"等。其中，"红色基因代代相传 童心童话故事会"爱国主义教育项目获得武汉市 2018 年爱国主义教育基地精品教育项目。"那些年 那些人 那些书——连环画中的红色经典"主题社教活动荣获全国革命文物保护利用"十佳优秀"案例。

入选此次《全国革命文物保护利用案例集（2022）》，是对武汉中共中央机关旧址纪念馆坚持守正创新，对不断推进革命文物创造性转化，创新性发展工作的肯定与鼓励。该馆从创新展览展示，大力推进社会教育，增强影响力和传播力等方面深耕细作，发挥独特红色资源魅力，擦亮"中共中央旧址"品牌。

（2）辛亥革命博物馆"武汉上空的鹰——纪念苏联空军志愿队特展"

辛亥革命博物馆，"武汉上空的鹰——纪念苏联空军志愿队特展"，是国内首个反映中国人民抗日战争期间苏联空军志愿队武汉空战的专题展，被推介为 2020 年全国革命文物保护利用十佳案例。为丰富展览内容，筹划展览之初，该馆以长江日报 2013 年开始的"跨国寻访苏联空军志愿队烈士"活动为基础，敏锐地抓住了这一热点，向苏联空军志愿队亲属征集到了 84 件（套）珍贵文物、资料，举办了原创展览"武汉上空的鹰——纪念苏联空军志愿队特展"，展览通过 100 余件文物、资料和 200 余幅历史照片，全面展现了苏军援华作战的全过程、战果及意义，还原了苏联空军志愿队在武汉抗击日本侵略者的英勇事迹，特别重点展示了长江日报寻访到的苏联空军志愿队亲友的回忆，以及媒体寻访新发现的 14 位在汉牺牲的烈士信息，还原了历史内容。

（3）武汉八七会议会址纪念馆"百年征程 初心如磐——庆祝中国共产党成立 100 周年主题活动"

八七会议会址纪念馆为庆祝中国共产党建党 100 周年，讲好新时代中国故事，于 2021 年 1 月起策划开展"百年征程 初心如磐"主题活动。该馆工作人员赴各地采访八七会议代表后裔，制作《逐梦·初心如炬 百年传承》系列宣传片，并在"七一"当天面向观众播放。打造"VR 沉浸式体验区"，提升活动体验感，增强互动性和参与度；工作人员、大学生志愿者结合音乐、灯光等氛围，通过旁白、朗诵等形式带领观众体验沉浸式参观；创作情景剧——《八七会议》，带领观众回顾峥嵘岁月。"七一"当天参与中国教育电视台联合新华通讯社、各地方教育电视台播出的"24 小时环球大直播"——《风华正青春》栏目，实现全球多点联动、融媒多屏联播。该馆作为全国重点文物保护单位，在精心保护的同时充分利用本体建筑开展形式多样的红色教育活动。此次活动开创了该馆三个首次：首次将快闪式、沉浸式及互动式参观融为一体；首次用 VR 影像揭秘八七会议选址原因；首次播放该馆独家拍摄的八七会议代表后裔访谈宣传片，回忆老一辈革命家艰苦奋斗精神。武汉八七会议会址纪念馆"百年征程 初心如磐——庆祝中国共产党成立 100 周年主题活动"入选第三届（2021）全国革命文物保护利用优秀案例。

武汉市积极探索创新，深入挖掘在汉馆藏国家级革命文物背后的故事。每件红色文物都成为红色文化的传播者，给市民群众思想的启迪、精神的感召。以上三个获奖案例是近年来武汉红色场馆通过保护、管理、利用革命文物的创新实践的成果，如何让革命文物焕发光彩，让红色基因融入血脉，让革命文物保护利用持续走向深入是一个长久的课题值得去探索。

5. 龙王庙"生死牌"

"誓与大堤共存亡"，白底红字，鲜艳夺目。这是在 1998 年抗洪斗争中，竖立在武汉龙王庙抗洪生死牌上的誓词，这也是当年抗洪军民共同的誓词。如今，这块生死牌醒目地陈列在中国共产党历史展览馆中，讲述着艰难时刻，共产党员冲锋在前、挺身而出抗击洪水的感人故事。

"生死牌"的故事是一段每每忆起 1998 抗洪都必然提及的经历。1998 年 8 月上旬，武汉遭遇 20 世纪长江全流域性第二次特大洪水，其汛期之早、洪水来势之猛、洪峰水位之高、防洪战线之长、高水位持续时间之久达到历史之最。当第四次洪峰扑向武汉时，武汉关水位已达到 29.39 米，超过了 1954 年长江特大洪峰时的最高水位，洪水百年一遇。位于汉口的龙王庙地处长江和其最大支流汉江的汇流处，大堤长 1080 米，是武汉堤防的第一险段。大堤外是两条巨流的滚滚波涛，大堤背后是人流如织、繁华忙碌的汉口核心区。8 月 7 日，龙王庙闸口，浊浪翻滚，江外马路上的窨井盖不断往外冒着黄水，江堤面临决堤危险。从 6 月下旬开始，来自江汉区防汛办、江汉区公安分局和市、区政府机关的 32 名抗洪勇士已坚守龙王庙闸口 40 多天，他们的精神和体力消耗几近极限，可水位还在一天天上涨。如何能让大家坚持下去成了必须面对的问题。经过商议，大家决定在长江大堤上成立临时党支部，用一张粉红色宣传纸贴在一块宽120厘米、高79厘米的黑板上，立一块生死牌，"誓与大堤共存亡"的誓词下，是黄义成、唐仁清、李建强等16名共产党员笔迹各异的红笔签名。他们把这张生死牌悬挂在闸口顶上，用"人在堤在"的信念激励自己。当时龙王庙闸口还没有成型的护栏，他们和守堤军民一起用脚手架和渔网做成临时护栏。水位不断上涨，他们每天搬运沙袋加高加固堤坝，24小时不间断值守大堤，排查渗水或管涌迹象。守堤人员说，在最困难最疲惫的时候，看一眼牌子上的誓词，就来了精神，就有了劲头，就知道了自己的责任多么重大。随后，长江、汉江干堤及各支流大堤上广大共产党员立"生死牌"，入"敢死队"，签"军令状"，成为抗灾军民的主心骨，各级党组织发挥领导核心和战斗堡垒作用。英雄的武汉人民万众一心，众志成城，严防死守，以"人在堤在"的大无畏精神，与洪水作生死搏斗，确保了长江大堤的安全，确保了武汉等沿江重要城市的安全，为夺取"九八抗洪救灾"的全面胜利作出了历史贡献。

九八抗洪，惊心动魄。规模之大，气势之壮，斗争之严酷激烈，历史罕见，世界罕见。在这次生死决战中，很多地方的党员干部都写下"生死状"，立下生死牌；涌现了许许多多奋不顾身、舍生忘死的英雄人物；形成了"万众一心、众志成城，不怕困难、顽强拼搏，坚韧不拔、敢于胜利"的伟大抗洪精神。"九八抗洪"谱写了军民团结的胜利凯歌，演奏出党群团结的雄浑乐章，是新时期民族凝聚力的空前展演，是中国共产党人精神谱系的重要组成部分，这是中华民族的宝贵精神财富，激励着我们不断攻坚克难，从胜利走向新的胜利。

在抗洪斗争中培育出伟大的抗洪精神，是武汉英雄城市精神谱系中一抹耀眼的亮色。武汉人民自古以来推崇治水圣雄大禹，与洪水抗争的决心与众志成城的精神已融入血脉。抗洪精神是在抗洪抢险斗争中凝聚起的伟大精神力量，它不只产生于这一次抗洪抢险斗争。新中国成立以来，武汉人民坚毅感人的防洪事迹，是在中国共产党的领导下创造出的伟大奇迹，深刻体现了人民群众抢险抗洪的英勇无畏，挺身守护家园的勇气。1969年为了纪念1954年武汉人民的伟大抗洪事迹，地处武汉市汉口滨江公园江堤之上，面临长江，建了具有重大历史意义的武汉市防洪纪念碑。1998年武汉龙王庙生死牌的故事当时经《长江日报》报道后，被全国媒体转载。如今，龙王庙"生死牌"不是一块简单的牌子，作为一级文物，由中国国家博物馆收藏。作为 1998 年中国人民抗洪抢险斗争的中铸就的伟大抗洪精神的珍贵见证，"生死牌"先后陈列在中国人民革命军事博物馆举办的《复兴之路》大型展览中，在中国共产党历史展览馆中。抗洪精神蕴含了中国共产党人精神谱系中的武汉基因，充分体现了武汉人民的英雄品格，在艰难险阻铸就了"用身体筑城墙""人在堤在"的勇敢刚毅，涵养了"不服周""不信邪"的倔强顽强，是党的宝贵精神财富与丰富政治资源，是激发奋进新征程、建功新时代的强大精神力量。1998 年特大洪水战胜后，党中央投入巨资启动龙王庙险段综合整治工程，加固龙王庙堤防。现在的龙王庙，已经从以前的险滩变成了集防洪屏障、景观游憩、娱乐休闲、绿化生态等多功能为一体的城市滨水绿色空间。在汉口龙王庙公园有一组巨型浮雕——武汉 1998 抗洪图。8 幅浮雕，第三幅记载的就是生死牌的故事。近年来武汉市江滩办合理开发红色印记资源，先后建设开放横渡长江博物馆、武汉防汛陈列展、武汉防汛纪念碑等红色资源，形成了独具特色的三地江滩红色旅游线路，成为弘扬红色水利文化，传承好抗洪精神等精神谱系，讲好新时代长江故事的典范，给武汉市增添了鲜明的红色名片，具有广泛的影响力和知名度。

6. "台北路的尽头是解放大道"

2022 年 8 月上旬，"台北路的尽头是解放大道"频频冲上热搜引发网友热议。在湖北武汉有一条"台北路"，这条路的尽头叫"解放大道"，它以台湾的地名命名，它是汉口最热闹的宵夜集市，为什么会引起关注热度？事情的大背景是 2022 年 8 月 2 号，美国时任国会众议长佩洛西不顾中方强烈反对和严正交涉，执意窜访中国台湾地区，我国外交部 8 月 5 日宣布采取反制措施，引起亿万国人关注。祖国统一是历史大势所趋，不可阻挡，维护国家主权和领土完整是每个中国人应有的职责且不容侵犯。在这期间我国台湾地区的地图权限放开，"台湾地图"火上热搜，大陆网友可以从高德地图、百度地图等软件实时导航台湾省，可以直接查看整个台湾地区并且精确到街道红绿灯。在这份地图中，细心的网友们惊奇地发现了很多亮点，尤其是发现台北的许多街道都以大陆城市命名，如重庆北路、承德路、中山北路、南京东路、敦化北路……这些以大陆城市命名的街道网友们数都数不过来。这地图中的每一个信息，每条路，都是回家的路，这些地名寄托的都是老一辈想回大陆却回不来的乡愁。其实在祖国大陆，也有许多道路是以台湾的城市在命名。有眼尖的网友发现，在武汉，地图里的台北路暗藏玄机，内有乾坤，因为这条台北路的尽头直指武汉的解放大道！网友纷纷叫好。正如时任外交部发言人赵立坚所说，"归来吧，归来哟，浪迹天涯的游子，台北有段汉口街，汉口有条台北路，这里的每条路都是母亲对游子的深情挂念。"

武汉市台北路最开始是一片菜地，1971年时被批为战备公路，1976年改铺沥青路面，成为解放大道西北侧的交通干道，取'安定团结'之意命名为安定路。1984年武汉市人民政府采纳政协会委员提出的以台湾地名命名一条街道的建议，将这条安定路改为台北路，位于江岸区解放大道中段西北侧，呈东南至西北的走向，呈L形，是东南起解放大道西北至香港路。台北路命名之后，为了进一步加强对台工作，促进两岸交流，以台北路为主轴一平方公里的范围内，宝岛、高雄、嘉义苗栗、马祖澎湖、金门、花莲台东、云林等地名相继被用于附近区域的道路、小区、公园等地点，形成了大陆第一条以台湾地名命名的道路，甚至街道办事处也由鄂城墩街办改名为台北街办事处。后来香港、澳门回归的时候香港路、澳门路随之诞生这一带形成了"港澳台风情街"。台北路近40年的发展，从一条道路名称的改变，到周围的居民的生活方式，这种商业形态都逐渐形成了以台湾风情为特色的一条特色化的街区，这些文化要素都充分显示出大陆与台湾地区的一种深情厚谊的精神纽带。不仅是武汉有台北路，通过查询资料发现，在台湾也有十二条武昌街、八条汉口街。每年湖北还将举行湖北武汉台湾周活动，共同商讨合作大计，也共同推动两岸关系的和平发展。这些相隔千里的遥相呼应，是武汉和台湾的双向奔赴，也是中国人内敛的浪漫。

一座城市道路的命名会冷不丁成为"网红"故事广为人知，看是偶然，实则是城市道路的命名中的家国情怀。英雄是一个民族最闪亮的坐标，英雄已逝，但英雄的精神早已植根他们曾浴血奋战的土地，生根发芽，枝繁叶茂。为了纪念英雄，在英雄的战斗牺牲地、在英雄回不去的故乡，城市以英雄之名纪念英雄，致敬英雄、传承英烈精神，把英雄的名字写在祖国的山河，刻进城市的街巷，融入人们的生活，它不仅是纪念英雄的方式，更是传承红色基因延续英雄精神的重要方式，开展爱国主义教育和国防教育的重要载体。一个个名字，一条条道路，让英雄的名字成为城市的记忆，成了一座城市永不褪色的纪念碑，成为爱国的地标。武汉是一座拥有丰富党史资源和光荣革命传统的红色之城，涌现出了一大批可歌可泣的英雄，他们给这座城市留下了宝贵的精神财富和厚重的历史记忆。为了缅怀英烈，感召后人，武汉人民用英雄人物和英雄事迹为地名和道路命名：纪念太平天国女战士向死而生精神的九女墩；纪念"武汉之父"张之洞的张公堤、张之洞路；纪念资产阶级革命人物和事迹的中山大道、中山公园、起义门、首义路、彭刘杨路、黎黄陂路、黄兴路、三民路、民主路、民生路、民权路；纪念声势浩大二·七大罢工的二七路；纪念抗日英雄的郝梦龄路、张自忠路、刘家琪路、陈怀民路等。每一个地名、每一条道路，都折射出武汉人民自强不息的奋斗精神和为国捐躯的牺牲精神。武汉这些以英雄名字命名的城市道路，展现武汉人民对革命英雄的纪念与缅怀，延续着革命英雄的内在气质和思想血脉，凸显着武汉这座英雄城市的精神内核。冠以英雄的名字，赓续英雄的血脉、英雄的精神，穿越时空，激励着全党全军全国各族人民在中华民族伟大复兴新征程上奋勇前行。

本案例拓宽融媒体时代红色基因传承路径，抓住时机，把看似一次偶发的网络热搜，追随网络热点话题，全媒体跟进，比如共青团中央官微都发文称"沿着台北路一直前行，会通往何处呢？地图为我们指明了方向。"引起的热搜，研究人员讲述背景，这个特殊的时间，我们重新来翻看这一段历史，唤醒大陆与台湾街道以相互命名道路背后的故事，在看到了大陆和台湾从未分离过，两岸人民从情感上、从文化上，从城市建设发展上，永远是血浓于水地紧紧联系在一起，吸引网民关注、发表看法，很自然地增强对实现我国统一大业信心的效果。现实中，一些年轻人对那段经过血与火洗礼的革命岁月还缺乏足够认知，但红色基因是中国人的集体记忆，一旦被激活，让收藏在博物馆里的革命文物，陈列在广阔大地上的红色遗产，刻印在书籍里的激扬文字，甚至是寻常街道以相互命名道路背后的故事，都能产生强烈的共鸣，红色基因以更加生动的、鲜活地方式走进人们，提供精神的滋养，在青年一代内心激发出红色基因的巨大能量。

7. 长江红色主题灯光秀

武汉长江灯光秀以光影为笔、以长江为卷、以文化为魂，其长距离、大范围、多维度的"投屏"动画展演，被誉为"万里长江第一秀"，生动演绎城市景象风貌,向世界传递武汉英雄之城的气概和担当。在中国的每一个节气、传统节日、重要国际节日,炫彩的长江灯光秀都会不断更换主题惊喜上新,并且频登央视。长江灯光秀成为武汉市保障重大活动的城市名片、招商引资的必看项目和户外广告媒体的新载体,2023年中国文旅总评榜湖北榜中获最佳口碑文旅品牌。

2021年6月23日晚,"百年征程,波澜壮阔,百年初心,历久弥坚"大型长江主题灯光秀,向党的百年华诞深情告白。由长江、汉江两岸沿线约25公里的建筑、桥体、山体和趸船码头齐齐亮起了炫彩灯光,共同组成的"万里长江第一屏",铺陈开中国共产党百年历史长卷;一艘红船从黎明中驶来,中共五大会址纪念馆、毛泽东旧居、中央农民运动讲习所旧址纪念馆等武汉红色场馆一一呈现;在激昂的音乐中,武钢、武重、武锅等一批武字头重点企业拔地而起;画风一变,武汉抗疫胜利、热干面飘香……长江二桥斜拉索上的灯光变成了一片红色的海洋,数字滚动,从1921年到2021年,展现中国共产党走过的波澜壮阔的百年历程。在灯光变幻中,"热烈庆祝中国共产党成立100周年"的巨幅字幕在红色的海洋中划过。这次的建党百年主题灯光秀创造了长江灯光秀的多项"之最"。一是时间最长。中国共产党一百年来谱写了一部与人民同呼吸、共命运、心连心的宏伟篇章,灯光秀中有100多个元素进行展示,整场秀时长12分钟,打破了此前武汉长江灯光秀单次动画播出10分钟的纪录;二是原创手绘国漫原画1000多幅,别具匠心地展现了从新民主主义革命时期、到社会主义革命和建设时期、再到改革开放和社会主义现代化建设新时期以及新时代的百年征程,每一幅图案都凝聚着时代记忆,展现了独特的寓意,无论是数量还是质量都有了新的突破;三是最具武汉本土特色。百年来,武汉作为一座具有光荣革命传统的英雄城市,为党和人民军队创建、新中国成立、社会主义革命和建设、改革开放和社会主义现代化建设都做出了重要贡献,灯光秀中展示了很多武汉元素,致敬并献礼建党百年。灯光秀以天空做底色,以鳞次栉比的高楼为屏幕,以炫丽的灯光为画笔,百年来武汉一个个值得铭记的丰碑时刻,在光影中静静流淌:红色的革命历程,新中国武字头企业的一马当先;改革开放时期汉正街和汉产名牌的勇立潮头;新时代光电子、生物医药等行业快速领跑;"桥梁之都"的一次次自我超越。2020年武汉抗击疫情那场遭遇战让人难以忘怀,全国人民加油过的"热干面"、辛勤的社区工作者、优秀的基层党员、勇敢的医护工作者、无私的志愿者等群体,也出现在璀璨的光影中。

绚丽的光影展现出江城的无限魅力，线上线下融合，"云"游武汉成新热潮。自展播以来，建党百年主题灯光秀装扮下的武汉夜景成为焦点和热点。从 2021 年 6 月 23 日起每晚准时上演，在武汉江滩亲水平台，璀璨的夜景吸引了大批市民游客驻足观赏，绚丽的灯组如盛开的鲜花，随着画面的变化舞动。观秀市民在流光溢彩中重温那些激情燃烧的岁月，零距离感受建党百年的波澜壮阔。很多市民、游客纷纷拿起手机拍照打卡，与国旗、党旗合影，抒发爱党爱国情怀。同时，长江灯光秀成为网络热点，人民日报客户端再次推出建党百年长江灯光秀专题视频，全景呈现武汉长江主轴这一壮丽美景，中央、省市多家主流媒体广泛传播，透过长江灯光秀这扇窗，让世界看到了武汉夜景之美。据不完全统计，截至 2021 年 7 月 3 日，此次建党百年主题灯光秀曝光量超过 4 亿。

长江红色主题灯光秀是武汉市利用机场、车站、港口以及行业窗口、办公楼宇等公共空间，将红色基因传承弘扬融入市民文化节等重大品牌节庆活动的创新案例，拓展了传承阵地。长江红色主题灯光秀能成为深受广大市民游客欢迎的表现形式，一是体现在理念创新、技术赋能，充分利用各类社会媒介，建立立体化、全方位、多角度的宣传矩阵。随着色彩控制、数码显示与投影、材料技术等发展，照明为空间视觉的表现带来更多可能。当灯光从室内舞台走出室外，在夜空中缤纷闪耀，作为"夜空中最亮的星"天然地更容易引人注目，运用创意式 3D 平面转置技术，使得画面错落有致、重点突出，增强了视觉冲击力和新鲜感，可以营造不同的氛围和视觉变化，引导观众视觉焦点，并用色彩喻示情感，为舞台增加表现力与感染力。有先进的控制系统、高效的照明方式，平台扩容受众面广了，让武汉故事不止于"讲"，给市民和游客带来非凡的视听盛宴、沉浸式体验；二是体现在灯光秀的主题和内容。再炫目的灯光秀，如果没有内容支撑，也只能是空洞的"炫"和"亮"，热闹过后只剩一地鸡毛。红色主题灯光秀的意义在于，大武汉文化悉数登场，从本地红色文化挖掘丰富的主题，通过老百姓喜闻乐见的方式，带领观众在光影中沉浸式地重温中国共产党的百年征程。无论是专程打卡还是漫步偶遇，抑或是网上刷到视频，观众所看到的不只是璀璨的灯火，更是宏大的叙事、直击内心的党史再现；三是此次灯光秀更加注重创新化表达，以国潮画风讲述百年红色历程。灯光秀选择代表着忠诚、勇敢、兴盛的"中国红"主色调，使呈现的内容更加醒目、更具感染力，也凸显了大武汉喜庆、热闹、祥和的氛围。长江红色主题灯光秀，见证"祖国昌盛，人民幸福"，点亮了建党喜庆氛围，起到了表达情感、传递力量、讲好故事的作用，极大地激发了人们的民族自豪感与爱国情，提高城市知名度、美誉度和影响力，激励武汉人民为打造新时代英雄城市而奋力前行。

红色是武汉这座城市永恒的底色。城市红色文化是弘扬党和人民伟大奋斗精神的生动教材。构建城市精神文明和丰富市民文化生活，离不开对红色资源的保护、传承和利用。要充分用好武汉丰富的红色资源，让革命旧址遗迹焕发新的光彩，让伟大建党精神、抗洪精神、抗疫精神和党的初心使命永放光芒。拥有丰富的红色资源和光荣革命传统的武汉，近年围绕"英雄城市红色传承"深入挖掘红色文化资源，积极创新方式方法。通过开通红色旅游公交专线、在哔哩哔哩网（B站）开设"云讲国宝"专栏、发布武汉校园红色教育资源图谱等方式用活红色文化资源，让文明城市的底色更足。此外，武汉整合全市145处重要红色遗存，发布《武汉红色旅游手绘地图》，设计推出"伟人足迹"等6条红色旅游线路，开通3条红色旅游公交专线。同时，还依托红色资源，创新思政课堂，通过邀请航天专家走进校园讲述新中国航天奇迹故事，以情景剧引导学生寻找百年前的"红船"等方式，在青少年学生心中厚植爱党、爱国、爱社会主义的情感。武汉持续推进"红色引擎工程"，借助党员下沉社区，推动"红色文化"进社区、进家庭，街道社区普遍建有"红色文化长廊""红色文化广场"，举办"社区文化艺术节"，群众在家门口就能享受"红色文化"滋养。武汉市又以"武汉因你而荣"为主题，开展形式多样的文明实践活动，号召和引导广大市民听党话跟党走、参与社会治理、传播文明风尚、争当时代英雄、助力城市发展。随着一批革命旧址修缮开放，一批展览陈列功能提升，一批理论课题研究实现突破，一批活动项目蓬勃开展，一批文艺作品深入人心，武汉的红色名片愈加鲜亮。从红色资源的多维保护开发，到红色作品创作的蓬勃发展，再到红色文化传播方式的不断创新，武汉探索打造了全方位、多层次、立体化的红色文化品牌，有力推动了红色资源保护利用工作走深走实。新的征程上，我们要全面贯彻习近平新时代中国特色社会主义思想，深入学习贯彻习近平总书记视察湖北武汉重要讲话精神，聚焦打造新时代英雄城市目标要求，切实从党的百年奋斗以来重大成就和历史经验中汲取智慧和力量，我们将再接再厉，大力传承红色基因，激励引领全市上下特别是青年一代从红色精神血脉中汲取力量，把使命勇担在肩、让初心薪火相传，奋勇投身伟大新征程，书写全面建设社会主义现代化国家精彩的武汉篇章。

第四章　武汉地区红色文化资源库建设

一、武汉地区红色文化资源库建设基础

武汉地区红色文化资源库是一个工作量浩大而又意义重大的文化建设工程，是红色文化传承非常重要的平台和载体，需要武汉市委市政府和学校大力支持，建设团队下定决心扎实推进。

1. 武汉地区红色文化资源库缘起

基于马克思主义理论学科优势和进一步发展需要，2017 年江汉大学马克思主义学院院长李腊生教授主持申报了中央财政支持地方高校发展专项项目"武汉地区红色文化资源库"，并顺利获批。在学校大力支持，2020 年在 J05 教学楼五楼建成武汉地区红色文化资源库已部分建成，占地约 110 平方米。

2019—2021 年，李腊生教授带领团队先后获批武汉市社会科学联合会研究课题"武汉推进'红色基因'传承工程研究"、江汉大学 2021 年度科技基础发展专项"武汉红色文化研究"、武汉研究院 2021 年度研究课题"武汉用好红色资源、传承红色文化研究"。同时，还有邱国勇副教授、陈菲副教授、刘源泉博士等获批"武汉红色文化资源利用存在问题与对策研究""武汉红色文化资源数字化研究"等有关课题。这几个课题都是围绕武汉红色文化展开研究，对武汉地区红色文化资源库建设起到好的支撑和推动作用。

马克思主义学院现有市级重点学科和一级学科硕士学位点——马克思主义理论、教育硕士学位点——学科教学（思政），有武汉统战理论与实践研究协同创

新中心、武汉红色文化研究中心、口述中共党史研究所，为武汉红色资源库建设和武汉红色文化研究提供强有力的学科支撑。

2. 武汉地区红色文化资源库初步架构

武汉地区红色文化资源库包括物化展示部分和数字化部分。这里介绍的是物化展示部分。物化展示部分又分两个板块：中华人民共和国成立前和中华人民共和国成立后。因场地、经费等原因，中华人民共和国成立以后的内容还在建设中。中华人民共和国成立以前的版块架构如下：

（1）前言

"为中国人民谋幸福，为中华民族谋复兴"，这是中国共产党人的初心和使命，也是激励一代代中国共产党人前赴后继、英勇奋斗的根本动力。红色文化是中国共产党领导中国人民在革命、建设和改革的伟大实践中创造、积累的先进文化。

武汉在中共党史上有着举足轻重的地位，在这片热土上，如今保留重要红色遗迹多达 20 多处。红色文化承载了中国共产党人的初心使命，黄旭华、张富清……一个又一个闪亮的名字从武汉走向全国，他们坚定信念，艰苦奋斗，在人民群众心中树起了一座座道不朽的里程碑。

让我们沿着革命先辈、先锋楷模的足迹，接受一次精神的洗礼，筑牢信仰之基，补足精神之钙，把稳思想之舵。

五四运动后，武汉成为马克思主义传播重要基地，引领时代思潮。武汉的先进分子继上海后，成立了共产党武汉早期组织。中国共产党诞生后，领导武汉人民开展波澜壮阔的反帝反封建斗争，将中国工人运动高潮推向顶峰。在大革命洪流中，武汉成为中共中央驻地、大革命中心和人民军队建军策源地。八七会议开启了中国革命由大革命失败到土地革命战争兴起的历史转折。经过十年浴血斗争，在全民族抗战烽火中，武汉一度成为第二次国共合作重要政治舞台、全国抗日运动中心。长江局驻汉、新四军建军，抗日救亡洪流汹涌澎湃，五师敌后抗战艰苦卓绝，最终迎来了抗战胜利。

（2）武汉党组织的建立

私立武汉中学校旧址——曾走出 3 位中共一大代表

私立武汉中学旧址纪念馆

武昌区粮道街上的武汉中学，是老一辈无产阶级革命家、中共一大代表董必武等人于 1920 年创办的一所独具特色的学校，曾走出 3 位中共一大代表。

1920 年 8 月，董必武、刘伯垂、陈潭秋等在武昌抚院街（今民主路）97 号举行会议，成立武汉共产党早期组织。图为抚院街 97 号武汉共产党早期组织旧址

1923 年 2 月 4 日，在中国共产党的领导下，以江岸为中心的京汉铁路大罢工爆发。2 月 7 日，反动军阀制造了震惊中外的"二七惨案"。京汉铁路大罢工将

1921年10月，中共武汉地方委员会在武昌黄土坡下街27号（今武昌首义路）成立，并于1922年初改组为中共武汉区执行委员会。武汉地区的党组织非常注重在工人和知识分子中发展党员，为武汉成为大革命的中心奠定了基础。图为中共武汉地方委员会旧址

二七烈士纪念碑

著名二七惨案烈士：江岸地区罢工总负责人林祥谦（左）、劳工律师施洋（右）

中国共产党领导的第一次工人运动高潮推向顶峰，充分体现了中国工人阶级高度的组织性、纪律性和顽强的战斗精神，显示了中国工人阶级的政治觉悟和革命力量。

武汉共产党组织的游行

1925 年 6 月 11 日，武汉共产党组织武汉工人、学生游行示威，声援上海爆发的五卅运动。英帝国主义在汉口制造了六一一惨案。

（3）大革命中心

● 武昌中央农民运动讲习所旧址——毛泽东在汉首讲《湖南农民运动考察报告》

各地的党员和游客来到武昌农讲所参观学习

1926 年冬至 1927 年秋，武汉成为大革命中心，毛泽东结束在广州农讲所的工作后，倡议并创办武昌中央农民运动讲习所，其旧址在今武昌红巷 13 号。毛泽东是武昌农讲所创办人，也是实际主持者，800 多名学员毕业后响应"到农村去，实行农村大革命"的号召，奔赴农村从事农运工作。

北伐军进入汉口英租界接管

1926 年底，北伐军攻克武汉三镇，但帝国主义仍盘踞在租界内。1927 年 1 月，英国水兵在汉口制造一三惨案。武汉工人和革命群众在李立三、刘少奇等共产党人的领导下，冲入并占领汉口英租界。后国民政府与英方谈判，收回了汉口英租界，取得了反对帝国主义群众斗争的重大胜利。

武汉各界庆祝北伐胜利暨国民政府迁鄂纪念大会

1927 年 1 月，国民政府由广州迁到武汉办公，暨国民政府迁都武汉。

- 武汉中共中央机关旧址——曾是中国革命指挥中心

武汉中共中央机关旧址

　　1927 年初，与共产党合作的国民党中央和国民政府由广州迁往武汉，中共中央各机关亦陆续从上海迁至武汉，至 1927 年 4 月，武汉成为继上海之后的中共中央机关所在地。武汉中共中央机关旧址位于江岸区胜利街和黎黄陂路交叉路口，这里是大革命后期中国共产党的"心脏"。

大革命时期中共中央职工运动委员会（中华全国总工会）——汉口友益街 16 号

大革命时期中共中央组织部——汉口铭新街 13 号、汉口贯中里

大革命时期中共中央农民运动委员会——武昌都府堤 41 号（毛泽东同志旧居）

大革命时期中共中央军委—— 武昌中和里乾福巷 11 号

汉口中共中央宣传部旧址暨瞿秋白旧居——领导报刊宣传 为工农运动造势

汉口中共中央宣传部旧址暨瞿秋白旧居陈列馆

1927年3月，时任中共第四届中央执行委员、中央局成员、宣传部委员的瞿秋白抵达武汉，先后主持中宣部和中共中央工作，汉口辅义里27号（即今吉庆街126号）成为中宣部办公地和他的住所。瞿秋白在这栋小楼里筹备中国共产党第五次全国代表大会，为毛泽东的《湖南农民运动考察报告》作序。

董必武创办的《汉口民国日报》报社旧址

毛泽民担任总经理的汉口长江书店

● 中共五大会址——大屠杀枪声中 96 位代表齐集 把政治纪律提高到全党义务层面

中共五大会址纪念馆

　　武昌区都府堤 20 号是中共五大会址。1927 年 4 月 27 日至 5 月 9 日，大革命处于生死存亡的危急关头，中国共产党在这里举行了第五次全国代表大会。这次大会，留下了中共历史上的多项第一：第一次有国民党代表团参加的中国共产党全国代表大会；第一次设立党内专门监督执纪机构中央监察委员会；第一次将严格党的纪律尤其是政治纪律提高到全党义务层面。

俄罗斯国家社会政治历史档案馆一张珍贵照片记录了中共五大开幕式现场

俄罗斯国家社会政治历史档案馆另一张珍贵照片记录了中共五大会议期间的真实场景

（4）重要转折与浴血斗争

八七会议会址——毛泽东在汉提出"枪杆子里面出政权"

八七会议会址

1927 年 8 月 7 日，瞿秋白、李维汉等人分头从德林公寓步行到不远处的汉口三教街 41 号（今鄱阳街 139 号），主持临时中央政治局在此召开的紧急会议。在中国共产党成立以来中央召开的所有会议中，八七会议是唯一一次在历史转折的危急关头、在敌人眼皮底下用短短一天时间，解决了挽救党、挽救革命重大问题的重要会议。毛泽东的著名论断"枪杆子里面出政权"，就是在这次紧急会议上提出的。

1927 年 7 月 12 日夜，根据共产国际执行委员会的指示，中共中央实行改组。由张国焘、李维汉、周恩来、李立三、张太雷组成中央临时政治局常务委员会。五人中央临时常委会主持中央工作期间，作出了发动南昌起义、举行秋收暴动、召开中央紧急会议三项影响中国革命进程的重大决策。图为周恩来、李维汉、瞿秋白等中央领导人在大革命失败后居住的德林公寓旧址。

1927 年 7 月 13 日，中共中央发表宣言，强烈谴责武汉国民党中央和国民政府的反动行为，决定撤回参加国民政府的共产党员，声明将继续反帝、反封建的斗争。

1927 年中共中央长江局暨中共湖北省委机关旧址

1927 年 9 月，中共中央在武汉成立由罗亦农任书记的长江局，领导鄂、湘、赣等 8 省党的工作。

向警予烈士牺牲的地方——"我党唯一的女创始人"长眠龟山

向警予烈士陵园向警予雕像

向警予是中国共产党早期党员，党的妇女工作的创始人、杰出领导人。1927年"七一五"汪精卫集团背叛革命后，向警予坚持地下斗争，不幸被捕。1928年5月1日，向警予在汉口余记里空坪刑场牺牲，年仅33岁。如今的武汉市警予中学校址就是向警予当年牺牲的地方。

夏明翰烈士

大革命失败后至1932年间，武汉地区的共产党组织被四次破坏，经历了三次重建。许多共产党人在严酷的白色恐怖下，面对死亡，前仆后继，大义凛然，以艰苦卓绝地英勇斗争，谱写了一曲曲惊天地、泣鬼神的英雄壮歌。

葬有大革命失败后武汉地区牺牲烈士的红色战士公墓

汉阳龟山葬有大革命失败后武汉地区牺牲烈士的红色战士公墓

（5）全民族抗战重镇

● 八路军武汉办事处旧址

"八路军办事处"成为抗日烽火中一面旗帜

八路军武汉办事处旧址

八路军武汉办事处旧址位于武汉市江岸区长春街 57 号，从 1937 年 10 月正式成立，到 1938 年 10 月撤离武汉，虽然只有 1 年时间，但是在中国抗战史上写下了光辉的一页。"八路军办事处"是 1937 年国共两党第二次合作的产物，见证了武汉人民如火如荼的抗日救亡运动，也留下了周恩来、董必武等诸多中共领导人抗日救国的身影。

在中国共产党的强力推动下，由共产党领导下的进步人士组成，旨在以宣传手段推动全民族抗战的国民政府军事委员会政治部第三厅在汉成立，郭沫若任厅长。三厅成立后，随即开展了大量工作，巩固和加强了抗日民族统一战线。图为周恩来与三厅部分工作人员合影

献金运动中的中国共产党献金团

　　1938 年 1 月 17 日，中国共产党在国统区出版发行的唯一大型日报《新华日报》和党刊《群众》在武汉公开发行。当时在武汉出版发行的有 100 多种期刊、

几十种报纸、几百种图书。图为新华日报馆、新华日报战地记者合影、《新华日报》与《群众》周刊。

姚家山村——新四军第五师在此开辟抗日根据地

位于姚家山的新四军第五师历史陈列馆

姚家山村坐落于武汉市黄陂区蔡店街与孝感市大悟县交界的大别山中，抗日战争时期，姚家山村被称为"小悟山"，这里曾是新四军豫鄂挺进纵队司令部政治部机关，以及中共鄂豫边区党委机关所在地；它是新四军第五师三次东进时的军事指挥中心，还是新四军第五师暨鄂豫边区指挥中心移驻大悟白果树湾后，边区的重要后方基地和重要活动发生地。

1937 年 12 月，新四军第一个军部在汉口成立。

新五师修械所旧址

  1939 年初，李先念奉命率新四军独立游击大队南下，挺进武汉外围。皖南事变后，新四军第五师于 1942 年 7 月由中央军委直接指挥，开辟了川汉沔等抗日根据地，并于 1944 年 10 月成为独立区域，形成了对武汉的战略包围。图为新四军第五师司政机关所在地和鄂豫边区党委机关驻地——姚家山根据地旧址群

  1944 年至 1945 年，李先念率新四军第五师等部南下，挺进武汉外围。

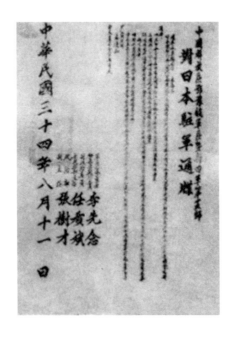

1945 年春，新五师完成对武汉地区的战略包围。8 月 11 日，新五师根据中央指示精神，向华中地区日军第六方面军发出通牒，要求其无条件投降，并对拒绝投降的日伪发动全面进攻。图为新五师命令日伪投降的通牒

红色故事（显示屏）

10 个红色遗迹探访（文图）+6 个红色故事（视频，市委宣传部提供）

- 私立武汉中学校旧址

曾走出 3 位中共一大代表

私立武汉中学校旧址纪念馆内展出的当年使用的油印机（报纸图片）

私立武汉中学校旧址纪念馆内展出的董必武用俄文书写的卡片（报纸图片）

私立武汉中学校旧址纪念馆内的董必武旧居陈列室（报纸图片）

董必武典当皮袍办学

俄国十月革命的胜利给古老而灾难深重的中国吹来了一缕春风，一批进步知识分子开始寻求新的救国救民之路。1919 年 8 月，董必武由上海返回武汉，开始了全新的革命事业。他决心先从接近民众、唤醒人们的觉悟开始。于是，他与刚从日本读书回国的李汉俊，以及詹大悲、张国恩等湖北同乡商议，以筹备报社、开办学校的方式，在工农民众中开展马克思主义启蒙运动。他们选定武昌涵三宫湖北教育会隔壁的一个院落为校舍。1920 年 3 月，"私立武汉中学校"正式开学。学校还邀请李大钊等革命先驱者来校讲学，宣传社会主义思想。建校之前，董必武就提出了"教育确为救亡之第一策"。刚办校时，学校开办经费由董事分担。为凑足经费，数九寒天，董老典当了自己身上的皮袍，换来 20 元钱。

办学初衷和革命初心相互应验

当时学校开办共有十大特点，比如学生报考费和学费都比当时武昌私立中学低；职教员是低薪或不支薪；男女同班，这件事也是从武汉中学开始，没有经过备案手续的；帮助学生课外阅读报纸书刊，促进学生注意国际国内的时事问题，包括俄国革命问题；迎接五四运动带来的新思潮，启发学生的革命思想等。

当时的武汉中学任职教员的董事中，有几位连低薪也不支。刘觉民任校长兼教修身，董必武教国文，李绒三教历史，刘质如教数学和图画，都不支薪。"

在近百年办校史中，董必武的事迹一直伴随着武汉中学每一位师生，"教育确为救亡之第一策"的办学初衷和革命初心相互应验。

挂上律师事务所牌子作掩护

武汉中学办学一学期后，1920 年暑假，董必武接到李汉俊来信，相约在武汉组建与上海一样的共产主义组织。同时，陈独秀也委派刘伯垂到武汉组党。1920 年秋，蛇山脚下抚院街（今武昌民主路）上，在一间挂着"董必武张国恩律师事务所"牌子的简陋小屋里，董必武等 7 位青年秘密聚会，宣告中共湖北早期组织正式成立，这也是全国第二个共产党早期组织。他们租用武昌多公祠 5 号作为第一个机关活动地，挂出"刘芬律师事务所"牌子作掩护。几乎同时，董必武、陈潭秋又在武汉中学建立起武昌社会主义青年团。

1921 年 6 月，董必武、陈潭秋被推选为出席中共一大的湖北代表。七八月间，他们参与并见证了中国共产党的创立。大革命时期，中共一大代表李汉俊也应邀来校任教。这样，董必武创办的私立武汉中学走出了 3 位中共一大代表。

在董必武努力下，武汉中学成为培养革命骨干的摇篮，不少师生先后加入中国共产党和社会主义青年团。在 1927 年冬爆发的鄂东"黄麻起义"总指挥部的 10 位领导人中，就有 5 位毕业于武汉中学。南昌起义、井冈山武装斗争，都有武汉中学毕业生参加。

● 京汉铁路总工会旧址

中共首位烈士在此指挥二七大罢工

京汉铁路总工会旧址（报纸图片）

1923 年 2 月 4 日上午 9 时，接到命令后，江岸机厂（后改名江岸车辆厂）
工人拉响了指挥大罢工的汽笛（报纸图片）

京汉铁路总工会江岸分工会旧址（报纸图片）

70 个人住 3 间小草房

铁路工人过着毫无尊严的生活。1923 年 2 月 3 日，京汉铁路总工会领导人从郑州来到汉口江岸，租用京汉铁路总工会旧址秘密办公。"张特立（张国焘）、李震瀛、陈潭秋、林育南、项德隆（项英）、杨德甫、施洋、林祥谦等曾在这里开会，起草宣言、电稿，编写宣传品。这里成为领导京汉铁路总同盟罢工斗争的指挥部。《特别紧要启事》等文件、传单都是在这间房屋里起草的。

1906 年通车的京汉铁路全长 1200 多公里，是旧中国重要的交通命脉。京汉铁路的收入也是直系军阀吴佩孚军饷的主要来源之一。在这里，帝国主义和封建军阀对中国铁路工人采取最野蛮、最专横的管理制度。绵绵铁路线上诉不尽工人们悲惨凄苦的生活。

当时铁路工人毫无尊严：铁路由外国监工管理，每天上下班要被搜身，稍有不慎就会被鞭子抽打，有的工人被打成重伤不治身亡；工人们每天要工作 16 个小时以上，没有休息日，即便如此，外国监工还故意调慢工厂的钟表，延长工作时间；工人住的是破烂不堪的草房，70 个人住 3 间小房子；吃的是剩菜剩饭，每人每月交 5 元大洋，这相当于工人每月工资，基本没有剩余，家人吃不饱、穿不暖，老人、孩子只能到郊外挖野菜、捡煤渣……

反动军警向手无寸铁的工人疯狂射击

总工会门前弹痕累累。俄国十月革命的炮声给中国送来了马克思主义，中国的先进知识分子与工人运动相结合，启发了工人的觉悟，一批先进工人迅速成长。

1921 年，中国共产党诞生后，武汉党组织负责人陈潭秋、林育南等经常深入到江岸铁路工人当中，以设立劳动补习学校、工人夜校等方式传播马克思主义。

1922 年，中国共产党领导的工人运动形成第一次高潮。京汉铁路沿线各车站在 1 年内相继成立了 16 个分工会，京汉铁路工人努力壮大力量，积极筹建全路统一的工会组织。1923 年 2 月 1 日，京汉铁路总工会在郑州宣布成立，下设三个分工会——长辛店分工会、江岸分工会、郑州分工会。面对工人组织的发展壮大，反动军阀政府极为恐慌，千方百计加以阻挠、破坏。因遭到军阀吴佩孚的封锁，京汉铁路总工会于同年 2 月 3 日从郑州转移到汉口江岸。

1923 年 2 月 4 日上午 9 时，京汉铁路总工会江岸分工会委员长、共产党员林祥谦在京汉铁路总工会下达大罢工命令。江岸机厂（后改名江岸车辆厂）锅炉工黄正兴接到命令后，用他那有力的双手紧紧握住三管汽笛拉杆，奋力拉响了指挥大罢工的汽笛。顿时，工人们熄炉灭火，关闸刹车，停电放水。3 小时之内，3 万名铁路工人一致实行全路总同盟罢工，京汉铁路全线客车、军车、货车一律停驶，车站、桥梁、道棚、工厂一律停工，长达 1200 多公里的铁路顿时陷入瘫痪。

1923 年 2 月 7 日，湖北督军萧耀南根据吴佩孚的命令，指派督军署参谋长张厚生带着军警来到江岸包围京汉铁路总工会，指使军警向手无寸铁的铁路工人疯狂射击。总工会门前弹痕累累，30 多名工人当场死于军警的乱枪和马刀之下，这就是震惊中外的二七惨案。"上工要总工会的命令。我们是头可断，工不可上！"当日，林祥谦也被捕牺牲。他是中国共产党党员中第一位英勇就义的烈士。

1923 年 2 月 7 日晚 7 时许，北风呼啸，雪花纷飞，整个江岸笼罩在一片白色恐怖之中。敌人把 60 多名被捕工人捆绑在江岸车站站台上，林祥谦被绑在站台东侧的灯柱上。威胁利诱不成，张厚生立即凶相毕露，命令刽子手朝林祥谦左肩上砍了一刀，鲜血顿时染红了他的蓝色上衣，不断滴落在洒满雪花的站台上。他忍着剧痛，巍然屹立。就这样，林祥谦被连砍 7 刀，牺牲时年仅 31 岁。

为了保存实力，避免更大的牺牲，那年 2 月 10 日，京汉铁路总工会发出《紧急通知》，要求工人"忍痛复工"。京汉铁路工人大罢工虽然在帝国主义和军阀的残酷镇压下失败了，但其点燃的星星之火已经无法被彻底扑灭，遂成燎原之势。

● 武昌中央农民运动讲习所旧址

毛泽东在汉首讲《湖南农民运动考察报告》

毛泽东主办的中央农民运动讲习所旧址

毛泽东著作《湖南农民运动考察报告》（报纸）

1927年3月在武昌召开的湖北省第一次农民代表大会会场照片（报纸）

这里曾是中国农民革命大本营

武昌农讲所创办于大革命高潮之中，是第一次国共合作的产物。1926年11月，时任中央农民运动委员会书记的毛泽东，在为中央制定的农运计划中提出，在武昌开办农民运动讲习所。经中央批准后，毛泽东于同年12月初到达武汉进行筹备，得到了国民党湖北省党部主要负责人董必武的大力支持。1927年3月，为适应全国农运形势的不断发展，农讲所扩大向全国招生，定名为"中国国民党中央农民运动讲习所"，简称"武昌农讲所"。

武昌农讲所招生条件十分严格。招考布告明文规定，学员必须"革命观点确定""毕业后决心回到乡村做农民运动""能走远路、能服军操"。规定同时指出，对从事农运工作的共产党员、共青团员和农运积极分子，可优先录取。"

武昌农讲所学员来自全国 17 个省，总计 800 多名，包括学生 400 余名，农民、武装农民领袖、农民的觉悟分子或曾做农运者 300 余名，工人 40 余名。

1927 年 4 月 4 日，武昌农讲所举行了开学典礼和阅兵仪式。开学典礼上发表的《武昌农讲所开学宣言》明确指出，武昌农讲所的使命，是要训练一般能领导农村革命的人才出来，号召广大的农民群众起来，实行农村革命，推翻封建势力。可以说，武昌农讲所是中国农民革命的大本营。

毛泽东首讲《湖南农民运动考察报告》

1927 年 1 月 4 日至 2 月 5 日，毛泽东为了驳斥社会上对农民运动的种种责难，深入家乡湖南农运斗争第一线考察农民运动。回武汉后，他在武昌都府堤 41 号的住所撰写了《湖南农民运动考察报告》，成为党指导农民运动的重要纲领性文献。

在武昌农讲所大教室里，毛泽东为学员们首讲《湖南农民运动考察报告》。

据武昌农讲所学员回忆，毛泽东讲授报告的当天，前来听课的除了农讲所学员和教职员工外，附近工厂的工人和农民全部汇集到这里，把大教室挤得水泄不通。

毛泽东手拿讲稿登上讲台，用他亲身考察的大量事实，热情洋溢地赞颂道："农民起来打倒封建势力，是成就了四十年乃至几千年未能成就的奇勋。这个举动是好得很，完全不是什么糟得很。"

有学员问："农民运动是不是有些过火了？"毛泽东没有直接回答，而是转向黑板，在黑板上画了三根竹子，一根向左弯，一根向右弯，中间的那一根是直的，边画边解释："一根竹子要是弯了，就必须向相反的方向狠狠地扳几下，这样才能够直过来。这就是'矫枉必须过正，不过正不足以矫枉'。"

武昌农讲所的办学目的，是要培养一批能领导农民进行武装斗争的组织者和领导者。在其整个教学过程中，把军事训练放在相当重要的位置。据当年的军事教官钟皿浪回忆，学员每天必须操练两个小时，蒋介石在上海发动"四·一二"反革命政变后，每天军训增加到 4 个小时，每周还要进行野外军事演习。

学员毕业后深入农村进行农民武装斗争

当年，武昌农讲所学员一面学习理论知识，一面投身于轰轰烈烈的革命实践。

1927 年 5 月初，湖北麻城的地主豪绅利用红枪会发动反革命暴乱，武昌农讲所决定派出 300 名学员前往麻城镇压暴乱。1927 年 5 月 14 日晚，学员们向麻城进发。毛泽东等农讲所教员及全体学员热烈欢送他们，整队送至长江岸边的汉阳门船边。学员们英勇作战，配合当地农民武装将红枪会匪军击溃于肖家湾。

1927 年 6 月 19 日，武昌农讲所举行毕业典礼，给每名学员颁发了一枚铜质五角星形证章。学员贺叔阶从武昌农讲所毕业后回到家乡荆门领导革命运动，1928 年被捕后英勇就义。

● 武汉中共中央机关旧址
曾是中国革命指挥中心

从 1926 年 9 月起，中共中央陆续调派干部到武汉领导革命斗争，至 1927 年 4 月，陈独秀来到武汉，武汉成为继上海之后的中共中央机关所在地。图为中共中央秘书厅、中央常委办公地——汉口四民街 61 号（今胜利街 165—169 号）

武汉中共中央机关旧址纪念馆内复原的政治局常委会会议室（报纸）

武汉中共中央机关旧址纪念馆内复原的蔡和森办公室内办公桌上的玻璃药瓶（报纸）

"61号" 曾是中共中央机关秘密代号

1926 年底至 1927 年夏，大革命中心移师武汉，中共中央机关由上海迁到武汉，租用了汉口原俄租界四民街 61 号、62 号（即今胜利街 165 号、167 号、169 号）这栋楼房，将中共中央秘书厅设于此。这里是中共中央政治局常委会开会和秘书厅办公的地方，陈独秀等数十位党中央重要领导人在此居住或从事过重要革命活动。

大革命失败前后，中共中央给各省发指示或者文件的时候，落款都使用代号进行掩护。中共中央机关设在此地时对党内的秘密代号是 "61 号"。一说到 "61 号"，党内同志都知道是这个地方，是党中央所在地。

1926 年至 1927 年，当时中共中央政治局常委在这里召开了 40 多次会议，包括筹备中共五大。他们在这里分析革命形势，对重大事件作出决策，研究决定各省的省委书记和一些重大的人事事项。当时这里是中国革命的指挥中心。

在武汉期间，面对大革命由高潮转向失败的严峻形势，中共中央召开了中共五大和八七会议，作出了发动南昌起义和秋收暴动等一系列影响历史进程的重大决策，实现了由大革命失败到土地革命战争兴起的历史性转折。

给党中央写 7 封信阐述革命主张

中共中央在武汉期间，革命面临着非常复杂而严峻的局面。中国共产党的领导者们日夜操劳，为挽救革命苦苦地思索、不停地探求。

蔡和森是中国共产党早期重要领导人，也是最早提出建立中国共产党的人之一。他是中共第五届中央政治局委员、常委。当年，他在"61 号"参与了党中央几乎所有重大决策的会议。筹备中共五大时，他参与起草了大会的文件。

在筹备中共五大和后来的工作期间，蔡和森的哮喘病很严重，只能边吃药边工作，不分昼夜。中共五大之后，蔡和森的身体越来越糟。

1927 年"七·一五"反革命政变之前，他搬到武昌都府堤，在毛泽东家里住了一段时间。生病住院前后，面对大革命失败，蔡和森带病给中共中央政治局写了 7 封信，阐述自己对挽救革命的一些主张。

● 汉口中共中央宣传部旧址暨瞿秋白旧居

领导报刊宣传 为工农运动造势

汉口中共中央宣传部旧址中展出的办公室复原场景（报纸）

张秋实教授指着纪念馆内的一幅油画介绍，油画中场
景为瞿秋白深夜为毛泽东的《湖南农民运动考察报
告》作序

在复杂斗争中领导报刊宣传

提倡在工人农民中发展通讯员

1927年2月中旬左右，中央宣传部主要工作人员黄文容、羊牧之先行到汉。3月，瞿秋白到汉，并以中央宣传部委员的身份，负责了一段时间宣传部的工作。不久，中央调其夫人杨之华也从上海来汉工作。当时的辅义里27号，楼下是中宣部机关，瞿秋白夫妇住在楼上。

瞿秋白那时才28岁，在汉期间非常忙碌，常奔波于中共中央各机关与武汉国民政府之间，在工农群众中做宣传鼓动工作。他白天工作一天，晚上还要在小楼里伏案写作到深夜。

宣传鼓动战线是党的工作的重要方面，当时在武汉的进步报刊有《汉口民国日报》《湖北农民》《湖北工人》《湖北妇女》《革命商人》《青年之路》等，瞿秋白对这些报刊非常重视和关心，把它们当做宣传国民革命、揭露帝国主义及封建军阀黑暗统治的武器和阵地。在复杂的斗争局势下，他领导报刊宣传工作，一直强调报刊是阶级斗争的武器。他指出，所登的文章，所发的消息，都要有鲜明的阶级性，但要讲究斗争策略。

《汉口民国日报》于1926年11月20日创刊，每天出版对开3张，发行量1万余份。名义上，它是国民党的报纸，实际上是中国共产党领导的以国共合作统一战线的公开面貌出现的大型日报，也是共产党开展革命统一战线工作的重要舆论工具。其社长是董用威（必武），经理是毛泽民，总主笔先后为宛希俨、高语罕、沈雁冰（茅盾），20 多位编辑、记者绝大多数是共产党员。该报在办报方针、宣传内容、经营管理上，都由中共中央宣传部指导。《湖北农民》的主编是陈荫林，也是共产党员。

两报在宣传国共合作的武汉国民政府的革命政策、报道北伐战争的胜利、支持工农群众运动、揭露帝国主义与新旧军阀的罪恶行为等方面，旗帜鲜明，战斗力强，在全国及国际上颇有影响。这与瞿秋白的领导作用分不开。

1927 年 4 月上旬，党中央决定让沈雁冰担任《汉口民国日报》主编。沈雁冰前去拜访监管宣传工作的上司、老朋友瞿秋白。"他精神焕发，但头发却留得很长，大概没有时间理发。他听说我要编《汉口民国日报》，就说当前的报纸宣传要着重这样三个方面：一是揭露蒋介石的反共和分裂阴谋；二是大造工农群众运动的声势，宣传革命道理；三是鼓舞士气，作继续北伐的舆论动员。"沈雁冰在《我走过的道路》一书中回忆。

在汉期间，瞿秋白不管多忙，总要抽时间到宣传部，与具体负责同志商讨各阶段的报刊宣传方针。他要宣传部的同志定期到各报社了解出版、编辑、发行情况。每晚睡觉前，瞿秋白都要认真阅读各报，发现问题及时指出来，他认为，办报和打仗一样，要知己知彼，及时了解敌我友的反映和动态。

瞿秋白还提倡在工人农民中发展通讯员，把报纸的根深深扎在群众中，这说明他是坚持走群众路线。

瞿秋白为《湖南农民运动考察报告》作序
促成在汉发行第一个单行本

1927 年初，中共中央农委汉口办事处负责人毛泽东深入湖南农村进行实地考察，历时 32 天，走遍湘潭、湘乡、衡山、醴陵、长沙 5 县，掌握了大量农民运动的材料和信息，写成《湖南农民运动考察报告》给中共中央。

当年，《湖南农民运动考察报告》首先在中共湖南省委机关刊物《战士》周刊连载。但是，3 月间在中共中央机关刊物《向导》上只刊发了一部分，便被停发。瞿秋白到武汉读到毛泽东的这份报告后，很是钦佩和赞同，他第一个站出来为之叫好。当他知道这篇报告被禁止在党中央机关刊物上刊登以后，他感到既气愤又不理解。

"这样的文章都不敢登，还革什么命？"瞿秋白吩咐秘书羊牧之与党在汉口创办的长江书店联系。4月，长江书店为《湖南农民运动考察报告》出版了单行本。为大力宣传农民革命运动，瞿秋白计划要连续出版这方面的著作，所以将书名改为《湖南农民革命（一）》。这也是《湖南农民运动考察报告》这篇历史文献出版的第一个单行本，它是在瞿秋白的直接促成下出版的。

1927年4月11日深夜，瞿秋白在百忙之中为《湖南农民运动考察报告》写下序言："中国农民要的是政权，是土地。中国革命家都要代表三万万九千万农民说话做事，到前线去奋斗，毛泽东不过是个开始罢了。中国的革命者个个都应当读一读毛泽东这本书，和读彭湃的《海丰农民运动》一样。"

瞿秋白是彭湃、毛泽东从事农民运动的最坚定的支持者。瞿秋白深刻认识到，农民问题在中国革命中的重要地位，中国无产阶级只有团结农民，与农民阶级组成同盟军，建立工农联盟，中国革命的胜利才有希望，而联合农民革命的关键，是解决土地问题，实现耕地农有。这在当时，理论认识非常高，他把中国农民几千年来争土地、夺政权，为自身利益作斗争的问题看得很透彻，正是源自为民谋利的初心和使命。

武汉之于瞿秋白，是一个有着特殊意义的地方。大革命时期，中国共产党人的初心和使命就是承担救国救民的任务，打倒帝国主义，推翻封建专制，让中国人民站起来。瞿秋白是党的早期领导人，他敢于追求真理，批评党内错误，关心党的事业，为工农群众谋利益，并为之付出艰苦卓绝的努力，这是出于革命的初心和使命。

（6）中共五大会址

大屠杀枪声中96位代表齐集 把政治纪律提高到全党义务层面

中央监察委员会成员开会场景复原（报纸）

中共五大召开期间，一部分代表的合影（报纸）

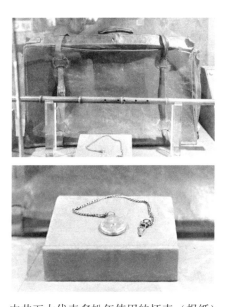

中共五大代表多松年使用的怀表（报纸）

中共五大开幕式会场复原（报纸）

会议在血腥屠杀的枪声中筹备

两张历史照片记录会议真实场景

2016 年，武汉革命博物馆从俄罗斯国家社会政治历史档案馆征集到两张中共五大的历史照片，分别记录了中共五大开幕式和会议期间的真实场景。这两张照片下方或背面用俄文标记了"1927 年 4-5 月 中共五次代表大会"。第一张照片正中墙上，从上至下分别悬挂马克思、列宁、孙中山带木质边框的照片，左右两侧分别悬挂中国共产党、国民党党旗以及两行布标语，标语上可见"坚决的领导农民运动""资产阶级叛逆后""努力团结"等字样。主席台上有两排桌子，坐有 9 人，站立 4 人，台下坐着若干会议代表。

第二张照片中，房顶为中国传统木梁、人字结构屋顶，木梁上挂满了彩旗和灯笼，四周墙面贴满标语和宣传画，后墙正中有一大幅宣传画和放着光芒的五角星。代表们面向主席台密密麻麻坐满了会场，窗边还有代表站立，他们神情庄重、聚精会神，服饰反映代表来自各个阶层，具有明显时代烙印。

中共五大是在四一二反革命政变发生仅半个月后召开的，可以说它是在血腥屠杀的枪声中筹备的非常会议。出席此次大会的代表有陈独秀、蔡和森、瞿秋白、毛泽东、任弼时、刘少奇、邓中夏等 96 人，这些被蒋介石通缉捉拿的共产党人肩负着挽救革命的重任，他们代表着全国 57967 名党员。以罗易、多里奥、维经斯基组成的共产国际代表团参加了大会，由谭延闿、徐谦、孙科组成的国民党代表团到会祝贺。汪精卫也应邀列席了一天会议。

选举产生首届中央监察委员会

10 名成员 8 人先后牺牲

中共五大是幼年的中国共产党探索中国革命道路艰难历程中的一个重要环节，这次会议在党的组织建设方面作出了重要贡献，第一次明确规定"党部的指导原则为民主集中制"并写入党章，第一次设立中央委员会并规定其职权，将原来的中央执行委员会改名为中央委员会。第一次设立中央政治局和中央政治局常务委员会，第一次选举产生了中央监察委员会（中纪委的前身）。首届中央监察委员会由委员 7 人、候补委员 3 人组成。他们分别是：委员王荷波、杨匏安、许白昊、张佐臣、蔡以忱、刘峻山、周振声；候补委员杨培生（又名杨培森）、萧石月、阮啸仙。王荷波任中央监察委员会主席，杨匏安任副主席。首届中央监察委员会的成立，标志着党的纪律检查制度初步创立，意义十分重大。

在随后的革命斗争中，面对生死考验，10名中央监察委员会成员中8人先后牺牲，用生命诠释了对信仰的忠诚。

牺牲的8位成员，年纪最大者45岁，最小21岁。主席王荷波被叛徒出卖，在狱中受尽酷刑，但始终坚守党的秘密。副主席杨匏安被捕后，面对国民党的高官厚禄引诱不为所动，甚至摔掉蒋介石的劝降电话，慷慨就义。萧石月当选候补委员仅19天，就牺牲在战场上。张佐臣是杨培生的入党介绍人，两人同时被捕，一同高唱《国际歌》从容就义。

中国共产党的纪检监察队伍从一诞生就注定是一支铁打的队伍，是什么力量让他们如此坚定？答案是坚守初心。

旧皮箱曾经装着中共五大文件

22岁五大代表参会3个月后被捕牺牲

目前中共五大会址纪念馆征集到的文物珍品有117件，历史资料800多份，还有一批图书资料。其中一口皮箱和一块怀表，是中共五大代表多松年的遗物，都是他在苏联中山大学学习时用过的。

当年，22岁的蒙古族青年多松年是中共察哈尔特别区工委书记，他作为热河、察哈尔、绥远3个特别区的唯一代表出席了中共五大。5月中旬，多松年用这口皮箱带着中共五大的文件，秘密绕道上海、天津等地回张家口，向当地党组织传达中共五大的会议精神。为躲避国民党军警的搜查，多松年请与他同行的同学、战友勇夫（中共党员）以黄埔军校第四期毕业生的身份拿着箱子，顺利通过了沿途卡哨盘查。

同年8月，多松年在张家口一下火车就被特务盯上，他迅速赶回居住地烧文件，文件刚处理完，特务警察就破门而入。后来，多松年在张家口被敌人用5颗一尺多长的钉子活活钉死，为中国革命壮烈献身。

• 八七会议会址

毛泽东在汉提出"枪杆子里面出政权"

八七会议会址（报纸）

复原的八七会议会场

1927 年 8 月 7 日，中共中央在汉口秘密召开中央紧急会议，在中国革命处于严重危机的情况下，及时制定出继续革命斗争的新方针，使党在政治上进了一大步。中国革命从此开始由大革命失败到土地革命战争兴起的历史性转变。会上毛泽东提出"须知政权是由枪杆子里面取得的"等著名论断。图为八七会议会址、八七会议记录（日出）。

邓小平提前 3 天到会场

瞿秋白三伏天连夜翻译《告全党党员书》

八七会议会址是英国人 1920 年修建的 3 层西式公寓，时称"怡和新房"，前后有楼梯，后门通小巷，屋顶凉台与邻居的相通，发生情况便于撤离。一楼是印度人开的百货商店，周围居住的大多是富有的外国人，不大引人注意。二楼是苏联派驻国民政府农民运动顾问拉祖莫夫夫妇的住宅。

中央紧急会议原拟 1927 年 7 月 28 日举行，后因故推迟到 8 月 7 日，会议在拉祖莫夫家里举行。由于时局紧张、交通阻隔，到会的只有当时在汉的中央委员、中央候补委员、中央监察委员、团中央委员以及湖南、湖北的代表一共 21 名，加上来自莫斯科的 3 名代表。因环境险恶，会议从上午开到晚上，一天便结束。

具体组织安排会务工作的是中共中央政治秘书邓小平，他当时年仅 23 岁。邓小平在会前 3 天来到会场，接待代表、安排食宿、负责安全，直到结束，全部代表陆续散去后才离开，在里面一共待了 6 天。这也是邓小平参加的第一次中央级别的重要会议。

接到通知的同志到达汉口后，由秘密交通员在会前分批带入会场。入场后，大家不能再外出，夜晚不顾酷热，挤在房中席地而卧，以干粮、面包为食。房主人吩咐，如果有人进来查问，就说是在开股东会。

《中国共产党中央执行委员会告全党党员书》（简称《告全党党员书》）是共产国际代表罗米那兹用俄文为八七会议起草的重要文件，在会议前一天晚上才写完。为了将中文译稿按时发给会议代表，瞿秋白在德林公寓一夜伏案疾书，翻译文稿，通宵未眠。

8 月上旬正是武汉最热的三伏天，瞿秋白忙得大汗淋漓都浑然不觉，李维汉站在旁边用扇子给他扇风。直到天亮，瞿秋白才译完全文，推门下楼，来到不远处的三教街会场。

毛泽东会前一天两次遇险

会上提出著名论断"枪杆子里面出政权"

八七会议在极其严重的白色恐怖下召开，当时的环境有多险恶？毛泽东原来住在武昌都府堤，1927年"七·一五"反革命政变后转移到汉口。8月6日晚，毛泽东过江到都府堤寻找为这次会议准备的发言提纲，险些被国民党搜查队发现。过江到汉口后，他又遇到国民党军警盘查，幸而机智脱险。

尽管八七会议举行的时间只有一天，讨论时发言的却有14人56次之多。从会议记录看，第一个发言的是毛泽东。发言次数最多的也是毛泽东，一共7次。毛泽东首先肯定罗米那兹的报告很重要，接着讲了4个问题，一是国民党问题，二是农民问题，三是军事问题，四是组织问题。在讲军事问题的时候，毛泽东说："从前我们骂（孙）中山专做军事运动，我们则恰恰相反，不做军事运动专做民众运动。蒋（介石）唐（生智）都是拿枪杆子起的，我们独不管。现在虽已注意，但仍无坚决的概念。比如秋收暴动非军事不可，此次会议应重视此问题，新政治局的常委要更加坚强起来注意此问题。湖南这次失败，可说完全由于书生主观的错误。"

这里说的"湖南这次失败"，就是马日事变以后湖南农军进攻长沙失败的事。许克祥发动马日事变后，陈独秀开始主张以武力解决，但听说汪精卫力主"调解"后改变了态度，认为从政治上考虑目前不宜用武力讨伐。湖南临时省委开始决定调长沙附近十几个县的农军进攻长沙，后来因为中央确定和平解决的方针，中途改变计划，下令撤退。可是，浏阳等地的5000名农军因为没有及时接到命令，单独进攻长沙，被许克祥打败了。随后，各县农军被许克祥各个击破，1万多人被屠杀，湖南党组织遭到严重打击。

所以，毛泽东接下来说："以后要非常注意军事，须知政权是由枪杆子中取得的。"这句话后来演化成一句颇富文学意味的名言，这就是"枪杆子里面出政权"。

只开了一天的八七会议
使中国共产党和中国革命绝处逢生

八七会议虽然只开了一天，但使中国共产党和中国革命绝处逢生。

八七会议后，以瞿秋白为首的临时中央政治局，通过各种秘密渠道和途径，向党在各地的各级组织和广大党员传达了会议精神和新的斗争策略，大大鼓舞了广大党员的斗志。同时，在极端困难的条件下，命令各级党组织建立秘密工作机关，组建全国范围的秘密交通网，出版地下党刊，向阶级敌人展开新的斗争。

蔡和森在《党的机会主义史》一文中说："我们绝对不要忘记'八七'以后之伟大的效果。北方有好些同志说：'假若新方针迟来一月，我们都散了。'这不仅北方为然，全国莫不如此，尤其在两湖、上海及广东。"

这就是说，假如八七会议迟开一个月，或者假如八七会议确立的新方针向各地晚传达一个月，那么在中共五大召开前后党员近6万名的党组织会是怎样一种情况呢？现在不敢想象。

1928年4月，瞿秋白在为中共六大召开而撰写的书面政治报告中指出：没有八七会议，共产党简直是要"亡党"的，"这会议开辟了共产党的新生命"。

在中国共产党和中国革命历史上，八七会议是新民主主义革命时期的第一次历史性转折。在大革命全面失败的危急时刻，八七会议制定出继续进行革命斗争的正确方针，使全党没有为极其严重的白色恐怖而惊慌失措，重新鼓起同国民党反动派斗争的勇气，从而为挽救党和革命作出巨大贡献。中国革命从此开始由大革命失败到土地革命战争兴起的历史性转变。可以说，八七会议是在大革命全面失败的天塌地陷之际，树立起土地革命和武装起义的坚固柱石，顶起塌下来的天，托起陷下去的地，使中国共产党和中国革命绝处逢生。

八七会议顶天托地的壮举，彰显了中国共产党人的初心和使命，体现了中国共产党敢于担当的魄力、危机处理的能力、自正自净的活力、坚持探索的毅力，而这些力量的根本，均在于信仰信念的定力。

• 向警予烈士牺牲的地方

"我党唯一的女创始人"长眠龟山

向警予烈士牺牲的地方——当年的余记里空坪刑场（报纸）

向警予烈士

武汉市警予中学烈士群像浮雕墙（报纸）

她是"我党唯一的女创始人"

为妇女解放做出不可磨灭的贡献

向警予原名向俊贤，1895 年生于湖南溆浦县。1903 年，向警予成为全县第一个入学的女学生。1911 年，她从湘西到长沙，先后在湖南省立第一女子师范学校和周南女校读书，并改名向警予，表示对封建势力的高度警惕和反抗。向警予读书期间写下的作文，有 10 篇保存至今，表露出年仅 20 岁的她，投身拯救中华民族的伟大事业之中的决心。

1920—1921 年在法国留学期间，向警予不但与蔡和森共同提出"中国共产党"的名称与计划，同时向各方宣传，陈诉建党之急。之后，向警予与周恩来、李立三在法国成立中国共产党，几乎与国内的中国共产党同时建立。因此，她后来被毛泽东称为"我党唯一的女创始人"。

加入中国共产党后，向警予开始领导中国最早的无产阶级妇女运动，为党中央妇女部起草了《妇女运动决议案》等许多重要指导文件，发表了《中国最近妇女运动》《中国妇女宣传运动之新纪元》《妇女运动的基础》等大量论述妇女解放运动的文章，培养了大批妇女干部。

曾指导过秋收起义

一天只吃一个饼仍坚持工作

1925 年 10 月，向警予、蔡和森等受党中央派遣赴莫斯科东方共产主义者劳动大学学习。公开资料显示，1927 年 3 月，回国后的向警予来到武汉，在中共汉口市委宣传部和市总工会宣传部工作。7 月，武汉国民政府发动反革命政变，中国共产党的大部分领导同志先后转移，向警予留在武汉坚持地下斗争。

1958 年出版的《向警予烈士在武汉》一书中记载，来到武汉的短短 3 个月时间，向警予就已经和群众建立了深厚的关系。她穿着一件普通的旗袍四处奔走，想各种办法保全组织，发动群众继续斗争。由于身体疲劳，她变得非常瘦弱，有时一天只吃一个饼充饥，但依旧拼命工作。书中写道："（向警予）外表看起来十分斯文，但做事却像生龙活虎一般，不知道哪里来的那股干劲，总是开了会便去写东西，写完东西又去找工人谈心、谈工作，一刻也不休息。"当时工会出了一些通俗易懂、生动有力的宣传品，对发展工人运动和教育工人起到了很大作用，这其中就有不少出自向警予之手。

"可能大多数人都不了解的是，向警予对秋收起义、对武装斗争的贡献。"武汉市委党史研究室副主任宋健介绍，当时的武汉处于"白色恐怖"时期，国民革命军第二方面军总指挥部警卫团团长卢德铭和上级党组织失去了联络，下一步行动没有方向。就在心灰意冷时，卢德铭偶然碰到向警予，向警予给了他们一个明确的去向：参加秋收起义。这等于给部队传达了党的指示。后来，卢德铭带领的这支部队成为秋收起义的绝对主力军。

敌人贴告示"不准收尸"

赴刑场途中仍高呼革命口号

1927 年"七一五"汪精卫集团背叛革命后，武汉处于严重"白色恐怖"之下。但向警予仍坚持留在武汉开展地下斗争，冒着生命危险，走街串巷发动群众，参与策划两湖暴动。

1928 年 3 月，由于叛徒出卖，向警予在原法租界三德里（今江岸区友益街）被捕，国民党军阀对她进行了一次又一次的严刑拷打，本以为可以从她口中得到一些有用的信息，将武汉的共产党员一网打尽，可在她被捕一个多月之后，敌人根本无法从她口中了解任何信息，于是决定将她杀害。

1928 年 5 月 1 日，随着大雨中的一声枪响，年仅 33 岁的向警予献出了自己宝贵的生命。知名党史专家李婉霞介绍，即便是在赴刑场途中，向警予仍高呼革命口号，不断向群众高声演讲，后被敌人用石块堵口、皮带勒紧双颊，就义于汉口余记里空坪。

敌人还在现场张贴告示："不许任何人收尸"。当晚，10 多位战友趁夜将向警予的遗体用板车运往集家嘴。随后找汉江边的船夫借来一条小木划，众人才将烈士遗体运往对岸的龟山脚下安葬。几天后，战友又返回此地，为向警予刻了一块比较隐蔽的小墓碑。1978 年 5 月，龟山修建起向警予烈士陵园。

- 八路军武汉办事处旧址

"八办"成为抗日烽火中一面旗帜

1937 年 12 月，八路军武汉办事处迁至汉口中街 89 号，此处也是同年 12 月成立的中共代表团、中共中央长江局机关所在地。周恩来、董必武、叶剑英、王明、秦邦宪（博古）等在武汉领导革命斗争。

武汉献金运动中，妇女捐出首饰（报纸）

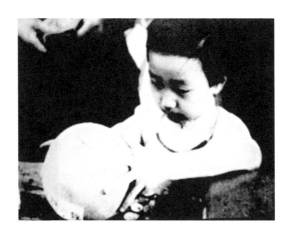

武汉献金运动中，孩童打开储钱罐捐零钱（报纸）

"孩子剧团"团旗（报纸）

抗敌演剧队在汉举行公演，慰劳抗日将士

武汉 50 万人献金抗日

掀起民族救亡热潮

抗战全面爆发后，红军主力部队改编为国民革命军第八路军，在国民党统治区一些主要城市先后设立了 16 家办事处。初期，它的主要任务是通过与国民政府联系，领取八路军和新四军的粮饷、武器装备，共同抗击日军。南京失陷后，国民政府的重要部门迁到武汉，"八办"同时成为中共中央长江局驻地。这时的"八办"还担负着保卫、掩护中共中央代表团和长江局的任务。

1938 年 7 月 7 日，日军逼近武汉，周恩来、郭沫若等人组织了号召市民支援抗战的献金运动。"八办"所有人带头捐献，武汉市民积极参与。活动原定 3 天，没想到捐钱的人太多，活动不得不延长到 7 月 11 日。

当时，除了江汉关、三民路、水塔、五芳斋、武昌司门口、汉阳东门等固定献金台外，路上还设了一座流动献金台。成千上万的民众涌上街头，来到献金台前，台上挂着"有钱出钱，有力出力"等横幅或标语。妇女们捐出金银细软，孩童们捐出储钱罐，老人们捐出银元，为抗日救国倾囊相助，掀起了民族救亡热潮。时任"八办"处长的钱之光曾在《八路军武汉办事处》一书中回忆："整个三镇都沸腾了。献金的人群从早到晚，川流不息。"

中共代表团和"八办"代表捐款 1000 元；周恩来把在军委会政治部工作的一个月薪金 340 元全部献出；董必武、邓颖超等中共参政员也将一个月薪金每人

350 元全部献出。民众的爱国热情十分高涨，献金者多则上万元，少则几分钱。据史料记载，当时，电影《热血忠魂》的女演员黎莉莉献出了自己的结婚戒指；从华北沦陷区过来的一位卖药老人一天献金 3 次，第一次献 7 角钱，第二次献 1 角 5 分钱，第三次献 1 角钱。

这次献金运动，正如《新华日报》评论的那样："其情形的热烈，不仅在中国历史上空前，在世界史上也少有。"这次献金运动共有 50 多万人参与，武汉市民献金超过 100 万元，有效地支持了抗日战争。

"八办"当时参加组织的各种抗日救亡运动，对于振奋广大人民群众的抗战热情，坚定抗战必胜的信心，促进抗日民族统一战线的巩固和发展，唤起民众支援和直接参战，起到了积极的作用。

"孩子剧团"走上街头

教唱抗日救亡歌曲

"起于上海，兴于武汉，归于延安"的"孩子剧团"成立于 1937 年，由一批中小学生组成，自发地在难民收容所进行抗日宣传活动。上海沦陷后，为了确保"孩子剧团"的安全，在党组织精心安排下，20 多名小团员于 1938 年 1 月抵达当时的抗战中心武汉。团员当中最大的不过十五六岁，最小的只有八九岁。

1938 年 2 月 9 日，"八办"举行欢迎大会，热烈欢迎进行抗日宣传的小英雄们。周恩来、邓颖超、郭沫若、叶挺等人参加了大会，并作了热情洋溢的讲话。周恩来赞扬孩子们的抗日救国行动，并深情地对他们说："儿童是社会力量的一部分，我送你们救国、革命、创造三种精神。你们要一手打倒日本帝国主义，一手建立新中国！"

第二天，《新华日报》刊发了报道，许多少年儿童踊跃报名参加"孩子剧团"。他们走上街头、农村、中小学校、工矿企业进行宣传演讲，教唱救亡歌曲，与在汉各团体联合汇演，还参加了由人民音乐家冼星海、张曙组织的大合唱和水上火炬大游行。孩子们的爱国行动震撼了广大爱国民众，茅盾称"孩子剧团"是"抗战血泪中产生的一朵奇花"，邵力子为他们题词"赤子之心，大汉之声"。

由于在汉开展大量抗日救亡宣传工作，"孩子剧团"很快引起了国民政府的警觉。这时，有团员想起了周恩来曾经说过的话："有什么困难就来找'八办'。"团员代表紧急求助。周恩来立刻安排剧团以"下乡演出"为名，连夜乘船顺长江而下，抵达黄石避险。在当地厂区，"孩子剧团"又开始为工人们表演，

"让抗日的烈火继续燃烧"。直到"皖南事变"后，"孩子剧团"逐渐解散。

● 姚家山村

新四军第五师在此开辟抗日根据地

武汉抗战第一村——姚家山村（报纸）

新四军第五师机关大礼堂旧址，李先念的办公室（报纸）

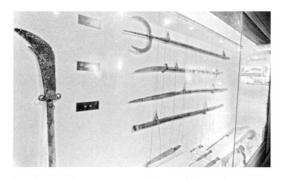

新四军第五师历史陈列馆里，展示新四军使用的大刀长矛（报纸）

日本军队当年使用过的大炮，与新四军使用的大刀长矛形成鲜明对比（报纸）

革命年代使用过的织布机（报纸）

新四军第五师历史陈列馆还原了当年新四军第五师在姚家山发动村民一起进行大生产运动的场景

新四军开辟敌后抗日根据地

缴获的战利品与村民分享

星火燎原鄂豫皖，红旗挺进大别山。1940 年，李先念率领新四军豫鄂挺进纵队进驻姚家山，开始在姚家山开辟抗日根据地。陈少敏来了以后，积极联系群众、发动群众，与农民打成一片，深受老百姓爱戴。

姚家山形成了军民团结一致的氛围，迅速发展成为抗日战争的红色堡垒。当时，司政机关设在农民姚成台家，李先念住堂屋、陈少敏住西房。军队几百号人住进了姚家山各家各户，与村民们同吃同住。据说，新四军在姚家山驻扎了 6 年，与当地村民相处非常融洽。1941 年，新四军从战场上缴获的战利品，都和村民们分享，一家一户地给村民的门上挂猪肉。

自新四军第五师来到这里后，姚家山村民便主动把祠堂提供给部队作为司政机关大礼堂。礼堂一楼是李先念办公的地方，也是当时的战略指挥中心，第五师在这里召开大型会议。

作为抗战时期鄂豫边区建立较早的核心根据地之一，姚家山村成为这个时期武汉外围坚持抗战的重要指挥中心。拥有深厚群众基础的新四军第五师经过长期的艰苦奋战，建立了 5 万余人的正规军和 30 万民兵的强大兵团，有力地从战略上配合了八路军、新四军兄弟部队在敌后战场的抗战，支援了国民党抗日部队在正面战场的作战。

发动民众共同生产军需供给

建立强大的后勤保障

1942 年 12 月，日伪军万余人分 14 路向大小悟山进行扫荡，新五师主力虽然胜利突围，但全村 200 多户房屋被烧毁及炸毁，只留下一间半完整的房屋。敌人走后，李先念命令部队帮助当地民众医治战争创伤，慰问和抚恤老百姓，并组织抗日大学生及当地民兵骨干帮村民修盖被毁的房屋，迅速恢复生产生活。就在那个战火纷飞的年代，姚家山村村民与驻扎乡村的新四军结下了一段深厚的军民鱼水情。

在反"扫荡"、反"蚕食"、反"清乡"、反"摩擦"的艰难日子里，新四军第五师发动姚家山地区的民众共同生产军需供给，建立起独立的后勤保障体系。

那时每天都有几十人在这里工作，第五师的干部、战士自己纺线、织布、做军鞋，根据地广大妇女们也积极做衣、做鞋支援部队。新四军第五师被服厂从诞生到壮大，人员从最初的 7 人发展到近 30 人，衣被制作工艺从先前的纯手工发展到后来的半手工半机械化。仅一年多时间，姚家山就生产了 4000 多套被装，基本上保证了部队的供给，也统一了军队军服及士兵的精神面貌，极大地激发了战士的抗战热情，为抗日战争的胜利打下了坚实的基础。

边区领导人重视队伍纪律建设
提醒干部"尊重群众利益"

第五师之所以能获得广泛的群众基础，主要是来源于李先念、陈少敏等边区领导人坚持走群众路线。他们经常提醒干部，"要遵守群众纪律，尊重群众利益，始终与人民群众保持血肉联系和鱼水情谊"，告诫干部"脱离群众，不了解客观的具体情况，不克服主观主义，就不是共产主义者"，强调"边区的发展，一定要发动群众，要与群众最根本利益紧密结合起来，要把兴修水利，抗旱救灾，生产自救，合理负担，减租减息，打击恶霸等关乎群众切身利益的事，贯穿到发动群众的实际工作中去，把为群众服务作为衡量地方干部工作的标准"。

抗战时期，为了将一支在当时以农民为主体的队伍，改造成有科学的理论武装，有远大的理想追求，有铁的纪律约束的钢铁队伍，李先念、任质斌、陈少敏等边区领导人在姚家山召开了几次重大会议，进行了纪律建设与群众路线建设的伟大实践。

1940 年 4 月，豫鄂挺进纵队在东进大、小悟山时，发生第三团主要负责人不听命令，擅自撤离阵地，致李先念遇险的事件。李先念、任质斌等认识到，少数指挥员身上存在的腐朽思想、分散主义、本位主义和游击习气等，如不尽快解决，将严重影响部队素质的提高，难以争取更大的胜利。于是，1940 年 5 月 9 日，任质斌在姚家山召开的连以上干部大会上，作了题为《开展干部中的反不良倾向的斗争》的报告，并在 8 月的鄂豫边区党委召开军政干部大会上，进一步研究了在边区开展反不良倾向斗争的具体部署，发出《关于开展干部中反不良倾向斗争的问题》的指示，要求全体指战员端正态度，运用批评与自我批评的武器，发扬大公无私的精神，健全党内生活和加强干部教育，以克服工作作风和生活作风方面的各种不良倾向。反不良倾向斗争运动的开展，为挺进纵队正规化党军建设奠定了坚实基础。

为了启发广大农民的觉悟，结合当时的整风运动，整个边区党委成员，包括书记郑位三都亲自下乡去说服农民，帮助他们生产，解决实际困难。这样下来，一方面改进了部分干部原先的官僚主义作风，一方面又提升了广大农民的觉悟。由于有了中国共产党这种自上而下、全面而彻底的改造，边区群众尤其是广大的农民的革命热情空前高涨，组织化程度也达到了空前的程度。

在鄂豫边区抗战中，广大共产党员自觉担负起团结人民、打击敌人的重大责任，在各级党组织的领导下，以自己的模范行动履行着崇高的职责。他们或驰骋疆场成为冲锋陷阵的抗日英雄，或深入民众成为播撒抗日火种的组织宣传家，以自己的革命精神实现党的宗旨和奋斗目标，正是共产党人的初心所在。他们无私无畏的浩然正气和甘于奉献的牺牲精神，赢得了百姓的普遍敬重和爱戴。

二、武汉地区红色文化资源库建设

武汉红色文化资源库建设下一步重点是资源库进一步完善资料，并进行数字化处理。资源库建成后，不仅仅用于师生参观、学习，还将向社会开放，以便有利于武汉红色文化的弘扬和传承。

1. 武汉地区红色文化资源库建设概况

武汉红色文化资源库隶属于江汉大学马克思主义学院，肇始于 2017 年成功申报中央财政支持地方高校学科建设专项"武汉地区红色文化资源库"，并已初步建成占地约 110m³ 的有关武汉地区红色文化的展示厅，内容主要是一些重要图片和文字资料。

为了推动武汉红色文化研究和资源库建设，打造红色文化研究品牌，马克思主义学院组织教师申报了一批校级以上有关科研课题和教学改革项目。其中，获批校级专项"武汉红色文化研究"和"武汉红色文化资源库数字化研究"，资助经费共 70 万元，为进行有关研究和资源库建设提供了有力的经费支持。在教学和学科建设方面，从 2022 年上半年开始，马克思主义学院为本科生开设了公选课"英雄中国"；马克思主义理论一级学科硕士研究生培养方案中，增设了"红色文化专题研究"课程。

马克思主义学院原有武汉延安精神研究院，为武汉市重点人文社会科学重点研究基地。2022年5月，学院专门成立了武汉红色文化研究中心。2022年9月，鉴于马克思主义学院良好的学科和队伍基础，武汉市委统战部将武汉统一战线理论与实践研究协同创新中心设在了马克思主义学院。这些研究平台，为武汉红色文化研究和资源库建设创造了较为有利的条件。

2. 武汉地区红色文化资源库数字化

近年来，随着大数据、人工智能等信息技术的发展，红色文化如何获得青年的"芳心"，补足他们的"精神之钙"，成为当务之急。在现有基础上，武汉地区红色文化资源库数字化，将在以下四个方面着力：

（1）建设红色文化数字资源库

数字资源库的建立是保护红色文化资源最直接有效的方式，也是促进红色文化传播、让红色文化"活起来"的重要手段。为此，中共中央办公厅、国务院办公厅先后印发了《关于实施中华优秀传统文化传承发展工程的意见》《关于实施革命文物保护利用工程（2018—2022年）的意见》等文件，指出要强化战略思维，加强对红色文化资源数字化的组织领导，加大财政投入，扎实推进。强调要切实做好"革命文物资源目录和大数据库""适度运用现代科技手段，增强革命文物陈列展览的互动性体验性"等工作，真正让红色文化"活起来"。一方面，要对各地的红色文献、图片、纪录片、声音、文物等进行数据收集、挖掘、梳理与整合，建立基础数据库。同时，利用人工智能、3D影像、VR网络虚拟现实等技术，将红色文化转化为影像、文字和三维再现数据等数字模式。另一方面，要充分挖掘红色文化资源内涵，开发各具特色的数字化创意产品，提升红色文化数字化资源库的利用率。

（2）提升红色文化数字传播效度

红色文化的传播如果只是简单地通过橱窗中的一双草鞋、一根扁担、一件旧衣、一幅图片的静态方式，很难向青年展示自己"前世今生"和深刻内涵，必须通过精准化个性化传播手段，让红色文化"立体、丰满"起来。要通过大数据技术，将各种红色文化资源，如红色精神、红色展馆、红色旧址、红色故事甚至红色旅游等通过数字化个性化处理，充分挖掘各自的独特价值，形成特色，从而实现精准化个性化传播。在 2016 年，贵州的"四渡赤水 VR 战争体验中心"，就曾针对青年人推出全新的长征精神体验项目，通过数字技术手段，将 VR 技术与红色故事完美结合，在虚拟现实中再现了著名的"四渡赤水"战役，给人留下了深刻的印象。此外，采用精准化个性化手段，既能符合青年的数字化思维方式，消除疏离感，又能契合红色文化本身的精神内涵，使红色文化"活起来"，提升传播效度。

（3）搭建红色文化数字共享平台

数字化共享平台的建立既是推进红色文化数字化的必然要求，也是拓展思想政治教育数字资源的必要手段。首先，充分利用数字媒介传播范围广的优势，搭建各地独具特色的红色文化数字化平台、频道等，如湖北红色历史文化数据库就将湖北的红色名人、红色地标、革命史实、历史图片等进行整合，并提供搜索引擎，为在线享用当地的红色文化资源提供了极大便利。其次，推动国家和地方主流数字媒介之间的层级交流与合作共享。由国家整体规划，对红色文化资源进行整体性挖掘与结构性整合，在国家战略层面搭建起红色文化资源数字化共享平台。2016 年新华报业在国家"一带一路"建设倡议下，采用"虚拟出镜采访"形式，推出的"云走一带一路"项目，通过"四网一端"全面展示了江苏在经贸和人文领域对外交流的成果，是红色文化资源数字化整合的有益探索。最后，各地红色文化数据库的建设，应突出本地特色，避免千篇一律，借助大数据技术、精准定位，打造独具特色的红色文化品牌，使红色文化更具吸引力。

（4）增强红色文化数字教育实效性

构建动态预测大数据模型是在精准定位基础上，依托大数据的高速度和精确性，打造动态化教育体系，实现红色文化数字化教育的目标。首先，动态把控红色文化数字化教育中的需求。利用大数据对青年群体在搜索与浏览时产生的实时需求、停留时间、转载点评等信息进行精细捕捉，精准推送相关红色文化信息，让红色文化走出"深闺"。其次，定位网络群体浏览习惯、关注度、参与性的差异，进行精准研判，利用数据分析工具快速建立预测性模型，从横向和纵向两个方面，立体化地分析红色文化资源的利用率和影响力，从而为接下来的教育活动提供有效参考。最后，针对不同传播媒介受众群体的不同，分析红色文化资源对不同年龄、不同阶层、不同教育背景等青年群体的影响程度，动态把握他们的思想变化趋势，提高对青年的思想情感和价值观预测的准确性，甚至对教育效果进行实时评估。我们可借鉴国外博物馆的展览技术，通过传感器采集观众的停留时间、拍照行为等数据，分析不同人群参观模式，实时评估参观效果，及时改进展览方案。构建动态预测大数据模型，不仅可以提升红色文化的传播价值，也能增强红色文化数字化教育的实效性。

总之，推进红色文化数字化建设，不是对传统运行模式的推倒重来，而是在原有基础上的拓新；推进红色文化数字化建设既要传承历史，又要观照当下，更要洞见未来。在大数据时代，红色文化数字化建设只有不断推陈出新，实现创造性转化和创新性发展，才能赢得青年、传承红色基因，确保红色文化永不变色。

我们的下一步目标，是将该资源库建设成武汉市资料最丰富、数据最权威、设施最先进的红色文化资源库，并在全国产生一定影响。在此基础上，再建设"革命精神虚拟仿真实验室"，这样既可以推动学校思想政治理论课教学改革，又可以促进武汉红色文化弘扬和传承，增加武汉城市城市底蕴和魅力。

参 考 文 献

1. 张忠家、曾成等：《红色文化学概论》，人民出版社 2022 年版。

2. 刘云波、胡守勇、马纯红：《中国红色文化概论》，湘潭大学出版社 2022 年版。

3. 张立、金新亮等：《红色基因传承机制变迁与当代建构》，人民出版社 2020 年版。

4. 任仲文编：《红色基因代代传》，人民日报出版社 2018 年版。

5. 渠长根主编：《红色文化研究与实践》，红旗出版社 2020 年版。

6. 朱钦胜、程小强、邱小云：《中国红色文化研究文集》，广东人民出版社 2018 年版。

7. 《上海市红色资源传承弘扬和保护利用条例》（2015 年 5 月），https：//export. shobserver. com/baijiahao/html/370542. html。

8. 张蕾蕾：《大主题 巧叙事 慧传承：红色基因如何" 智" 胜未来》，人民日报出版社 2021 年版。

9. 闫德亮主编：《传承红色基因的河南探索》，社会科学文献出版社 2021 年版。

10. 中共上海市委组织部、中共上海市委党史研究室编著：《从党的诞生地出发：红色基因在上海》，上海书店出版社 2018 年版。

11. 中共武汉市委党史研究室编：《赤都风云》，长江出版社 2022 年版。

12. 中共武汉市委党史研究室编：《百年荣光 初心永恒：中共武汉历史大事记：1921—2021》，武汉出版社 2021 年版。

13. 费书辉：《红色基因传承研究》，济南出版社 2019 年版。

14. 万生更、潘秀红：《红色陕西/核心价值观培育与红色文化基因传承系列丛书》，陕西人民出版社 2022 年版。

15. 曹开华：《江西红色文化教程》，江西人民出版社 2022 年版。

16. 王筱武主编：《方志讲堂集萃.第三辑：建设现代化大武汉》，武汉出版社 2022 年版。

后　记

拙著即将付梓，我不禁浮想联翩。作为 60 后，我从小就喜欢上了红色。我的大学本科是历史学专业，偏爱中国近现代史，硕士研究生是中国革命史专业，博士研究生是中共党史专业，三个层次专业的底色都是红色。大学毕业后，我一直在高校从事思想政治理论课教学，讲授的主要课程几经变迁，先是"中共党史"，后来改为"中国革命史""毛泽东思想概论"，直到现在的"中国近现代史纲要"。这些课程都离不开红色文化。可以说，红色文化伴随我的专业发展和职业生涯，已自觉不自觉地融入我的血脉。

2017 年，江汉大学研究生处组织文科学院申报中央财政支持地方高校学科建设专项。我作为马克思主义学院院长和学科带头人，积极响应，牵头成功申报"武汉地区红色文化资源库和青马工程实训室"项目。鉴于武汉地区红色文化资源富集，却还没有一个专门的相关研究机构，同时着眼于马克思主义理论学科内在逻辑和实际需要，我于 2018 年 7 月提出成立校级研究机构武汉红色文化研究中心，志在不久的将来申报湖北省人文社会科学重点研究基地。该研究机构因故拖延至 2022 年 6 月才最后成立。近些年来，我和学院部分教师一直在坚持红色文化研究，取得了一些成果，拙著即是其中的阶段性重要成果之一。拙著也是湖北省公益学术著作出版专项资金项目、武汉市社会科学界联合会课题"武汉红色文化研究"、武汉研究院开放性课题（重点项目）"武汉用好红色资源、传承红色文化研究"、江汉大学科研项目（科技基础发展专项）"武汉红色文化研究"、江汉大学城市治理与文化传承优势学科群资助项目成果。

拙著由我拟定提纲，分头撰写，定期交流、讨论，稳步向前推进。各章撰写分工为：第一章，李腊生；第二章，詹爱霞；第三章，胡慧；第四章，李腊生、

310

皮子豆、胡晓慧。最后由我统稿和定稿。撰写过程中，研究生皮子豆、吴思洋、肖敏捷、康琴、胡晓慧、张可欣、邓慧婷积极参与，提供了力所能及的帮助，包括参与讨论，收集、整理有关资料，进行文字校对等。研究生皮子豆和胡晓慧还撰写了部分内容。

拙著参考、吸收了学界同仁许多研究成果，在此表示衷心感谢！

感谢我的博士导师、华中师范大学马克思主义学院李良明教授百忙之中抽出时间阅读书稿，提出许多宝贵意见，并为拙著作序！

感谢武汉大学出版社和田红恩编辑的鼎力支持！

由于我们水平有限，拙著肯定存在许多不足之处，期待专家、同仁和读者批评指正！

李胜生

2023 年 9 月 28 日于三角湖畔